Detlef Schultze

D1697290

Erfolgreiches Produktmanagement

Klaus Aumayr

Erfolgreiches Produktmanagement

Tool-Box für das professionelle Produktmanagement und Produktmarketing

3., überarb. Auflage 2013

Klaus Aumayr
St. Gallen
Schweiz

ISBN 978-3-658-01952-5　　　　　ISBN 978-3-658-01953-2 (eBook)
DOI 10.1007/978-3-658-01953-2

Die Deutsche Nationalbibliothek verzeichnet diese Publikation in der Deutschen Nationalbibliografie;
detaillierte bibliografische Daten sind im Internet über http://dnb.d-nb.de abrufbar.

Springer Gabler
© Springer Fachmedien Wiesbaden 2006, 2009, 2013
Das Werk einschließlich aller seiner Teile ist urheberrechtlich geschützt. Jede Verwertung, die nicht
ausdrücklich vom Urheberrechtsgesetz zugelassen ist, bedarf der vorherigen Zustimmung des Verlags.
Das gilt insbesondere für Vervielfältigungen, Bearbeitungen, Übersetzungen, Mikroverfilmungen und die
Einspeicherung und Verarbeitung in elektronischen Systemen.

Die Wiedergabe von Gebrauchsnamen, Handelsnamen, Warenbezeichnungen usw. in diesem Werk berechtigt auch ohne besondere Kennzeichnung nicht zu der Annahme, dass solche Namen im Sinne der
Warenzeichen- und Markenschutz-Gesetzgebung als frei zu betrachten wären und daher von jedermann
benutzt werden dürften.

Lektorat: Angela Pfeiffer

Gedruckt auf säurefreiem und chlorfrei gebleichtem Papier

Springer Gabler ist eine Marke von Springer DE. Springer DE ist Teil der Fachverlagsgruppe Springer
Science+Business Media
www.springer-gabler.de

Vorwort zur dritten Auflage

Beim Schreiben der ersten Auflage habe ich bewusst versucht, das Buch vom bestehenden Angebot an Büchern zum Produktmanagement durch einen starken Schwerpunkt auf das Produktmanagement abzugrenzen. Die Literatur zum Produktmanagement war damals und ist auch heute noch stark geprägt durch eine Dominanz der klassischen Marketingthemen. Zum Produktmanagement wird relativ wenig geschrieben. Diese Schwerpunktsetzung hat sich als wichtiger Erfolgsfaktor herausgestellt. Das Buch hat sich in der Praxis zu einer Pflichtlektüre entwickelt und ist auch, überraschenderweise, in der Lehre zu einer wichtigen Wissensquelle geworden und daher auch dort weit verbreitet. Das Grundkonzept des Buchs habe ich deshalb unverändert beibehalten. Die wesentlichen Ergänzungen der dritten Auflage bilden vor allem Checklisten, Praxisfälle und Gliederungsbeispiele (z. B. Inhalte eines Verkaufshandbuchs, Briefingcheckliste für Werbeagenturen, Beispiel eines Lastenhefts, Trendcheckliste, Inhalte eines Positionspapiers zum Produktmanagement etc.). Einige spezielle inhaltliche Themen, wie z. B. die Unterscheidung zwischen Produkt- und Kundennutzen und das UMP-Konzept (UMP = Unique Marketing Position), wurden integriert und mit praktischen Beispielen dargestellt.

Zusammen mit den bereits bisher im Buch vorhandenen Checklisten, Praxisfällen und Gliederungsbeispielen finden Sie als Leser viele Anregungen und Ideen zur Anwendung und Umsetzung im eigenen Unternehmen. Bei der individuellen Anpassung der Beispiele an Ihr eigenes Unternehmen wünsche ich Ihnen viel Erfolg!

St. Gallen, Juni 2013   Klaus Aumayr

Vorwort zur zweiten Auflage

Spezialformen des Produktmanagements gab es und wird es auch in Zukunft geben. Die Bedeutung dieser, vom klassischen Produktmanagement abweichenden, Sonderlösungen ist in den letzten Jahren gewachsen. Falls in Ihrem Unternehmen über die Themen Marktsegmentsmanagement, Systemproduktmanagement oder die Aufteilung der Aufgaben eines Produktmanagers auf zwei Personen (Produktmarketingmanager und Produktmanager Technik) nachgedacht und gesprochen wird, dann ist das neue Kapitel 10 genau das Richtige für Sie. Hier finden Sie die Grundlagen zum Thema sowie Praxisbeispiele von Unternehmen, die mit unterschiedlichsten Ansätzen ihren Abdeckungsgrad am Produktmarkt weiter verringern, um damit den Wirkungsgrad am Markt zu erhöhen und relativ zum Wettbewerb Marktanteile zu gewinnen. Insbesondere beim Systemproduktmanagement gibt es neue Themen und Herausforderungen für erfolgsorientierte Produktmanager.

St. Gallen, Juni 2009
Klaus Aumayr

Vorwort zur ersten Auflage

Sie arbeiten selbst im Produktmanagement, möchten in diesen Bereich einsteigen oder planen, eine Abteilung Produktmanagement in Ihrem Unternehmen aufzubauen? Dann finden Sie in dem vorliegenden Arbeitshandbuch das komplette Rüstzeug, um diese Aufgaben erfolgreich zu meistern. Die dargestellten Informationen und Themen zum Produktmanagement und Produktmarketing stammen aus der Praxis – aus meiner eigenen beruflichen Praxis in Unternehmen und als Unternehmensberater wie auch aus der Praxis der Teilnehmer meiner Seminare. Sie liefern Ihnen nicht nur die notwendigen Konzepte und Modelle für die Umsetzung in Ihrem Unternehmen, sondern auch die dazu notwendigen Methoden, Tools und Instrumente.

Sie erfahren, wie Sie strategische Rahmenbedingungen für Ihr professionelles Produktmanagement definieren und die Verantwortungsbereiche als Produktmanager effizient strukturieren. Sie lernen die entscheidenden Grundlagen für systematisches Produktmarketing kennen und erfahren, wie Sie zielführende Produktstrategien planen können. Checklisten und Fallbeispiele erleichtern die Umsetzung in die Praxis.

Natürlich wäre es nicht sinnvoll, wenn Sie versuchen würden, alles im Buch Vorgestellte anzuwenden und in Ihrem Unternehmen einzuführen. Wählen Sie stattdessen die Themen und Inhalte zum Produktmanagement und Produktmarketing aus, die zu Ihren Anforderungen passen, und entwickeln Sie daraus ein maßgeschneidertes Konzept für Ihr eigenes Unternehmen. Das Buch soll Ihnen einen Überblick und eine Übersicht ermöglichen und gleichzeitig einen Methoden- und Werkzeugkasten (Tool-Box) zur Verfügung stellen, der Ihnen hilft, aktuelle Fragen und Herausforderungen im Produktmanagement effizient zu bearbeiten und zu lösen.

Im ersten Teil finden Sie eine umfassende Zusammenstellung aller relevanten Aspekte zum **Produktmanagement**. Das Produktmanagement im Unternehmen ist zu wichtig, um es der Selbstorganisation zu überlassen. Eine klare Positionierung des Produktmanagements in Ihrem Unternehmen und eine solide strategische Verantwortung sind in der heutigen Markt- und Wettbewerbssituation Erfolgsvoraussetzung. Nicht nur Sie als Produktmanager, sondern auch Ihre Unternehmensspitze sollten zu diesen Themen proaktiv zusammenarbeiten, um die Kompetenzen aus dem Produktmanagement optimal zur Wirkung zu bringen.

Der zweite Teil ist dem Produktmarketing gewidmet. Hier finden Sie Strukturmodelle, ergänzt mit hilfreichen Methoden und Hilfsmitteln, um Ihren Produktmarkt zu analysieren, eine Strategie für Ihr Produkt zu entwickeln und die Umsetzungsplanung in Ihrem Unternehmen vorzunehmen. Sie finden alle wesentlichen Informationen, die Sie brauchen, um einen umfassenden Business-Plan für den Produktmarkt zusammenstellen zu können. Die verwendeten Methoden, Tools und Instrumente sind umfassend erklärt und leicht für Ihr eigenes Produkt adaptierbar.

Im dritten Teil habe ich besonderes Augenmerk auf das **prozessorientierte Produktmanagement und Produktmarketing** gelegt. Auch im Produktmanagement müssen zusätzlich zur Aufbauorganisation die entsprechenden produktrelevanten Prozesse und Abläufe gestaltet und verankert werden. Egal ob es sich um Markteinführungsprozesse oder Innovationsprozesse handelt, Sie als Produktmanager übernehmen dabei das Prozessmanagement und damit die Prozessverantwortung. Die relevanten Prozesse müssen ebenso regelmäßig auf Tauglichkeit überprüft und gegebenenfalls angepasst werden. Neben der Darstellung der zentralen Prozesse und Abläufe finden Sie auch hier wieder wichtige Hinweise für die Prozessgestaltung mit den dazu notwendigen Tools und Instrumenten.

Dieses Buch basiert auf der Praxiserfahrung vieler Fachleute aus den unterschiedlichsten Branchen. In diesem Zusammenhang möchte ich mich bei all meinen treuen Kunden und Geschäftspartnern bedanken. Durch ihre Unterstützung ist es überhaupt möglich geworden, dieses Buch zu schreiben.

Ihnen, liebe Leserinnen und Leser, wünsche ich eine anregende Lektüre und viel Erfolg bei der Umsetzung!

St. Gallen, Juni 2006   Klaus Aumayr

Inhaltsverzeichnis

Produktmanagement: Positionierung, Kernkompetenzen und organisatorische Einbindung 1
1   Eine kurze Einführung in das Produktmanagement 2
2   Keine klare Sache: Wie sich Funktions- und Produktmanagement voneinander abgrenzen 2
     2.1   Der Funktionsmanager 3
     2.2   Der Produktmanager 5
     2.3   Konfliktpotenzial zwischen Produkt- und Funktionsmanagement . 6
     2.4   Definition des Produktmanagements 6
3   Grenzen setzen: Wie Produktmanager Schnittstellen managen und Aufgaben delegieren 8
     3.1   Bereinigung von Schnittstellen 10
     3.2   Gründe für die Aufgabendelegation 13
4   Eine Grundsatzentscheidung: Die Positionierung des Produktmanagers im Unternehmen 24
     4.1   Positionierungsmöglichkeiten für das Produktmanagement 24
     4.2   Operatives und strategisches Produktmanagement 27
5   Ein vielfältiges Spektrum: Stellenbeschreibung und Anforderungsprofil des Produktmanagers 29
     5.1   Stellenbeschreibung eines Produktmanagers 29
     5.2   Sonstige Aufgaben eines Produktmanagers 33
     5.3   Schnittstellendefinition im Produktmanagement 36
     5.4   Anforderungsprofil von Produktmanagern 40
     5.5   Produktorientierung und Marktorientierung 42
6   Nach vielen Seiten offen: Die Prozessebenen im Produktmanagement 45
     6.1   Die dispositive Ebene 45
         6.1.1   Marktwachstums-Marktanteils-Portfolio 46
         6.1.2   Marktattraktivitäts-Wettbewerbsposition-Portfolio 50

	6.2	Die strategische Ebene	59
		6.2.1 Die Produktplanung	59
		6.2.2 Die Zielvereinbarung	64
		6.2.3 Strategische Konflikte	67
	6.3	Die operative Ebene	68
7	Ein komplexes Projekt: Wie man Produktmanagement im Unternehmen einführt		71
	7.1	Vor- und Nachteile des Produktmanagements	72
	7.2	Erfolgsfaktoren für die Umsetzung und Einführung	74
	7.3	Rekrutierung von Produktmanagern	77
8	Eine große Herausforderung: Die organisatorische Eingliederung des Produktmanagements		81
	8.1	Organisation bei strategischem Produktmanagement	81
	8.2	Organisation bei operativem Produktmanagement	85
		8.2.1 Zuordnung zu Marketing-/Vertriebsfunktionen	85
		8.2.2 Zuordnung zu technisch-logistischen Funktionen	86
	8.3	Sonderformen der Organisation im Produktmanagement	88
9	Häufig vernachlässigt: Die Festlegung der strategischen Verantwortung im Unternehmen		90
	9.1	Grundformen der Organisation	91
		9.1.1 Die funktionsorientierte Organisation	91
		9.1.2 Die produktorientierte Organisation	92
		9.1.3 Die marktorientierte Organisation	92
		9.1.4 Die regional orientierte Organisation	95
	9.2	Festlegung der strategischen Verantwortung	96
		9.2.1 Alternativen zur strategischen Verantwortung	97
		9.2.2 Kriterien zur Festlegung der strategischen Verantwortung	104
10	Produkt versus System? Der Weg zum Systemproduktmanagement		109
	10.1	Vom Marketingmanagement zum Systemproduktmanagement	109
	10.2	Grundprinzipien des Systemproduktmanagements	115
11	Was bringt die Zukunft? Aktuelle Trends und Entwicklungen im Produktmanagement		120
	11.1	Der Produktmanager als Profit Center	121
	11.2	Der Einsatz von Produktmanagementteams	123
	11.3	Kompetenzzentralisierung im Produktmanagement	126
	11.4	Dienstleistungsorientierung im Produktmanagement	129
12	Die Umsetzung: Checkliste zur Identifikation von Optimierungspotenzialen		131

Inhaltsverzeichnis

Produktmarketing: Strukturen, Erfolgsfaktoren und praktische Hilfsmittel 133
1 Voraussetzungen schaffen: Wie Produktmanager komplexe Märkte strukturieren 134
    1.1 Marktsegmentierung 135
        1.1.1 Marktsegmentierungskriterien 135
        1.1.2 Marktsegmentierungsstrategien 139
    1.2 Produktsegmentierung 144
        1.2.1 Produkthierarchien 145
        1.2.2 Umsatz - und Gewinnanalyse (ABC-Analyse) 147
    1.3 Produkt-Markt-Matrix 150
        1.3.1 Produkt-Markt-Abdeckungsstrategien 153
        1.3.2 Produkt-Markt-Wachstumsstrategien 156
    1.4 Funktions-Technologie-Matrix 160
2 Erfolgsrelevant: Die wichtigsten Steuerungsgrößen für das Produktmarketing 163
    2.1 Produkt- und Markenbekanntheitsgrad 165
    2.2 Produktmarke und Markenimage 167
        2.2.1 Zahl der relevanten Alternativen 167
        2.2.2 Aufbau eines Produkt-/Markenimages 169
        2.2.3 Marktsegmentierung und Produkt-/Markenimage 173
    2.3 Leistungsvorteil und Produktnutzen 175
        2.3.1 Preis - oder Leistungsorientierung..................... 176
        2.3.2 Produktnutzenanalyse 180
        2.3.3 Quality Function Deployment (QFD) 189
        2.3.4 Praktische Anwendungen 189
    2.4 Der Preis als Entscheidungskriterium 194
        2.4.1 Das Preis- Leistungs-Verhältnis 194
        2.4.2 Das Kosten-Nutzen-Verhältnis 201
        2.4.3 Target Costing und Target Pricing 203
    2.5 Beziehungsmanagement 205
    2.6 Kundenzufriedenheit 207
3 Klarheit durch Zahlen: Wie der Produktmanager relevante Kennziffern bestimmt.. 213
    3.1 Zusammenstellung der Markt- und Absatzkennziffern 213
        3.1.1 Berechnung der Marktkennziffern 213
        3.1.2 Berechnung der Absatzkennziffern 217
        3.1.3 Produktplanung und strategische Schwerpunkte 220
    3.2 Aufbau der Ergebnisrechnung 224
        3.2.1 Umsatzrenditeverfahren 224
        3.2.2 Kapitalrenditeverfahren 225
        3.2.3 Break-Even-Verfahren............................... 226

4	Strategisch denken: Der Einsatz strategischer Analyseinstrumente durch den Produktmanager		228
	4.1	Die SWOT-Analyse	229
	4.2	Erstellung einer Einflussmatrix	236
5	Marktanteile gewinnen: Wie wirksame Produktstrategien entwickelt werden		239
	5.1	Festlegung der Ziele für den Produktmarkt	239
	5.2	Grundstrategien im Produktmarketing	240
		5.2.1 Übersicht über die Strategieelemente	241
		5.2.2 Strategieentwicklung mittels strategischem Baukasten	243
	5.3	Marketing-Mix-Strategien	245
		5.3.1 Preisstrategien	246
		5.3.2 Distributionsstrategien	248
		5.3.3 Sortimentsstrategien	250
		5.3.4 Sonstige Marketing-Mix-Strategien	251
	5.4	Bewertung der Strategiealternativen	252
6	Das Resultat: Inhalt und Aufbau eines produktbezogenen Business-Plans		255
7	Die Umsetzung: Checkliste zur Identifikation von Optimierungspotenzialen		257

Prozessorientiertes Produktmanagement: Arbeitsprozesse, Prozessorientiertes Marketing und Innovationsmanagement 259

1	Klarheit schaffen: Wie Produktmanager ihre Arbeit prozessorientiert gestalten		260
	1.1	Temporäre Arbeitsprozesse	261
	1.2	Permanente Arbeitsprozesse	263
2	Immer am Ball: Die Entwicklung von Maßnahmen zur Gestaltung des Produktlebenszyklus		265
	2.1	Das Lebenszyklusmodell	266
	2.2	Produkt- versus Marktlebenszyklus	269
	2.3	Altersstrukturanalyse von Produkten	271
	2.4	Marketing-Mix im Produktlebenszyklus	274
3	Die Königsdisziplin: Aktives Kaufprozessmanagement durch den Produktmanager		278
	3.1	Der Kaufprozess beim Kunden	279
	3.2	Analyse des Kaufprozesses	283
	3.3	Bestimmung des kaufprozessspezifischen Marketing-Mix	288
4	Auf Wachstumskurs: Innovative Produkte entwickeln und erfolgreich am Markt einführen		292
	4.1	Der Innovationsprozess	292
	4.2	Situationsanalyse /Problemidentifikation	294

	4.3	Ideensammlung /Ideengenerierung 295
	4.4	Systematische Ideenerfassung/-speicherung 298
	4.5	Ideenbewertung/-auswahl und Entscheidung 299
	4.6	Markteinführungskonzept und -plan 300
5	\multicolumn{2}{l	}{Die Umsetzung: Checkliste zur Identifikation von Optimierungspotenzialen .... 304}

Weiterführende Literatur 305

Sachverzeichnis 307

Der Autor

Klaus Aumayr Jahrgang 1958, ist ausgebildeter Ingenieur, Betriebswirt und Absolvent der University of Toronto (Kanada) und der Johannes Kepler Universität (Österreich). Seine berufliche Laufbahn hat er selbst als Produktmanager begonnen, wechselte dann in den Vertrieb und in das Key Account Management und wurde schließlich Geschäftsführer eines Dienstleistungsunternehmens. Seit 1995 ist er als Gründungsmitglied geschäftsführender Partner der Unternehmensberatung MSG – Management Systems St. Gallen. Durch eine frühzeitige und klare Fokussierung sowohl in der Beratung als auch im Training auf das Thema Produktmanagement und Key Account Management erreichte die MSG einen hohen Bekanntheitsgrad als Kompetenzzentrum für diese Themen im deutschsprachigen Raum. Im Trainingsbereich arbeitet Klaus Aumayr mit namhaften Managementinstituten zusammen, im Beratungsbereich unterstützt er Kunden bei der Einführung/Optimierung des Produkt- und Key Account Management sowie bei der Entwicklung von Produkt- und Kundenstrategien.

Wenn Sie Kontakt mit dem Autor aufnehmen möchten, wenden Sie sich bitte an:

Klaus Aumayr
klaus.aumayr@msgag.com

Weitere Informationen über seine Tätigkeitsbereiche finden Sie auch auf: www.msgag.com

Produktmanagement: Positionierung, Kernkompetenzen und organisatorische Einbindung

Was zeichnet erfolgreiche Unternehmen aus? Sicherlich die Fähigkeit, Produkte zu entwickeln, sie erfolgreich am Markt einzuführen und den Produktlebenszyklus optimal zu gestalten. Um diese Fähigkeiten aufzubauen, nutzen Unternehmen viele Strategien, Konzepte und Programme. Doch all diese Vorgehensweisen bleiben weitgehend wirkungslos, wenn keine soliden organisatorischen Voraussetzungen geschaffen werden.

Eine dieser organisatorischen Strukturen, die sich bis zum heutigen Tag durchgesetzt hat, ist das Produktmanagement. Das Produktmanagement hat sich in den vielen Jahren seines Bestehens den neuen Markt- und Wettbewerbsbedingungen ständig angepasst. Veränderungen in den Unternehmen haben diese Dynamik verstärkt. Produktmanagement ist heute nach wie vor für fast alle Unternehmen ein zentrales Thema.

In diesem Teil erfahren Sie,

- wie das Produktmanagement entstanden ist.
- wie Produktmanager Schnittstellen managen und Aufgaben delegieren.
- wie sich das Produktmanagement im Unternehmen positionieren kann.
- wie Stellenbeschreibungen und Anforderungsprofile von Produktmanagern aussehen.
- wie unterschiedliche Prozessebenen Ihre Arbeit beeinflussen.
- worauf Sie achten müssen, wenn Sie Produktmanagement in Ihrem Unternehmen einführen.
- welche Organisationsformen für die Abteilung Produktmanagement in Frage kommen.
- welche Bedeutung und Auswirkung die strategische Verantwortung für Sie als Produktmanager hat.
- wohin sich das Produktmanagement entwickelt und welche Konsequenzen sich daraus für Ihre Position als Produktmanager ergeben.

1 Eine kurze Einführung in das Produktmanagement

Das Konzept des Produktmanagements wurde 1927 bei Procter & Gamble (USA) entwickelt. Eine neue Pflegeserie mit dem Markennamen „Camay" konnte sich am Markt nicht durchsetzen und verfehlte weitgehend die Umsatzerwartungen und Marktanteilsziele. Probleme am Markt wurden durch interne Konflikte verstärkt und konnten aus der Perspektive der einzelnen Funktionsbereiche des Unternehmens nicht bewältigt werden. Unterschiedliche Prioritäten und funktionale Optimierungsansätze („Silodenken") verhinderten eine zufrieden stellende Gesamtlösung. Zur Klärung und Lösung der auftretenden Probleme wurde ein junger Manager (Neil H. McElroy, später CEO des Unternehmens) der Produktgruppe zugeteilt mit dem Auftrag, sämtliche externen und internen produktbezogenen Aktivitäten und Angelegenheiten (operativ und strategisch) zu koordinieren. Dieser Ansatz führte schnell zum gewünschten Erfolg und das Unternehmen entschied, dieses Vorgehen unternehmensweit einzuführen. Dazu wurden die Produkte in Produktgruppen (auch Einzelprodukte) gegliedert und entsprechend die Produktmanager zugeordnet.

Das Produktmanagement war etabliert und setzte sich in den folgenden Jahren in der gesamten Konsumgüterindustrie durch. Auch andere Branchenübernahmen dieses Vorgehen, so dass das Produktmanagement heute ein weit verbreitetes Managementkonzept ist und in verschiedenen Unternehmen als dominante Organisationsform eingesetzt wird. In den letzten Jahren haben sich auch kleinere und mittlere Unternehmen mit dem Einsatz des Produktmanagements auseinandergesetzt, und es erfreut sich (trotz Ressourcenknappheit) dort zunehmender Beliebtheit. Das Grundprinzip des Produktmanagements ist, dass einzelnen Produkten oder Produktgruppen ein Produktmanager zugeteilt wird mit dem Auftrag, sämtliche produktbezogenen Themenbereiche funktionsübergreifend zu koordinieren und zu steuern. Es entsteht dabei eine Matrixorganisation im Unternehmen (siehe Abb. 1).

Das Produktmanagement ist dabei kein Ersatz für das Funktionsmanagement (z. B. Marketing, F&E, Vertrieb ...), sondern es ist eine zusätzliche Managementebene, die im Unternehmen eingesetzt wird. Die Verknüpfung des Funktionsmanagements mit dem Produktmanagement erfolgt dabei über die Matrixorganisation.

2 Keine klare Sache: Wie sich Funktions- und Produktmanagement voneinander abgrenzen

Um das Funktionieren dieses Systems auch in Ihrem Unternehmen zu gewährleisten, bedarf es einer klaren Zuordnung von Schnittstellen und Abgrenzungen zwischen Produktmanagement und Funktionsmanagement. Die notwendige Abgrenzung dazu können Sie nach dem Prinzip der Kernkompetenzen vornehmen.

Der Funktionsmanager ist:

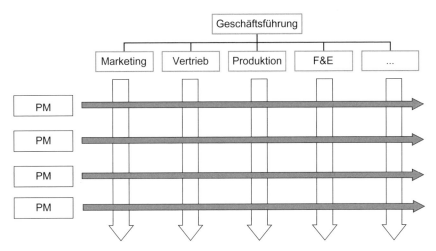

Abb. 1 Produktmanagement und Matrixorganisation (Grundprinzip)

- Funktions-Spezialist
- Produkt-Generalist
- Ressourcen-Manager

Der Produktmanager ist:

- Produkt-Markt-Spezialist
- Funktions-Generalist
- Produkt-Markt-Manager

Diese Abgrenzung wird im Folgenden im Detail erläutert, da sie für ein erfolgreiches Produktmanagement, auch in Ihrem Unternehmen, von besonderer Wichtigkeit ist.

2.1 Der Funktionsmanager

Der Funktionsmanager ist Funktions-Spezialist und besitzt damit umfassendes Spezialistenwissen in seinem Fach- und Aufgabengebiet. Dieses Spezialistenwissen soll am Beispiel von zwei Funktionsbereichen (Vertrieb und Entwicklung) verdeutlicht werden. Dabei ist natürlich zu beachten, dass die Auflistung der Kompetenzbereiche, in beiden Beispielen, nur einen kleinen Auszug darstellt.

Der Vertrieb ist Spezialist (Profi)

- bei der Verhandlungsführung mit dem Kunden
- im Beziehungsmanagement beim Kunden
- bei Verhandlungen über Preise und Konditionen

- in der Kontaktaufnahme mit Kunden
- in der Routenplanung und Routenoptimierung
- in der Kundenselektion und Kundenpriorisierung
- in der Analyse der Entscheiderstrukturen bei Kunden
- in der Entwicklung einer Kundenstrategie
- im Management von Kaufprozessen bei Kunden
- im Aufbau von persönlichen Netzwerken

Die Entwicklung (F&E) ist Spezialist (Profi)

- bei der Bewertung und Auswahl von Technologien
- im Projektmanagement von Produktentwicklungsprojekten
- bei der Auswahl von geeigneten Materialien
- für das Reverse Engineering von Wettbewerbsprodukten
- bei der Auswahl der geeigneten Bauteile und Baugruppen
- bei der Entwicklung von Pflichtenheften
- bei der Abschätzung von Entwicklungszeiten und -kosten
- bei der Auswahl und dem Einsatz von Entwicklungstools
- bei der Gestaltung und Optimierung von Entwicklungsverfahren
- bei der Vorbereitung und Umsetzung von Vorstudien

In den funktionalen Bereichen sind auch die Ressourcen und Budgets zugeordnet (z. B. Vertriebsmitarbeiter und Vertriebsbudgets). Die Zuteilung der funktionalen Budgets zu den einzelnen Produkten und Produktgruppen ist bei den jährlich stattfindenden Budgetprozessen eine besondere Herausforderung für das Produktmanagement. Hier zeigen sich die unterschiedlichen Prioritäten der Funktions- und Produktbereiche besonders deutlich.

Funktionale Bereiche sollten aber auch Produkt-Generalisten sein. Grundsätzliches Wissen in den Funktionsbereichen über die Produkte des Unternehmens ist notwendig und durch Sie als Produktmanager sicherzustellen. Dieser Aspekt, der in einigen Unternehmen auch „interne Vermarktung" genannt wird, zählt zu den wichtigen Aufgabenbereichen eines Produktmanagers. Welche Themen dieses Produkt-Generalisten-Wissen beinhalten kann, ist im Folgenden beispielhaft aufgelistet.

Produkt-Generalisten- Wissen kann umfassen:

- Kenntnis über die Gliederung des gesamten Produktsortiments
- Klarheit über die unternehmensinternen Produktprioritäten
- Wissen über die zentralen USPs der wichtigsten Produkte/Produktgruppen
- Klarheit über Produktstrategien und Produktschwerpunkte
- Kenntnis über Schwerpunktmaßnahmen im Produktmarketing
- Kenntnis über Umsätze und Gewinnsituation der wichtigsten Produkte
- Wissen über Marktanteile und Marktstellung der Produkte
- Wissen über wichtige Wettbewerber und Wettbewerbsprodukte

- Kenntnis über zentrale Produktneuheiten
- Wissen über Produktmodifikationen und Relaunches

2.2 Der Produktmanager

Sie als Produktmanager sind Produkt-Markt-Spezialist und besitzen damit umfassendes Spezialistenwissen über den Produkt-Markt. Dabei hat sich in den letzten Jahren der Schwerpunkt vom Produkt hin zum Markt verschoben, so dass Ihre Rolle im Produktmanagement heute eher als die eines Marktspezialisten für das Produkt angesehen werden kann. Wie dieses Marktspezialistentum im Einzelnen aussehen kann, zeigt Ihnen folgende Übersicht.

Als Produkt-Markt-Spezialist kennen Sie

- den Produkt-Markt im Detail
- die aktuellen Kundenbedürfnisse und Kaufkriterien
- die zentralen zukünftigen Marktentwicklungen und Trends
- die zukünftig relevanten Kundenbedürfnisse und Kaufkriterien
- die Wettbewerbsprodukte (zumindest der Hauptwettbewerber!)
- die Vorteile und Nachteile der Produkte im Wettbewerbsvergleich
- die zentralen Chancen und Gefahren im Produkt-Markt
- die Kaufprozesse und Kaufprozessphasen beim Kunden
- die eingesetzten Instrumente zur Kaufprozesssteuerung
- den produktbezogenen Marketing-Mix der Wettbewerber
- die produktbezogenen Marketingstrategien der Wettbewerber

Um die produktbezogenen Aktivitäten funktionsübergreifend koordinieren und steuern zu können, müssen Sie außerdem über ein ausreichendes Generalistenwissen aus den funktionalen Bereichen verfügen. Es ist daher empfehlenswert, einen Produktmanager vor dem Einsatz als Generalist in den wichtigsten Funktionen auszubilden. Dazu eignen sich Job-Rotation-Programme und Seminare. Job-Rotation-Programme eignen sich dazu besonders gut, weil neben dem funktionalen Input der Produktmanager auch ein Beziehungsnetzwerk zu den funktionalen Bereichen aufbauen kann und die unternehmensbezogenen Besonderheiten der funktionalen Bereiche (Prozesse, Verfahren, Tools etc.) kennen lernt. Der Aufbau und die Pflege von Beziehungsnetzwerken sind für Sie als Produktmanager von besonderer Bedeutung, da Sie keinen hierarchischen Zugriff auf die funktionalen Bereiche haben und daher auf persönliche Kontakte und Beziehungen, insbesondere in der Planung und Umsetzung, angewiesen sind.

▶ **Daher ein wichtiger Tipp:** Bauen Sie Ihre Kontakte und Beziehungen in allen wichtigen Bereichen und Hierarchieebenen im Unternehmen konsequent aus. Pflegen Sie besonders den Kontakt zu Führungs- und Managementebenen!

	Fokus der funktionalen Bereiche	Fokus des Produktmanagers
Vertrieb	• Kurzfristige Orientierung • Auftragseingang • Absatzförderung	• Langfristige, strategische Orientierung • Optimierung Umsatz u. Deckungsbeitrag • Marktstellung des Produkts
Produktion	• Lange Produktionsvorlaufzeiten • Keine Modelländerungen • Kleiner Sortimentsumfang	• Kurze Produktionsvorlaufzeiten • Häufige Modelländerungen • Umfassender Sortimentsumfang
Forschung und Entwicklung	• Technische Möglichkeiten • Produktmerkmale • Optimales Produkt zur Einführung	• Markterfordernisse • Orientierung am Kundennutzen • Time to Market
Finanz- und Rechnungswesen	• Liquidität • Kostendeckung, Preiszuschlag	• Investition in den Markt • Wettbewerbsorientierte Preisstrategien

Abb. 2 Konfliktpotenzial Produkt-/Funktionsmanagement

2.3 Konfliktpotenzial zwischen Produkt- und Funktionsmanagement

Natürlich besteht zwischen den funktionalen Bereichen und dem Produktmanagement ein ausgeprägtes Konfliktpotenzial. In Ihrer Praxis erleben Sie das unmittelbar und täglich. Die Funktionsbereiche fokussieren auf die eigene Funktion und versuchen, diese zu optimieren. Als Produktmanager nehmen Sie die Produktperspektive ein und versuchen, alles zu unternehmen, um die Performance im Produkt oder in der Produktgruppe zu verbessern. Bei diesen unterschiedlichen Interessenslagen muss es zwangsläufig krachen. Abbildung 2 zeigt Ihnen dazu einige Beispiele.

Durch den funktionsbereichsübergreifenden Ansatz des Produktmanagers treten diese Konfliktpotenziale deutlich hervor.

2.4 Definition des Produktmanagements

Auf Basis der bisherigen Darstellungen kann das Produktmanagement wie folgt definiert werden:

▶ **Produktmanagement** ist ein Managementkonzept, das auf die Notwendigkeit der funktions- und bereichsübergreifenden Steuerung und Koordination von Produkten oder Produktgruppen ausgerichtet ist. Unter Beibehaltung der bestehenden vertikalen Struktur (funktionale Gliederung) hat das Produktmanagement die Aufgabe, eine horizontale Struktur (produktbezogene Gliederung) sicherzustellen. Es entsteht dabei eine Matrixorganisation im Unternehmen, die durch Funktionen/Bereiche und Produkte/Produktgruppen gebildet wird. Zusätzlich zur funktionalen Ausrichtung der Funktionsbereiche muss das Produktmanagement die produktbezogene Ausrichtung sicherstellen. Damit steuert und

2 Keine klare Sache: Wie sich Funktions- und Produktmanagement ... 7

Abb. 3 Abstimmungs- und Koordinationsfunktion des Produktmanagers

koordiniert das Produktmanagement alle produktrelevanten Themen (von der Beschaffung bis zum Marketing und Verkauf) für die zugeordneten Produkte/Produktgruppen. Als Produkt-Markt-Spezialist und Funktions-Generalist ist damit das Produktmanagement eine Art Informations-, Koordinations- und Steuerungsplattform für alle produktrelevanten Themen innerhalb und außerhalb des Unternehmens.

Als Produktmanager haben Sie kurz gesagt dafür zu sorgen, dass bei Ihnen im Unternehmen nicht passiert, was in Abb. 3[1] dargestellt ist.

---

[1] Trotz intensiver Recherchen ist es mir nicht gelungen, die Quelle dieser Abbildung ausfindig zu machen. Sollten Sie den Zeichner kennen, lassen Sie es mich wissen.

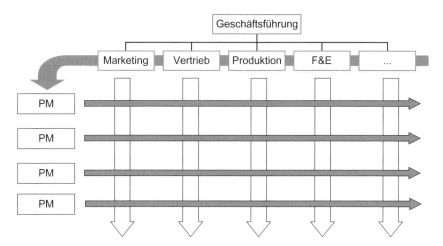

Abb. 4 Delegation von Aufgaben an das Produktmanagement

3 Grenzen setzen: Wie Produktmanager Schnittstellen managen und Aufgaben delegieren

Eine zentrale Herausforderung ist das Problem der Aufgabendelegation an den Produktmanager durch die funktionalen Bereiche. Wie bereits dargestellt, sollte in den funktionalen Bereichen das Spezialistenwissen verankert sein. In vielen Fällen werden aber Aufgaben, die eigentlich von den Spezialisten in den Funktionsbereichen zu erfüllen sind, an das Produktmanagement delegiert. Dies führt dazu, dass Sie mit Aufgaben konfrontiert werden, für die Sie

- kein Spezialistenwissen besitzen.
- über keine Ressourcen verfügen.
- nicht eingestellt wurden.
- nicht bezahlt werden.

Verschiebungen von funktionalen Aufgaben an das Produktmanagement führen zur Überlastung des Produktmanagers – ein Grund für die relativ kurze Verweildauer von Produktmanagern in dieser Funktion. Abbildung 4 zeigt das Grundprinzip der Aufgabendelegation an den Produktmanager.

Dieses grundsätzliche Problem entsteht in vielen Unternehmen und stellt eine der Hauptursachen für schlecht funktionierendes Produktmanagement dar. Erfahrungen aus der Praxis belegen, dass Aufgaben aus fast allen Funktionsbereichen im Produktmanagement zu finden sind. Eine von der MSG Management Systems St. Gallen durchgeführte explorative Befragung bei Unternehmen im deutschsprachigen Raum zeigt

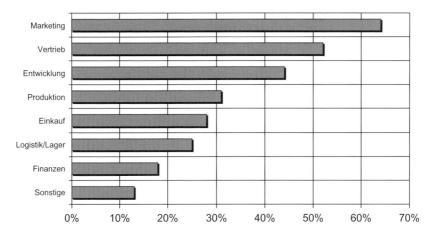

Abb. 5 Häufigkeit delegierter Aufgaben an das Produktmanagement

Ihnen die Häufigkeit der Delegation unterschiedlicher funktionaler Aufgabenbereiche an das Produktmanagement (vgl. Abb. 5).

Aufgaben aus den Funktionsbereichen Marketing, Vertrieb und Entwicklung sind diejenigen, die am häufigsten im Produktmanagement wahrgenommen werden. Auf die Gründe, warum diese Aufgaben im Produktmanagement landen, wird noch in der Folge detailliert eingegangen.

Wie eine solche Aufgabendelegation in der Praxis aussieht, zeigt Ihnen folgender Fall.

Beispiel: Aufgabendelegation an den Produktmanager

Der Produktmanager eines Unternehmens aus der Industrieautomation brauchte für die Modifikation seines Produkts (Steuergerät) ein Zulieferteil. Durch den Einbau dieses Teiles sollte der Funktionsumfang seines Produkts entsprechend der Markt- und Kundenanforderung erweitert werden. Sein Kontakt zum Einkauf lieferte folgendes Ergebnis: Er sei als Produktmanager doch zuständig für den Erfolg der Produkte, daher solle er sich auch um den Einkauf dieses Teiles kümmern. Der Produktmanager erledigte daraufhin die Abwicklung des gesamten Beschaffungsvorganges: von der Lieferantensuche bis zur Lieferantenauswahl. Der Einkauf stellte das Bestellformular aus!

Wenn Sie als Produktmanager in solch eine Situation geraten, ist höchste Vorsicht geboten. Schleifen sich solche Prozesse im Unternehmen ein, ist eine Rückführung sehr schwierig und zeitaufwendig. Das Argument „Das haben wir immer schon so gemacht, warum sollten wir das jetzt ändern?" ist nicht selten zu hören.

Abb. 6 Aufgabenanalyse im Produktmanagement (Auszug)

Tätigkeiten		Zeitaufwand (in %) 0–40
1. Angebotserstellung	IST	
	SOLL	
2. Kundenbestellungen	IST	
	SOLL	
3. Technische Auskünfte	IST	
	SOLL	
4. Materialbestellungen	IST	
	SOLL	
5. Lageroptimierung	IST	
	SOLL	
6. Rechnungskontrolle	IST	
	SOLL	
7. Produktmarketing	IST	
	SOLL	
8. Produktoptimierung	IST	
	SOLL	

3.1 Bereinigung von Schnittstellen

Den Versuch der funktionalen Bereiche, Aufgaben an den Produktmanager zu delegieren, sollten Sie als Produktmanager vehement unterbinden! Sollten sich bei Ihnen dennoch Aufgaben wiederfinden, die nicht dem Produktmanagement zuzuordnen sind, hat sich folgendes Vorgehen als zweckmäßig herausgestellt:

Schritt 1: Bestimmen Sie Ihre derzeitigen Tätigkeiten mit Zeitaufwand

Anhand von Zeitaufschreibungen, Terminkalendern, Projektplänen etc. können Sie die Tätigkeiten identifizieren, die Sie als Produktmanager (z. B. im letzten halben Jahr) durchgeführt haben. Erstellen Sie eine Liste Ihrer Tätigkeiten und Aufgaben und verteilen Sie das Zeitbudget von 100 % auf diese Tätigkeiten und Aufgaben. Das Resultat kann grafisch dargestellt werden und gibt einen schnellen Überblick über die Situation. Abbildung 6 zeigt Ihnen ein Beispiel einer Aufgabenanalyse eines Produktmanagers aus einem Unternehmen der Bauzulieferbranche.

In diesem Fall hat der Produktmanager nur ca. 30 % seiner Zeit für die Produktoptimierung (z. B. Produktrelaunch) und das Produktmarketing zur Verfügung. Eindeutig zu wenig für die spezifische Markt- und Wettbewerbssituation dieses Unternehmens. Ein Wettbewerber schafft es regelmäßig, bei Produktrelaunches und Produktneueinführungen deutlich früher am Markt zu sein. Auch ein Vergleich des Produktmarketings fällt hier zu Gunsten des Wettbewerbers aus.

Schritt 2: Bestimmen Sie kritische Tätigkeiten mit Zielvorgaben

Im nächsten Schritt sollten Sie die kritischen Tätigkeiten bestimmen, die definitiv nicht zu Ihren Aufgaben als Produktmanager gehören und durch Delegation aus den Funktionsbereichen entstanden sind. Auch dieses Ergebnis sollte grafisch dargestellt werden.

3 Grenzen setzen: Wie Produktmanager Schnittstellen managen ...

Abb. 7 Aufgabenanalyse, kritische Tätigkeiten und Zielvorgabe (Auszug)

Tätigkeiten		Zeitaufwand (in %) 0–40
1. Angebotserstellung	IST / SOLL	
2. Kundenbestellungen	IST / SOLL	
3. Technische Auskünfte	IST / SOLL	
4. Materialbestellungen	IST / SOLL	
5. Lageroptimierung	IST / SOLL	
6. Rechnungskontrolle	IST / SOLL	
7. Produktmarketing	IST / SOLL	
8. Produktoptimierung	IST / SOLL	

Abbildung 7 zeigt ein Beispiel einer Aufgabenanalyse mit Bestimmung der kritischen Tätigkeiten mit Zielvorgabe eines Produktmanagers aus einem Unternehmen der Bauzulieferbranche. Die kritischen Tätigkeiten und Aufgaben sind in diesem Beispiel mit einem Blitzsymbol gekennzeichnet.

Schritt 3: Delegieren Sie die kritischen Tätigkeiten zurück

Sprechen Sie die als kritisch gekennzeichneten Aufgaben in Einzelgesprächen und Teamsitzungen (eventuell mit Coachingunterstützung) mit den betroffenen funktionalen Bereichen durch. Darauf aufbauend lassen sich die Prozesse und Aufgabenabgrenzungen neu gestalten und die Umsetzung vorbereiten. Die neuen Regelungen sollten nach drei Monaten in einem Follow-up-Gespräch beurteilt und überprüft werden. Eine regelmäßige Überprüfung (vierteljährlich oder halbjährlich) ist in jedem Fall sinnvoll und empfehlenswert.

Im oben dargestellten Fall wurden folgende Schwerpunktmaßnahmen innerhalb eines Zeitraums von zwei Jahren entwickelt und umgesetzt:

Angebotserstellung: Die Erstellung von Standardangeboten wurde vollständig an den Vertrieb abgegeben. Spezialangebote werden vom Vertrieb (nach entsprechenden Vorgaben durch den Produktmanager) erstellt und vom Produktmanagement freigegeben.

▶ Ergebnis: Der bisher verwendete Zeitaufwand wurde um 50 % reduziert.

Kundenbestellungen: Standardbestellungen werden vollständig vom Innendienst bearbeitet. Spezialbestellungen und Bestellungen von definierten Key Accounts (Schlüsselkunden) werden vom Produktmanagement geprüft und freigegeben.

▶ Ergebnis: Der bisher verwendete Zeitaufwand wurde um 50 % reduziert.

Technische Auskünfte: Es wurde eine eigene Stelle für „Technische Information" geschaffen, die zum Teil die technischen Anfragen des Kunden bearbeiten konnte. Da das Unternehmen die Strategie wechselte (vom Produktverkauf zum Systemverkauf), konnte nur ein kleiner Teil der Aufgaben vom Produktmanagement abgezogen werden.

▶ Ergebnis: Der bisher verwendete Zeitaufwand wurde um ein Drittel reduziert.

Materialbestellungen: Sämtliche Materialbestellungen konnten zum Lager- und Logistikbereich rückdelegiert werden. Zusätzlich wurden einige Verbesserungen im Lagermanagement des Unternehmens vorgenommen, speziell die IT-gestützten Lagermanagementsysteme wurden angepasst.

▶ Ergebnis: Der bisherige Zeitaufwand konnte komplett eliminiert werden.

Lageroptimierung: Die Umstellung vom Produktverkauf auf den Systemverkauf hatte auch eine Restrukturierung des Lagermanagements zur Folge. Dies führte dazu, dass das Produktmanagement aufgrund der Komplexität der Systeme einen relativ hohen Aufgabenanteil beibehalten hat.

▶ Ergebnis: Der bisher verwendete Zeitaufwand wurde um 50 % reduziert.

Rechnungskontrolle: Die Aufgaben in Zusammenhang mit der Rechnungskontrolle wurden komplett durch den Bereich Finanz- und Rechnungswesen übernommen. Dies war auch der Funktionsbereich, in dem die Rückführung der Aufgaben am einfachsten durchzuführen war.

▶ Ergebnis: Der bisherige Zeitaufwand konnte komplett eliminiert werden.

Produktmarketing: Durch die Aufgabenbereinigung zwischen Produktmanagement und den funktionalen Bereichen konnte das verfügbare Zeitbudget für die Aufgaben im Produktmarketing mehr als verdreifacht werden. Dies führte dazu, dass das Unternehmen in einigen Produkt-/Systembereichen gegenüber dem Wettbewerb zum Teil erhebliche Erfolge erzielen konnte.

Produktoptimierung: Die bisher etwas vernachlässigte Produktoptimierung wurde verbessert. Eine längst fällige Produktprogrammbereinigung konnte durchgeführt werden, und einige Produkte konnten mittels eines Relaunches besser am Markt positioniert werden. Das Systemgeschäft konnte entsprechend der neuen Strategie des Unternehmens proaktiv angegangen werden.

Natürlich ist es unsinnig anzunehmen, dass alle operativen Fachaufgaben vom Produktmanagement entfernt werden können. Der Produktmanager muss die produktbezogenen Aufgaben in den Fachabteilungen überwachen und damit sicherstellen, dass Termine, Budgets, Meilensteine etc. eingehalten werden und gegebenenfalls (z. B. bei Engpässen) auch Teilaufgaben vorübergehend übernehmen. Entscheidend ist hier, das richtige Verhältnis zu finden. Wenn dabei zu wenig Zeit für das Produktmanagement übrig bleibt, kann man das an den Resultaten unmittelbar sehen.

3.2 Gründe für die Aufgabendelegation

Die Gründe, wie eine solche Aufgabendelegation an das Produktmanagement zustande kommt, sind vielfältig. Die häufigsten Ursachen für die Aufgabendelegation sind:

- Die Funktionsbereiche delegieren „absichtlich".
- Es herrscht Unklarheit über die Aufgaben eines Produktmanagers.
- Der Produktmanager kann nicht „loslassen".
- Den Funktionsbereichen mangelt es an Fachkompetenz/Ressourcen.

Wie bereits ersichtlich, liegen die Ursachen zum Teil im Produktmanagement selbst, zum Teil auch im eigenen Unternehmen und den Funktionsbereichen. Lassen Sie uns die einzelnen Ursachen hier kurz behandeln:

1. **Die Funktionsbereiche delegieren „absichtlich"**

Professionelle „Aufgabendelegierer" findet man in vielen Bereichen. Auch in Ihrem Unternehmen werden Sie sie finden. Die Aufgaben der Funktionen werden aus unterschiedlichen Gründen an das Produktmanagement delegiert. Zu den häufigsten Gründen der Aufgabendelegation an das Produktmanagement zählen:

- Zeitgewinn
- Gewinnung zusätzlicher Ressourcen
- Vermeidung unangenehmer Aufgaben
- Ressourcenengpässe in den Funktionen
- Vermeidung/Abschiebung der Verantwortlichkeit

Folgendes Beispiel aus der Praxis veranschaulicht dieses Vorgehen.

> **Beispiel: Aufgabendelegation durch den Vertrieb**
>
> Ein Vertriebsmitarbeiter eines Finanzdienstleistungsunternehmens ruft zu Wochenbeginn den Produktmanager des Unternehmens an. Der Vertriebsmitarbeiter hat am Freitag einen wichtigen Kundentermin, zu dem neben der zusätzlichen Fachkompetenz auch mehrere Personen notwendig sein sollen. Der Produktmanager erscheint als einzige geeignete Alternative für diesen Termin. Der Produktmanager bestätigt den Termin und trägt ihn in seinen Terminkalender ein. Am Mittwoch ruft der Vertriebsmitarbeiter den Produktmanager nochmals an, um ihm mitzuteilen, dass ein weiterer wichtiger Kunde zu bearbeiten ist, leider habe er diesen neuen Kundentermin auch nur zur gleichen Zeit vereinbaren können wie den bereits geplanten Termin am Freitag. Der Produktmanager wird aufgefordert, den ersten Termin alleine zu machen.

Diese in diesem Unternehmen weit verbreitete Taktik erlaubte es dem Vertrieb, seine Kapazität zu erweitern und den Produktmanager immer mehr in Vertriebsaktivitäten zu integrieren. Mit gravierenden Folgen für das Unternehmen. Die Produktentwicklung und Produktmodifikation blieb auf der Strecke und das Unternehmen verlor relativ zum Wettbewerb in einigen Produktbereichen an Marktanteil. Man stellte später fest, dass ein Produktmanager sogar bis zu 60 % seiner Kapazität durch die Wahrnehmung von einfachen Vertriebsaufgaben falsch einsetzte.

Natürlich ist es Ihre Aufgabe als Produktmanager, den Vertrieb zu unterstützen. Das bedeutet aber nicht, dass Sie gleich die Aufgaben des Vertriebes übernehmen. Sie stellen jedoch unter anderem sicher, dass

- der Vertrieb ein produktbezogenes Training erhält.
- eine Produktpräsentation (Masterpräsentation) zur Verfügung steht.
- aktuelle Referenzunterlagen (Referenzlisten, Fallbeispiele) vorhanden sind.
- ein Verkaufshandbuch (Produktvergleiche und Argumente) erstellt wird.
- eine Liste von häufig gestellten Fragen (mit Antworten) vorhanden ist.
- eine Produktbroschüre bzw. ein Produktfolder zur Verfügung steht.
- ein Produktvideo zur Nutzung bereitsteht.
- eine technische Dokumentation vorhanden ist.
- eine Bedienungsanleitung für den Nutzer bereit steht.
- spezielle Produktunterlagen (z. B. Applikationshinweise) erhältlich sind.
- sämtliche Vertriebsunterlagen in einer strukturierten Form verfügbar sind.

Die Produktmanager aus einem Unternehmen der Automobilzulieferindustrie stellen dem Vertrieb, neben anderen Unterstützungsinstrumenten, ein umfassendes Verkaufshandbuch (inkl. Einschulung) mit folgenden Inhalten zur Verfügung:

3 Grenzen setzen: Wie Produktmanager Schnittstellen managen...

Beispiel: Inhalte Verkaufshandbuch

- Produktbeschreibung (inkl. Produktservice)
- Technische Produktdaten und verwendete Technologie
- Funktions- und Leistungsumfang des Produkts
- Marktsituation (Markt, Segmente, Kunden)
- Zielsegmente, Zielkunden und Verkaufsziele
- Anwendungen/Einsatzgebiete
- Wettbewerberprodukte (Vor-/Nachteile)
- Preis-/Leistungspositionierung
- Preise, Preisstrategie und Konditionen
- Verkaufsargumente, Einwandbehandlung und USPs
- Häufig gestellte Fragen mit Antworten
- Verkaufsprozess und Hilfsmittel
- Marketingstrategie und Kommunikation
- Referenzen, Testberichte, Presse ...

Ein gemeinsamer Kundenbesuch mit dem Vertrieb kann jedoch in Einzelfällen (z. B. bei strategisch wichtigen Schlüsselkunden) notwendig sein.

Kundenkontakte zur Gewinnung von Markt- und Wettbewerberinformationen sind jedoch wichtig, um Ihrer Rolle als Produkt-Markt-Experte gerecht zu werden. Besonders zu speziellen Kunden und Kundengruppen (Innovatoren) sollte der Produktmanager Kontakte aufbauen um dort mittels Experteninterviews, Innovationsworkshops, Anwendungsbeobachtung etc. diese Informationen zu erhalten. Der Produktverkauf steht hier aber definitiv nicht im Vordergrund.

2. **Es herrscht Unklarheit über die Aufgaben eines Produktmanagers**

   Welche Aufgaben ein Produktmanager im Unternehmen wahrnehmen soll und um was er sich zu kümmern hat, ist in vielen Unternehmen weitgehend unklar. Man stellt zwar Produktmanager ein, aber eine klare Positionierung und eine damit verbundene Aufgabenzuordnung (die auch Sinn macht!) werden nur selten vorgenommen. Diese Situation soll durch ein Beispiel illustriert werden.

Beispiel: Aufgabenunklarheit auf Seiten der Geschäftsführung

Der Geschäftsführer eines Unternehmens aus der IT-Branche antwortete auf die Frage, wie das Produktmanagement in seinem Unternehmen positioniert sei, mit folgendem Spruch: „Our Product Managers are Chief Cooks and Bottle Washers". Er verlangte auch, dass seine Produktmanager zu 80 % ihrer Zeit bei den Kunden sein und verkaufen sollten. Auf die Frage, was dann sein Vertrieb mache, antwortete er: „Our Sales Managers are doing the same".

Wahrscheinlich hat diese Situation auch etwas dazu beigetragen, dass dieses Unternehmen in der IT-Krise der vergangenen Jahre von der Bildfläche verschwunden ist. Der Produktmanager, der sowohl die gesamte strategische Arbeit (als „Chefkoch") macht und dann auch noch die operative Umsetzung selber übernehmen kann (als „Tellerwäscher"), muss erst noch geboren werden.

Das ist übrigens eine Illusion, der viele Unternehmen erliegen. Die Frustration auf beiden Seiten führt meist dann dazu, dass das Produktmanagement vollständig abgeschafft wird. Folgende Aufstellung zeigt Ihnen einige Beispiele von Aufgaben und Tätigkeiten, die definitiv nicht zum Produktmanagement gehören.

Folgende Tätigkeiten sind nicht dem Produktmanagement zuzuordnen:

- Reklamationsbehandlung
- Rechnungskontrolle
- Anwendungstechnische Beratung beim Kunden
- Projektleitung bei Entwicklungsprojekten
- Verkaufstätigkeiten
- Durchführung von Verkaufsförderungsaktionen
- Angebotserstellung
- Neukundenakquisition
- Abwicklung von Bestellungen
- Bestandskontrolle
- und vieles mehr

Sollten solche Tätigkeiten von Ihnen in großem Umfang gefordert werden, so ist dies ein deutlicher Hinweis, dass das Prinzip des Produktmanagements in Ihrem Unternehmen noch nicht verstanden und noch nicht klar verankert ist.

Ein Unternehmen aus der Autozulieferbranche zeigt hier eine deutlich andere Vorstellung zum Thema Produktmanagement. Hier wird das Produktmanagement bereits klar in einer unternehmerischen Rolle gesehen.

Beispiel: Produktmanagement aus der Sicht der Geschäftsführung eines Unternehmens (gekürzte Aussage)

„Unsere Produktmanager tragen die volle Verantwortung für ihre Produkte. Dies beinhaltet nicht nur Umsatz und Deckungsbeitrag, sondern auch Marktanteil und Marktposition. Der Produktmanager ist die rechte Hand der Geschäftsführung. Er ist Unternehmer im Unternehmen und spezialisiert auf ein Produkt oder eine Produktlinie".

Abb. 8 Briefing durch den Produktmanager

3. Der Produktmanager kann nicht „loslassen"

Ein weiteres häufiges Phänomen ist, dass Produktmanager sich aus den früheren Positionen in den Funktionsbereichen nicht losreißen können. Diese Produktmanager sind im jeweiligen Funktionsbereich Spezialisten. Die neue Position als Produktmanager verlangt aber, dass der Produktmanager diese Aufgaben nun nicht mehr selber durchführt, sondern dass diese im Funktionsbereich umgesetzt werden. Der Produktmanager muss für die Erfüllung der Aufgabe für den betreffenden Funktionsbereich ein entsprechendes „Briefing" erarbeiten, die Umsetzung der Maßnahmen in den Funktionsbereichen überwachen und kontrollieren und die erzielten Ergebnisse freigeben. Dieses Vorgehen ist wie folgt zu verstehen (vgl. Abb. 8).

Die Produktmanager aus einem Konsumgüterunternehmen verwenden für das Briefing einer Werbeagentur bzw. der eigenen Kommunikationsabteilung folgende Briefinginhalte.

> **Beispiel: Briefinginhalte Werbeagentur/Marketingkommunikation**
> - Kurzbeschreibung des Produkts
> - Kommunikation und Kommunikationsmaßnahmen
>   - Welche Kommunikationsmaßnahmen sind geplant?
>   - Welche Maßnahmen wurden bereits durchgeführt?
>   - Welche Themen/Inhalte sollen kommuniziert werden?
>   - Gibt es weitere Punkte die berücksichtigt werden sollen?
>   - Gibt es bereits vorhandene Bilder, Texte, Slogans etc.?
> - Beschreibung Produkt/Dienstleistung/Services
>   - Was sind die Leistungen des Produkts?
>   - Aus welchen Gründen wurde das Produkt entwickelt?
>   - Welche Vor- und Nachteile hat das Produkt im Wettbewerbsvergleich?
>   - Was sind die drei wichtigsten Alleinstellungsmerkmale/USPs?
>   - Wo liegt die Wettbewerbsdifferenzierung (Produkt, Service . . .)?
>   - Ist das Produkt eine echte Innovation?
> - Beschreibung des Zielmarktes
>   - Lokaler, nationaler, internationaler Markt?
>   - Welche Marktsegmente/Kundengruppen gibt es im Zielmarkt?
>   - Wie unterscheiden sich die Marktsegmente/Kundengruppen?

- Wie groß ist der Markt und wie entwickelt er sich?
- Welche Wettbewerber gibt es im Zielmarkt?
- Welche Kommunikationsschwerpunkte setzt der Wettbewerb?
• Beschreibung der Zielgruppe
  - Wer ist wie am Kaufentscheidungsprozess beteiligt?
  - Wie sieht der Kaufentscheidungsprozess aus?
  - Wie ist das Kaufverhalten auf dem Produktmarkt?
  - Wo und wie informieren sich die Kunden über das Produkt?
  - Gibt es bereits vorhandene Bilder, Texte, Slogans etc.?
• Preis und Preisstrategie
  - Wie hoch ist der Produktpreis bzw. der Preis der Wettbewerbsprodukte?
  - Wie ist die Preisstrategie und wie wird das Produkt positioniert?
  - Welche Preismodelle (z. B. Rabattsysteme) gibt es?
  - Entsprechen die Preisunterschiede den Leistungsunterschieden?
• Vertrieb und Marketing
  - Wie wird das Produkt verkauft (Nutzen vs. Preis)?
  - Welche Vertriebs-/Absatzkanäle werden genutzt?
  - Welche Vertriebs- und Marketingmaßnahmen werden eingesetzt?
  - Welche sonstigen Rahmenbedingungen müssen berücksichtigt werden?
• Budgetsituation
  - Wie hoch ist das Kommunikationsbudget?
  - Was beinhaltet das Budget und wie wurde es festgelegt?
  - Ist das Budget projektbezogen oder periodenbezogen (z. B. Jahresbudget)?
• Kommunikationsaufgabe der Agentur/Kommunikationsabteilung
  - Was sind die Kommunikationsziele im Detail (z. B. Bekanntheitsgradziel)?
  - Was genau soll die Agentur/Kommunikationsabteilung tun?
  - Welche konkrete kreative Aufgabe wird erwartet?
  - Welcher Medien-Mix soll eingesetzt werden?
  - Welche Designvorgaben (z. B. Corporate Design) gibt es?
  - Wie sieht der Zeit- und Terminplan aus?

Die funktionalen Bereiche (Marketing, Vertrieb, Entwicklung etc.) erstellen auf Basis des Briefings des Produktmanagers ein Umsetzungskonzept. Dieses Umsetzungskonzept enthält neben den inhaltlichen Themen auch ein dazu notwendiges Budget. Das Umsetzungskonzept (inkl. Budget) wird sinnvollerweise mit dem Produktmanagement abgestimmt und zur Umsetzung (durch die Funktionsbereiche) freigegeben. Die Umsetzungsergebnisse werden mit den Briefinginhalten abgeglichen. Am Beispiel einer Produktentwicklung sieht das Vorgehen wie in Abb. 9 dargestellt aus.

Das Lastenheft (Briefing) für das neu zu entwickelnde Produkt erstellen Sie als Produktmanager. Das Lastenheft enthält nach DIN 69905 die Gesamtheit der Forderungen des Produktmarktes an das Produkt. Generell beschreibt es die unmittelbaren Zielsetzungen, Aufgabenstellungen, Funktionen, Leistungen, Erwartungen und Anforderungen des Marktes sowie weitere Eckdaten zum gewünschten Produkt. Die Inhalte des Lasten-

Abb. 9 Lasten- und Pflichtenheft im Rahmen der Produktentwicklung

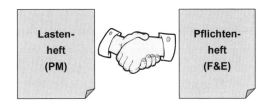

heftes sollten quantifizierbar und nachprüfbar sein. Das erleichtert Ihnen die spätere Durchführung von Produkttests. Zusätzlich werden auch die Marktsituation, die unternehmensinternen Rahmenbedingungen (z. B. Prozesse, Systeme, Verfahren ...), zeitliche Faktoren und die voraussichtlichen Kosten und Preise dargestellt. Das Lastenheft ist in erster Linie eine Problem- und Zielbeschreibung. Es beinhaltet keine technische Problemlösung oder konkreten Schritte zur Lösung des Problems oder zur Erreichung der Ziele. Es wird das WAS und nicht das WIE beschrieben.

▶ **Das Lastenheft** ist eine Problem- und Zielbeschreibung!

Folgendes Beispiel zeigt Ihnen die Inhalte eines Lastenheftes aus einem Unternehmen der Umwelttechnik.

Beispiel: Inhalte eines Lastenheftes

- Produktbeschreibung und Projektstruktur
- Wettbewerberinformationen (Produktvergleich, Preise ...)
- Marktdaten (Marktvolumen, Marktanteil ...)
- Markt- und Kundensegmente
- Anwendungen und Einsatzgebiete
- Marktanforderungen und Entwicklungsziele
  - Einsatzbedingungen und Umweltanforderungen
  - Hauptanforderungen (Hardware, Software, Service, Dienstleistungen ...)
  - Options- und Zusatzanforderungen
  - Schnittstellen- und Schnittstellenanforderungen
  - Lebensdaueranforderungen, Lebenszyklus und Roadmap
  - Sicherheitsanforderungen
  - Normen, Patente, Richtlinien, Prüfverfahren
- Wirtschaftlichkeit aus Markt- und Kundensicht
- Wirtschaftlichkeit aus Herstellersicht
  - Preis- und Kostenziele
  - Absatzziele und Break-Even-Berechnung
  - Investitionsziele und Return on Investment (ROI)
  - Produktdeckungsbeitrag, Wirtschaftlichkeitsberechnung
  - Kosten Entwicklungsprojekt
- Know-how-Anforderungen
- Termin- und Zeitplan (inkl. Markteinführungszeitpunkt)

Die Inhalte eines Lastenheftes aus einem IT-Internehmen zeigt folgendes Beispiel.

> **Beispiel: Inhalte eines Lastenheftes (Requirement Specification)**
> - Product Drivers
>   - Purpose of the Project
>   - Client, Customer and other Stakeholders
>   - Users of the Product
> - Product/Project Constraints
>   - Mandated Constraints
>   - Naming Conventions and Definitions
>   - Relevant Facts and Assumptions
> - Functional Requirements
>   - The Scope of the Work
>   - The Scope of the Product
>   - Functional and Data Requirements
> - Non Functional Requirements
>   - Look and Feel Requirements
>   - Usability and Humanity Requirements
>   - Performance Requirements
>   - Operational Requirements
>   - Maintainability and Support Requirements
>   - Security Requirements
>   - Cultural and Political Requirements
>   - Legal Requirements
> - Product/Project Issues
>   - Open Issues
>   - Off-the-Shelf Solutions
>   - New Problems
>   - Tasks
>   - Cutover
>   - Risks
>   - Costs
>   - User Documentation and Training
>   - Waiting Room
>   - Ideas for Solutions

Ein Lastenheft sollte in standardisierter Form zur Verfügung stehen. Eine eindeutige Nummerierung der Anforderungen erleichtert Ihnen eine spätere Bezugnahme auf das Pflichtenheft. Um das Lastenheft übersichtlich zu gestalten, wird es in kurzem Text gefasst und mit Tabellen, Grafiken oder Zeichnungen ergänzt. Da häufig nicht alle Anforderungen in einem Produkt realisiert werden können bzw. verschiedene Anforderungen gegenläufig sein können, macht es Sinn, die zusammengestellten Anforderungen nach Muss- und Wunschanforderungen zu unterteilen. Zudem sollten Sie die Anforderungen durch quantitative Vorgaben konkretisieren.

Für die Erstellung von Lastenheften ist etwas Vorarbeit nötig. Entscheidend ist hier die detaillierte Kenntnis des Produktmarktes. Hier können Sie Ihre Kompetenz als Produkt-Markt-Experte voll ausspielen.

Ein Unternehmen aus der Branche Medizintechnik hat dafür einen vierstufigen Prozess entwickelt, den der Produktmanager gemeinsam mit dem Produktteam durchläuft.

Beispiel: Prozessschritte zur Lastenheft entwicklung

- **Prozessschritt 1: Marktanalyse**
  Dieser Prozessschritt beinhaltet eine gründliche Analyse der Marktanforderungen. Wettbewerberprodukte werden untersucht, Reklamationsstatistiken ausgewertet, Anwendungsbeobachtungen bei Kunden durchgeführt, Produktworkshops mit Nutzern veranstaltet und Kundenproblemanalysen durchgeführt.
- **Prozessschritt 2: Sammlung und Aufbereitung der Anforderungen**
  Hier erfolgt eine systematische und strukturierte Zusammenstellung der Markt- und Kundenanforderungen. Die Anforderungen werden nach bestehenden Gliederungskriterien gruppiert, zusammengefasst und formuliert.
- **Prozessschritt 3: Priorisierung**
  Bei der Priorisierung wird darauf geachtet, ob Anforderungen sich gegenseitig beeinflussen oder sogar in Konflikt zueinander stehen. Das Produktteam setzt hier die Quality Function Deployment Methodik ein. Anschließend wird eine Differenzierung der Anforderungen in Muss- und Wunschanforderungen vorgenommen. Ein besonders wichtiger Punkt in diesem Prozessschritt ist die Quantifizierung der Anforderungen!
- **Prozessschritt 4: Lastenhefterstellung**
  Zusätzlich zu den Marktanforderungen werden in diesem Schritt noch weitere Informationen gesammelt und aufbereitet (z. B. Markt- und Wettbewerbssituation, finanzielle und wirtschaftliche Aspekte, Zeit- und Terminsituation etc.). Das Lastenheft wird fertiggestellt und kann anschließend mit der Geschäftsführung besprochen werden.

Aufgrund der Vorgaben aus Ihrem Lastenheft erstellt die Forschung und Entwicklung (F&E) ein Pflichtenheft. Im Pflichtenheft wird das Produktkonzept bis auf die Ebene der Baugruppen und der Einzelteile technisch beschrieben (z. B. Abmessungen, Gewicht, Funktionalität, Design, Qualität ...). Die Aussagen über die Absatzziele werden durch konkrete Kosten- und Wirtschaftlichkeitsrechnungen ergänzt. Das Fertigungskonzept wird z. B. hinsichtlich der Anlagentechnik, des Maschineneinsatzes und der Lieferanten festgelegt. Das Pflichtenheft beinhaltet konkrete, detaillierte Inhalte und Vorgehensweisen zur Problemlösung und Zielerreichung.

▶ **Das Pflichtenheft** beschreibt die Problemlösung und die Zielerreichung!

Folgendes Beispiel zeigt Ihnen die Inhalte eines Pflichtenheftes aus einem Unternehmen der Industrieautomation.

Beispiel: Inhalte eines Pflichtenheftes (Auszug)

- Anforderung an Funktion und Aufbau
- Produktfunktionen und Merkmale
- Eingesetzte Technologie
- Vorgabe technischer Daten
- Detaillierte Leistungsdaten (Abmessungen, Design . . .)
- Hard- und Software
- Toleranzbereiche für Produktion und Qualitätssicherung
- Anforderung an Bauteile, Baugruppen und Einzelteile
- Bestimmung Entwicklungswerkzeuge
- Kostenbestimmung entsprechend der Absatzschätzung
- Festlegung des Entwicklungsbudgets
- Prüfung der technischen Machbarkeit
- Bestimmung der notwendigen Kapazitäten
- Realisierungsschritte, Teilaktivitäten und Zeitziele
- Festlegung der Normen und Prüfvorschriften
- usw.

Diese Abstimmung des Produktmanagers mit der F&E mittels Lasten- und Pflichtenheft ist kritisch. Die Entwicklung beginnt, auf Basis des Pflichtenhefts mit der Produktentwicklung, die meist in einem Prototyp, als Zwischenstufe, endet. Diesen Prototyp vergleichen Sie mit den Vorgaben des Lastenheftes und geben ihn, wenn alles erfüllt wird, zur Serienproduktion/Vorserienproduktion frei.

Fehler im Lastenheft wirken sich unweigerlich auf den Produkterfolg aus, wie folgender Fall aus der Konsumgüterindustrie zeigt.

Beispiel: Folgen fehlerhafter Lastenhefte

Ein Produktmanager eines Unternehmens aus der Konsumgüterindustrie war verantwortlich für die Entwicklung eines neuen Speiseeises. Neben der eigentlichen Produktentwicklung, die in diesem Fall eher einfach war, musste auch noch eine Verpackung entwickelt werden, die sowohl logistischen als auch marketingrelevanten Anforderungen entsprechen sollte. Es wurde ein „Lastenheft" für die Verpackung entwickelt. Ein externer Dienstleister als Verpackungsspezialist entwickelte ein „Pflichtenheft" für die Verpackung und erstellte den Prototyp. Der Prototyp wurde aus Zeitgründen nur ungenügend getestet. Das Produkt wurde am Markt eingeführt und hatte in den ersten Wochen auch gute Absätze erzielt. Anschließend ging es nur noch abwärts. Der Grund war durch eine Kundenbefragung schnell gefunden. Die Verpackung passte nicht in das Standardgefrierfach eines Kühlschranks. Der Fehler lag im Lastenheft. Diese Vorgabe fehlte!

Für Sie ist natürlich die Erstellung des Lastenheftes mit Aufwand verbunden. Auch die folgenden Abstimmungsprozesse mit den funktionalen Bereichen oder auch mit externen Instituten und Dienstleistern sind zeit- und ressourcenintensiv. Manche Produktmanager gehen nun dazu über, möglicherweise weil sie aus früheren Positionen über die entsprechende Fachkompetenz verfügen, diese Tätigkeiten wieder selber durchzuführen. Mit negativen Folgen, wie Ihnen das folgende Beispiel zeigt.

> **Beispiel: Nicht-loslassen-Können der funktionalen Aufgaben**
>
> Ein Produktmanager eines Unternehmens aus der Verpackungsmittelindustrie wurde vor kurzem zum Produktmanager „befördert". Sein früherer Aufgabenbereich lag in der Forschung und Entwicklung des Unternehmens. Dort widmete er sich in den letzten Jahren neuen Verpackungstechnologien. Als Produktmanager kam er nun in die Situation, für den Aufbau eines neuen Geschäftsbereiches ein neues Produkt zu entwickeln und zu vermarkten. Nach den entsprechenden Marktanalysen wurde ein Lastenheft erstellt. Das Briefing der Entwicklung zur Erstellung eines Pflichtenheftes verlief unbefriedigend, so dass sich der Produktmanager entschied, die Entwicklung des Produkts selbst durchzuführen. Durch die vernachlässigte strategische Positionierung und Vermarktung des Produkts wurde die Markteinführung des Produkts ein Flop.

Die funktionalen Bereiche des Unternehmens stellen wichtige Ressourcen und Kompetenzen für Sie als Produktmanager dar. Diese Ressourcen nicht zu nützen, bedeutet meist, eigene Zeit dafür einsetzen zu müssen. Dabei besteht die Gefahr, dass Sie wichtige Aufgaben im Produktmanagement nicht oder nur mangelhaft wahrnehmen können.

4. **Den Funktionsbereichen mangelt es an Fachkompetenz/Ressourcen**
   Ein größeres Problem gibt es für Sie, wenn die funktionalen Bereiche Ihres Unternehmens die notwendige Fachkompetenz bzw. die notwendigen Ressourcen nicht zur Verfügung stellen können.

> **Beispiel: Mangelnde Fachkompetenz der Fachabteilungen**
>
> Ein Unternehmen aus der Verbindungstechnik baute einen neuen Geschäftsbereich auf. In diesem neuen Geschäftsbereich wurden neue Produkte der Verbindungstechnik sowie neue Technologien eingesetzt. Die Produkte wurden entwickelt und parallel dazu die Markteinführung vorbereitet. Produktmanager wurden den neuen Produkten zugeordnet und diese begannen ihre Arbeit. Zu einem bestimmten Zeitpunkt musste nun die Produktdokumentation entwickelt werden. Das Briefing für die Abteilung Produktdokumentation wurde erstellt und der Abteilung zur Verfügung gestellt. Die Abteilung reagierte mit folgender Feststellung: Sie sei nicht da, um sich etwas einfallen zu lassen (wie im Briefing gefordert), sondern sie habe bisher nur Texte und Bilder im Layoutprogramm zusammengestellt.

Diese Abteilung hatte weder die Ressourcen noch das Spezialistenwissen, um professionelle Fachtexte, Fachzeichnungen und Industriefotografien zu erstellen. Das Problem konnte in diesem Fall durch Outsourcing an einen professionellen Dienstleister gelöst werden.

Die beschriebenen Gründe treten leider meist in Kombination in Unternehmen auf. Das Abdriften des Produktmanagers in funktionale Bereiche gefährdet die Erfüllung seiner strategischen Verantwortung für sein Produkt oder seine Produktgruppe. Als Produktmanager sind Sie als strategisch Verantwortlicher in einer klaren Managementfunktion. Diese Managementfunktion wird im nächsten Schritt geklärt und eine Abgrenzung des Produktmanagements zum operativen Geschäft durchgeführt.

4 Eine Grundsatzentscheidung: Die Positionierung des Produktmanagers im Unternehmen

Die Positionierung des Produktmanagements in Ihrem Unternehmen gehört zu den wesentlichen Grundsatzentscheidungen, die das Management bei Ihnen zu treffen hat. Auf Basis dieser Positionierung können alle weiteren Themen zur erfolgreichen Implementierung oder zur Optimierung des Produktmanagements abgeleitet werden. Mit dieser Grundsatzentscheidung wird im eigenen Unternehmen klargestellt, ob Sie als Produktmanager als Managementfunktion mit strategischer Verantwortlichkeit für das Produkt oder die Produktgruppe positioniert werden oder lediglich als Koordinations- und Betreuungsfunktion im Unternehmen verankert werden.

4.1 Positionierungsmöglichkeiten für das Produktmanagement

Die Positionierung des Produktmanagements erfolgt im Wesentlichen nach der Zuordnung von strategischen und/oder operativen Aufgaben zum Produktmanagement. Abbildung 10 zeigt die grundsätzlichen Möglichkeiten der Positionierung.

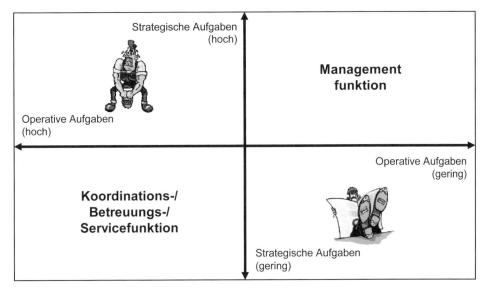

Abb. 10 Positionierung des Produktmanagements

Die unterschiedlichen Positionierungen des Produktmanagers entsprechend dieser Matrix sind wie folgt zu verstehen:

1. **Der Produktmanager als Schwerarbeiter**

- Strategische Aufgaben : Hoch
- Operative Aufgaben : Hoch

Dieser „Produktmanager" ist bestimmt nicht zu beneiden. Strategisch verantwortlich muss er auch noch sämtliche operativen Umsetzungsaufgaben wahrnehmen. Diese meist aus der Aufgabendelegation entstandene Situation ist sowohl für den Produktmanager als auch für das Unternehmen keine sinnvolle Positionierung. Produktmanager in solchen Situationen haben meist eine kurze Verweildauer in der Position oder im Unternehmen. Interessant ist auch, dass in Unternehmen meist nicht das gesamte Produktmanagement in dieser Positionierung zu finden ist. Einige Produktmanager schaffen es immer wieder, sich gegen Aufgabendelegation durchzusetzen. Ein Hinweis, dass bei gleichen Rahmenbedingungen und meist gleichen fachlichen Fähigkeiten die Persönlichkeitseigenschaften der Produktmanager eine Rolle spielen.

2. **Der „freizeitorientierte" Produktmanager**

- Strategische Aufgaben : Gering
- Operative Aufgaben : Gering

Diese Positionierung des Produktmanagers ist (möglicherweise zu Ihrem Leidwesen) in der Praxis nicht anzutreffen.

3. **Der Produktkoordinator**

- Strategische Aufgaben : Gering
- Operative Aufgaben : Hoch

Dieser „Produktmanager" ist klar operativ ausgerichtet. Er wird zwar in der Praxis häufig als Produktmanager bezeichnet, ist es aber nicht. Unternehmen, die diese Form des „Produktmanagements" einsetzen, nutzen eher folgende Bezeichnungen:

- Produktkoordinator
- Produktspezialist
- Produktbetreuer
- Junior Product Manager
- Produktassistent

Da diese „Produktmanager" keine strategische Verantwortung für das Produkt oder die Produktgruppe haben, können sie auch nicht für das Ergebnis (z. B. Umsatz, Absatz, Marktanteil, Deckungsbeitrag . . .) verantwortlich gemacht werden und damit auch nicht nach diesen Leistungskriterien bezahlt werden. Bei diesen „Produktmanagern" gibt es jedoch in der operativen Ausrichtung und operativen Verantwortung zahlreiche Schwerpunkte. Manche sind eher operativ in den technischen Bereichen tätig, andere haben eher einen Schwerpunkt in Marketing und Vertrieb. Diese Schwerpunkte haben Auswirkung auf die organisatorische Eingliederung dieser Form des „Produktmanagements".

4. **Der „echte" Produktmanager**

- Strategische Aufgaben : Hoch
- Operative Aufgaben : Gering

Der echte Produktmanager! Er wird mit Recht als Produktmanager bezeichnet. Als Inhaber einer strategisch verantwortlichen Managementposition ist er für das Ergebnis der Produkte/Produktgruppen voll verantwortlich. Dieser Produktmanager sollte auch nach den entsprechenden Leistungskriterien bezahlt werden. Mit seinem strategischen Aufgabenprofil kann er den Erfolg des Produkts maßgeblich gestalten und beeinflussen. Diese Positionierung des Produktmanagements setzt sich zunehmend in Unternehmen durch. Abbildung 11, basierend auf einer explorativen Befragung der MSG Management Systems St. Gallen, zeigt Ihnen die aktuelle Situation der strategischen Ausrichtung im Produktmanagement. Diese Abbildung veranschaulicht die Situation im Industriebereich. Der Anteil der Unternehmen, die ein strategisch ausgerichtetes Produktmanagement haben, ist

Abb. 11 Situation der strategischen Verantwortung

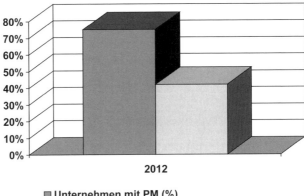

Abb. 12 Operativer Einsatz eines Produktmanagers

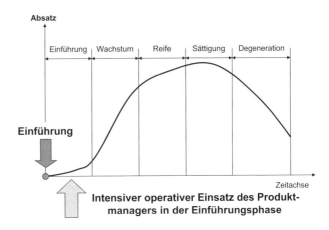

noch relativ gering. Obwohl viele Unternehmen eine stärkere strategische Positionierung anstreben, ist der Umsetzungserfolg noch relativ begrenzt.

4.2 Operatives und strategisches Produktmanagement

Die Abgrenzung zwischen operativem und strategischem Produktmanagement kann in der Praxis natürlich nicht zu 100 % vollzogen werden. Es gilt auch hier die klassische 80:20-Regel. Außerdem gibt es auch in den Arbeitsprozessen eines strategisch ausgerichteten Produktmanagers Zeiten und Situationen, in denen eine operativ ausgerichtete Tätigkeit sinnvoll, wenn nicht sogar Erfolgsvoraussetzung ist. Zusätzlich müssen Sie, auch wenn Sie als Produktmanager strategisch positioniert sind, das operative Tagesgeschäft ständig steuern, koordinieren, kontrollieren und optimieren. Abbildung 12 zeigt den zeitlichen Schwerpunkt der operativen Tätigkeit eines Produktmanagers im Rahmen der Produkteinführung.

In der Phase der Produkteinführung, der ersten Phase im Lebenszyklus eines Produkts am Markt, ist es häufig sinnvoll, die funktionalen Bereiche operativ zu unterstützen. Vor allem im Vertrieb wird diese Unterstützung benötigt, da neue Produkte, trotz Produktschulung, noch nicht so im Vertriebsdenken verankert sind wie bestehende Produkte.

> **Beispiel: Operativer Einsatz eines strategisch orientierten Produktmanagers**
>
> Ein Unternehmen in der Verbrauchsgüterindustrie hatte bei der Markteinführung eines neuen Produkts Probleme im Vertrieb. Trotz Produktschulung der Vertriebsmannschaft hatten viele Außendienstmitarbeiter große Mühe, das erklärungsbedürftige Neuprodukt beim Kunden zu verkaufen. Zusätzlich erschwerend war die Tatsache, dass für das neue Produkt eine neue Technologie eingesetzt wurde. Der Produktmanager, der in diesem Unternehmen als strategische Managementposition verankert war, musste in der Einführungsphase vermehrt den Vertrieb unterstützen, um eine erfolgreiche Einführung des Produkts am Markt sicherzustellen.

Dies beinhaltete folgende operative Tätigkeiten:

- Begleitung des Vertriebs bei Kundenkontakten (selektiv)
- Coaching für den Vertrieb per Telefon, Fax und E-Mail
- Präsentation erfolgreicher Referenzbeispiele bei Kunden (Key Accounts)
- „Nachschulung" einzelner Vertriebsmitarbeiter

Die operative vertriebsunterstützende Tätigkeit sollte aber klar zeitlich beschränkt bleiben. Die Unterstützung nach der Einführungsphase eines Produkts sollte sich auf wenige Spezialfälle beschränken. Hier müssen Sie Grenzen setzen!

Darüber hinaus gibt es auch Situationen, in denen die Ressourcen im Unternehmen für die operative Abwicklung von Aufgaben nicht vorhanden sind. In größeren Unternehmen mit mehreren hunderten Außendienstmitarbeitern macht es keinen Sinn, dass der Produktmanager die Produktschulung durchführt. Hier sind in der Regel eigene Abteilungen vorhanden, die diese operative Tätigkeit übernehmen. Der Produktmanager wird zwar involviert sein in der Erstellung des Schulungsprogramms und wird wahrscheinlich auch bei Pilotveranstaltungen dabei sein, aber die Umsetzung erfolgt dann durch diese Abteilung. Wenn jedoch Ihr Unternehmen nur einige wenige Außendienstmitarbeiter hat, ist es durchaus notwendig, dass Sie als Produktmanager die operative Tätigkeit der Produktschulung durchführen.

5 Ein vielfältiges Spektrum: Stellenbeschreibung und Anforderungsprofil des Produktmanagers

Stellenbeschreibung und Anforderungsprofil von Produktmanagern sind natürlich abhängig von der Positionierung des Produktmanagements im Unternehmen. Im Folgenden werden diese Unterschiede detailliert herausgearbeitet.

5.1 Stellenbeschreibung eines Produktmanagers

Die operativen bzw. strategischen Schwerpunkte eines Produktmanagers werden in der Regel in der Stellenbeschreibung festgelegt. Die Unterschiede zwischen strategisch orientierten und operativ orientierten Produktmanagern können Sie aus den folgenden Stellenbeschreibungen klar erkennen. Die Bezeichnung Produktbetreuer wurde hier für die operativ ausgerichtete Form des Produktmanagements gewählt, die Bezeichnung Produktmanager der strategischen Form des Produktmanagements zugewiesen.

> **Beispiel: Stellenbeschreibung eines Produktbetreuers**
>
> - **Stellenbezeichnung**: Produktbetreuer
> - **Vorgesetzter**: Produktmanager
> - **Zielsetzungen**:
>   - Unterstützung bei der Steuerung, Koordination und Durchführung von produktbezogenen Maßnahmen und Aktivitäten innerhalb und außerhalb des Unternehmens
>   - Unterstützung des Produktmanagers bei der strategischen Produktführung und bei der operativen Umsetzung
>   - Sicherstellung der Produktinformation und Produktberatung der jeweiligen Fachstellen/Fachbereiche (Vertrieb, F&E, Marketing, Anwendungstechnik, Service ...) im Unternehmen
>   - Sicherstellung der Fachkoordination zwischen den Fachstellen/Fachbereichen des Unternehmens
> - **Aufgaben**:
>   - Unterstützung bei der Durchführung von Markt- und Wettbewerberanalysen sowie von Trendanalysen
>   - Sammlung, Aufbereitung und Archivierung der Markt- und Wettbewerberinformationen
>   - Weiterleitung/Verteilung wichtiger Informationen an die betreffenden Fachstellen/Fachbereiche
>   - Durchführung technischer Analysen von Produkten der Mitbewerber

- Mitwirkung bei der Erstellung von Lasten- und Pflichtenheften sowie bei der Erarbeitung von Markteinführungskonzepten und Produkt-/Marktplänen bzw. Vertriebsplänen
- Mitwirkung bei der Erarbeitung der Produktentwicklungsstrategie gemeinsam mit der Entwicklung
- Mitwirkung bei der Erarbeitung und Konzeption des produktspezifischen Fertigungsverbundes gemeinsam mit der F&E, der Produktion und der Anwendungstechnik
- Definition der Anforderungen an Angebots- und Abwicklungssysteme, Logistiksysteme, Qualitätssysteme, Controllingsysteme etc.
- Produktbezogene Unterstützung des Vertriebs und des Key Account Managements im operativen Geschäft
- Erstellung einer vertriebsorientierten Produktdokumentation und der notwendigen Verkaufsunterlagen (Vertriebshandbuch, Referenzbeispiele ...)
- Analyse und Erarbeitung von Maßnahmen zur Reduzierung von Produktkosten/Herstellkosten zusammen mit F&E, Produktion und Anwendungstechnik
- Durchführung von vertriebsbezogenen Produktschulungen für interne (Vertrieb, Key Account Management) und externe Vertriebspartner
- Mitarbeit bei der Erarbeitung, Konzeption und Umsetzung operativer Marketing- und Vertriebsmaßnahmen
- Aufbereitung und Optimierung des Produktcontrollings für das Produktmanagement

An diesem Beispiel können Sie erkennen, dass die Zielsetzungen und Aufgaben operativer Natur sind. Der Produktbetreuer arbeitet zwar bei strategischen Aufgaben mit, die strategische Verantwortung liegt aber beim Produktmanager. Die operativen Ziele für den Produktbetreuer werden gemeinsam mit dem Produktmanager vereinbart.

Beispiel: Stellenbeschreibung eines Produktmanagers

- **Stellenbezeichnung**: Produktmanager
- **Vorgesetzter**: Geschäftsbereichsleiter
- **Unterstellung**: Produktbetreuer
- **Zielsetzungen:**
  - Strategische Produktführung und Optimierung des Umsetzungsmanagements des zugewiesenen Produkts/der zugewiesenen Produktgruppe
  - Optimierung des Umsatzes, Absatzes, Deckungsbeitrages und des Kostenmanagements des Produkts/der Produktgruppe
  - Optimierung der Steuerung, Koordination und Umsetzung aller produktbezogenen Maßnahmen und Aktivitäten innerhalb (Geschäftsführung, Ge-

schäftsbereichsleitung, funktionale Bereiche) und außerhalb des Unternehmens (Agenturen, Dienstleister, Vertriebspartner, Kunden ...)
– Optimierung des produktbezogenen Informationsmanagements innerhalb des Unternehmens und mit den jeweiligen Marktpartnern
- **Aufgaben**:
  – Sicherstellung/Gewinnung von produktrelevanten Markt- und Wettbewerberinformationen sowie relevanter Trends und Entwicklungen am Produktmarkt
  – Positionierung der Produkte im Produktmarkt
  – Bestimmung der Vorteile und Nachteile der Produkte im Wettbewerbsvergleich sowie der Value Position der Produkte
  – Erstellung von Anforderungsprofilen (Lastenheften) für neu zu entwickelnde Produkte bzw. Produktmodifikationen
  – Freigabe des von der F&E erstellten Pflichtenheftes (kostenmäßig)
  – Entwicklung von Markteinführungsstrategien und längerfristigen Produktstrategien
  – Entwicklung von Produkt-Markt-Plänen auf Jahresbasis hinsichtlich Zielplänen, Maßnahmenplänen, Budgetplänen, Zeitplänen ...
  – Coaching der F&E in der Produktentwicklungsphase. Mitwirkung bei wichtigen Meilensteinmeetings im Produktentwicklungsprozess
  – Durchführung des Produktcontrollings (Controllingkreislauf) auf monatlicher Basis
  – Analyse von Umsatz- und Absatzentwicklung, Ergebnisentwicklung und Marktanteilsentwicklung
  – Zusammenstellung der Marketing-Mix-Strategien im Detail (Preisstrategien, Sortimentsstrategien ...) sowie Festlegung der marketing- und vertriebsrelevanten Schwerpunktmaßnahmen
  – Management des gesamten Produktlebenszyklus (Life Cycle Management) hinsichtlich Innovation, Markteinführung, Produktmodifikation (Relaunch) und Produkteliminierung
  – Sicherstellung der Vertriebsunterstützung hinsichtlich produktspezifischer Vertriebsunterlagen und vertriebsunterstützender Unterlagen (Verkaufshandbücher, Argumentationshilfen ...)
  – Zusammenstellung des Marketing-Mix im Detail (Mailingaktionen, Messeauftritte, Werbemaßnahmen ...)
  – Budgetierung der Maßnahmen und Budgetkontrolle
  – Zurverfügungstellung von markt- und wettbewerbsorientierter Informationen für die Geschäftsbereichsleitung und die Geschäftsführung für das Produktportfolio
  – Mitwirkung im Produktportfoliomanagement des Unternehmens/Geschäftsbereiches

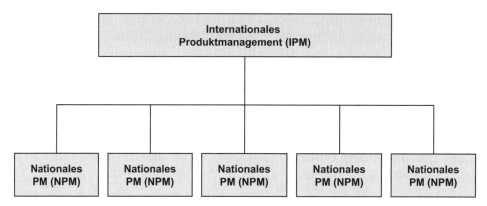

Abb. 13 Internationales/Nationales Produktmanagement

An diesem Beispiel können Sie die strategische Ausrichtung des Produktmanagers erkennen. Sowohl die Zielsetzungen, die Umsatz-/Absatzverantwortung und auch Ergebnisverantwortung beinhalten, als auch die Aufgaben, die Strategieentwicklung und Konzeption beinhalten, sind strategischer Natur.

Die unterschiedlichen Positionierungsmöglichkeiten des Produktmanagements führen zu einer deutlichen Abgrenzung hinsichtlich der Zielsetzungen und Aufgaben im Unternehmen. Diese Abgrenzungen führen aber auch dazu, dass der Produktmanager sehr stark in die strategischen Prozesse des Unternehmens integriert ist, während der Produktbetreuer, oder allgemein der operativ orientierte Produktmanager, stärker in die operativen Umsetzungsprozesse involviert wird.

Diese Integration in die unterschiedlichen Prozesse ist für ein gut funktionierendes Produktmanagement in Ihrem Unternehmen wichtig. Beide Ebenen, die strategische wie auch die operative Ebene, sind erfolgreich zu managen, um den Produkterfolg sicherzustellen. Deshalb können in Ihrem Unternehmen beide Formen des Produktmanagements existieren und erfolgreich zusammenarbeiten.

Das Beispiel eines Unternehmens mit internationalem Produktmanagement zeigt Ihnen diese Zusammenarbeit zwischen operativem und strategischem Produktmanagement (siehe Abb. 13).

Dieses Unternehmen mit einer Zentrale in den Vereinigten Staaten hat für die Hauptprodukte und Produktgruppen, bezeichnet als „Mega Brands", ein internationales Produktmanagement eingesetzt. Die internationalen Produktmanager (IPM) sind strategisch verantwortlich für die Absätze und Umsätze und auch für die Gewinnsituation des Produkts oder der Produktgruppe weltweit. In der operativen Umsetzung wird der IPM durch ein nationales Produktmanagement (NPM) unterstützt. Das nationale Produktmanagement ist für alle wichtigen Länder eingesetzt. Der NPM für das jeweilige Land hat operative Umsetzungsverantwortung und ist nicht strategisch für das Produkt verantwortlich.

Folgende Aufgaben sind dem IPM zugeordnet:

- Produktpositionierung international
- Brandmanagement
- Produktstrategie weltweit
- Festlegung der Länderprioritäten (Länderportfolio)
- Produktdifferenzierungen nach Ländern
- Produktplanung weltweit (Top-down)
- Festlegung der Marketing-Mix-Strategien (global)

Folgende Aufgaben sind dem NPM zugeordnet:

- Umsetzung der Produktstrategie in den Ländern
- Produktplanung (Bottom-up) für das Land
- Anpassung der Produktstrategie an Ländererfordernisse (in Absprache mit dem IPM)
- Controlling der Umsetzung in den Ländern
- Sammlung und Aufbereitung länderspezifischer Marktdaten
- Monitoring länderspezifischer Trends und Entwicklungen
- Umsetzung des Marketing-Mix auf Länderebene

Die operativen Zielsetzungen zwischen IPM und NPM werden einmal pro Jahr im Rahmen eines Zielvereinbarungsprozesses abgestimmt.

5.2 Sonstige Aufgaben eines Produktmanagers

Neben den bereits dargestellten eigentlichen Aufgaben eines Produktmanagers müssen Sie sich im Rahmen Ihrer Aufgabenerfüllung auch um Themen kümmern, die nicht in Ihrem ursprünglichen Verantwortungsbereich liegen. Dies bedeutet, dass Sie produktbezogene Interessen auch in den Funktionsbereichen durchsetzen müssen. Sie haben zwar in diesem Zusammenhang meist keine Linienautorität, es muss Ihnen aber trotzdem, durch entsprechende Intervention, gelingen, dass produktrelevante Themen frühzeitig und ausreichend in den Funktionen Berücksichtigung finden. Im Vertrieb können das beispielsweise folgende Inhalte und Themen sein.

Beispiel: Produktbezogene Interessen in den Funktionsbereichen
- Bewertung der Vertriebsorganisation
- Bewertung der Distributionswege (hinsichtlich Eignung, Performance)
- Durchsetzung der Produktschulung
- Gestaltung des Vertriebscontrollings (kunden- und produktbezogen!)
- Gestaltung und Zuordnung der Verkaufskosten zu Produkten

- Optimierung der Vertriebseffizienz (produktbezogen)
- Einwirkung auf Vertriebssteuerung (z. B. Opinion-Leader-Fokussierung im Rahmen der Produkteinführungsphase)
- Produktbezogene Verkaufsförderung für den Außendienst
- Sicherstellung der Produktprioritäten
- Aufbau eigener Kundenkontakte (zu Marktforschungszwecken)
- Mitwirkung bei Stellenbesetzungen von Außendienstmitarbeitern

Auf den ersten Blick ist klar ersichtlich, dass diese Themen im Verantwortungsbereich des Vertriebsleiters oder des Vertriebsmanagements liegen. Sie als Produktmanager müssen jedoch hier gezielt einwirken, um sicherzustellen, dass Ihr Produkt oder Ihre Produktgruppe bei den relevanten Entscheidungen ausreichend berücksichtigt wird. Erfolgt dies nicht, kann es zu schweren Problemen, besonders in der Umsetzung, kommen.

Beispiel: Fehlende Durchsetzung produktbezogener Interessen

Ein Unternehmen in der Industrieautomation führte eine neue Produktgruppe ein. Mit dieser Neueinführung wurde gleichzeitig ein Technologiewandel im Unternehmen vollzogen. Bei den bisherigen Produkten wurde die jeweilige Funktion mechanisch durchgeführt. Bei der neuen Produktgeneration wurde die Produktfunktion auf elektronischem Wege umgesetzt. Zusätzlicher Vorteil war auch, dass die neue Produktgruppe, durch die Möglichkeit der Programmierung, praktisch beliebig an die jeweiligen Kundenbedürfnisse angepasst werden konnte. Das Produkt wurde mit hohem Aufwand entwickelt und am Markt eingeführt. Das Produktmanagement hatte aber leider versäumt, die produktbezogenen Rahmenbedingungen speziell im Vertrieb zu überprüfen. Die Außendienstmitarbeiter in den Vertriebsniederlassungen verkauften bisher mechanische Produkte. Der Verkauf elektronischer Produkte verlangte aber Elektronikkenntnisse und auch einen anderen Zugang zum Kunden. Das Unternehmen war gezwungen, relativ rasch dieses notwendige Vertriebs-Know-how durch Anstellung und Schulung neuer Außendienstmitarbeiter sicherzustellen. Die Einführung der neuen Produktgruppe verzögerte sich aber damit um fast ein Jahr.

Produktmanager müssen es verstehen, die unternehmensinternen Ressourcen und Rahmenbedingungen bewusst zu gestalten. In einigen Fällen kann dies sehr schnell und einfach vollzogen werden, weil der Zugriff auf die Ressourcen durch Sie im eigenen Einflussbereich liegt. In anderen Fällen dauert es länger und ist mit mehr Anstrengung verbunden, weil eben die Verantwortung und die Umsetzung nicht im eigenen Gestaltungsbereich liegen. Ein weiteres Beispiel aus der Bauzulieferindustrie zeigt Ihnen eine erfolgreiche Intervention eines Produktmanagers.

Abb. 14 Produktbezogenes Prämienmodell

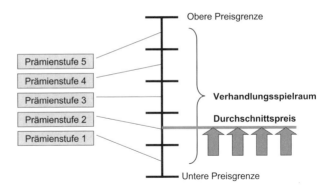

Beispiel: Durchsetzung produktbezogener Interessen

Ein Produktmanager aus einem Unternehmen der Bauzulieferindustrie hatte die Aufgabe, ein neues Produkt einzuführen. Das Unternehmen war in diesem Produktbereich ein Späteinsteiger in dem Markt. Die etablierten Wettbewerber hatten ihre Marktpositionen bereits gut gesichert und abgegrenzt. Um die Position der Wettbewerber zu brechen, versuchte der Produktmanager als zentrales Strategieelement eine Penetrationspreisstrategie. Der Produktpreis (Listenpreis) sollte deutlich unterhalb dem der übrigen Anbieter angesetzt werden und in halbjährlichen Abständen erhöht werden. Mit dieser Strategie sollte kurzfristig ein hoher Marktanteil aufgebaut werden. In enger Zusammenarbeit mit der Vertriebsleitung des Unternehmens wurde die Penetrationspreisstrategie entwickelt. Zusätzlich wurde für die Einführungsphase durch das Produktmanagement ein Prämiensystem für den Vertrieb entwickelt und umgesetzt. Für die Entwicklung vertriebsbezogener Prämiensysteme war zwar die Vertriebsleitung zuständig, doch durch die gute Zusammenarbeit zwischen Vertrieb und Produktmanagement wurde für diesen Zweck schnell eine gemeinsame Arbeitsgrundlage gefunden.

Das in diesem Unternehmen vom Produktmanagement entwickelte Prämiensystem für die Dauer der Einführungsphase war deshalb notwendig, weil in den letzten Jahren die Außendienstmitarbeiter des Unternehmens immer mehr über den Preis verkauft hatten. Produktnutzenargumentationen wurden, wenn überhaupt, nur mangelhaft geführt. In weiterer Folge führte dieses Vorgehen zu schrumpfenden Margen und zum Preisverfall. Um diesem Phänomen vorzubeugen und der Penetrationspreisstrategie klare Grenzen zu geben, wurde das Prämienmodell wie in Abb. 14 dargestellt entwickelt.

Zusätzlich zum Listenpreis wurde ein Rabatt- und Konditionenmodell entwickelt. Mit diesem Modell hatte der Vertrieb einen Verhandlungsspielraum beim Kunden. Im Rahmen des quantitativ orientierten Rabatt- und Konditionenrahmens wurden auch qualitative Elemente zur Preisgestaltung mitintegriert (Relationship Pricing). Das Vertriebscontrolling dieses Unternehmens war so ausgelegt, dass ein Durchschnittspreis pro Monat, pro

Produktgruppe und pro Außendienstmitarbeiter errechnet werden konnte. Um nun diesen Durchschnittspreis möglichst nach oben zu bringen, wurden der maximale Preis (obere Preisgrenze) und minimale Preis (untere Preisgrenze) errechnet. Dieser Verhandlungsspielraum wurde in fünf Segmente unterteilt und Prämienstufen zugeordnet. Außendienstmitarbeiter, die im Durchschnittspreis in der Prämienstufe eins lagen, bekamen keine zusätzliche Prämie. Erheblichen Anreiz lieferte die Prämienstufe fünf. Hier kam der progressive Prämienzuwachs voll zum Tragen.

Gerade die nicht unmittelbar zum Aufgabengebiet des Produktmanagers gehörenden Tätigkeiten sind mitunter erfolgskritisch. Produktmanager neigen manchmal dazu, diese Aufgabenbereiche auszublenden.

Produktmanager liefern dazu natürlich viele Begründungen:

- „Dafür bin ich nicht zuständig".
- „Die Funktionen haben daran kein Interesse".
- „Der Aufwand dafür ist mir zu groß".
- „Diese Frustration will ich nicht noch einmal erleben".
- „Mit Herrn X kann ich nicht, der passt persönlich nicht zu mir".

Eine unternehmerisch und strategisch orientierte Produktmanagerpersönlichkeit muss aber mit solchen Situationen umgehen lernen, um Erfolg zu haben. Ein Rückzug aus diesen Aufgaben oder eine Vermeidung dieser Aufgaben ist weder für Ihre persönliche Entwicklung als Produktmanager noch für den Produkterfolg empfehlenswert. Lassen Sie sich dabei nicht von den funktionalen Bereichen abschrecken. Mit Ausdauer und Durchhaltevermögen können Sie viel erreichen! Bleiben Sie am Ball, auch wenn Sie Ihre Interventionen öfters wiederholen müssen.

Es kann aber durchaus vorkommen, dass frustrierende Einzelerlebnisse auf die Stimmung drücken (siehe Abb. 15).

5.3 Schnittstellendefinition im Produktmanagement

Wenn Sie die Aufgaben des Produktmanagers definitiv festgelegt haben, können Sie im nächsten Schritt die Schnittstellendefinition im Detail entwickeln. Das Funktionendiagramm steht Ihnen dabei als bewährtes Hilfsmittel zur Verfügung. Im Funktionendiagramm werden die in der Unternehmensorganisation definierten Stellen und Abteilungen den in der Stellenbeschreibung des Produktmanagers definierten Aufgaben gegenübergestellt (vgl. Abb. 16).

In der Schnittstelle zwischen Aufgabe und zuständiger Stelle können Sie nun die Schnittstellen definieren. Dafür werden die Aufgaben in Teilaufgaben oder Prozessschritte weiter aufgeteilt und entsprechend zugeordnet.

Ein Unternehmen aus der Dienstleistungsbranche verwendet für die Aufgabenabgrenzung zwischen Produktmanagement und Produktbetreuer (beide Positionen wer-

Abb. 15 Frustrationserlebnisse im Produktmanagement. Quelle: Microsoft Clipart

den in diesem Unternehmen eingesetzt) und ebenso für die Abgrenzung zwischen Produktbetreuer und den funktionalen Bereichen die folgenden einfachen Symbole:

- E ... Entscheidung
- D ... Durchführung
- M ... Mitwirkung

Die genaue Schnittstellendefinition wird mit Hilfe des Funktionendiagramms vorgenommen. Dazu werden, wie in Abb. 17 dargestellt, die zentralen Hauptaufgaben im

Aufgabeninhalt \ Zuständige Stellen	Produktmanager	Geschäftsführung	Marketingleitung	Vertriebsleitung	Verkaufsförderung	Marktforschung	Werbung	Außendienst	Produktion	Entwicklung	...
Marketingplanung und Budgetierung											
Marktforschung											
Verkaufsförderung											
Produktmarktanalyse											
...											

Abb. 16 Grundschema des Funktionendiagramms

Abb. 17 Schnittstellendefinition Produktmanagement und Produktbetreuer

Aufgaben	Produktmanager	Produktbetreuer
Strukturbildung des Produktmarktes	D, E	M
Informationssammlung (Produktmarkt)	E	D, M
Analyse (Produktmarkt, Wettbewerb)	D, E	D, M
Produktstrategieentwicklung	D, E	M
Erstellung der Produktpläne (Jahrespläne)	D, E	M
Präsentation Business Plan	D, E	M
Jahreszielvereinbarung	D, E	M
Umsetzung der produktbezogenen Massnahmen	E	D, M
Produktcontrolling	D, E	D, M

Produktmanagement herangezogen und mittels der drei Symbole (E, D und M) mit den Stellen verknüpft.

Die dabei zugeordneten Aufgaben orientieren sich am Produktplanungs- und Umsetzungsprozess, der im Prozesshandbuch festgelegt ist.

In etwas abgewandelter Form wird in diesem Unternehmen auch das Funktionendiagramm verwendet, um die Schnittstellen zwischen Produktbetreuer und funktionalen Bereichen zu definieren (siehe Abb. 18).

Zusätzliche weitere Symbole zur Schnittstellendefinition können Sie natürlich nach Bedarf heranziehen.

Aufgaben	Funktionen	Produktbetreuer
Entwicklungsstrategie (technisch)	D, E (Entwicklung)	M
Technische Produktanalyse	M (Entwicklung)	D
Erstellung Lastenheft	M (Produktmanager)	D
Erstellung Pflichtenheft	D (Entwicklung)	M
Prozessanpassungen Logistik	D, E (Logistik)	M
Produktschulungen	M (Personal)	D
Produktdokumentation	M (Entwicklung)	D
Marktkommunikation	D (Marketing)	M
Vertriebsplanung	D, E (Vertrieb)	M

Abb. 18 Schnittstellendefinition Produktbetreuer und Funktionen

5 Ein vielfältiges Spektrum: Stellenbeschreibung und Anforderungsprofil ...

Aufgabeninhalt \ Zuständige Stellen	Produktmanager	Geschäftsführung	Marketingleitung	Vertriebsleitung	Verkaufsförderung	Marktforschung	Werbung	Außendienst	Produktion	Entwicklung	...
Marketingplanung und Budgetierung											
Marktforschung	I,B,E					K,D					
Verkaufsförderung											
Produktmarktanalyse											
...											

Abb. 19 Zuordnung der Schnittstellen

- A ... Auftragserteilung
- B ... Beratung
- D ... Durchführung
- E ... Entscheidung
- K ... Kontrolle
- M ... Mitsprache
- I ... Initiative
- P ... Planung
- V ... Vorschlag

Der Aufbau und die Zuordnung der Schnittstellen sollten sinnvollerweise gemeinsam mit den funktionalen Bereichen erfolgen. Dazu können Sie in einem Workshop die wichtigsten funktionalen Bereiche zusammenführen und gemeinsam die Schnittstellen zumindest für die Hauptaufgaben des Produktmanagements definieren. Eine regelmäßige Überprüfung und gegebenenfalls Anpassung nach drei bis sechs Monaten ist empfehlenswert.

Die Zuordnung der Schnittstellen für die Aufgabe der Marktforschung ist in Abb. 19 exemplarisch dargestellt.

Das Arbeitspaket produktbezogene Marktforschung wird hier in Prozessschritte unterteilt und den relevanten funktionalen Bereichen zugeteilt. Durch diese Zuteilung wird die Verantwortung (Durchführungsverantwortung) für die einzelnen Prozessschritte definiert und klar zugeordnet.

- I ... Initiative: Der Produktmanager initiiert eine produktbezogene Marktforschung.
- B ... Briefing: Der Produktmanager erstellt ein Briefing für die produktbezogene Marktforschung.
- K ... Konzeption: Die Marktforschung erstellt auf Basis des Briefings ein Umsetzungskonzept mit Budget.
- E ... Entscheidung: Der Produktmanager trifft die Entscheidung zur Umsetzung auf Basis des Umsetzungskonzeptes.
- D ... Durchführung: Die Marktforschung führt die Maßnahme entsprechend des Umsetzungskonzeptes durch und liefert die Ergebnisse an den Produktmanager.

Nach diesem Vorgehensprinzip ordnen Sie alle weiteren Aufgaben zu. Außerdem sollten Sie auch überlegen, die aus diesem Vorgehen ermittelten Teilaufgaben für die funktionalen Bereiche in die Stellenbeschreibungen dieser Funktionen zu integrieren.

Die Integration von produktbezogenen Aufgaben in die Stellenbeschreibungen der funktionalen Bereiche erleichtert Ihr Schnittstellenmanagement und Ihre Zusammenarbeit mit den Funktionen.

5.4 Anforderungsprofil von Produktmanagern

Neben den fachlichen Voraussetzungen sind die persönlichen Anforderungen an Sie als Produktmanager sehr hoch. Folgende Faktoren für einen erfolgreichen Produktmanager werden häufig in der Praxis genannt:

1. **Unternehmerische Persönlichkeit:** Produktmanager sollen unternehmerisch denken und handeln. Früher hat ja die Geschäftsführung oder die Geschäftsbereichsleitung das Produktmanagement gestaltet, bis diese Aufgabe an das Produktmanagement delegiert worden ist. Der Produktmanager ist damit zum „Produktunternehmer im Unternehmen" geworden, der den Erfolg des Produkts oder der Produktgruppe maßgeblich beeinflusst.
2. **Produkt- und Marktorientierung:** Für den Produkterfolg sind nicht nur die Produktkenntnisse erforderlich. Der Markt, in dem das Produkt vermarktet und verkauft wird, gibt den Ton an. Spezifische Kenntnisse des Produktmarktes und eine klare markt- und kundenorientierte Grundeinstellung des Produktmanagers sind dafür notwendig.
3. **Moderator mit Teamgeist:** Produktmanager mit Einzelkämpferprofil sind meist nicht erfolgreich. Der Produkterfolg hängt von vielen Faktoren ab. Unterschiedliche Abteilungen, Funktionen und Personen müssen gut zusammenspielen, damit sich herausragende Ergebnisse erzielen lassen. Diese Moderations- und Teamfunktion muss der Produktmanager einbringen.
4. **Eigeninitiative und Durchsetzungsvermögen:** Der Produktmanager ist „Spielmacher". Er bringt Energie in das System. Er muss auch motivieren, wenn in der Konzeptions- oder der Umsetzungsphase einmal etwas nicht so gut läuft. Er muss

mit Widerständen gut umgehen können und seine Interessen klar kommunizieren und durchsetzen.

5. **Stratege mit analytischen und konzeptionellen Fähigkeiten:** Der Produktmanager muss nicht unbedingt der operative Umsetzer sein, zumindest nicht als strategisch verantwortlicher Produktmanager. Er muss aber den Produktmarkt analysieren, eine vernünftige Strategie entwickeln und eine realistische Planung abliefern können.
6. **Überzeugungskraft und Begeisterung:** Der Produktmanager muss sein Produkt und sein Konzept unternehmensintern verkaufen. Zusätzlich muss er aber auch sicherstellen, dass seine Position im Unternehmen allen Beteiligten klar ist. Diese Tätigkeit des „internen Verkaufens" muss mit Überzeugung und Begeisterung erfolgen. Wenn der Vertrieb im Unternehmen vom Produkt überzeugt ist, ist der Verkauf meist sichergestellt.

Folgendes Beispiel zeigt Ihnen einige Instrumente des Produktmanagements, die, neben dem persönlichen Gespräch, für die interne Vermarktung und für die Klärung der Positionierung und Rollen des Produktmanagements in Unternehmen verwendet werden.

> **Beispiel: Instrumente für die interne Vermarktung**
>
> - Produktmanagement Newsletter (z. B. pro Quartal)
> - Produktmanagement Veranstaltungen (z. B. zweimal pro Jahr)
> - Schwarzes Brett/Aushang
> - Teilnahme an Meetings (in den Funktionen, GF, GBL ...)
> - Produktmanagement E-Mail-News (z. B. monatlich)
> - Produktmanagement Homepage im Intranet
> - Regelmäßige Beiträge in der Mitarbeiterzeitschrift
> - Integration des Produktmanagements in die Unternehmenspräsentation
> - Beiträge im Kundenmagazin
> - Präsentationen bei Key Accounts (Schlüsselkunden)

7. **Kreativ und innovativ:** Der Produktmanager konzentriert sich nicht nur auf den kurzfristigen Erfolg seines Produkts. Er muss sicherstellen, dass das Produkt langfristig Erfolg bringt. Dazu ist nicht nur eine langfristige Planung notwendig, sondern auch ein kreatives und innovatives Vorgehen am Produktmarkt, um eine entsprechende Differenzierung vom Wettbewerb nicht nur im Produkt (USP, Unique Selling Proposition), sondern auch in der Vermarktung des Produkts (UMP, Unique Marketing Position) zu erreichen.
8. **Guter Kommunikator:** Produktmanager müssen gute Kommunikatoren sein. Sie müssen nicht nur unterschiedliche „Sprachstile" beherrschen (ein Techniker hat nicht nur ein eigenes Vokabular, sondern auch einen anderen Sprachstil als der Marketing- oder Vertriebsorientierte), sondern auch mit unterschiedlichen Persön-

lichkeiten auf unterschiedlichen Ebenen kommunizieren können. Kommunikationsunterstützende Techniken wie z. B. Konfliktmanagement, Verhandlungsführung und Präsentationstechniken gehören natürlich auch zum Repertoire des Produktmanagers.

Die Anforderungsprofile von Produktmanagern werden in der Praxis auf die jeweiligen Besonderheiten des Produktmarktes und des Unternehmens angepasst. Das Anforderungsprofil des Produktmanagements im folgenden Beispiel zeigt Ihnen die Besonderheiten eines Unternehmens in der Industrieelektronik.

Beispiel: Anforderungsprofil Produktmanagement (Auszug)

- Kommunikative Persönlichkeit
- Guter Networker innerhalb und außerhalb des Unternehmens
- Gutes Wahrnehmungsvermögen und Sensibilität
- Klare, einfache und eindeutige Ausdrucksweise
- Gute Kombinatorik und Logik
- Starkes Durchsetzungsvermögen
- Strukturiertes Arbeiten und strukturierte Vorgehensweisen
- Konsequenz in der Umsetzung (Controlling)
- Kraftvoll und energiereich auch in kritischen Phasen
- Gute technische Kenntnisse (Technologie)
- Begeisterungsfähige Persönlichkeit
- Guter Motivator
- Volle Identifikation mit dem Produkt
- Ideenverkäufer

Die Wichtigkeit der richtigen Stellenbesetzung im Produktmanagement geht aus dem bisher Dargestellten klar hervor. Das zentrale Grundproblem für Sie als Produktmanager **„Verantwortung ohne formale Autorität"** kann nur durch entsprechende Persönlichkeitseigenschaften gelöst werden.

Neben dem, im nächsten Abschnitt dargestellten, Zielvereinbarungssystemen ist das Prinzip **„Führung durch Überzeugung"** ein wesentlicher Erfolgsfaktor für Ihre Arbeit im Produktmanagement.

5.5 Produktorientierung und Marktorientierung

Häufig hört man die Aussage, dass der Produktmanager produktorientiert handelt und nicht marktorientiert vorgeht. Damit wird auch gerechtfertigt, dass das Marketing und/oder der Vertrieb die „fehlende" Marktorientierung des Produktmanagers ergänzen sollen. Diese und ähnliche Argumente sind jedoch nicht zutreffend. Marktorientierung muss in diesem Zusammenhang als marktorientierte Denkhaltung verstanden werden und

Abb. 20 Marktorientierte Denkhaltung des Produktmanagers

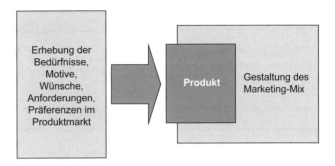

ist wesentliches Element der Persönlichkeitseigenschaften des Produktmanagers. Ohne marktorientierte Denkhaltung würde jeder Produktmanager in seiner Aufgabe scheitern. Die marktorientierte Denkhaltung ist beim Produktmanager jedoch fokussiert auf seinen Produktmarkt und prinzipiell externer Natur (siehe Abb. 20).

Marktorientierte Denkhaltung steht am Anfang jeder Bemühung. Sie als Produktmanager und Produkt-Markt-Experte orientieren sich an den Bedürfnissen und Anforderungen der Produktmärkte (externe Orientierung), um anschließend das Produkt zu gestalten und die Vermarktung des Produkts optimal sicherzustellen (interne Orientierung). Würde man dieses marktorientierte Vorgehen aufteilen, reduziert man damit den Produktmanager auf eine Entwicklungsfunktion für das Produkt. Marktgerichtete und marktgerechte Produktführung sind die ursprünglichen Aufgaben des Produktmanagers. Dies beinhaltet jedoch auch eine proaktive Vorgehensweise. Kommt beispielsweise ein Kunde selbst mit einem Verbesserungsvorschlag zum Produkt, so kann man streng behaupten, dass der marktorientierten Denkhaltung des Produktmanagers das Element der Proaktivität fehlt.

Der Kunde hat ein noch latent vorhandenes Problem (z. B. mit dem Einsatz des Produkts in einer spezifischen Anwendung). Irgendwann erkennt und/oder identifiziert der Kunde dieses Problem und sucht selbständig nach einer Lösung. Bei diesem Vorgang liegt die gesamte geistige Wertschöpfung beim Kunden. Der Zulieferer erfüllt lediglich eine „Werkbankfunktion" und setzt die Vorgaben des Kunden um.

Proaktive Marktorientierung bedeutet jedoch für Sie, ständig auf der Suche nach solchen latent vorhandenen Problemen bei Kunden zu sein (z. B. durch Anwendungsbeobachtung des Produkts beim Kunden), um frühzeitig/rechtzeitig das Problem zu identifizieren und dem Kunden selber eine Lösung anbieten zu können (siehe Abb. 21).

Frühzeitig und rechtzeitig bedeutet hier: bevor der Kunde es macht. Dieses Ausmaß der Proaktivität zeichnet den erfolgreichen Produktmanager aus, und dies ist nur durch eine konsequente und intensive Marktorientierung durchführbar.

Daher beinhaltet die Rolle als Produktmanager und Produkt-Markt-Spezialist nicht nur die Kenntnis der produktbezogenen Anforderungen, sondern auch Themen, die bisher dem klassischen Marketing zugerechnet wurden. Produktmanager kümmern sich zusätzlich zur Leistungsgestaltung (Produkt und produktbezogener Service) auch um das Produktmarketing. Diese zwei Aktionsbereiche sind für das Produktmanagement zentral

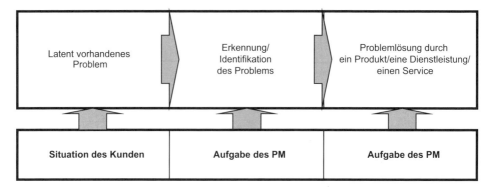

Abb. 21 Proaktive marktorientierte Denkhaltung

und wichtig und haben damit auch einen Einfluss auf die Definition der Schnittstellen zum Marketing bzw. zur Marketingabteilung. Im Idealfall generieren Sie Produkte, Lösungen und Leistungen, die gegenüber dem Wettbewerb einzigartig sind (Unique Selling Proposition – USP), und gleichzeitig stellen Sie sicher, dass die Vermarktung der Produkte einzigartig ist (Unique Marketing Proposition – UMP). Das UMP-Konzept ist ein bereits bekannter, aber leider in Vergessenheit geratener Ansatz. Man versucht einfach, anders oder besser in der Vermarktung der Produkte zu sein als der Wettbewerb. Dies kann für einzelne Marketinginstrumente genutzt werden (z. B. ein Unique Advertising Proposition – UAP) oder auch in Kombination mit weiteren Instrumenten eingesetzt werden.

Beispiel: Ansatzpunkte für UMPs

- Unique Distribution Proposition
- Unique Packaging Proposition
- Unique Pricing Proposition
- Unique Advertising Proposition
- Unique PR Proposition
- Unique Promotion Proposition
- Unique Delivery Proposition
- Unique Event Proposition
- Unique WWW Proposition

Vergleichen Sie also in Zukunft nicht nur Ihre Produkte mit den Produkten der Wettbewerber, sondern stellen Sie auch Ihren Marketing-Mix auf den Prüfstand. Wenn Sie dabei feststellen, dass hier kein wesentlicher Unterschied besteht, dann haben Sie eine weitere Chance zur Wettbewerbsdifferenzierung identifiziert. Bei vergleichbaren Produkten und Serviceleistungen kann ein UMP eine Alternative zum Preiskampf sein. Aber auch hier

Ebene	Ziele/Aufgaben	Position
Dispositive Ebene	Optimierung ROI Produkt-Portfoliomanagement Produkt-Grundstrategien Ressourcenzuordnung	Geschäftsführung/ Geschäftsbereichsleitung
Strategische Ebene	Optimierung Umsatz/DB Strategieentwicklung/Konzeption Steuerung/Koordination Umsetzung	Produktmanager
Operative Ebene	Umsetzung	Funktionen

Abb. 22 Prozessebenen im Produktmanagement

gilt das Gebot, sich nicht zu verzetteln. Suchen Sie sich Schwerpunkte im Marketing-Mix heraus und konzentrieren Sie sich darauf.

6 Nach vielen Seiten offen: Die Prozessebenen im Produktmanagement

Als Produktmanager werden Sie bei Ihrer Arbeit von einer Vielzahl von Prozessen beeinflusst. Die Ergebnisse von Unternehmensplanungsprozessen haben Einfluss auf die Produktstrategie, funktionale Planungsprozesse (z. B. Vertriebsplanung) haben Auswirkungen auf Ihr Umsetzungsmanagement. Stellen Sie daher sicher, dass das Produktmanagement in die unterschiedlichen Prozessebenen eines Unternehmens integriert ist. Ein einfaches Drei-Ebenen-Modell, wie es in Abb. 22 zu sehen ist, unterstützt Sie dabei.

Die drei Ebenen spiegeln nicht die organisatorische oder hierarchische Zuordnung des Produktmanagements wider. Es handelt sich lediglich um konzeptionelle Ebenen, die für die Integration des Produktmanagements von Bedeutung sind. Die einzelnen Ebenen werden im Folgenden im Detail dargestellt.

6.1 Die dispositive Ebene

Die oberste Ebene (dispositive Ebene) ist diejenige, in der die Geschäftsführung oder, bei Unternehmen mit Geschäftsfeldgliederung, die Geschäftsbereichsleitung (GBL) aktiv ist (vgl. Abb. 23).

Hier wird zur Optimierung des ROI (Return on Investment) ein Produktportfolio erstellt, die jeweiligen Produkte oder Produktgruppen werden nach Markt- und Wett-

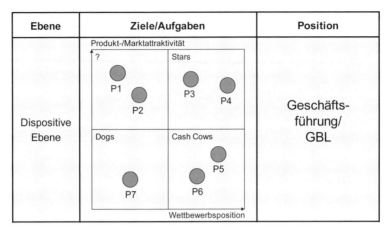

Abb. 23 Die dispositive Ebene (Überblick)

bewerbsgesichtspunkten beurteilt, Grundstrategien für die Produkte abgeleitet und die Ressourcenzuordnung und Budgetierung vorgenommen.

Strategisch orientierte Produktmanager sind an diesen Aufgaben intensiv beteiligt. Sie liefern produktbezogene Markt- und Wettbewerbsinformationen, die für die Portfoliobewertung relevant sind, und bringen ebenso ihre produktbezogenen Interessen in die Diskussion ein. In den vergangenen Jahren haben verschiedene Methoden der Portfolioanalyse und des Portfoliomanagements breite Anwendung gefunden. Zu den bekanntesten Portfolioansätzen zählen das von der Boston Consulting Group entwickelte Marktwachstums-Marktanteils-Portfolio und das von General Electrics angewendete Marktattraktivitäts-Wettbewerbsposition-Portfolio. Diese Portfoliomodelle werden für die Bewertung von Produktgruppen oder Einzelprodukten, entweder einzeln oder in Kombination, eingesetzt. Die mit den Portfoliomodellen mitgelieferten Normstrategien dienen als Diskussionsgrundlage für die Entscheidung über die einzuschlagende Grundstrategie für die Produkte oder Produktgruppen des Unternehmens.

Damit Sie diese Portfoliomodelle für den Einsatz im Produktmanagement bewerten können, werden diese hier kurz dargestellt und die Grundprinzipien in der Anwendung gezeigt.

6.1.1 Marktwachstums-Marktanteils-Portfolio

Eines der weltweit größten Beratungsunternehmen, die Boston Consulting Group, entwickelte ein zweidimensionales Modell, die so genannte Marktwachstums-Marktanteils-Matrix (siehe Abb. 24). Die vertikale Achse bildet das jährliche Wachstum im Produktmarkt (in Prozent) ab, die horizontale Achse stellt den zu errechnenden relativen Marktanteil im Vergleich zum größten Wettbewerber dar. Wenn der relative Marktanteil 0,4 beträgt, bedeutet das, dass der Marktanteil des eigenen Produkts nur das 0,4-Fache des

Abb. 24 Marktwachstums-Marktanteils-Portfolio

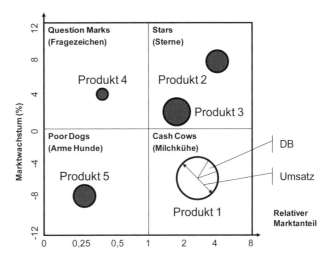

größten Wettbewerbers beträgt. Ein Wert von 2 bedeutet, dass der eigene Marktanteil um den Faktor 2 höher ist als der Marktanteil des größten Wettbewerbers.

Der relative Marktanteil von 1 wird als Mittellinie in der Matrix genommen und bedeutet, dass der eigene Marktanteil gleich groß wie der des Mitbewerbers im Produkt oder in der Produktgruppe ist. Für die horizontale Mittellinie wird häufig das Marktwachstum des Gesamtmarktes verwendet.

Die fünf Kreise symbolisieren die Position der fünf Produkte/Produktgruppen dieses Unternehmens in der Portfoliomatrix. Der Durchmesser des Kreises repräsentiert den Umsatz des eigenen Unternehmens in der Produktgruppe. Der Keil (siehe Produkt 1 in Abb. 24) wird oft eingezeichnet als Zusatzinformation und gibt die Größe des Deckungsbeitrages (DB) in Prozent des Produktumsatzes an. Als Alternative kann der Durchmesser des Kreises auch die Größe des Produktmarktes darstellen und der Keil den Marktanteil des eigenen Produktes.

Die Matrix gliedert sich in vier Felder, anhand derer sich die Portfoliobezeichnungen der Produkte orientieren und auch die Normstrategien zuordnen lassen.

Das Marktwachstums-Marktanteils-Portfolio beantwortet nicht die Frage, ob das Wachstum im eigenen Produkt mit dem Wachstum im gesamten Produktmarkt Schritt hält. Zur Beantwortung dieser wichtigen Frage können Sie die Wachstumsmatrix einsetzen (siehe Abb. 25). Bei dieser Matrix wird das eigene Wachstum im Produkt (in Prozent) dem Wachstum des gesamten Produktmarktes (in Prozent) gegenübergestellt.

Ist das Wachstum im eigenen Produkt höher als das Wachstum im betreffenden gesamten Produktmarkt (Produkte 3, 4, 6 und 7 in Abb. 25), so gewinnt das Unternehmen Marktanteile dazu. Ist das Wachstum im eigenen Produkt geringer als das Wachstum im betreffenden gesamten Produktmarkt (Produkte 1 und 2 in Abb. 25), so verliert das Unternehmen Marktanteile bei diesen Produkten. Produkt 5 liegt im eigenen Wachstum in etwa gleich mit dem betreffenden Produktmarkt und hält damit den Marktanteil. Der Durch-

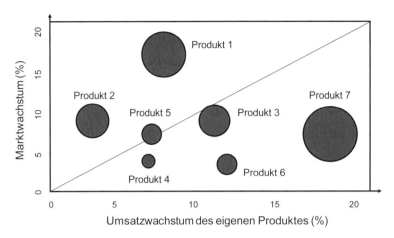

Abb. 25 Wachstumsmatrix

messer des Kreises repräsentiert wie bei dem Marktanteils-Marktwachstums-Portfolio den Umsatz des eigenen Unternehmens im Produkt.

Mit Unterstützung der Analyseergebnisse der Wachstumsmatrix lassen sich unter Zuhilfenahme der Normstrategien des Boston-Consulting-Portfolios die spezifischen produktindividuellen Strategien ableiten. Die folgenden generischen Strategien (Normstrategien) können Sie für Strategieüberlegungen heranziehen:

- **Ausbauen:** Ziel des Unternehmens ist es, den Marktanteil in diesem Produktbereich weiter zu vergrößern. Dazu werden zusätzliche Mittel investiert oder es wird kurzfristig auf Deckungsbeiträge verzichtet.
- **Ernten:** Hier verfolgt das Unternehmen das Ziel, Geld aus dem Produktbereich abzuziehen.
- **Eliminieren:** Das Unternehmen entscheidet sich hier, den Produktbereich aufzugeben, entweder durch Verkauf oder Aufgabe. Die dadurch frei werdenden Ressourcen werden in anderen Produktbereichen eingesetzt oder in die Entwicklung neuer Produktbereiche gesteckt.
- **Halten:** Das Unternehmen versucht bei dieser Grundstrategie, den Marktanteil im Produktbereich auf dem derzeitigen Niveau zu halten.

Diese generischen Grundstrategien können nun den einzelnen Feldern im Marktwachstums-Marktanteils-Portfolio zugeordnet werden (siehe Abb. 26).

Die Normstrategien entsprechend den vier Feldern sind als Diskussionsgrundlage zu verstehen. Weitere Fakten oder eine Ergänzung mit zusätzlichen Analysen (Erfahrungskurvenanalysen, Lebenszyklusanalysen etc.) sind einzubringen, um eine genaue Beurteilung und Strategiefindung sicherzustellen.

Abb. 26 Normstrategien im Marktwachstums-Marktanteils-Portfolio

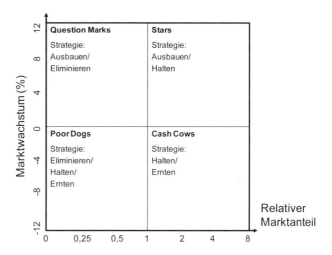

Auf Basis des Ist-Portfolios und der gewählten Grundstrategie für das Produkt können Sie ein Ziel-Portfolio erstellen, in dem die Zielposition Ihres Produkts oder Ihrer Produktgruppe eingetragen wird. Darüber hinaus sollten Sie prüfen, ob das Produktportfolio ausgeglichen ist. Fehlende Cash Cows oder ein Übergewicht bei den Poor Dogs stellen eine Gefahr für das Unternehmen hinsichtlich Risiko und Finanzierung dar.

Das in Abb. 27 dargestellte Produktportfolio zeigt Ihnen die Situation eines Unternehmens aus dem Pharmabereich. Fehlende Stars und Cash Cows haben dazu geführt, dass das Unternehmen selbst keine ausreichenden Mittel zur Finanzierung des Wachstums von Question Marks aufbringen konnte.

Das in Abb. 28 dargestellte Produktportfolio ist ausgeglichen. Dieses Unternehmen aus der Konsumgüterindustrie hatte vor kurzem eine konsequente Portfoliobereinigung durchgeführt, in der alle Poor Dogs eliminiert wurden. Produkte in guten Cash-Cow- und Star-Positionen stellen eine Finanzierung der Question Marks sicher.

Unausgeglichene Produktportfolios werden in einigen Fällen auch durch das Produktmanagement selber verursacht.

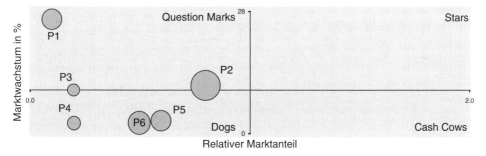

Abb. 27 Unausgeglichenes Produktportfolio

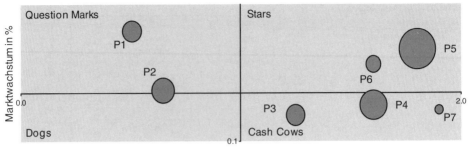

Abb. 28 Ausgeglichenes Produktportfolio

Beispiel: Unausgeglichenes Produktportfolio

Ein Unternehmen aus der Automobilzulieferindustrie führte im Geschäftsbereich Messtechnik das Portfoliomanagement ein. Dazu bildete der Geschäftsbereichsleiter ein Portfoliomanagement-Team, in dem alle Produktmanager des Geschäftsbereiches und die Abteilung strategische Planung integriert waren. Die entsprechenden Daten hinsichtlich Produktmarktwachstum und Marktanteilen wurden gesammelt und im Portfolio ausgewertet. Die Ergebnisse waren beachtenswert. Im Geschäftsbereich wurde seit Jahren in ein Produkt investiert, das im Portfolio als „Poor Dog" klassifiziert wurde. Ein besonders aktiver Produktmanager hatte es verstanden, für dieses Produkt immer wieder erhebliche Mittel aufzutreiben. Für den Produktmanager ein Erfolg! Für das Unternehmen ein Nachteil, weil diese Mittel in anderen Produktbereichen gefehlt haben. Zur Lösung des Problems wurde im Geschäftsbereich eine Neuzuordnung der Produktmanager vorgenommen. Der oben erwähnte Produktmanager wurde einer wichtigen Produktgruppe des Geschäftsbereichs zugeordnet.

6.1.2 Marktattraktivitäts-Wettbewerbsposition-Portfolio

Das Marktwachstums-Marktanteils-Portfolio reduziert die Komplexität von Produktmärkten extrem auf wenige Faktoren. Daher lassen sich genauere Ziele und Maßnahmen nicht direkt ableiten. Diese Vereinfachung war auch häufig ein Kritikpunkt des Marktwachstums-Marktanteils-Portfolios. Werden zusätzliche Einflussfaktoren in die Bewertung von Markt und Wettbewerb eingeführt, entsteht ein Multifaktor-Portfolio-Modell.

Dieses Modell wurde in Zusammenarbeit von McKinsey und General Electric entwickelt. Jedes Produkt oder jede Produktgruppe wird anhand von zwei Faktoren in die Matrix eingeordnet. Die Marktattraktivität und die eigene Wettbewerbsposition werden dazu herangezogen, denn der Erfolg im Produktmarkt hängt weitgehend davon ab, ob attraktive Produktmärkte vorliegen und ob die entsprechenden Fähigkeiten gegenüber dem Wettbewerb aufgebaut werden können. Ist einer der beiden Faktoren nicht gut ausgeprägt, können keine besonderen Ergebnisse im Produktmarkt realisiert werden.

Die einzelnen Einflussfaktoren für die Bewertung von Marktattraktivität und Wettbewerbsposition müssen Sie unternehmens- und produktindividuell ermitteln. Der Einflussfaktor Innovationsintensität ist für ein Unternehmen, das sich als Innovator positionieren will, ein wichtiger Einflussfaktor und spielt in der Bewertung der Marktattraktivität eine große Rolle. Für ein Unternehmen, das in wenig innovativen Produktbereichen tätig ist, ist dieser Faktor eher negativ.

Man greift zwar in der Praxis immer wieder auf Kriterienkataloge zurück, die Auswahl und die Gewichtung der einzelnen Einflussfaktoren bleibt aber Ihre unternehmerische Entscheidung.

In den folgenden Beispielen werden Ihnen einzelne Einflussfaktoren auf die Marktattraktivität und die Wettbewerbsposition gezeigt.

Beispiele von verwendeten Einflussfaktoren zur Analyse der Marktattraktivität

- Größe des Produktmarkts
- Wachstum im Produktmarkt
- Stellung im Produktlebenszyklus
- Preiselastizität/Preisniveau
- Innovationsrate/Differenzierungsrate
- Wettbewerbsintensität
- Substitutionsrate (z. B. Technologiesubstitution)
- Verhandlungsstärke der Kunden
- Eintrittsbarrieren
- Nachfrageschwankungen
- Investitionsintensität

Beispiele von verwendeten Einflussfaktoren zur Analyse der Wettbewerbsposition

- Relativer Marktanteil
- Entwicklung des relativen Marktanteils
- Image /Bekanntheitsgrad
- Produktvorteil/Servicevorteil
- Vorteile im Marketing/Vertrieb
- Kostenposition
- Technologieposition
- Produktsortiment
- Preisposition
- Distribution
- Produktionskapazität

Marktattraktivität	Gewichtung (G)	Bewertung (B)	Gewichteter Wert (G x B)
Größe des Produktmarktes	0,20	4	0,80
Wachstumsrate im Produktmarkt	0,15	3	0,45
Wettbewerbsintensität im Produktmarkt	0,05	4	0.20
Stellung im Produktlebenszyklus	0,15	2	0,30
Preiselastizität	0,05	4	0,20
Deckungsbeitragsniveau	0,20	5	1,00
Innovationsrate	0,20	4	0,80
Gesamtwert Marktattraktivität	**1,00**		**3,75**

Abb. 29 Einschätzung der Marktattraktivität eines Produkts

Wettbewerbsposition	Gewichtung (G)	Bewertung (B)	Gewichteter Wert (G x B)
Relativer Marktanteil	0,20	5	1,00
Wachstum im Marktanteil	0,10	3	0,30
Markenimage und Bekanntheitsgrad	0,15	5	0.75
Produktvorteil	0,05	3	0,15
Servicevorteil	0,15	4	0,60
Preisposition	0,20	2	0,40
Kostenposition	0,15	4	0,60
Gesamtwert Wettbewerbsposition	**1,00**		**3,80**

Abb. 30 Einschätzung der Wettbewerbsposition eines Produkts

Die beiden Einflussfaktoren Marktwachstum und relativer Marktanteil sind meist auch in diesem Portfoliomodell enthalten. Die zusammengestellten Einflussgrößen werden durch Sie entsprechend gewichtet und für jedes Produkt oder für jede Produktgruppe bewertet (vgl. Abb. 29 und 30).

Für die Gewichtung (G) wählt man einen Gewichtungsfaktor zwischen 0,00 und 1,00. Die Summe der Gewichtungsfaktoren muss den Wert 1,00 ergeben. Die eigentliche Bewertung (B) erfolgt mit einer Punkteskala. Die Punkteskala reicht von der Bewertung 1 (sehr unattraktiv) bis zur Bewertung 5 (sehr attraktiv). Die jeweiligen Detailinformationen über die Produktmärkte werden vom Produktmanagement zusammengestellt. Der gewichtete Wert errechnet sich aus der Multiplikation von Gewichtung und Bewertung (G x B). Die Gesamtsumme der gewichteten Werte ergibt den Gesamtwert der Marktattraktivität und der Wettbewerbsposition. Die Gesamtbewertung für die Marktattraktivität und der Wettbewerbsposition werden anschließend im Portfoliomodell eingetragen.

Die dargestellte Einschätzung der Marktattraktivität und der Wettbewerbsposition mittels der Nutzwertanalyse wird zwar in der Praxis sehr häufig verwendet, hat aber folgende Nachteile:

6 Nach vielen Seiten offen: Die Prozessebenen im Produktmanagement

Marktattraktivität	Bewertung (1 ... gering, 3 ... mittel, 5 ... hoch)				
	1	2	3	4	5
Marktvolumen	bis 10 Mio.	10-20 Mio.	20-30 Mio.	30-40 Mio.	über 40 Mio.
Marktwachstum	0%	0-2%	2-4%	4-6%	über 6%
Phase Lebenszyklus	Degeneration	Sättigung	Reife	Wachstum	Einführung
Durchschnittliche Profitabilität	bis 15%	15-20%	20-25%	25-30%	über 30%
Produkt 1:	(3 + 4 + 4 + 5) / 4 =				4,0
Produkt 2:	(5 + 2 + 2 + 3) / 4 =				3,0

Abb. 31 Bewertung der Marktattraktivität mittels morphologischem Kasten

- Die Gewichtungsfaktoren sind auf den ersten Blick zwar attraktiv, haben aber in der Praxis wenig Relevanz und machen in der Regel keinen Unterschied aus.
- Das Rechenmodell mit Gewichtung und Bewertung führt zu einer Scheingenauigkeit.
- Bei der Bewertung der einzelnen Produkte durch die Produktmanager ist sehr viel „Gestaltungsspielraum" (für den einen Produktmanager ist ein Wachstum von 3 % im Produktmarkt sehr viel und er vergibt daher den Wert 5, für einen anderen Produktmanager ist ein Wachstum von 3 % sehr wenig und er vergibt den Wert 2).
- Eine relative Bewertung der Produkte oder Produktgruppen des Unternehmens untereinander ist nur schwer möglich.

Um diese Nachteile zu vermeiden und damit mehr Praxisrelevanz zu erzeugen, können Sie das Bewertungsmodell auf Basis des morphologischen Kastens verwenden. Bei diesem Modell wird ein für alle Produktmanager und Produkte gleiches Raster entwickelt (siehe Abb. 31).

Mit diesem fixen Raster können Sie die Produkte und Produktgruppen in Ihrem Unternehmen nun bewerten.

Bewertung und Berechnung der Marktattraktivität für Produkt 1:

- Produkt 1 hat in diesem Beispiel ein Marktvolumen von 24 Mio. Euro. Es fällt daher in die Klasse 3 (20–30 Mio. Euro).
- Produkt 1 hat ein Marktwachstum von 5,2 %. Es fällt daher in die Klasse 4 (4–6 %).
- Produkt 1 befindet sich in der Wachstumsphase des Produktlebenszyklus und fällt daher in die Klasse 4.
- Die durchschnittliche Profitabilität im Produktmarkt 1 beträgt 36 %. Das Produkt 1 fällt daher in die Klasse 5.

Wettbewerbsposition	Bewertung (1 ... schwach, 3 ... mittel, 5 ... stark)				
	1	2	3	4	5
Relativer Marktanteil	0-0,25	0,25-0,75	0,75-1,25	1,25-1,75	über 1,75
Relative Marketingposition	schwächer		gleich		stärker
Leistungsvorteil	schwächer		gleich		stärker
Image/Bekanntheitsgrad	bis 30%	30-40%	40-60%	60-80%	über 80%
Produkt 1:	(3 + 3 + 4 + 4)/4 =				3,5
Produkt 2:	(2 + 3 + 2 + 3)/4 =				2,5

Abb. 32 Bewertung der Wettbewerbsposition mittels morphologischem Kasten

Die Berechnung erfolgt durch Addition der Bewertungsklassen (3 + 4 + 4 + 5 = 16) geteilt durch die Anzahl der Bewertungskriterien (= 4). Der Wert für die Marktattraktivität ergibt die Zahl 4.

Nach dem gleichen Schema können Sie die anderen Produkte und Produktgruppen Ihres Unternehmens bewerten und auch die Wettbewerbsposition beurteilen (vgl. Abb. 32).

In einigen Fällen ist es auch bei dieser Bewertungsart notwendig, auf qualitative Bewertungskriterien (stärker, gleich, schwächer) zurückzugreifen. Beweisen Sie, wenn nötig, Mut zur Lücke. Zielsetzung bleibt es jedoch, möglichst die Bewertung durch Quantifizierung zu objektivieren.

Die Maximalwerte für die Marktattraktivität und für die Wettbewerbsposition betragen jeweils 5,00, die Minimalwerte liegen bei 1,00. Die Kreisgröße repräsentiert wie im Boston-Portfolio den eigenen Produktumsatz oder die Marktgröße des Produkts.

Das Marktattraktivitäts-Wettbewerbsposition-Portfolio wird, wie in Abb. 33 gezeigt, in neun Felder unterteilt. Diesen neun Feldern lassen sich auch folgende Normstrategien zuordnen:

- **Selektiver Ausbau**
    - Spezialisierung auf limitierte Anzahl von Stärken
    - Suche Maßnahmen zur Überwindung von Schwächen
    - Rückzug bei Mangel an nachhaltigem Wachstum
- **Ausbau mit Investitionen**
    - Ausbau zur Marktführer schaft
    - Nutze selektiv vorhandene Stärken
    - Stärke schwache Punkte

Abb. 33 Marktattraktivitäts-Wettbewerbsposition-Portfolio

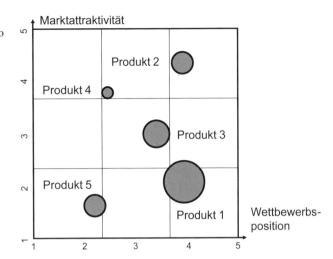

- **Position schützen**
  - Investition für maximales Wachstum
  - Konzentration auf die Erhaltung der Stärken
- **Beschränkter Ausbau/Ernten**
  - Nutze Möglichkeiten zur Expansion ohne großes Risiko
  - Minimiere Investition und optimiere Kostensenkung
- **Selektiver Ausbau/Gewinnorientierung**
  - Schütze bestehendes Produkt
  - Konzentration auf Segmente mit hoher Profitabilität und geringem Risiko
- **Selektiver Ausbau**
  - Umfangreiche Investition in attraktivste Segmente
  - Entwickle Maßnahmen zur Konkurrenzabwehr
  - Erhöhe Profitabilität durch Produktivitätssteigerung
- **Desinvestition**
  - Verkauf zum besten Preis (Timing!)
  - Reduziere Fixkosten und vermeide Investitionen
- **Gewinnorientierung**
  - Schütze Position in profitablen Segmenten
  - Optimierung der Produkte/Produktlinien
  - Minimierung des Investments
- **Position schützen/Neufokussierung**
  - Optimiere gegenwärtige Gewinnerzielung
  - Konzentration auf attraktive Segmente
  - Verteidige vorhandene Stärken

In Abb. 34 sind diese Normstrategien den neun Feldern zugeordnet. Sie bilden die Grundlage für Ihren Strategieentwicklungsprozess.

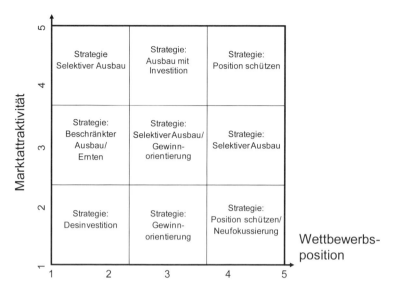

Abb. 34 Normstrategien im Multifaktor-Portfolio-Modell

Die Geschäftsführung oder Geschäftsbereichsleitung entscheidet, idealerweise gemeinsam mit Ihnen, was mit den einzelnen Produkten oder Produktgruppen geschehen soll. Für jedes Produkt oder jede Produktgruppe wird eine Strategie erarbeitet und im Detail durchdiskutiert. Stellen Sie auch bei diesem Portfolioansatz neben dem Ist-Portfolio ein Ziel-Portfolio zusammen (vgl. Abb. 35).

Einigen Sie sich gemeinsam auf die Ziele und Strategien sowie auf die Höhe der notwendigen Budgetmittel. Diese gemeinsam mit dem Produktmanagement zu erstellende Prioritätensetzung muss logischerweise auch in den funktionalen Bereichen berücksichtigt werden. Das folgende Beispiel aus der IT-Branche zeigt, wie die Geschäftsführung des Unternehmens nicht nur die Produktprioritäten mittels Portfoliomanagement bestimmt, sondern auch, wie diese Prioritäten in der Produktplanung im Vertrieb ihre Berücksichtigung finden.

> **Beispiel: Sicherstellung der Produktprioritäten in den Funktionsbereichen**
>
> In einem Unternehmen aus dem IT-Bereich werden einmal pro Jahr in einem Portfoliomanagementteam die Produktprioritäten festgelegt. Das Portfoliomanagement team besteht dabei aus der Geschäftsführung, den Produktmanagern, wichtigen Funktionsbereichsleitern und der Abteilung strategische Planung. Das Unternehmen vertreibt die Produkte international über eigene Service- und Vertriebsniederlassungen in den Ländern. Um sicherzustellen, dass die Produktprioritäten auch in den Vertriebsniederlassungen eingehalten werden, gibt es für jede Vertriebsniederlassung eine genaue Vorgabe durch die Geschäftsführung, welchen Anteil die einzelnen Produkte am Gesamtumsatz der Vertriebsniederlassung einnehmen dürfen.

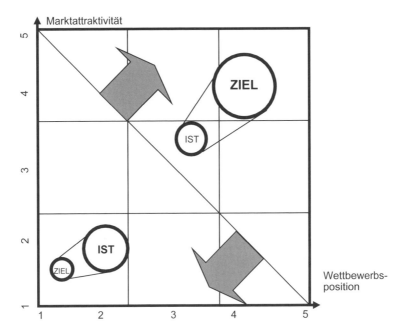

Abb. 35 Ist-Portfolio und Ziel-Portfolio

Abbildung 36 zeigt Ihnen dieses Prioritätenprinzip pro Vertriebsniederlassung. Die Vertriebsniederlassung plant pro Jahr einen Gesamtumsatz pro Land. Dieser Gesamtumsatz wird anschließend produktbezogen aufgeteilt.

Die Prioritäten der zwölf Produktgruppen des Unternehmens (P1 bis P12) werden für jede einzelne Niederlassung (NL) des Unternehmens individuell festgelegt. Die Abb. 36 zeigt die Anteile des Produktumsatzes am Gesamtumsatz einer Niederlassung (in diesem Fall sind vier Niederlassungen exemplarisch abgebildet). Niederlassung 1 hat zum Ziel, 25 % des Gesamtumsatzes der Niederlassung mit der Produktgruppe P1 zu machen, Niederlassung 4 dagegen nur 10 %.

Bleiben Sie jedoch nicht nur bei der Bewertung der Vertriebsressourcen stehen. Sehen Sie sich auch die Entwicklungsressourcen an und analysieren Sie, wie viel Prozent bisher in die einzelnen Produktbereiche geflossen sind. Spiegelt die Ressourcenzuordnung die Priorität im Produktportfolio wider?

Beispiel: Fehlgeleitetes Ressourcenmanagement

Ein Unternehmen aus dem Bereich Messtechnik hatte das Produktportfoliomanagement vor zwei Jahren erfolgreich eingeführt. Der nächste Schritt war die Verknüpfung des Portfoliomanagements mit dem Ressourcenmanagement des Unternehmens. Dabei wurde eine extrem starke Abweichung zwischen den Produktportfolioprioritäten und der Zuordnung der Entwicklungsressourcen festgestellt. Drei Star-Produkte mit einem Umsatzanteil von 28 % und einer beabsichtigten Investitionsstrategie erhielten im ab-

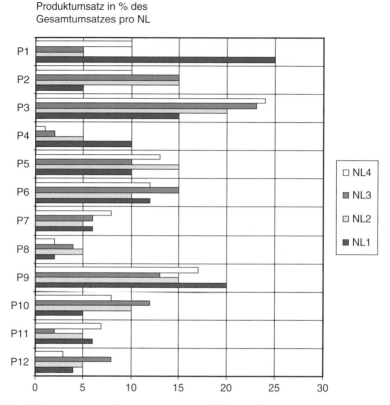

Abb. 36 Produktprioritäten nach Umsatz im Vertrieb (Auszug)

gelaufenen Jahr nur insgesamt 6 % der Entwicklungsressourcen. Da in zwei von diesen drei Produktbereichen die Innovationsraten am Markt sehr hoch waren, sollte sich das auch in der Art der Entwicklungsprojekte für diese Produkte widerspiegeln. Aber auch dabei kam man zu ernüchternden Erkenntnissen. Acht der zwölf Entwicklungsprojekte waren Projekte zur Korrektur von Produktfehlern, drei waren Facelifts und Relaunches, und nur eines war ein echtes Innovationsprojekt.

Die Überprüfung und Optimierung der Ressourcenzuordnung in den funktionalen Bereichen nach Produktportfolioprioritäten ist für ein erfolgreiches Produktmanagement von enormer Bedeutung. Falsches oder fehlendes Ressourcenmanagement ist häufig der Grund für Flops bei der Produkteinführung und für ein mangelhaftes Life-Cycle- und Portfoliomanagement. Wichtige Bereiche zur Überprüfung der Ressourcenzuordnung sind:

- Vertrieb/Key Account Management
- Marketing und Kommunikation
- Entwicklung und Technik

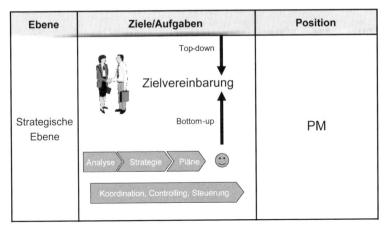

Abb. 37 Die strategische Ebene (Überblick)

- Service und Dienstleistungen
- Produktion, Lager und Logistik

6.2 Die strategische Ebene

Durch die Entscheidungen auf der dispositiven Ebene haben Sie als strategisch verantwortlicher Produktmanager folgende Vorgaben für Ihr weiteres Vorgehen:

- eine Grundstrategie für Ihr Produkt,
- eine Ziel-Position im Produktportfolio,
- einen Budgetrahmen entsprechend der Grundstrategie.

Auf Basis dieser Vorgaben analysieren Sie den Produktmarkt nach Markt und Wettbewerbsgesichtspunkten, entwickeln eine mehrjährige Strategie im Detail und eine Jahresplanung für den Produktmarkt. Mit diesen Dokumenten, insbesondere der Jahresplanung, vereinbaren Sie persönliche Ziele im Rahmen eines Zielvereinbarungsprozesses mit Ihrem Vorgesetzten. Abbildung 37 zeigt Ihnen diese Zusammenhänge im Überblick.

6.2.1 Die Produktplanung

Der Prozess der marktorientierten Produktplanung findet einmal pro Jahr statt und orientiert sich zeitlich und prozessmäßig an der übergeordneten Unternehmensplanung. Sie als Produktmanager analysieren Ihren Produktmarkt, stellen eine Produktstrategie zusammen und entwickeln darauf aufbauend für Ihr Produkt oder Ihre Produktgruppe eine entsprechende Marktplanung (Bottom-up). Diese Planung gleichen Sie mit der unternehmensbezogenen Planung (Top-down) ab. Die Abb. 38 und 39 zeigen Ihnen häufig verwendete Planungsformulare für die Jahresplanung im Rahmen der Produktplanung.

Kennziffern	Produktgruppe gesamt	Artikel-gruppe 1	Artikel-gruppe 2	Artikel-gruppe 3	Artikel-gruppe 4	Artikel-gruppe 5
Marktvolumen						
Marktanteil Wettbewerber 1						
Marktanteil Wettbewerber 2						
Marktanteil Wettbewerber 3						
Eigener Marktanteil						
Jährliches Marktwachstum in %						
Eigenes Umsatzwachstum in %						
1. Bruttoverkaufserlös						
2. Erlösminderung						
3. Nettoverkaufserlös						
4. Variable Produktkosten						
5. Deckungsbeitrag I						
6. Fixe Produktkosten						
7. Deckungsbeitrag II						

Abb. 38 Zielplanung im Rahmen der Produktplanung (Jahresplanung)

Kennziffern	T - 2	T - 1	T	T + 1	T + 2
1. Umsatz gesamt					
Produkt A					
Produkt B					
Produkt C					
Produkt D					
Produkt E					
2. Erlösminderung					
3. Rabatte/Konditionen					
4. Aktionen					
5. Verkaufsförderung					
6. Außendienst/Marketing					
7. Deckungsbeitrag					

Abb. 39 Zielpläne (Rollende Planung)

Ihre Zielplanung auf Jahresbasis sollte folgende Zahlenwerte enthalten:

- Wichtige Marktkennziffern (Marktvolumen, Marktanteile, Neu- und Ersatzbedarf, Absatzanteile und Absatzvolumen ...)
- Komplette Deckungsbeitrag srechnung (Umsatz, Erlösminderungen, variable und fixe Produktkosten, Deckungsbeitrag I und II ...)

Diese Zahlenwerte werden nicht nur für die gesamte Produktgruppe zusammengestellt, sondern auch auf einzelne Artikel oder Artikelgruppen aufgeteilt. Zusätzlich zu diesem

6 Nach vielen Seiten offen: Die Prozessebenen im Produktmanagement

Planerstellung im Jahr \ Planungszeitraum	T+1	T+2	T+3	T+4	T+5	T+6
T	**Detailplan T+1**	Grobplan T+2	Grobplan T+3			
T+1		**Detailplan T+2**	Grobplan T+3 (überarbeitet)	Grobplan T+4		
T+2			**Detailplan T+3**	Grobplan T+4 (überarbeitet)	Grobplan T+5	
T+3				**Detailplan T+4**	Grobplan T+5 (überarbeitet)	Grobplan T+6

Abb. 40 Grundprinzip der rollenden Planung

Produktplan auf Jahresbasis, der detaillierte Werte enthält, können Sie im Rahmen der rollenden Planung Vergangenheitswerte und Grobpläne für die nächsten zwei Jahre in das Planungsformular integrieren.

Die rollende Planung wird häufig verwendet, um den Verlauf der Ziele über mehrere Jahre zu beobachten. Die rollende Planung trägt einerseits der Tatsache Rechnung, dass es immer schwieriger wird, gesicherte Aussagen und damit Pläne über Ereignisse in der Zukunft zu machen. Auf der anderen Seite können bestimmte Entscheidungen nicht gänzlich aufgeschoben werden. Dem Problem der Ungewissheit über die Zukunft wird bei der rollenden Planung dadurch entsprochen, dass nur für die erste Periode ein Detailplan erstellt wird, während für die weiter entfernte Zukunft nur ein Grobplan ausgearbeitet wird. Insbesondere die Finanz- und Liquiditätsplanung auf unternehmerischer Ebene benötigt diese längerfristige Perspektive, um frühzeitig die Beschaffung finanzieller Mittel sicherstellen zu können.

Nach Ablauf der Detailplanperiode wird dann der Grobplan um eine Periode verlängert und für die folgende Periode ein neuer Detailplan erstellt. Es ergibt sich damit das in Abb. 40 dargestellte Bild der rollenden Planung.

Durch die Integration von Vergangenheitswerten in die Produktplanung können Sie Lebenszykluskurven und Deckungsbeitragsverläufe Ihres Produkts einfach erstellen (siehe Abb. 41). Die Analyse des Lebenszyklusverlaufes und die Bestimmung einzelner Phasen des Produktlebenszyklus bringen Ihnen zusätzlich wertvolle Hinweise für die operative Maßnahmenplanung.

Auch eine detaillierte Planung der produktbezogenen variablen und fixen Kosten ist Bestandteil Ihrer Produktplanung. Ein besonderes Problem stellt sich hier bei der Auflösung der produktbezogenen Kosten in fixe und variable Bestandteile. Die Aufspaltung der Kosten in fixe und variable Bestandteile erfolgt in der Kostenartenrechnung Ihres Unternehmens. Dabei sollten folgende Kriterien angewendet werden:

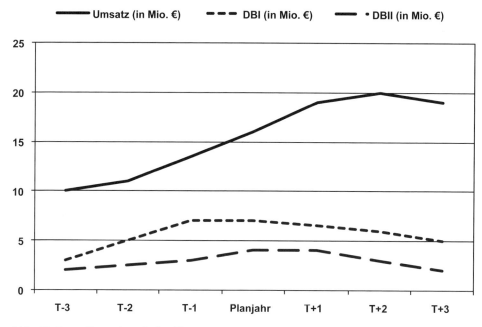

Abb. 41 Darstellung einer Verlaufskurve

▶ **Variable Kosten** sind als proportionale Kosten definiert, d. h., sie ändern sich mit der „Beschäftigung". Einfacher ausgedrückt bedeutet das: „Werden keine Produkte produziert/verkauft, entstehen auch keine variablen Kosten."

Beispiele für variable Kosten sind:

- Materialkosten
- Versandkosten
- Energiekosten
- Verpackungskosten
- Außendienstprovision
- Auftragsabwicklungskosten
- etc.

▶ **Fixe Kosten** ändern sich bei der Variation der „Beschäftigung" definitionsgemäß nicht (Ausnahme: sprungfixe Kosten ...).

Beispiele für fixe Kosten sind:

- Produktwerbung
- Verkaufsförderung

- Patentkosten
- Werkzeugkosten
- Kosten Produktionsanlage
- Abschreibungen
- etc.

Bei den Fixkosten kann man weiter unterscheiden zwischen:

- Produktfixkosten,
- Produktgruppenfixkosten,
- Bereichsfixkosten und
- Unternehmensfixkosten.

Für die Produktplanung brauchen Sie nur die Produkt- und Produktgruppenfixkosten zu berücksichtigen. Die Bereichs- und Unternehmensfixkosten finden eher in der Unternehmensplanung Berücksichtigung. Sie sind durch Sie als Produktmanager nicht beeinflussbar und daher für die Zielplanung auf Produktmanagementebene nicht geeignet.

Unter Berücksichtigung der variablen Kosten und der unterschiedlichen Fixkosten können Sie folgendes Deckungsbeitragsschema aufstellen:

Beispiel: Deckungsbeitragsmodell für die Produktplanung

Bruttoumsatz
- Erlösminderungen (Rabatte, Skonti …)

Nettoumsatz

- Variable Kosten
  - Materialkosten
  - Verpackungskosten
  - Versandkosten
  - Außendienstprovision
  - usw.

Deckungsbeitrag I

- Fixe Kosten
  - Abschreibungen
  - Produktwerbung
  - Verkaufsförderung
  - Servicekosten
  - usw.

Deckungsbeitrag II

Artikel/ Artikel-gruppen	DB I			Fixkosten					DB II		
	T	T + 1	Abwei-chung (%)	Service	Vertrieb	Werbung/ VKF	Sonstige Kosten	Gesamt	T	T + 1	Abwei-chung (%)
A											
B											
C											
D											
E											
F											

Abb. 42 Planung der produktbezogenen Fixkosten

Dieses Deckungsbeitragsmodell lässt sich leicht in Ihre Planungsformulare integrieren (siehe Abb. 42).

Besonders wichtig bei der Aufstellung von Produktplänen ist die Maßnahmenplanung für das Produkt oder die Produktgruppe (vgl. Abb. 43). Neben der konkreten Budgetierung der Maßnahmen müssen Sie auch die detaillierten Umsetzungsmaßnahmen auflisten. Sie bilden in späterer Folge die Grundlage für die Zielvereinbarung mit den funktionalen Bereichen, die im Rahmen der Umsetzung eine zentrale Rolle spielen.

6.2.2 Die Zielvereinbarung

Im Rahmen der Zielvereinbarung werden auf Basis der Produktplanungen persönlich individuelle Zielvereinbarungsgespräche mit Ihnen als Produktmanager durchgeführt. Dazu werden auf der Geschäftsführungsebene oder Geschäftsbereichsleiterebene (dispositive Ebene) die Planungen der einzelnen Produktmanager mit dem Produktportfolio und der Unternehmensplanung abgeglichen.

Sie bereiten als Produktmanager Ihre individuellen Planungen für die Zielvereinbarungsgespräche vor. Dazu bereiten Sie in der Praxis Produktpräsentationen vor, die nicht nur die Produktplanung beinhalten, sondern auch die entsprechenden Produktmarktanalysen und die Produktstrategie. Diese Unterlagen sind wichtig, da auf ihrer Basis die Produktplanung aufgebaut ist. Sie dient vor allem der Nachvollziehbarkeit Ihrer Produktplanung. Die Produktplanung muss als Basis eine vernünftige Produktstrategie haben, die Produktstrategie muss selbst als Basis die notwendigen Produkt- und Marktanalysen haben. Stellen Sie sicher, dass der „rote Faden" in der Präsentation eindeutig erkennbar ist.

Nr.	Maßnahme	Termin/ Zeitraum	Verantwortung	Budget	zu koordinieren mit	Bemerkungen
1.						
2.						
3.						
4.						
5.						
6.						
7.						
8.						
9.						
10.						
11.						
Maßnahmenbudget Total						

Abb. 43 Maßnahmenplanung im Rahmen der Produktplanung (Jahresplanung)

Für das Management ist die Nachvollziehbarkeit und Plausibilität Ihrer Präsentation von besonderer Priorität.

Ein Unternehmen aus der Unterhaltungselektronik verlangt vom Produktmanagement für die Jahresplanung und Zielvereinbarung eine Präsentation mit folgendem Inhalt.

Beispiel: Gliederung einer Produktpräsentation (Auszug)

- Darstellung Produkt/Produktgruppe
- Produktmarktbeschreibung/-abgrenzung
  - Gesamtmarkt
  - Marktsegmentierung
- Analyse des Produktmarktes
  - Produktnutzenanalysen
  - Produktmarktkennziffern
  - Stärken-Schwächen-Analysen
  - Analysen von Trends und Entwicklungen
  - Chancen-Gefahren-Profil
  - Marktsegmentsportfolios
  - etc.
- Wettbewerberanalyse
  - Struktur und Marktposition der Wettbewerber
  - Grundstrategien der Wettbewerber
  - Produktanalysen der Wettbewerbsprodukte
  - Produktnutzen im Wettbewerbsvergleich
  - etc.

Tab. 1 Zielvereinbarungssystem im Produktmanagement

Zielinhalt	Zielbestimmung	Anteil
Wachstums-/Ergebnisziele des Unternehmens	Auswertung Managementerfolgsrechnung zum Geschäftsjahresende	30 %
Kostenoptimierungsziele	Plan-/Istkostenrechnungssystem	10 %
Produktstrategie- und Planungsziele	Umsatz- und Absatzzahlen und Ergebniszahlen aus Controlling	30 %
Neuproduktziele	Roadmap (Innovationsmanagement)	20 %
Terminziele	Roadmap (Innovationsmanagement)	10 %

- Produktstrategie (Zeitraum fünf Jahre)
  - Strategische Ziele
  - Grundstrategien
  - Marketing-Mix-Strategien
  - Alternativstrategien und Bewertung
  - Strategiesimulation (Quantifizierung)
  - etc.
- Produktplanung
  - Zielplanung und rollende Planung
  - Maßnahmenplanung und Zeitplanung
  - Budget- und Ergebnisplanung
  - Kostenplanung
  - Planung des Produktlebenszyklus
  - etc.
- Management Summary

Mit dieser Präsentation wird sichergestellt, dass das Management nicht nur mit einer Planung konfrontiert wird, sondern auch die notwendigen Analysen und Strategien erhält, die die Grundlage für die Planung darstellen.

Die anschließenden Zielvereinbarungsgespräche erfolgen in den Unternehmen meist entsprechend den jeweiligen Führungssystemen. In Tab. 1 ist ein Zielvereinbarungssystem eines Unternehmens dargestellt. Dabei wird auch aufgezeigt, mit welchem Anteil die einzelnen Teilziele in die Beurteilung der gesamten Zielerreichung und der darauf aufbauenden variablen Gehaltskomponente einfließen.

Man beachte, dass hier sowohl produktbezogene Ziele als auch unternehmensbezogene Zielsetzungen in den Zielvereinbarungsprozess integriert sind. Die jeweiligen Anteile der Ziele in Prozent können durch die Geschäftsführung des Unternehmens je nach Schwerpunkt jährlich angepasst werden. In den letzten Jahren hat dieses Unternehmen einen sehr hohen Anteil auf Kostenoptimierungsziele gelegt. In den neuen Zielvereinbarungssystemen findet man den Schwerpunkt auf den Produktstrategie - und Planungszielen (Umsatz, Absatz).

Tab. 2 Verteilung von produktstrategischen Entscheidungen (Auszug)

Funktionsbereich	Produktstrategische Entscheidung
Marketing	Marktsegmentsstrategie Kommunikationsstrategie Markenstrategie
Vertrieb	Preisstrategie Verkaufsförderungsstrategie Distributionsstrategie
IT	Produktstrategie Produktlebenszyklusstrategie Sortimentsstrategie

6.2.3 Strategische Konflikte

Ein häufig auftretender Problemfall auf dieser Ebene sind strategische Konflikte zwischen Ihnen im Produktmanagement und den anderen Ebenen (dispositive und operative Ebenen). Detaillierte strategische Entscheidungen für Ihr Produkt werden sowohl von der Geschäftsführung/Geschäftsbereichsleitung als auch von den operativen Funktionen beansprucht.

Diese „Verteilung" von strategischen Entscheidungen zum Produkt führt in den meisten Fällen dazu, dass keine abgestimmte Produktstrategie zustande kommt und die strategische Stoßrichtung in der Produktstrategie zum Teil völlig verloren geht. Es ist nicht selten zu finden, dass fast alle produktstrategischen Entscheidungen nicht mehr im Produktmanagement getroffen werden, sondern über die Funktionsbereiche verteilt sind. In einem Finanzdienstleistungsunternehmen erfolgt beispielsweise die Aufteilung der strategischen Themen auf die in Tab. 2 genannten Funktionsbereiche.

Das Produktmanagement versucht zwar, die unterschiedlichen Teilstrategien zu koordinieren und abzustimmen, die Autonomie der Funktionsbereiche verhindert aber die Zusammenstellung einer sinnvollen Produktstrategie. Um dieses Problems Herr zu werden, sollten Sie sicherstellen, dass die produktstrategischen Entscheidungen bei Ihnen als Produktmanager liegen. Die Mitwirkung der Funktionsbereiche in der Strategieentwicklung ist dabei natürlich nach wie vor gegeben. Durch ein funktionsübergreifendes Produktteam, in dem alle relevanten funktionalen Bereiche integriert sind, können die Interessen der Funktionsbereiche eingebracht werden. Einen krassen Fall unterschiedlicher Prioritäten zeigt Ihnen auch folgendes Praxisbeispiel.

> **Beispiel: Strategische Konflikte im Produktmanagement**
>
> Ein Unternehmen aus der Konsumgüterbranche hatte das Produktmanagement eingeführt und bereits in kurzer Zeit gute Erfahrungen und Erfolge erzielt. Nach mehreren Umstrukturierungen und Personalwechsel in der Geschäftsführung und den Funktionsbereichen wurden auch die Kompetenzen neu geregelt. Die neue Geschäftsführung nahm starken Einfluss auf die Entwicklung der Produktstrategie im Detail (z. B. Marktsegmentsstrategien, Produktentwicklungsstrategien, Relaunches etc.), und auch die funktionalen Bereiche nahmen selektiv dem Produktmanagement die Entschei-

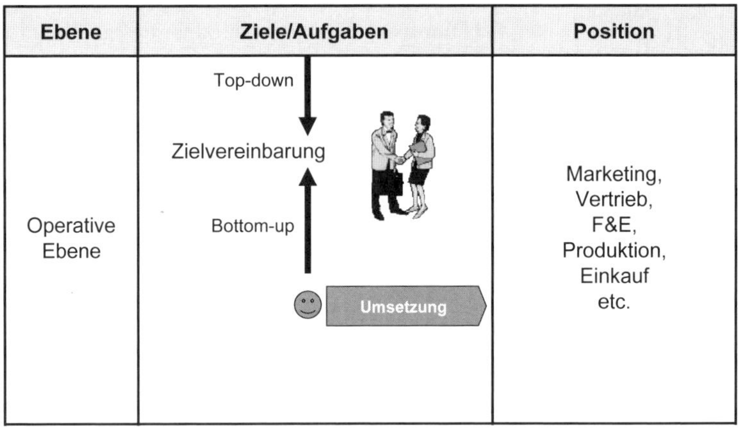

Ebene	Ziele/Aufgaben	Position
Operative Ebene	Top-down ↓ Zielvereinbarung ↑ Bottom-up Umsetzung	Marketing, Vertrieb, F&E, Produktion, Einkauf etc.

Abb. 44 Die operative Ebene (Überblick)

dungen ab. So wurden zum Beispiel preisstrategische Entscheidungen dem Vertrieb zugeordnet. Das Produktmanagement kam immer stärker in die Rolle, die unterschiedlichen strategischen Interessen auszugleichen, eine klare Produktstrategie konnte nicht mehr gefunden werden. Operativ kurzfristig ausgerichtete Aktionen standen im Vordergrund. Das Unternehmen verlor in einem Produktbereich 50 % Marktanteil.

6.3 Die operative Ebene

Die operative Ebene ist der praktischen Umsetzung gewidmet. Hier werden die in der strategischen Ebene festgelegten Umsetzungsmaßnahmen durch die funktionalen Bereiche umgesetzt. Dazu ordnen Sie die in der strategischen Ebene festgelegten Maßnahmen mit den notwendigen Budgets und Terminvorgaben durch Zielvereinbarungsgespräche den funktionalen Bereichen zu. Abbildung 44 zeigt Ihnen diese Zusammenhänge im Überblick.

Diese Zuordnung der Umsetzungsmaßnahmen mit entsprechender Zielvereinbarung erfolgt entweder direkt mit Ihnen als Produktmanager oder aber über die Geschäftsführungsebene/Geschäftsbereichsleiterebene. Die Zielvereinbarung auf dieser Ebene ist kritisch für Ihren Erfolg. Häufig werden im Unternehmen die Zielvereinbarungen mit dem Produktmanagement zwar vorgenommen, die operative Ebene verfolgt aber weiterhin Zielsetzungen, die die Produktstrategie und Produktplanung nicht unterstützen oder sogar kontraproduktiv wirken. Ob die Zielvereinbarung mit den funktionalen Bereichen direkt mit dem Produktmanagement vorgenommen wird oder über die Geschäftsführung bzw. Geschäftsbereichsleitung erfolgt, hängt weitgehend vom Führungs- und Zielvereinbarungssystem im Unternehmen ab. Beide Vorgehensweisen sind in der Praxis anzutreffen und funktionieren gut.

6 Nach vielen Seiten offen: Die Prozessebenen im Produktmanagement

Abb. 45 Steuerungsfunktion des Produktmanagers

Fehlen die produktbezogenen Zielvereinbarungen auf der funktionalen Ebene, sind meist die Umsetzung der Maßnahmen und die Erreichung der Produktziele nicht sichergestellt. Eine weitere wichtige Basis zur Zielvereinbarung bildet die produktbezogene Planung. In dieser Planung sind die Teilziele dargestellt und können den Funktionen zugeordnet werden. Trotz vorhandener operativer Maßnahmenplanung und operativer Jahresplanung für die Produktziele sind Sie als Produktmanager mit Zielkonflikten konfrontiert.

Beispiel: Zielkonflikte mit der operativen Ebene

Ein Unternehmen aus der Konsumgüterindustrie hatte das Produktmanagement vor etwa einem Jahr eingeführt. Die Organisation und die Prozesse dazu wurden entwickelt. Ebenso wurde das Zielvereinbarungssystem mit dem Produktmanagement mit der Geschäftsführung etabliert. Ein Zielvereinbarungssystem mit den Funktionsbereichen wurde nicht geschaffen. Dies führte im weiteren Verlauf zu einigen Ziel- und Interessenskonflikten. Die funktionalen Bereiche (Marketing, Vertrieb etc.) entwickelten aus funktionaler Sicht eigene Schwerpunkte, Strategien und Maßnahmen. Der Vertrieb führte beispielsweise im selben Zeitraum das Key Account Management ein. Vertriebliche Ressourcen wurden auf die Key Accounts (A-Kunden) konzentriert, B- und C-Kunden wurden vermehrt über Call Center und Direktmarketing betreut. Dies führte speziell in einem Produktbereich zu erheblichen Unruhen, da gleichzeitig der Produktmanager ein Kundenbindungsprogramm mit deutlich anderen Zielsetzungen (Marktsegmentierung) einführen wollte. Die dem Kundenbindungsprogramm zugrunde liegende Marktsegmentierung führte auch zu Problemen mit der Marketingabteilung, die ein undifferenziertes Kommunikationskonzept für den Gesamtmarkt entwickelt hatte.

Die klare Abstimmung der Ziele und Maßnahmen im Rahmen der Planung und Umsetzung ist für Ihren Erfolg im Produktbereich zentral. Abbildung 45 zeigt Ihnen die Steuerungs-/Koordinations - und Controllingfunktion des Produktmanagers sinnbildhaft.

Die funktionalen Bereiche stellen die Ruderer dar. Als Produktmanager sind Sie der Steuermann. Leider funktioniert dieses Zusammenspiel in der Praxis sehr selten. Man findet eher die Situation wieder, die in Abb. 46 gezeigt ist.

Diese Einteilung in Ruderer und Steuermann ist in diesem Zusammenhang sinnbildlich zu sehen und in keiner Weise als Wertung der funktionalen Bereiche oder des

Abb. 46 Der Produktmanager als Ruderer

Abb. 47 Typische Situation eines Produktmanagers

Produktmanagements zu verstehen. Nur ein gut eingespieltes Team ist in der Lage, das Rennen zu gewinnen. Die gleichen Prinzipien der Teamorientierung sind auch im Produktmanagement anzuwenden.

Auch befinden sich viele Produktmanager, vor allem wenn es um die Umsetzung geht, in der in Abb. 47[2] dargestellten Situation.

Für das Umsetzen und das Tragen der Umsetzungsverantwortung will letztendlich keiner zuständig sein. Viele dieser Konflikte lassen sich mit entsprechendem Konfliktmanagement nur zum Teil lösen. Die Inanspruchnahme der Hierarchie ist in einigen Fällen notwendig. Um hier jedoch erfolgreich zu sein, bedarf es der Unterstützung der Geschäftsleitung und der Geschäftsbereichsleitung. In der Praxis zeigen sich immer wieder deutliche Unterschiede in der Performance des Produktmanagements, wenn das obere Management eine klare Vorstellung vom Produktmanagement hat, im Vergleich zu Unternehmen, die

---

[2] Trotz intensiver Recherchen ist es mir nicht gelungen, die Quelle dieser Grafik zu identifizieren. Sollten Sie den Zeichner kennen, lassen Sie es mich wissen.

noch keine klare Vorstellungen vom Produktmanagement entwickelt haben. Zu der oben dargestellten typischen Situation eines Produktmanagers passt auch noch folgender Text.

> **Beispiel: Typische Situation eines Produktmanagers**
>
> This is a story about four people named Everybody, Somebody, Anybody and Nobody. There was an important job to be done and Everybody was asked to do it. Everybody was sure Somebody would do it. Anybody could have done it but Nobody did it. Somebody got angry about that because it was Everybody's job. Everybody thought Anybody could do it but Nobody realized that Everybody wouldn't do it. It ended up that Everybody blamed Somebody when Nobody did what Everybody could have done.

Die operative Zielvereinbarung mit den funktionalen Bereichen kann nach Kenntnis der Situation in der Praxis als wesentliches Erfolgskriterium im Produktmanagement angesehen werden.

7 Ein komplexes Projekt: Wie man Produktmanagement im Unternehmen einführt

Wenn Sie ein funktionierendes und erfolgreiches Produktmanagement in Ihrem Unternehmen einführen wollen, sollten einige wesentliche Rahmenbedingungen überprüft werden. Die Frage bleibt allerdings offen, ab wann ein Produktmanagement bei Ihnen im Unternehmen Sinn macht. Die Beantwortung von drei Fragen ist dabei hilfreich:

- **Frage 1: Die Frage nach der Spezialisierung**
  Können die Produkte oder Produktgruppen unseres Unternehmens durch spezialisierte produktbezogene Programme besser gefördert werden?
- **Frage 2: Die Frage nach der Kapazität**
  Übersteigt die Anzahl der Produkte oder Produktgruppen die Kapazität unserer funktionsorientierten Organisation?
- **Frage 3: Die Frage nach den Ressourcen**
  Sind die Personalressourcen, die bisher für das „Produktmanagement" eingesetzt wurden (in vielen Unternehmen wird Produktmanagement in Personalunion mit der Geschäftsführung oder Geschäftsbereichsleitung gemacht), für ein erfolgreiches Produktmanagement ausreichend oder ist es besser, eigene Produktmanager einzusetzen, die sich voll auf diese Aufgabe konzentrieren können?

Können Sie eine oder sogar mehrere Fragen mit „Ja" beantworten, so sollten Sie die Einführung eines Produktmanagements überdenken.

> **Beispiel: Einführung des Produktmanagements**
>
> Das Produktmanagement eines Herstellers von Unterhaltungselektronik wurde bisher in Personalunion mit den Geschäftsbereichsleitern des Unternehmens durchgeführt. In jährlichen Planungssitzungen mit der Geschäftsführung wurden die Produktschwerpunkte, die Produktstrategien und die Absatzzahlen in Form einer Jahresplanung festgelegt. Das starke Wachstum des Unternehmens in den vergangenen Jahren erforderte immer mehr Aufmerksamkeit hinsichtlich Unternehmens- und Geschäftsbereichsentwicklung, sodass das Produktmanagement immer mehr in den Hintergrund gedrängt wurde. Die Planungssitzungen wurden eher zur Unternehmensplanung verwendet, die produktbezogenen Interessen überließ man dem Verkauf. Ein Absatzeinbruch in einigen Produktbereichen führte zum Umdenken in der Geschäftsführung. Ein eigenes Produktmanagement wurde eingeführt, um die Aufmerksamkeit wieder stärker auf die Produkte zu konzentrieren.

7.1 Vor- und Nachteile des Produktmanagements

Bei der Einführung des Produktmanagements sollten Sie außerdem die Vor- und Nachteile des Produktmanagements spezifisch für Ihr Unternehmen bestimmen. Umsetzungsbarrieren können Sie damit frühzeitig erkennen und mit geeigneten Maßnahmen behandeln. Folgende Aufzählung gibt Ihnen entsprechende Hinweise zu Vor- und Nachteilen des Produktmanagements im Unternehmen.

1. **Vorteile des Produktmanagements**

- Durch die zentralisierte Planungs- und Durchführungsverantwortung können die getroffenen Entscheidungen bestmöglich umgesetzt werden.
- Probleme bei der Vermarktung der Produkte bleiben weitgehend erspart, da vorher alle Maßnahmen und Aktivitäten durch den Produktmanager koordiniert und abgestimmt werden.
- Bei Veränderungen am Markt und bei den Wettbewerbern kann man schneller reagieren, da alle Informationen im Produktmanagement gesammelt und ausgewertet werden und damit eine rasche Entscheidungsfindung sichergestellt ist.
- Die eingesetzten Marketinginstrumente werden durch den Produktmanager stetig überprüft, und damit kann die Wirksamkeit relativ schnell beurteilt werden.
- Produktmanager kennen den Markt und die Bedürfnisse der Kunden sehr genau und können deshalb bei allen Maßnahmen vor deren Einsatz überprüfen, ob und wie diese bei den jeweiligen Zielgruppen ankommen werden.
- Die Komplexität der Unternehmensstrategie und der Unternehmensplanung nimmt ab, da das Produktmanagement bereits detaillierte produktbezogene Strategien und Pläne entwickelt.

7 Ein komplexes Projekt: Wie man Produktmanagement im Unternehmen einführt

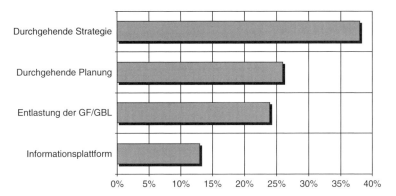

Abb. 48 Vorteile des Produktmanagements

Als Ergebnis einer von der MSG Management Systems St. Gallen durchgeführten explorativen Befragung von Unternehmen im deutschsprachigen Raum wurden die in Abb. 48 genannten wesentlichen Vorteile des Produktmanagements genannt.

Eine durchgehende Strategie und Planung, knapp gefolgt von der Entlastung des Managements, bilden die wesentlichen Vorteile des Produktmanagements aus Unternehmenssicht.

Bei der Einführung des Produktmanagements sollten Sie auch die möglichen Nachteile eines Produktmanagements überdenken. Sie geben Ihnen Hinweise für zu berücksichtigende Einführungsbarrieren und zentrale Konfliktstellen.

2. **Nachteile des Produktmanagements**

- Die Einheitlichkeit der Marketingkonzeption des Gesamtunternehmens kann beeinträchtigt werden, wenn die Verantwortlichkeit auf mehrere Produktmanager verteilt wird (z. B. im Brandmanagement).
- Die Vielfalt der gestellten Aufgaben und die hohen Anforderungen an den Produktmanager machen es schwierig, entsprechendes Personal für die Stelle des Produktmanagers zu finden.
- Eine hohe Fluktuation der Produktmanager kann dazu führen, dass die Kontinuität der Produktstrategie und Produktplanung gefährdet wird.
- Das Erfolgs- und Leistungsstreben der einzelnen Produktmanager kann ausarten und zu Konflikten (z. B. Ressourcenkonflikten) innerhalb der Organisation führen.
- Die funktionalen Bereiche des Unternehmens werden durch die vielen produktindividuellen Anforderungen überlastet.
- Die Entwicklung und Umsetzung funktionaler Konzeptionen (z. B. Marketingkonzept, Entwicklungskonzept etc.) wird erschwert.

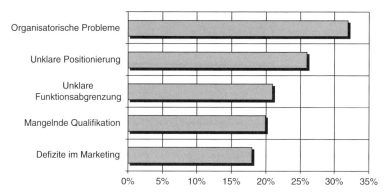

Abb. 49 Nachteile des Produktmanagements

Als Ergebnis einer von der MSG Management Systems St. Gallen durchgeführten explorativen Befragung von Unternehmen im deutschsprachigen Raum wurden die in Abb. 49 aufgeführten wesentlichen Nachteile des Produktmanagements genannt.

Die unklare Positionierung des Produktmanagements im eigenen Unternehmen und organisatorische Probleme sind dabei von zentraler Bedeutung.

7.2 Erfolgsfaktoren für die Umsetzung und Einführung

Die Einführung des Produktmanagements im eigenen Unternehmen stellt viele Unternehmen vor eine große Herausforderung. Produktmanagement erfordert ein Umdenken und Überdenken der bisherigen Arbeitsweisen, Prozesse und organisatorischen Regelungen. Das Scheitern bei der Einführung von Produktmanagement ist meist auf folgende Gründe zurückzuführen:

- Ziele und Positionierung des Produktmanagements sind unklar.
- Die Information und Integration der funktionalen Bereiche fehlt.
- Die Unterstützung durch das obere Management ist mangelhaft.
- Die Besetzung der Produktmanagementpositionen ist unqualifiziert.
- Es herrscht ein zu starker Fokus auf das Tagesgeschäft (Kurzfristdenken).
- Die Schnittstellendefinition und Aufgabenteilung fehlen.
- Die funktionsübergreifende Einflussnahme ist mangelhaft.
- Die organisatorische Zuordnung ist fehlerhaft.

Bei der Entscheidung für das Produktmanagement und bei der Einführung des Produktmanagements im eigenen Unternehmen sollten Sie daher folgende Voraussetzungen schaffen:

- Verankern Sie die Produkt-Markt-Orientierung als Unternehmensphilosophie.
- Passen Sie die Gesamtstruktur und alle relevanten Elemente der Organisation an.
- Legen Sie die Positionierung des Produktmanagements im Unternehmen klar fest.
- Grenzen Sie die Schnittstellen zu den funktionalen Bereichen ab.
- Integrieren Sie das Produktmanagement in wichtige Prozesse (Planungsprozesse, Strategieprozesse, Produktportfoliomanagement ...).
- Legen Sie die Verantwortlichkeiten, Aufgaben und Kompetenzen fest.
- Bauen Sie ein Entwicklungs- und Schulungsprogramm für Produktmanager auf.
- Passen Sie die Informations-, Planungs- und Controllingsysteme an.
- Stellen Sie sicher, dass das Top-Management ausreichende Unterstützung leistet und eine Coachingfunktion für das Produktmanagement wahrnimmt.
- Informieren Sie interne Bereiche umfassend über das Produktmanagement.
- Bauen Sie ein Zielvereinbarungs- und Leistungsbeurteilungssystem für das Produktmanagement auf.
- Stellen Sie den Produktmanagern spezifische Tools und Instrumente für das Produktmarketing zur Verfügung.

Die erfolgreiche Einführung des Produktmanagements umfasst damit das gesamte Unternehmen und ist in der Regel ein längerer Prozess. Die Einbeziehung und Unterstützung des Top-Managements nicht nur in der Einführungsphase ist eine Erfolgsvoraussetzung. Einführungs- und Umstellungsprozesse sind spezifisch auf die eigene Situation anzupassen.

Bei der Einführung des Produktmanagements in einem Unternehmen kann beispielsweise das in Tab. 3 gezeigte Vorgehen gewählt werden.

Als besonders nützlich und hilfreich hat sich die Ausarbeitung eines PM-Konzeptes in der Stufe 2 erwiesen. Im PM-Konzept wird das Produktmanagementspezifisch für das eigene Unternehmen definiert. Das PM-Konzept, auch Positionspapier zum PM genannt, bildet die Grundlage für sämtliche Kommunikations- und Umsetzungsmaßnahmen innerhalb des eigenen Unternehmens.

> **Beispiel: Fragestellungen, die sich Unternehmen bei der Entwicklung eines PM-Konzeptes stellen**
>
> - Was sind die wesentlichen Gründe für die Einführung des Produktmanagements (Marktgründe, Wettbewerbsgründe, unternehmensinterne Gründe)?
> - Welche Ziele wollen wir mit dem Produktmanagement in unserem Unternehmen erreichen?
> - Wie soll das Produktmanagement im Unternehmen positioniert werden (strategisch oder operativ)?
> - Nach welchen Grundprinzipien soll unser Produktmanagement funktionieren (funktionsübergreifende Koordination, der Produktmanager als Produkt-Markt-Experte etc.)?

Tab. 3 Vorgehen bei der Einführung des Produktmanagements

Stufe 1:	*Verpflichten Sie das Management*
Ziele:	Bedürfnis, Veranlassung, Motivation und Verständnis für Umstellung entwickeln.
	Gemeinsames Verständnis zum Produktmanagement erreichen.
Maßnahmen:	Konkrete Beispiele anführen.
	Best-Practice-Unternehmen analysieren.
	Aktuelle Probleme darstellen.
	Produktmanagement der Wettbewerber darstellen usw.
Stufe 2:	*Entwickeln Sie ein Konzept*
Ziele:	Vision und Konzept für das eigene Produktmanagement entwickeln.
Maßnahmen:	Analyse der Produktstruktur. Organisationsvorschläge ausarbeiten.
	Stellenbeschreibung und Anforderungsprofil entwickeln. Schnittstellen definieren.
	Prozessvorschläge ausarbeiten usw.
Stufe 3:	*Bereiten Sie die Umsetzung vor*
Ziele:	Interne Kommunikation und Projektstruktur für die Umsetzung aufbauen.
Maßnahmen:	Kick-off-Workshops durchführen. Projektplanung entwickeln.
	Informationsplattformen aufbauen. Informationsmeetings abhalten usw.
Stufe 4:	*Nehmen Sie Veränderungen vor*
Ziele:	Umsetzung der geplanten Veränderungen im Unternehmen.
Maßnahmen:	Strukturen und Prozesse verändern. Produktmanager rekrutieren.
	Produktmanagerschulung durchführen. Systeme anpassen und umstellen.
	Task Forces zur Problembehebung einsetzen. Schnittstellenworkshops mit den Funktionen durchführen usw.

- An welchen produktbezogenen Zielen wollen wir die Produktmanager messen (qualitativ und quantitativ)?
- Welche Rollen, Aufgaben und Verantwortlichkeiten hat ein Produktmanager in unserem Unternehmen?
- Wie sehen die Stellenbeschreibung und das Anforderungsprofil unserer Produktmanager aus?
- Wie werden die Schnittstellen zu den funktionalen Bereichen des Unternehmens abgegrenzt?
- In welche Prozesse muss der Produktmanager integriert werden und welche produktspezifischen Prozesse (z. B. Produktplanungsprozesse) müssen entwickelt und eingeführt werden?
- Wie stellen wir ein produktspezifisches Controlling und Berichtswesen sicher?
- Wie wird der Produktmanager in die Aufbauorganisation des Unternehmens integriert?
- Welche Informationen braucht der Produktmanager von den funktionalen Bereichen und welche muss er liefern?

- An welchen regelmäßig stattfindenden Meetings und Besprechungen muss der Produktmanager teilnehmen?
- Welche Tools und Instrumente braucht der Produktmanager, um seine Arbeit bewältigen zu können?
- Wer im Unternehmen stellt die Coachingfunktion für das Produktmanagement sicher?
- Wer ist der Sponsor für die Einführung des Produktmanagements in unserem Unternehmen?
- Wie gehen wir mit Ressourcen- und Interessenskonflikten um?
- Mit welchen Zwischenstufen (zeitlich und inhaltlich) wollen wir das Produktmanagement einführen?
- Wie sehen die Rekrutierung und Ausbildung der Produktmanager aus?
- Wie gewinnen wir die Unterstützung der funktionalen Bereiche für das Produktmanagement?
- Wie werden die Produkte bzw. Produktgruppen für das Produktmanagement gebildet?

Bei der Zuordnung der Produktmanager zu Produkten oder Produktgruppen im Rahmen der Einführung des Produktmanagements müssen Sie beachten, dass Produkte oder Produktgruppen mit homogenen Erfolgsfaktoren zusammengefasst werden. Auch muss auch sichergestellt sein, dass die Produkte/Produktgruppen zueinander nicht im Wettbewerb stehen (strategische Autonomie) und auch ein ausreichend großer Produktmarkt (Potenzial für die alleinige Überlebensfähigkeit) abgedeckt wird. Ein Patentrezept für die Zuordnung gibt es hier leider nicht.

7.3 Rekrutierung von Produktmanagern

Die Rekrutierung von Produktmanagern in der Praxis gestaltet sich eher schwierig. Unternehmen haben meist keine klare Vorstellung über die Positionierung, Aufgaben und Zielsetzungen des Produktmanagements. Man weiß zwar instinktiv, dass ein Produktmanagement notwendig ist, die notwendigen Vorüberlegungen werden aber nicht angestellt. Eine Aufgabenbeschreibung und ein Anforderungsprofil des Produktmanagers sind neben der Klärung der Positionierung Minimalvoraussetzungen. Sie bilden sowohl für die interne als auch für die externe Rekrutierung von Produktmanagern die Basis für eine entsprechende interne Ausschreibung oder für ein externes Stelleninserat.

Folgende Beispiele zeigen Ihnen unterschiedliche Stelleninserate von Unternehmen auf der Suche nach Produktmanagern.

Beispiel: Stelleninserat für einen Junior Produktmanager

Unser Kunde ist ein international führender Anbieter von modernsten Business Solutions und IT-Dienstleistungen. Für den Produktbereich Papier- und Verbrauchsmaterialien suchen wir eine/n

Junior Produktmanager/in

Sie führen verkaufsfördernde Maßnahmen durch, verhandeln und planen den Einkauf und kalkulieren Preise.
Wenn Sie eine kfm. Ausbildung haben und mehrjährige Erfahrung im Produktmarketing vorweisen können, bewerben Sie sich unter: XYZ

Dieses Stelleninserat ist richtig zugeschnitten auf einen Junior Produktmanager. Ein Junior Produktmanager ist operativ im Unternehmen tätig und ist keine strategisch orientierte Produktmanagementposition. Die Aufgaben und das Anforderungsprofil (obwohl hier etwas knapp formuliert) entsprechen der Position.

Beispiel: Stelleninserat für einen Produktmanager

Wir suchen Menschen, die sich entfalten möchten.

Produktmanager Voice

Das Team „Voice Business" versteht sich als Motor des Unternehmens und setzt durch die Entwicklung neuer Services und Anwendungen neue Maßstäbe am Markt.
Wir kümmern uns um unser Kerngeschäft, die Sprachtelefonie.
Wir verstärken unser Team und suchen einen Marketingprofi mit hoher technischer Affinität (Mobilkommunikationstechnik). Sie konzipieren neue Produkte und arbeiten eng mit der Technik und IT sowie auch mit Marketing Communications zur Produktvermarktung zusammen.
Sie finden ein breites, selbständiges Aufgabengebiet, das Projektmanagement-Fähigkeit, Kreativität und Marktkenntnisse erfordert. Als Produktmanager sind Sie für die Gestaltung, Umsetzung und Vermarktung neuer Services verantwortlich und arbeiten mit allen relevanten Spezialisten im Haus eng zusammen.
Ausgeprägte Kommunikationsfähigkeit, Überzeugungskraft, hohe Kundenorientierung und Teamfähigkeit sind wichtige Eigenschaften in dieser Funktion.
Wir wenden uns an Personen mit einem abgeschlossenen betriebswirtschaftlichen Studium (Universität/FH) und technischer Zusatzausbildung (HTL), hoher technischer Affinität sowie ein bis drei Jahren relevanter Berufserfahrung und Begeisterung an der Arbeit im Team.

Hier wird ein Produktmanager gesucht, eine strategisch orientierte Managementposition. Selbständiges Arbeiten mit großem Gestaltungsspielraum ist gefordert. Eine funktionsübergreifende Koordination und Steuerung sind auch hier der Schlüssel zum Erfolg.

Beispiel: Stelleninserat für einen „Produktmanager" im Vertrieb

Als Incoming-Reiseveranstalter mit regionalen Büros bearbeiten wir für unsere Kunden sämtliche Segmente des Tourismus. Die Basis unseres Unternehmens sind Mitarbeiter, die motiviert, eigenständig und teamorientiert die Interessen und Wünsche unserer Kunden wahrnehmen.
Wenn diese Beschreibung auf Sie zutrifft, begrüßen wir Sie gerne als neuen Mitarbeiter.
Wir suchen für die Position Produktmanagement ab sofort eine(n)

Produktmanager/in
(Deutschland/Schweiz/Österreich)
Ihre Aufgaben:
Akquisition von Neukunden
Betreuung von bestehenden Kunden/Segmenten
Produktentwicklung
Persönliche Voraussetzungen:
Mindestalter 25 Jahre
Marketing- und wirtschaftliches Verständnis
Gute Englischkenntnisse
Kreativität und Leistungsbereitschaft
Als Produktmanager sind Sie ein Mitglied des Management-Teams und für die Erfolge Ihres Bereiches direkt verantwortlich.

In diesem Stelleninserat wird kein Produktmanager gesucht, sondern wahrscheinlich eher ein Ländermanager mit Vertriebsaufgaben. Die Aufgaben der Akquisition von Neukunden und die Betreuung von bestehenden Kunden und Segmenten sind definitiv keine Aufgaben eines Produktmanagers.

Ein besonders interessantes Aufgabenprofil für einen Produktmanager finden Sie im Stelleninserat eines Unternehmens aus der Diagnostik und Medizintechnik.

> **Beispiel: Stelleninserat für einen multifunktionalen „Produktmanager"**

Produktmanager/in
Instrumentelle Analytik

Unser Kunde ist ein erfolgreiches Unternehmen in den Bereichen Tierernährung, Veterinärmedizin und Diagnostik und sucht eine erfolgsorientierte Vertriebspersönlichkeit für den selbständigen Aufbau der Abteilung „Instrumentelle Analytik", speziell für die Bereiche Nahrungsmittel und Futtermittel.

Ihre Aufgaben:
Technisches Produktmanagement und Verkauf von automatisierter Analytik
Akquisition und Betreuung von Key Accounts Produktschulungen, Installation, Inbetriebnahme und Basisservice von Geräten

Ihre Qualifikationen:
Unternehmerische, kaufmännisch erfahrene Persönlichkeit mit Führungspotenzial
Ausbildung: Medizintechnik, Elektronik, Elektrotechnik oder Mechatronik
Vertriebserfahrung im Handel mit analytischen Geräten im Lebensmittelbereich
Kommunikations- und Verhandlungsstärke
Hohe Einsatzbereitschaft und Mobilität
Gute Englisch- und ausgezeichnete PC-Kenntnisse

Hier wird ein Produktmanager gesucht, der gleichzeitig Vertrieb macht, das Key Account Management mit erledigt und die komplette operative Abwicklung durchführt. Interessierte Personen, die in das Produktmanagement wechseln wollen, sollten sich daher im Vorfeld genau über die Position informieren. Manchmal ist nicht das drin, was draufsteht!

Viele Produktmanager betreuen ihre Produkte oder Produktgruppen nur für eine relativ kurze Zeit. Im Durchschnitt bleiben Produktmanager drei Jahre in der Position.

Danach werden sie meist befördert, wechseln das Unternehmen oder übernehmen andere Aufgaben. Die meisten Produktmanager sehen ihre Position deshalb als eine Art Zwischenschritt. Dieses Sprungbrett-Denken bringt auch die Gefahr mit sich, dass kurzfristige Aktionen im Produktmarketing dominieren und langfristige Orientierung vernachlässigt wird. Allein ein bis zwei Jahre brauchen Produktmanager, um das Unternehmen mit seinen Strukturen und Abläufen kennen zu lernen, verlässliche Beziehungsnetzwerke aufzubauen, den Produktmarkt zu beherrschen und ihre Leistungsfähigkeit voll zu entfalten. Sie müssen daher mit kreativen Konzepten versuchen, Ihre Produktmanager längerfristig zu binden. Geld und Karriere müssen zwar stimmen, bilden hier aber nicht die primären Motivationsfaktoren.

Am wichtigsten für die Produktmanager sind:

- größere Verantwortung (Aufgaben),
- umfangreichere Kompetenzen und
- stärkere Akzeptanz.

Erfolgreiches Produktmanagement wird zukünftig nicht allein von der Ausbildung, von speziellen Kenntnissen und Fähigkeiten der Produktmanager abhängen, sondern in besonderem Maße von der Ausbalancierung der Aufgabenbelastung, Schaffung von Kompetenzen und Verantwortlichkeiten und Akzeptanz des Produktmanagements im Unternehmen.

8 Eine große Herausforderung: Die organisatorische Eingliederung des Produktmanagements

Die organisatorische Verankerung des Produktmanagements in der Aufbauorganisation des Unternehmens stellt viele Unternehmen vor eine große Herausforderung. Viele Faktoren spielen hier in der täglichen Praxis eine Rolle. Die hierarchische Stellung einer Person im Unternehmen ist nach wie vor eine kritische Größe. Aus der Perspektive des Produktmanagements müssen Sie auch hier entsprechende Punkte berücksichtigen. Die hierarchische Stellung des Produktmanagers hängt in diesem Zusammenhang im Wesentlichen von seiner operativen oder strategischen Ausrichtung ab.

Bei der Festlegung der organisatorischen Verankerung des Produktmanagements in Ihrem Unternehmen sollten Sie drei Grundprinzipien berücksichtigen:

- **Grundprinzip 1: Strategische Verantwortung**
  Ordnen Sie strategisch verantwortliche Produktmanager direkt der Geschäftsführung oder der Geschäftsbereichsleitung (bei Unternehmen mit Geschäftsbereichen) zu.
- **Grundprinzip 2: Führungsspanne**
  Wird durch die Anzahl der Produktmanager die Führungsspanne zu groß, so schalten Sie einen Leiter Produktmanagement dazwischen.
- **Grundprinzip 3: Operative Verantwortung**
  Gliedern Sie operativ verantwortliche Produktmanager hierarchisch in die Funktionsbereiche ein. Operativ tätige Produktmanager mit fachlichem Schwerpunkt Marketing und Vertrieb sollen unterhalb der Marketingleitung oder Vertriebsleitung eingestuft werden. Operativ tätige Produktmanager mit fachlichem Schwerpunkt in der „Technik" sollen unterhalb der Leitung Technik, Leitung Entwicklung etc. eingestuft werden.

Diese Grundprinzipien werden im Folgenden praktisch dargestellt.

8.1 Organisation bei strategischem Produktmanagement

Bei den folgenden Organisationsformen ist der Produktmanager im Unternehmen als strategisch verantwortlicher Produktmanager positioniert. Der Produktmanager als Inhaber einer Managementfunktion im Unternehmen soll direkt unterhalb der Geschäftsführung

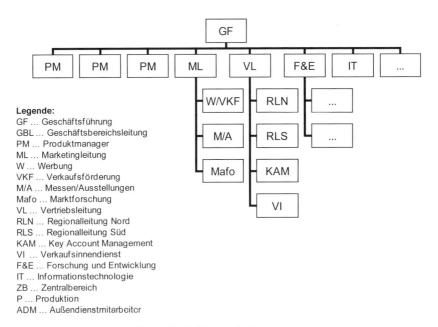

Legende:
GF ... Geschäftsführung
GBL ... Geschäftsbereichsleitung
PM ... Produktmanager
ML ... Marketingleitung
W ... Werbung
VKF ... Verkaufsförderung
M/A ... Messen/Ausstellungen
Mafo ... Marktforschung
VL ... Vertriebsleitung
RLN ... Regionalleitung Nord
RLS ... Regionalleitung Süd
KAM ... Key Account Management
VI ... Verkaufsinnendienst
F&E ... Forschung und Entwicklung
IT ... Informationstechnologie
ZB ... Zentralbereich
P ... Produktion
ADM ... Außendienstmitarbeiter

Abb. 50 Eingliederung unterhalb Geschäftsführung (Schema)

Abb. 51 Eingliederung unterhalb Geschäftsbereichsleitung (Schema)

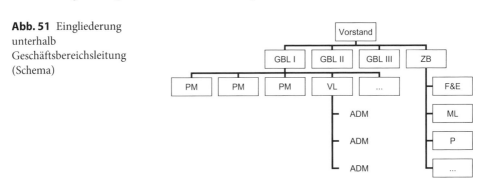

oder der Geschäftsbereichsleitung angeordnet werden (Grundprinzip 1). Das Produktmanagement wird damit auf gleicher hierarchischer Ebene wie das funktionale Management angeordnet. Die Abb. 50 und 51 zeigen Ihnen das Grundschema dieser Organisationsform.

Bei einer geringen Anzahl von Produktmanagern wird bei diesen Organisationsformen die Führungsspanne nicht überstrapaziert. Übersteigt die Anzahl der Produktmanager jedoch die Führungsspanne des Vorgesetzten, so sollten Sie einen Leiter Produktmanagement dazwischenschalten (Grundprinzip 2, siehe Abb. 52). Der Leiter Produktmanagement hat Personalverantwortung für die zugeordneten Produktmanager.

Dieses Grundschema der Organisation des Produktmanagements für ein strategisch verantwortliches Produktmanagement soll nun an praktischen Beispielen verdeutlicht

8 Eine große Herausforderung: Die organisatorische Eingliederung ...

Abb. 52 Organisation mit Leiter Produktmanagement (Schema)

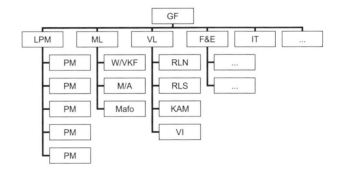

werden. Abbildung 53 zeigt Ihnen die Organisation des Produktmanagements in einem Unternehmen aus der Finanzdienstleistungsbranche.

In diesem Beispiel ist das Produktmanagement direkt unter der Geschäftsbereichsleitung Privatkunden angesiedelt. Ebenso ist ein Leiter Produktmanagement zur Verringerung der Führungsspanne zwischengeschaltet.

Ein weiteres Beispiel aus der Industrieelektronik zeigt Ihnen eine ähnliche Struktur (siehe Abb. 54).

In den bisher dargestellten Organisationsformen haben die Produktmanager keine Personalverantwortung. Die Ressourcen, die für das Produktmanagement notwendig sind, werden von den funktionalen Bereichen bereitgestellt. In einigen Fällen hat das Produktmanagement auch eigene Ressourcen und damit Personalverantwortung. Abbildung 55 zeigt Ihnen dazu ein Organisationsschema.

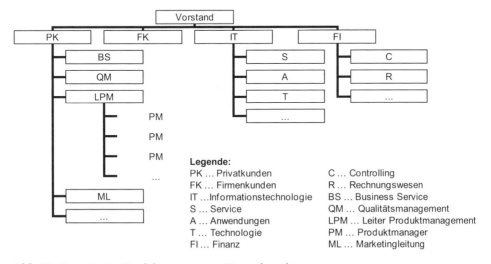

Abb. 53 Organisation Produktmanagement Finanzdienstleistung

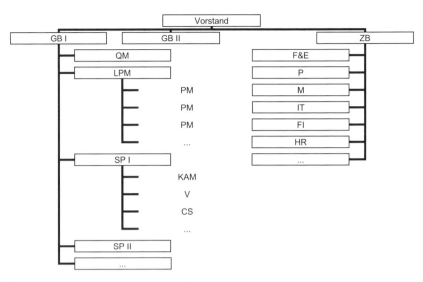

Abb. 54 Organisation Produktmanagement Industrieelektronik

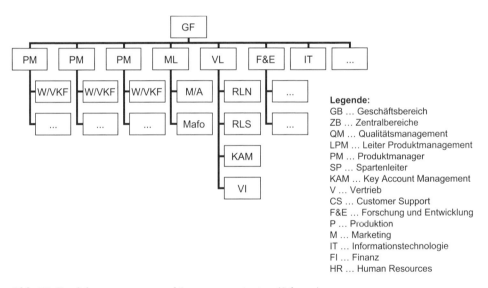

Abb. 55 Produktmanagement und Spartenorganisation (Schema)

Häufig werden Marketingfunktionen in das Produktmanagement verschoben. Durch zunehmende organisatorische Verlagerung von Funktionen in das Produktmanagement entsteht eine Spartenorganisation. Beispiele von Funktionen, die in das Produktmanagement verlagert werden, sind:

Abb. 56 Eingliederung des Produktmanagements im Marketing (Schema)

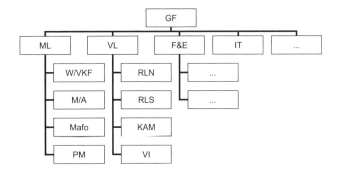

- Vertriebsfunktionen (produktbezogener Vertrieb)
- Entwicklungsfunktionen (produktbezogene Entwicklung)
- Marketingfunktionen (produktbezogenes Marketing)
- Servicefunktionen (produktbezogener Service)
- usw.

8.2 Organisation bei operativem Produktmanagement

Beim operativ ausgerichteten Produktmanagement ist der Produktmanager nicht strategisch verantwortlich. Er hat zwar operative Umsetzungsverantwortung mit den entsprechenden operativen Zielsetzungen, stellt aber keine Managementposition im Unternehmen dar. Je nach operativer Ausrichtung hat er einen funktionalen Schwerpunkt im Marketing und/oder Vertrieb bzw. in technisch-logistischen Funktionen. Den operativ tätigen Produktmanager sollten Sie daher nicht direkt der Geschäftsführung oder der Geschäftsbereichsleitung zuordnen, sondern eine Ebene tiefer den Funktionsbereichen (Grundprinzip 3).

8.2.1 Zuordnung zu Marketing-/Vertriebsfunktionen

Wird der Produktmanager einer Marketing- oder Vertriebsfunktion zugeordnet, ist seine Tätigkeit auch in diesen Bereichen als operative, produktbezogene Umsetzungsunterstützung ausgerichtet. Abbildung 56 zeigt Ihnen die organisatorische Zuordnung eines Produktmanagers mit funktionalem Schwerpunkt im Marketing.

In dieser Rolle koordiniert der Produktmanager produktbezogene operative Marketingaktivitäten. Auch die Eingliederung des operativ tätigen Produktmanagers in die Vertriebsfunktion können Sie in der Praxis finden (vgl. Abb. 57).

Bei dieser organisatorischen Zuordnung übernimmt der Produktmanager operative Tätigkeiten im Vertrieb (z. B. Durchführung vertriebsunterstützender Maßnahmen).

Dieses Grundschema der Organisation des Produktmanagements für ein operativ ausgerichtetes Produktmanagement im Marketing oder Vertrieb zeigt Ihnen das praktische Beispiel in Abb. 58.

Abb. 57 Eingliederung des Produktmanagements im Vertrieb (Schema)

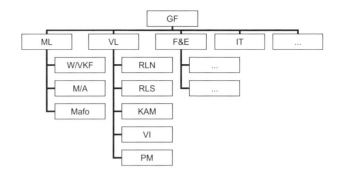

8.2.2 Zuordnung zu technisch-logistischen Funktionen

Wird der Produktmanager einer technischen oder logistischen Funktion zugeordnet, ist seine Tätigkeit auch in diesen Bereichen als operative, produktbezogene Umsetzungsunterstützung ausgerichtet.

Technisch-logistische Funktionen können sein:

- Forschung und Entwicklung (F&E)
- Technik/Anwendungstechnik
- Technologiemanagement
- Lager/Logistik/Einkauf
- Produktion
- Qualitätsmanagement
- usw.

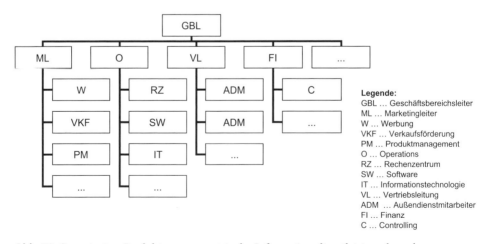

Abb. 58 Organisation Produktmanagement in der Informationsdienstleistungsbranche

8 Eine große Herausforderung: Die organisatorische Eingliederung ...

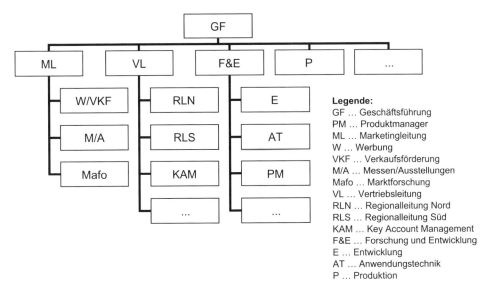

Abb. 59 Eingliederung des Produktmanagements in der Entwicklung (Schema)

Abbildung 59 zeigt Ihnen die organisatorische Zuordnung eines Produktmanagers mit funktionalem Schwerpunkt in der Entwicklung.

In dieser Rolle koordiniert der Produktmanager produktbezogene operative Entwicklungsaktivitäten.

Dieses Grundschema der Organisation des Produktmanagements für ein operativ ausgerichtetes Produktmanagement mit technischen-logistischen Funktionen zeigt Ihnen das Beispiel in Abb. 60 aus der Bauzulieferbranche.

In einzelnen Fällen kann es vorkommen, dass strategisch verantwortliche Produktmanager organisatorisch in die Funktionsbereiche eingegliedert sind. Dabei entstehen organisationsbedingt Spannungen im Unternehmen, da nun der Vorgesetzte derjenige ist, mit dem umsetzungsbezogene Zielvereinbarungen getroffen werden sollen, und der gleichzeitig wegen der Personalverantwortung der Produktmanager mit dieser Person eigene Zielsetzungen aushandelt.

Beispiel: Organisationsbedingte Konflikte und Spannungen

Durch Umstrukturierungsmaßnahmen in einem Unternehmen mit gleichzeitigem Wechsel der Geschäftsbereichsleitung wurden die bisher unter der Geschäftsbereichsleitung des Unternehmens angesiedelten Produktmanager in die Marketingabteilung verlagert. Die etablierten strategischen Prozesse und auch die strategische Verantwortung der Produktmanager blieben wie bisher bestehen. Im Rahmen der jährlich stattfindenden Strategie- und Planungsrunden mit anschließender Zielvereinbarung trat das dadurch verursachte Problem deutlich zutage. Die Produktmanager entwickelten ihre

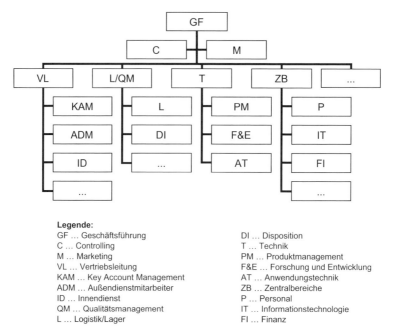

Abb. 60 Organisation Produktmanagement in der Bauindustrie

produktbezogenen Strategien und Planungen. Der Marketingleiter des Unternehmens beanspruchte das Recht, diese Strategien und Planungen zu überprüfen und gegebenenfalls abzuändern. Auch die Zielvereinbarung sollte über die Marketingleitung erfolgen. Die Produktmanager wiederum versuchten, von der Marketingabteilung die Zielsetzung für die Umsetzungsmaßnahmen zu erhalten. In diesem Chaos der Zuständigkeiten kam es zu erheblichen Streitereien und Konflikten. Dem Produktmanagement gelang es aber in diesem Fall, durch konsequente Überzeugungsarbeit die ursprüngliche Zuordnung zur Geschäftsbereichsleitung zu erreichen.

Praktisch können Sie solche Konflikte nur lösen, wenn das Produktmanagement organisatorisch aus der Funktion herausgelöst und der Geschäftsführung oder Geschäftsbereichsleitung zugeordnet wird (Grundprinzip 1).

8.3 Sonderformen der Organisation im Produktmanagement

Zu den Sonderformen der Organisation im Produktmanagement zählen:

- Produktmanagement als Stabsorganisation
- Produktmanagement in Personalunion mit anderen Funktionen.

Beide Organisationsformen sind eher selten anzutreffen, da sie sich in der Praxis, aus verschiedenen Gründen, nicht durchgesetzt haben.

Abb. 61 Produktmanagement als Stabsfunktion (Schema)

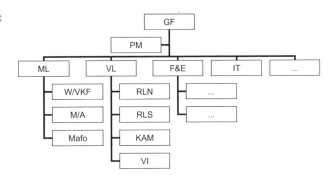

In Abb. 61 ist das Produktmanagement als Stabsfunktion der Geschäftsführung zugeordnet.

Weitere Möglichkeiten der Zuordnung in Stabsform sind:

- Geschäftsbereichsleitung
- Marketing
- Vertrieb
- Entwicklung/Technik
- Produktion
- usw.

Unternehmen wählen diese Organisationsform häufig, um das Produktmanagement vor der eigentlichen Einführung zu testen. Leider sind die Testergebnisse meist unbefriedigend, da sich das Produktmanagement mit dieser Organisationsform schlecht im Unternehmen durchsetzen kann.

Folgende Gründe gegen die Stabsorganisation werden häufig genannt:

- Fehlende Akzeptanz von Stabsfunktionen in der Linie
- Die Rolle der Stabsstellen ist mit Entscheidungsvorbereitung assoziiert
- Fehlender Bezug zum praktischen Geschäft
- Keine Verantwortlichkeiten und Einflussmöglichkeiten

Bei der in Abb. 62 dargestellten Organisation wird (meist aus Kostengründen) versucht, das Produktmanagement in Personalunion mit unterschiedlichsten Funktionen zu etablieren. Die Ergebnisse mit dieser Organisationsform aus der Praxis sind aber eher enttäuschend.

Folgende Gründe sprechen gegen die Personalunion als Organisationsform:

- Es entstehen Ressourcenkonflikte mit der bestehenden Funktion.
- Eine Identifikation mit dem Produkt erfolgt nicht.
- Die notwendige funktionsübergreifende Abstimmung findet nicht statt.
- Ein Produkt-Markt-Spezialistenwissen wird nicht aufgebaut.
- Die eigene Funktion erhält Priorität.

Abb. 62 Organisation des Produktmanagements in Personalunion (Schema)

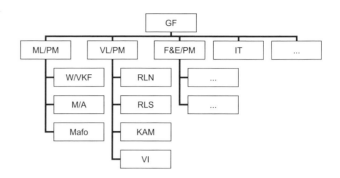

Falls Sie vor der Aufgabe stehen, eine Reorganisation des bestehenden Produktmanagements durchzuführen, oder die Herausforderung angenommen haben, das Produktmanagement neu einzuführen, sind folgende Hinweise nützlich:

- Beziehen Sie das Top-Management mit ein.
- Klären Sie die unternehmerischen Zielsetzungen für das Produktmanagement.
- Entwickeln Sie alternative Organisationsmodelle und bewerten Sie die Vor- und Nachteile. Führen Sie den Vergleich ebenso mit der bestehenden Organisation (wenn vorhanden) durch.
- Nicht mit der Tür ins Haus fallen! Gehen Sie bei der Organisationsentwicklung stufenweise vor: zuerst Analyse, dann Konzeptentwurf mit Verifizierung und anschließend Konzeptpräsentation mit Entscheidung zur Umsetzung.
- Informieren Sie Mitarbeiter und Führungskräfte über die Entscheidung und präsentieren das Vorgehen in der Umsetzungsphase.
- Identifizieren Sie Gewinner und Verlierer der geplanten Organisationsveränderung und sprechen die Herausforderung und Konsequenzen mit den Betroffenen durch.
- Machen Sie Betroffene zu Beteiligten.
- Arbeiten Sie im funktionsübergreifenden Team.
- Im Zweifelsfall die Umsetzung der neuen Organisation stufenweise planen.
- Nehmen Sie Widerstand ernst und beziehen Sie „widerspenstige" Personen und Abteilungen mit ein.
- Nehmen Sie wenn nötig externe Unterstützung (Berater) in Anspruch.
- Lassen Sie sich Zeit! Organisationsveränderungen sind eine delikate Angelegenheit.

9 Häufig vernachlässigt: Die Festlegung der strategischen Verantwortung im Unternehmen

Die bisherigen Ausführungen zum Thema der strategischen Verantwortung haben sich auf die beiden Formen des Produktmanagements bezogen. Der strategisch verantwortliche Produktmanager und der operativ orientierte Produktmanager standen bei den

Betrachtungen im Vordergrund. Diese zweifellos wichtige unternehmerische Entscheidung zum Produktmanagement wird zunehmend von den Unternehmen aufgegriffen und implementiert. Bei der Einführung des Produktmanagements und auch bei der Definition der Schnittstellen im Unternehmen müssen Sie jedoch das Prinzip der strategischen Verantwortung noch umfassender durchdenken.

Die strategische Verantwortung im Unternehmen können Sie alternativ auch noch im

- Marktmanagement oder
- Regionalmanagement

verankern.

Ihre Entscheidung, wo die strategische Verantwortung zugeordnet werden soll, ist für Ihr Unternehmen zentral und berührt die Frage, in welcher Form das Produktmanagement in Ihrem Unternehmen überhaupt positioniert werden soll. Die Grundformen der Organisation und die Festlegung der strategischen Verantwortung bilden die Grundlage zur Beantwortung dieser Frage.

9.1 Grundformen der Organisation

Basis für die Festlegung der strategischen Verantwortung bilden die Grundformen der Organisation. Grundsätzlich können Sie Ihr Unternehmen nach vier Grundformen strukturieren:

- funktionsorientiert
- produktorientiert
- marktorientiert
- regional orientiert

Diese Grundformen werden wir nun im Einzelnen besprechen. Die dominante Fragestellung ist hier, wie die erste Ebene unterhalb der Geschäftsführung oder der Geschäftsbereichsleitung strukturiert ist.

9.1.1 Die funktionsorientierte Organisation

Bei dieser Organisationsform ist die erste Ebene unterhalb der Geschäftsführung nach Funktionen gegliedert. Funktionsbereiche bilden die zentrale Ausrichtung im Unternehmen. Ein Produktmanagement, Marktmanagement oder eine regional orientierte Struktur in der Aufbauorganisation sind nicht vorhanden (vgl. Abb. 63).

Diese Form der Organisation ist praktisch heute nicht mehr zu finden. Fast jedes Unternehmen ist entweder produkt-, markt- und/oder regional orientiert ausgerichtet. Die strategische Verantwortung in Unternehmen mit funktionaler Organisation liegt bei der Geschäftsführung.

Abb. 63 Funktionsorientierte Organisation (Schema)

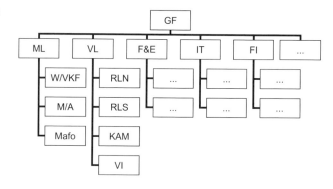

Abb. 64 Produktorientierte Organisation (Schema)

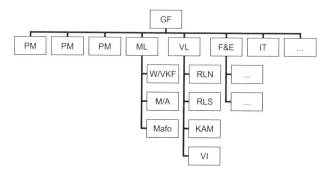

9.1.2 Die produktorientierte Organisation

Die produktorientierte Organisation ist identisch mit der im vorigen Abschnitt dargestellten Form des strategisch verantwortlichen Produktmanagements. In der ersten Ebene unterhalb der Geschäftsführung oder Geschäftsbereichsleitung ist das Produktmanagement (PM) angegliedert. Die funktionalen Bereiche sind in dieser Organisationsform nach wie vor präsent, aber die strategische Verantwortung liegt hier im Produktmanagement. Der Vollständigkeit halber wird das Grundschema dieser Organisationsform in Abb. 64 nochmals dargestellt.

Bei der produktorientierten Organisation gilt:

▶ Die strategische Verantwortung liegt beim Produktmanagement!

9.1.3 Die marktorientierte Organisation

Bei der marktorientierten Organisation sind unter der Geschäftsführung oder Geschäftsbereichsleitung Marktmanager (MM) angegliedert (siehe Abb. 65).

Marktmanager sind Personen, die für Märkte oder Marktsegmente verantwortlich zeichnen. In den Unternehmen gibt es verschiedene Bezeichnungen für Marktmanager. Häufig verwendete Bezeichnungen für Marktmanager sind:

- Branchenmanager
- Zielgruppenmanager

9 Häufig vernachlässigt: Die Festlegung der strategischen Verantwortung...

Abb. 65 Marktorientierte Organisation (Schema)

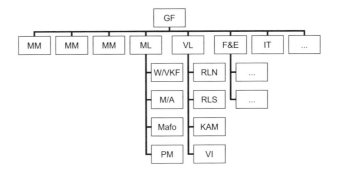

- Marktsegmentsmanager
- Kundengruppenmanager

Marktmanager sind keine Produktmanager! Ein Marktmanager ist eine Managementposition, die strategisch verantwortlich für ein Marktsegment oder einen Teilmarkt ist, aber produktübergreifend agiert. Beim Marktmanagement ist also der unterschiedliche Markt und nicht die unterschiedlichen Produkte die organisatorische Bezugsgröße.

In Abb. 66 sehen Sie, dass es in Unternehmen durchaus gleichzeitig ein Produktmanagement geben kann (in diesem Fall innerhalb der Marketingabteilung verankert, also operativ tätig).

Ein praktisches Beispiel für das Marktmanagement zeigt die Organisationsform eines Unternehmens aus dem Reinigungsbereich für Geschäftskunden. Dieses Unternehmen bietet unterschiedlichste Produkte an, die auch durch Produktmanager betreut werden.

Das Unternehmen hat das Marktmanagement auf folgende Teilmärkte (Branchen) ausgerichtet:

- Gebäudereinigungsfirmen (GR)
- Hotel- und Gastronomiebetriebe (H/G)
- Textilreinigungsunternehmen (Textil)
- Krankenhäuser/Kliniken/Pflegeheime...
- Öffentliche Organisationen
- Industrieunternehmen
- usw.

Die Gliederung der Produkte erfolgte nach folgenden Kategorien:

- Basisreiniger
  - Glasreiniger
  - Bodenreiniger
  - Textilreiniger
  - etc.

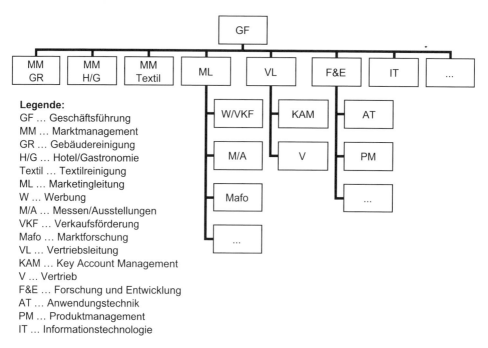

Abb. 66 Marktorientierte Organisation eines Unternehmens

- Spezialreiniger (nach Anwendungen)
  - Anwendung 1
  - Anwendung 2
  - etc.
- Basisreinigungsgeräte
- Spezialreinigungsgeräte
- usw.

Die Marktmanager sind produktübergreifend verantwortlich für den Umsatz und Deckungsbeitrag in der zugewiesenen Branche. Das Produktmanagement, das hier in der Entwicklung eingegliedert ist, ist operativ umsetzend tätig.

Bei der marktorientierten Organisation gilt:

▶ Die strategische Verantwortung liegt beim Marktmanagement!

Eine Gegenüberstellung der produktorientierten Organisation und der marktorientierten Organisation in Tab. 4 zeigt Ihnen die unterschiedlichen Schwerpunkte.

Tab. 4 Produktorientierte versus marktorientierte Organisation

	Produktmanagement	Marktmanagement
Ziele	Optimierung des Produkterfolgs im Gesamtmarkt.	Optimierung des Erfolgs im Marktsegment produktübergreifend.
Schwerpunkte	Produktfokus Gesamtmarktabdeckung mit der Möglichkeit der marktsegmentsspezifischen Differenzierung. Entwicklung einer Produktstrategie und Produktpläne. Produkt-Spezial-Know-how	Marktfokus Fokus auf ein Marktsegment, aber dort möglichst das ganze Produktsortiment anbieten und vermarkten. Entwicklung einer Teilmarktstrategie für alle Produkte. Markt-Spezial-Know-how
Risiken	Festhalten am bestehenden Angebot.	Eskalation der Produktdifferenzierung.

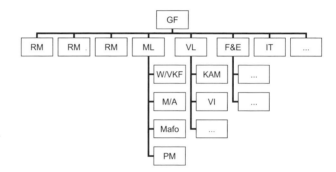

Abb. 67 Regional orientierte Organisation (Schema)

9.1.4 Die regional orientierte Organisation

Die regional orientierte Organisation legt die Priorität und damit die strategische Verantwortung auf regionale Strukturen (siehe Abb. 67). Unternehmen bilden diese regionalen Strukturen unterschiedlich ab.

Hier einige Möglichkeiten, regionale Strukturen abzugrenzen:

- nach Ländern
- nach Kontinenten
- nach Wirtschaftsräumen
- nach Bundesländern
- etc.

Für jede regionale Gliederungseinheit gibt es auch hier z. B. einen Ländermanager, der für sein Land produktübergreifend und auch marktübergreifend strategisch verantwortlich ist. Auch hier ist es möglich, dass zusätzlich ein Produktmanagement vorhanden ist, dies aber operativ im Unternehmen positioniert ist und daher operative Aufgaben und Tätigkeiten durchführt.

Abb. 68 Die drei Dimensionen des Marktgeschehens

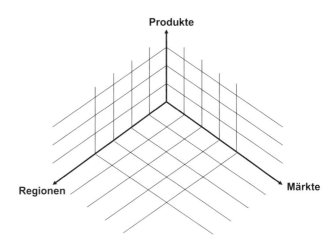

Durch die strategische Verantwortung des Ländermanagements (LM) wird dieser Bereich auch direkt unterhalb der Geschäftsführung oder Geschäftsbereichsleitung angegliedert. Die operativ tätigen Produktmanager sind hier dem Marketingbereich zugeordnet.

Bei der regional orientierten Organisation gilt:

▶ Die strategische Verantwortung liegt beim Regionalmanagement!

Der Regionalmanager analysiert den regionalen Markt (produkt- und teilmarktübergreifend), entwickelt eine Regionalstrategie (setzt dabei unterschiedliche Produkt- und Marktsegmentsprioritäten) und entwickelt Jahrespläne für die Umsetzung. Das Produktmanagement unterstützt den Regionalmanager operativ sowohl in der Konzeption als auch in der Umsetzungsphase.

9.2 Festlegung der strategischen Verantwortung

Wie Sie nun beispielhaft gesehen haben, ist es möglich, die strategische Verantwortung nicht nur im Produktmanagement festzulegen. Genauso ist es möglich, ein Markt- oder Regionalmanagement dafür einzusetzen. Innerhalb dieser drei Dimensionen (Produkt, Markt und Region) spielt sich das gesamte Geschehen ab. Die Festlegung der strategischen Verantwortlichkeit ist ebenso innerhalb dieses Modells festzulegen (vgl. Abb. 68).

Auch die funktionale Organisation können Sie hier abbilden. Eine funktionale Struktur macht dann Sinn, wenn das Unternehmen nur

- ein Produkt in
- einem Markt in
- einer Region

Abb. 69 Dimensionen des Marktgeschehens bei funktionaler Gliederung

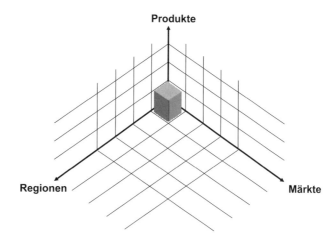

vermarktet. Diese Situation werden Sie in der Praxis praktisch nicht mehr antreffen. In der dreidimensionalen Matrix dargestellt würde die Situation in einem solchen Unternehmen wie in Abb. 69 gezeigt aussehen.

Ein praktisches Beispiel für ein solches Unternehmen wäre:

- Spannungsmessgeräte (ein Produkt/eine Produktgruppe) für
- Elektroinstallateure (ein Teilmarkt/ein Marktsegment) in
- Deutschland (eine Region/ein Gebiet).

Für ein solches Unternehmen benötigen Sie weder ein Produktmanagement noch ein Marktmanagement oder ein Regionalmanagement. Eine funktionale Organisation wäre in diesem Fall völlig ausreichend.

9.2.1 Alternativen zur strategischen Verantwortung

Für die Festlegung der strategischen Verantwortung bleiben die drei Dimensionen (Produkt, Markt und Region) übrig.

Die erste Regel der strategischen Verantwortung lautet:

▶ Dort, wo die strategische Verantwortung zugeordnet ist, erfolgt der Strategie- und Planungsprozess!

Liegt die strategische Verantwortung im Produktmanagement, werden produkt- oder produktgruppenbezogene Strategien und Pläne für den Gesamtmarkt entwickelt. Sie als Produktmanager sind für diesen Prozess und für die dabei erzielten Resultate verantwortlich!

In einem Industrieunternehmen, welches in einem Produktbereich Tanksysteme erzeugt, eine Branchengliederung hat und außerdem eine Länderstruktur aufweist, würde die dreidimensionale Struktur wie in Abb. 70 dargestellt aussehen.

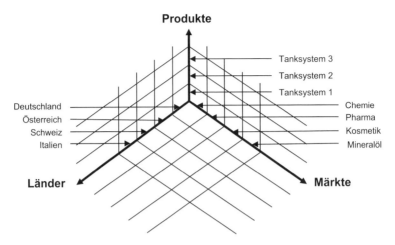

Abb. 70 Dreidimensionale Struktur eines Unternehmens

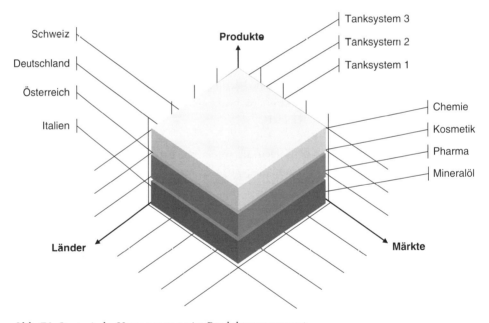

Abb. 71 Strategische Verantwortung im Produktmanagement

Verankern Sie nun die strategische Verantwortung im Produktmanagement, hat dies zur Folge, dass drei Managementebenen nach Produkten entstehen (siehe Abb. 71).

Legen Sie die strategische Verantwortung ins Marktmanagement, werden teilmarkt- oder marktsegmentsbezogene Strategien und Pläne produktübergreifend (d. h. über alle Produkte) entwickelt (vgl. Abb. 72). Der Marktmanager ist für diesen Prozess und die dabei erzielten Resultate verantwortlich.

9 Häufig vernachlässigt: Die Festlegung der strategischen Verantwortung...

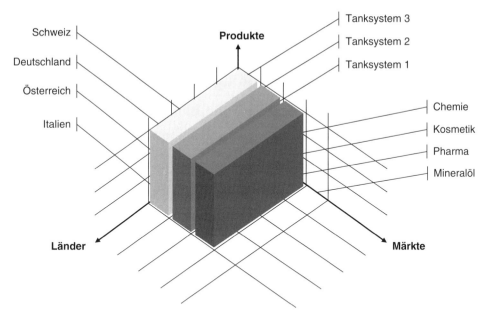

Abb. 72 Strategische Verantwortung im Marktmanagement

Die hier entstehenden Managementebenen sind nach Branchen ausgerichtet. Die Marktmanager sind in diesem Fall strategisch verantwortlich.

In diesem Zusammenhang ist die strategische Verantwortung des Produktmanagers im Verhältnis zu einem Key Account Manager zu klären. Key Accounts oder Schlüsselkunden eines Unternehmens sind im Wesentlichen nichts anderes, als ein auf einen individuellen Kunden konzentriertes Marktmanagement. Zur Selektion von Schlüsselkunden werden meist die einzelnen Märkte oder Branchen eines Unternehmens mittels ABC-Analysen untersucht und damit – kombiniert mit zusätzlichen Selektionskriterien und Anwendung von Scoringmodellen – die relevanten Key Accounts für das Unternehmen bestimmt (siehe Abb. 73).

Die festgelegten Key Accounts werden den Key Account Managern (KAM) zur Betreuung zugeordnet. Die strategische Verantwortung für diese Key Accounts liegt klar beim Key Account Manager. Hier sind Sie als Produktmanager immer in einer operativen Umsetzungsfunktion. Der Key Account Manager analysiert den Kunden (Key Account), entwickelt eine kundenindividuelle Strategie und leitet die Umsetzungspläne ab. Besonders im Key Account Management werden auch kundenindividuelle Produktanpassungen durch den Key Account Manager gefordert. Hier kommt dann noch das Projektmanagement ins Spiel. Die Entscheidung beispielsweise zur Entwicklung eines kundenindividuellen Produkts trifft der Key Account Manager, der Produktmanager setzt diese Produktentwicklung operativ um. Die strategische Verantwortung des Key Account Managers erstreckt sich dabei nicht nur über die Produktbereiche, sondern auch über die Länderorganisationen (siehe Abb. 74).

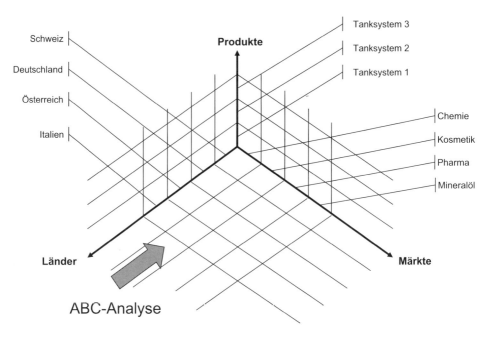

Abb. 73 Selektion von Key Accounts (Schlüsselkunden)

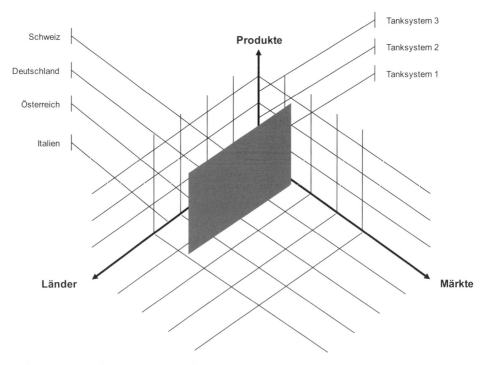

Abb. 74 Strategische Verantwortung des Key Account Managers

9 Häufig vernachlässigt: Die Festlegung der strategischen Verantwortung... 101

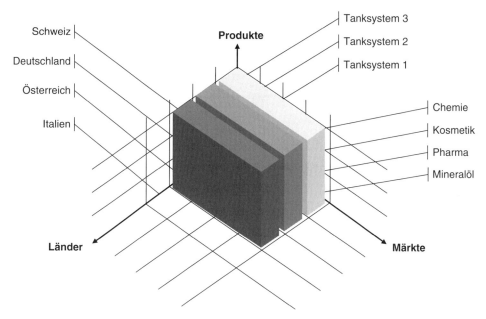

Abb. 75 Strategische Verantwortung im Ländermanagement

Die strategische Verantwortung des Key Account Managers in dieser Form trifft jedoch nur dann zu, wenn das Unternehmen ein „echtes" Key Account Management eingeführt hat. Handelt es sich beim Key Account Management lediglich um eine Koordinationsfunktion (Großkundenbetreuer, Key Account Koordinator etc.), hat der einzelne Key Account Manager keine strategische Verantwortung und die oben erwähnten Grundsätze können nicht angewendet werden bzw. treffen nicht zu.

Legen Sie die strategische Verantwortung ins Regionalmanagement, werden länderbezogene (oder auf anderen regionalen Gliederungskriterien basierende) Strategien und Pläne produkt- und marktübergreifend entwickelt (siehe Abb. 75). Der Regionalmanager ist für diesen Prozess und die dabei erzielten Resultate verantwortlich!

Die dabei entstehenden länderbezogenen Ebenen werden durch die Ländermanager des Unternehmens strategisch verantwortlich geführt und geleitet. Eine Überschneidung der Managementebenen (Produkt, Markt, Gebiet) führt zu strategischen Konflikten. Daraus lässt sich unmittelbar die zweite Regel der strategischen Verantwortung ableiten:

▶ Die strategische Verantwortung kann nur einmal im Unternehmen vergeben werden!

Die Geschäftsführung oder Geschäftsbereichsleitung Ihres Unternehmens muss entscheiden, wo die strategische Verantwortung festgelegt ist. Diese Festlegung kann nur für eine

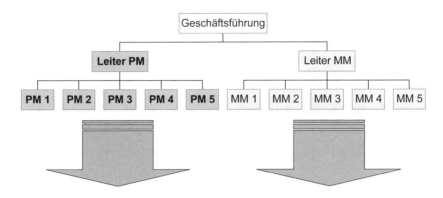

Abb. 76 Mehrfachzuordnung der strategischen Verantwortung

Dimension (Produkt oder Markt oder Region) erfolgen. Eine Mehrfachzuordnung führt zu strategischen Konflikten, die sich in der Praxis nur sehr schwer lösen lassen.

Abbildung 76 zeigt Ihnen die Situation eines Unternehmens aus der Telekommunikationsbranche. In diesem Praxisbeispiel wurde durch die Geschäftsführung des Unternehmens sowohl im Produktmanagement als auch im Marktmanagement die strategische Verantwortung zugeordnet.

Das Unternehmen hatte Produktmanager (PM1 bis PM5) für folgende Produktbereiche (Auszug):

- Endgeräte
- Router
- Netze
- TK-Anlagen
- etc.

Dem Marktmanagement (MM1 bis MM5) wurden folgende Branchen zugeordnet (Auszug):

- Polizei
- Feuerwehr
- Notdienste
- private Dienstleister
- etc.

In der praktischen Anwendung und Umsetzung dieses Konzepts ergaben sich jedoch einige unlösbare Probleme und Konflikte. Sowohl das Produktmanagement als auch das

Abb. 77 Kreative Problemlösung im Vertrieb (Quelle: Corel Gallery Clipart Images)

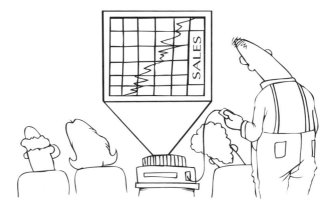

Marktmanagement entwickelten Strategien und Pläne, die in der praktischen Umsetzung unterschiedliche Stoßrichtungen und Prioritäten beinhalteten.

Für die Lösung dieser Konflikte ergeben sich nun mehrere Möglichkeiten:

- Das Problem wird hoch delegiert zur Geschäftsführung. Dieses Vorgehen macht für das Unternehmen keinen Sinn. Zielsetzung der Geschäftsführung war ja, diese Aufgaben an ein Produkt- oder Marktmanagement zu delegieren, um eine Entlastung zu erreichen.
- Das Problem wird zwischen Produkt- und Marktmanagement gelöst. Erfahrungen zeigen, dass hier meist durch viele Kompromisse die strategische Stoßrichtung zum Teil völlig verloren geht. In letzter Konsequenz einigt man sich auf gemeinsame operative Maßnahmen, die strategische Perspektive wird fallengelassen.
- Das Problem wird in den operativen Bereichen (Funktionen) gelöst. Dies ist in der Praxis sehr häufig anzutreffen. Die Funktionen setzen meist bei dieser Form der Problemlösung ihre individuellen Schwerpunkte durch (vgl. Abb. 77), ohne auf strategische Schwerpunkte (die ja ohnehin nicht klar sind) zu achten.

Die zweifache Vergabe der strategischen Verantwortung im dargestellten Telekommunikationsunternehmen hatte folgende Auswirkungen.

Beispiel: Strategische Konflikte zwischen Produkt- und Marktmanagement

Im Rahmen der Unternehmensplanung wurden von der Geschäftsführung gesamtunternehmerische Vorgaben entwickelt. Parallel dazu wurden vom Produktmanagement und natürlich auch vom Marktmanagement (da beide strategisch verantwortlich) entsprechende Konzepte ausgearbeitet.

Ein Produktmanager (verantwortlich für Endgeräte) machte eine Portfolioanalyse für die unterschiedlichen Marktsegmente („Branchenportfolio"). Die Einschätzung der Attraktivität der Marktsegmente und die dazu passende Wettbewerbsposition für seine Produktgruppe zeigte schnell, dass z. B. das Segment „Private Dienstleister" für die

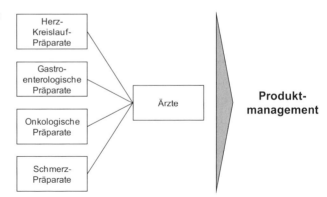

Abb. 78 Produktmanagement in der strategischen Verantwortung

Produktgruppe hoch attraktiv (Star) war, das Segment „Polizei" jedoch als Poor Dog eingestuft wurde. Der Vertrieb sollte entsprechend gebrieft werden.

Der Marktmanager für das Marktsegment „Polizei" wählte eine Systemvermarktung, um weiter in dem Marktsegment zu wachsen. Eine Systemarchitektur wurde erstellt und für den Vertrieb wurden die entsprechenden Unterlagen aufbereitet.

Die Präsentation beider Konzepte in der Geschäftsführungssitzung warf folgende Frage auf: „Ist nun ein produktorientiertes Vorgehen für das Unternehmen angebracht oder ist eher die Marktsegmentsorientierung sinnvoll?"

Diese natürlich stark vereinfachte Darstellung der Sachverhalte in dem Unternehmen zeigt das Konfliktpotenzial deutlich auf. In diesem Unternehmen wurde in weiterer Folge auch das Marktmanagement als strategisch verantwortliche Organisationsform etabliert. Dazu wurde die Aufbauorganisation verändert. Das Marktmanagement wurde direkt unterhalb der Geschäftsführung belassen, während das Produktmanagement in die technischen Bereiche integriert wurde (als operativ positioniertes Produktmanagement).

9.2.2 Kriterien zur Festlegung der strategischen Verantwortung

Sie werden sich natürlich nun fragen, welches Kriterium heranzuziehen ist, um die Zuordnung der strategischen Verantwortung zu bestimmen. Bei Unternehmen mit nur einem Markt ist die Entscheidung eindeutig, die strategische Verantwortung liegt hier im Produktmanagement. Pharmaunternehmen haben vielfach diese Situation (siehe Abb. 78).

Auch bei Unternehmen mit nur einem Produkt, das in mehreren unterschiedlichen Märkten eingesetzt wird, ist die strategische Verantwortung klar. Sie liegt beim Marktmanagement (siehe Abb. 79).

Unternehmen, die unterschiedliche Produkte in unterschiedlichen Märkten absetzen, stehen hier vor einer Herausforderung. Man kann das Produktmanagement oder das Marktmanagement mit der strategischen Verantwortung ausstatten (siehe Abb. 80).

Setzen Sie hier das Produktmanagement ein, erfordert dies meist, dass sich der Produktmanager in viele unterschiedliche Märkte einarbeiten muss. Die Unterschiedlichkeit

Abb. 79 Marktmanagement in der strategischen Verantwortung

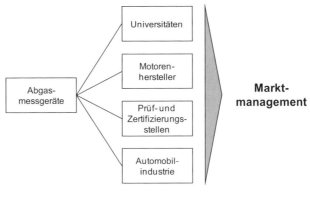

Abb. 80 Produktmanagement oder Marktmanagement

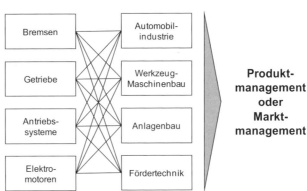

der Anforderungen der Marktsegmente kann dann mittels einer Differenzierungsstrategie (differenziertes Marketing) berücksichtigt werden. Sind aber die Marktsegmente sehr groß (z. B. bei globalen Märkten) und sind außerdem eine starke Differenzierung und Spezialisierung notwendig, ist wahrscheinlich der Einsatz eines Marktmanagements zweckmäßiger.

Beispiel: Produktmanagement versus Marktmanagement

Ein Kunstfaserhersteller hatte bisher erfolgreich mit dem Produktmanagement gearbeitet. Die Produktmanager wurden den einzelnen Kunstfaserarten (z. B. Produktmanager für Nylon, Orlon etc.) zugeordnet. Jeder Produktmanager war verantwortlich für Umsatz und Deckungsbeitrag seiner Kunstfaser und konzentrierte daher seine Anstrengungen darauf, durch entsprechende Strategien und Maßnahmen das Ergebnis zu verbessern und durch die Suche nach neuen Anwendungen den Umsatz auszuweiten. Im Rahmen einer Neustrukturierung wurde in diesem Unternehmen auch das Marktmanagement eingeführt. Die Marktmanager wurden folgenden Märkten zugeordnet:

Abb. 81 Produktstruktur im Produktmanagement (Auszug)

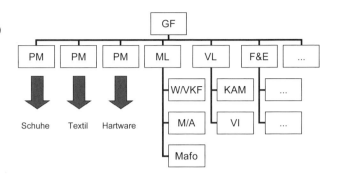

- Industrielle Textilanwender (Berufsbekleidung ...)
- Bekleidungsmarkt (Damen-, Herrenbekleidung ...)
- Einrichtungsmarkt (Vorhänge, Teppiche ...)
- Technische Textilien (Filter, Seile ...)
- usw.

Die Marktmanager fokussierten ihre Anstrengungen darauf, die spezifischen Anforderungen der jeweiligen Anwendung am Markt zu erfüllen, ohne eine bestimmte Kunstfaser dabei in den Vordergrund zu stellen. Die unterschiedliche Ausrichtung des Produkt- und Marktmanagements machte es auch hier notwendig, die strategische Verantwortung und Stoßrichtung festzulegen.

Im Rahmen der Entscheidungsfindung wurden folgende Fragen diskutiert:

- Soll der Vertrieb produkt- oder marktbezogen aufgestellt werden?
- Muss eine Produktwerbung (nach Fasertypen) oder eine anwendungs- und marktorientierte Werbung eingesetzt werden?
- Wer entwickelt die Preisstrategie und die preistaktischen Maßnahmen?
- usw.

Das folgende Beispiel aus der Sportartikelbranche zeigt Ihnen das Problem noch deutlicher. Zusätzlich wird auch klar, wann ein Wechsel in der strategischen Verantwortung angebracht ist.

Dieses Unternehmen hatte seit vielen Jahren sehr erfolgreich Produktmanagement betrieben. Die Produktmanager waren direkt unterhalb des Vorstandes/der Geschäftsführung angegliedert und für bestimmte Warengruppen (Produktkategorien) als Category Manager (Warengruppenmanager) verantwortlich. Die Vermarktung und der Vertrieb erfolgten bis zum POS (Point of Sale) produktbezogen. Abbildung 81 zeigt die Produktstruktur (Warengruppenstruktur) in Kurzform.

Jeder Produktmanager optimierte seinen Produktbereich (P1 bis P6) am POS. Die Schwerpunkte hinsichtlich der Sportarten setzte auch jeder Produktmanager nach individueller Beurteilung. So konnte es durchaus vorkommen, dass im Schuhbereich der Produktmanager eine hohe Priorität auf den Tennissport legte, während im Tex-

9 Häufig vernachlässigt: Die Festlegung der strategischen Verantwortung...

Abb. 82 Produktorientierung am POS

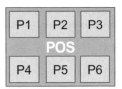

tilbereich der Produktmanager eher auf den Golfsport setzte. Die Vermarktung am POS erfolgte ebenso produktgruppenbezogen (Prinzip der klassischen „Schuhabteilung"). Abbildung. 82 zeigt den Grundriss eines klassischen Verkaufshauses mit den einzelnen produktbezogenen Abteilungen (P1 bis P6).

Dieses bisher sehr erfolgreiche Vorgehen wurde aber durch rückläufige Umsatzzahlen in Frage gestellt. Eine in Auftrag gegebene Marktforschung zeigte unter anderem den Trend auf, dass das produktbezogene Einkaufen auf Kundenseite an Bedeutung verlor, während das „sportartenbezogene" Einkaufen zunahm. Der sportartenbezogen einkaufende Kunde will ein abgerundetes Sortiment von Produkten und Leistungen für seine Sportart. In der ersten Phase versuchte das Unternehmen, diesem Trend durch eine Abstimmung im Produktmanagement (siehe Abb. 83) gerecht zu werden. Dieser Ansatz führte jedoch nicht zu den erwarteten Ergebnissen.

Die zweite Phase war etwas radikaler. Es wurden eigene „Sportartenmanager" (= Marktmanager) für die Schlüsselsportarten eingesetzt mit dem Auftrag, diese Koordination sicherzustellen. Die strategische Verantwortung blieb aber im Produktmanagement (siehe Abb. 84).

Die dritte Phase führte dann zu einer Umstrukturierung im Unternehmen. Die Marktmanager (MM) wurden als strategisch Verantwortliche im Unternehmen etabliert und damit direkt der Geschäftsführung zugeordnet. Das Produktmanagement wurde operativ ausgerichtet und verlor so die strategische Verantwortung. Damit verbunden war auch eine neue organisatorische Eingliederung des Produktmanagements im Unternehmen. Das Produktmanagement wurde einer Funktion zugeordnet (siehe Abb. 85).

Die Neuzuordnung der strategischen Verantwortung hatte auch auf die Struktur am POS Auswirkungen (siehe Abb. 86). Das produktbezogene Verkaufen (nach Produktka-

Abb. 83 Koordination im Produktmanagement

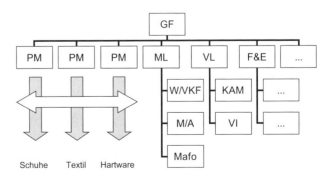

Abb. 84 Marktmanagement als Koordinator

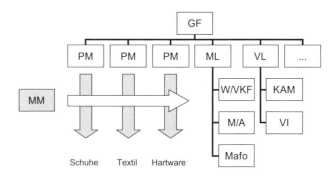

Abb. 85 Marktmanagement als strategisch verantwortlich

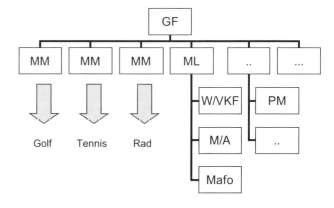

Abb. 86 Marktorientierung am POS

tegorien ausgerichtete Abteilungen) wurde zugunsten des marktbezogenen Verkaufens (Verkaufsabteilungen nach Sportarten = Marktsegmenten) abgelöst (M1 bis M6).

Wie Sie aus diesem Beispiel erkennen, ist das Kriterium, wie die strategische Verantwortung zugeordnet wird, auf der Markt- und Kundenseite zu suchen.

Die zentrale Fragestellung lautet:

▶ Wie kauft der Kunde ein?

Kauft der Kunde produktorientiert ein, so können Sie die Zuordnung der strategischen Verantwortung im Produktmanagement vornehmen. Kauft der Kunde eher aus der Marktperspektive ein, wie im beschriebenen Fall dargestellt, ist es notwendig, dass Sie die strategische Verantwortung dem Marktmanagement zuordnen. Das gleiche Prinzip können Sie auch bei der Frage nach der strategischen Verantwortung im Regionalmanagement anwenden. Die Entscheidung zum Produkt- oder Marktmanagement als strategisch verantwortliche Position können Sie daher nur unter Berücksichtigung der marktrelevanten Erfolgsfaktoren treffen.

10 Produkt versus System? Der Weg zum Systemproduktmanagement

Die Diskussion über die strategische Verantwortung hat Ihnen bereits gezeigt, wie komplex die Situation in Unternehmen sein kann. Die Entscheidungsgrundlagen sind oftmals nicht klar und eindeutig und bedürfen eines intensiven Analyse- und Diskussionsprozesses.
Aber auch auf der Produktseite tut sich einiges. Am Markt werden nicht mehr Produkte nachgefragt, sondern komplexe Problemlösungen und Leistungen (= Systeme). Durch die Verringerung der Fertigungstiefe auf der Kundenseite werden von den Anbietern Integrationsleistungen gefordert. Der klassische Produktlieferant hat damit oftmals ausgedient. Diese neue Situation berührt Sie als Produktmanager unmittelbar. Welche Phasen Unternehmen auf dem Weg zum Systemgeschäft durchlaufen können und welche neuen Herausforderungen das Systemgeschäft für Sie bietet, wird hier dargestellt.

10.1 Vom Marketingmanagement zum Systemproduktmanagement

Die Darstellung der Entwicklungsschritte vom Marketingmanagement über das Produkt-/Marktmanagement zum Systemproduktmanagement ist insofern wichtig, weil Unternehmen in ihrer Entwicklung meist nicht den großen Sprung machen, sondern einige Zwischenstufen einlegen. Diese notwendigen Stufen dienen als Vorbereitungs- und Lernschritte, um den sich verändernden Markt- und Kundenanforderungen stufenweise anzupassen. Die Kenntnis dieser Stufen erlaubt Ihnen festzustellen, in welcher Phase sich Ihr Unternehmen derzeit befindet und welche Fragestellungen und Entscheidungen daraus resultieren.

1. **Das klassische Marketingmanagement**

Bei dieser klassischen Form versucht das Unternehmen sämtliche Belange des Marktes und der Kunden durch die Marketingfunktion abzudecken. Dieses Vorgehen hat auch Procter & Gamble vor Einführung des Produktmanagements praktiziert. Die Vor- und Nachteile liegen auf der Hand. Die Produkt-Markt-Matrix in Abb. 87 zeigt Ihnen den umfassenden Abdeckungsgrad des Marketingmanagements. Bei der Produkt-Markt-Matrix handelt es sich um ein einfaches Strukturierungsmittel, bei dem die Produkte oder Produktlinien (P1 bis Pn) mit den Marktsegmenten des gesamten Produktmarktes (M1 bis Mn) kombiniert werden.

Abb. 87 Abdeckungsgrad des klassischen Marketingmanagements

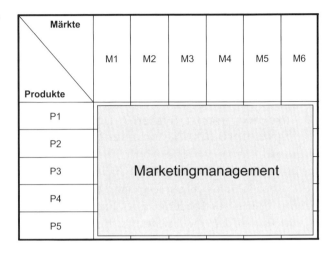

Mit dem Wachstum des Unternehmens wird die zunehmende Anzahl der Produkte die Kapazität des Funktionsbereichs Marketing und damit des Marketingmanagements übersteigen. Auch der Wettbewerbsdruck wird es notwendig machen, dass bestimmte Produkte oder Produktgruppen durch spezielle Programme besonders gefördert werden. Damit ist der Weg zur Einführung eines Produktmanagements vorgezeichnet.

2. **Die Einführung des Produktmanagements**

Die Einführung des Produktmanagements ist in vielen Unternehmen heute keine Option mehr, sondern eine Notwendigkeit. Die Professionalisierung des Produktmanagements auf der Wettbewerberseite macht es nötig, mit entsprechenden Ressourcen (Personal und Budget) gegenzusteuern. Der Abdeckungsgrad (vgl. Abb. 88) wird durch das Produktmanagement (produktbezogen) verkleinert und damit (hoffentlich) der Wirkungsgrad erhöht.

Sie als Produktmanager werden als Produkt-Markt-Spezialist zur funktionsübergreifenden Koordination eingesetzt. In Ihrer strategischen Verantwortung als Managementfunktion sind Sie verantwortlich für den Erfolg des Produkts oder der Produktgruppe auf dem gesamten Produktmarkt. Aber auch hier gibt es Besonderheiten und Spezialformen. Manche Unternehmen teilen die Verantwortung des Produktmanagers, indem sie die intern-technischen und extern-marktorientierten Themen auf zwei Personen aufteilen (siehe Abb. 89). Ziel ist es, eine noch bessere Spezialisierung bzw. Ressourcenzuordnung zu erreichen.

Der Produktmanager Technik und der Produktmarketingmanager arbeiten eng zusammen, um gemeinsam den Produkterfolg zu sichern. Eine solche Aufteilung macht sicherlich Sinn, wenn die Anforderungen hinsichtlich Produkttechnik und Technologie sowie der Markt- und Wettbewerbssituation entsprechend hoch sind.

10 Produkt versus System? Der Weg zum Systemproduktmanagement

Abb. 88 Abdeckungsgrad im Produktmanagement

Produkte \ Märkte	M1	M2	M3	M4	M5	M6
P1	Produktmanager 1					
P2	Produktmanager 2					
P3	Produktmanager 3					
P4	Produktmanager 4					
P5	Produktmanager 5					

Auch der Globalisierungsgrad des Unternehmens und die damit einhergehende Komplexität des Produktgeschäftes bilden wichtige Einflussfaktoren.

Beispiel: Teilung der Produktmanagementfunktion

Ein Unternehmen aus der Elektronikbranche hat die Aufteilung der Produktmanagementfunktion auf zwei Personen wie folgt vorgenommen:

Der **Produktmarketingmanager** ist primär verantwortlich für:

- die Sicherstellung der Marktorientierung des Produkts
- eine erfolgreiche Positionierung gegenüber dem Wettbewerb

Produkte \ Märkte	M1	M2	M3	M4	M5	M6
P1	Produktmanager Technik 1 / Produktmarketingmanager 1					
P2	Produktmanager Technik 2 / Produktmarketingmanager 2					
P3	Produktmanager Technik 3 / Produktmarketingmanager 3					
P4	Produktmanager Technik 4 / Produktmarketingmanager 4					
P5	Produktmanager Technik 5 / Produktmarketingmanager 5					

Abb. 89 Verteilung der Produktmanagementaufgaben auf zwei Personen

- die Vermarktung des existierenden Produktsortiments
- die internen, vermarktungsbezogenen Aspekte
- die Koordination der Schnittstellen zu Vertrieb, Marketing ...

Der **Produktmanager Technik** ist primär verantwortlich für:

- die Sicherstellung der Technik- und Technologieorientierung
- die Beziehung zu relevanten Technologie- und Entwicklungspartnern
- die Koordination der Produktentwicklung bis zur Vorserie
- die internen, technikbezogenen Aspekte
- die Koordination der Schnittstellen zu F&E, Einkauf, Produktion ...

Der Produktmarketingmanager und ProduktmanagerTechnik sitzen hier im gleichen Büro. Damit ist auch eine enge Zusammenarbeit und Abstimmung sichergestellt. Die Analyse des Produktmarktes, die Strategieentwicklung und die operative Produktplanung erfolgen gemeinsam.

Die Aufgabenprofile beider Personen sind entsprechend unterschiedlich. Ein Unternehmen aus der Technologiebranche hat die Aufgabenverteilung zwischen Produktmarketingmanager und Produktmanager Technik wie folgt vorgenommen:

Beispiel: Unterschiedliche Aufgabenprofile

Aufgabenprofil **ProduktmanagementTechnik** (Auszug):

- Verfolgung technischer und technologischer Trends und Entwicklungen
- Analyse der technischen Roadmaps von Zulieferern und Herstellern
- Entwicklung und Umsetzung von technischen Produkt Roadmaps
- Entwicklung von technischen Produktstrategien
- Technisches Produktlebenszyklusmanagement
- Koordination von Forschung & Entwicklung, Einkauf, Produktion, Qualitätsmanagement ...
- Analyse und Optimierung von Entwicklungs- und Herstellkosten
- Koordination kundenspezifischer Produktanpassungen und Entwicklungen
- Definition von Artikelnummern
- Koordination der Pflichtenheftentwicklung mit F&E
- Beziehungsmanagement zu Technologiepartnern
- Koordination der Muster- und Vorserienentwicklung
- Technische Wettbewerbsvergleiche auf Produkt- und Technologieebene
- Verantwortlich für Roll-out-Prozess bis zur Vorserie
- etc.

Abb. 90 Abdeckungsgrad im Marktmanagement

Märkte \ Produkte	M1	M2	M3	M4	M5	M6
P1						
P2	Marktmanager 1	Marktmanager 2	Marktmanager 3	Marktmanager 4	Marktmanager 5	Marktmanager 6
P3						
P4						
P5						

Aufgabenprofil **Produktmarketingmanager** (Auszug):

- Entwicklung der Marktstrategien entsprechend des Produktlebenszyklus
- Preis-/Leistungspositionierung des Produkts im Wettbewerbsumfeld
- Schnittstellenmanagement zum Vertrieb, Marketing ...
- Verantwortlich für Roll-out-Prozess nach Vorserie
- Markt- und Wettbewerberanalysen
- Definition der produktbezogenen Marktanforderungen
- Entwicklung von Businessplänen und Markteinführungsplänen
- Verantwortlich für Umsatz, Deckungsbeitrag und Budget
- Festlegung der Preise und Preisstrategien
- Entwicklung der unternehmensinternen und -externen Kommunikation
- Entwicklung von Jahresplänen im Rahmen des Produktplanungsprozesses
- Bereitstellung von nationalen und internationalen Preislisten
- Entwicklung des Marketing-Mix und der Marketingstrategien
- Entwicklung der Vertriebsdokumentation und Koordination des Vertriebstrainings
- etc.

3. Der Übergang zum Marktmanagement

Der Übergang zum Marktmanagement bedeutet eine stärkere Betonung der Unterschiede in den einzelnen Marktsegmenten im Gesamtmarkt. Dies kann zwar auch über das Produktmanagement durch eine stärkere marktsegmentsspezifische Differenzierung der Produktleistung im Rahmen einer differenzierten Marketingstrategie erfolgen, doch in vielen Fällen reicht dieses Vorgehen alleine nicht aus. Die Abdeckung in der Produkt-Markt-Matrix verläuft, wie Abb. 90 zeigt, im Marktmanagement nicht nach Produkten, sondern nach Marktsegmenten.

Abb. 91 Spezialisierung durch Produktmarktmanagement

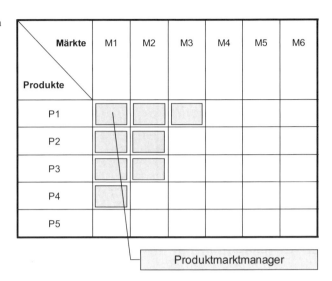

Die Marktmanager sind verantwortlich für den produktübergreifenden Erfolg im Marktsegment. Um dabei die Performance im Marktsegment zu optimieren, benutzen Marktmanager häufig folgende Strategien:

- Produktbündelung
- Cross-Selling-Strategien durch Ausnutzung von Verbundeffekten beim Produktkauf
- Integration einzelner Produkte im Rahmen von kundenspezifischen Projekten

Die konsequente Weiterentwicklung dieser Strategien führt unweigerlich zum Systemansatz. Obwohl das Marktmanagement eine eigene Organisationsform darstellt, kann es daher durchaus auch als Vorstufe zum Systemproduktmanagement bezeichnet werden.

Eine weitere Spezialisierung zum Produktmarktmanager kann entweder über den Produktmanagementansatz oder über den Marktmanagementansatz erfolgen. Der Abdeckungsgrad eines Produktmarktmanagers ist hier, wie in Abb. 91 gezeigt, extrem klein.

Die sehr spezialisierte Form des Produktmarktmanagements ist vergleichsweise noch selten anzutreffen. Die Größe des Marktsegmentes, die regionale Ausdehnung, der notwendige Spezialisierungsgrad und die Wettbewerbssituation spielen bei der Entscheidung für die Einführung eine zentrale Rolle.

4. Die Etablierung des Systemproduktmanagements

Der Wechsel vom Produktgeschäft zum Systemgeschäft bringt eine neue Dimension in die Produkt-Markt-Matrix. Während das Produktgeschäft dadurch gekennzeichnet ist, dass Sie Produkte an Abnehmer verkaufen, damit sie dort isoliert genutzt wer-

Abb. 92 Abdeckungsgrad im Systemproduktmanagement

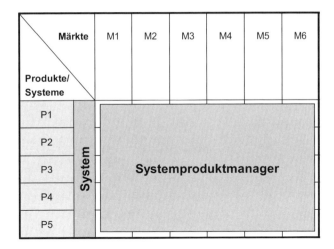

den, ist das Systemgeschäft dadurch bestimmt, dass das Leistungsangebot im Verbund mit anderen Produkten genutzt wird. Abbildung 92 zeigt, wie der Abdeckungsgrad des Systemproduktmanagers dabei aussieht.

Systemproduktmanager können auch hier ein System für den Gesamtmarkt oder speziell für einzelne Marktsegmente entwickeln.

10.2 Grundprinzipien des Systemproduktmanagements

Das Systemproduktmanagement basiert auf den gleichen Grundprinzipien wie das klassische Produktmanagement. Zusätzliche Elemente sind der Aufbau der Systemarchitektur und Besonderheiten in der organisatorischen Integration.

1. **Der Aufbau der Systemarchitektur**

Bei der Entwicklung von Systemen werden einzelne Produkte (Systemkomponenten) zu Systemen integriert.
Beispiele für Systeme sind:

- Telekommunikationssysteme
- Flugleitsysteme
- Logistiksysteme
- Verkehrsleitsysteme
- Mautsysteme
- Fernsehübertragungssysteme
- Cashmanagementsysteme
- usw.

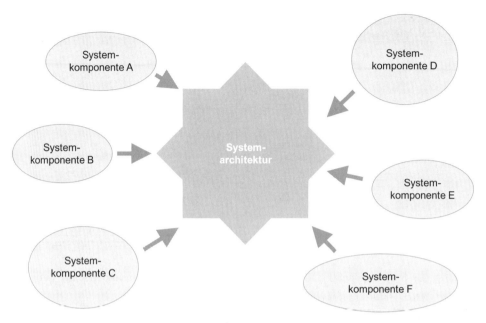

Abb. 93 Systemarchitektur und Systemkomponenten

Das Integrations-Know-how und die Integrationsleistung bilden dabei wesentliche Kernkompetenzen. Die Einzelprodukte oder Komponenten des Systems sollten dabei weitgehend standardisierte Systembausteine sein. Die Integration der Komponenten erfolgt meist auf Basis spezifisch festgelegter Integrationskonzepte, auch Systemarchitekturen oder Systemkonzepte genannt (vgl. Abb. 93).

Diese Konzepte/Architekturen müssen vom Systemproduktmanager entwickelt und auch als solche vermarktet werden. Die Systemarchitektur wird schriftlich dokumentiert und grafisch dargestellt.

Beispiel: Inhalte einer Systemarchitektur

- Systemname:
- Systemproduktmanager:
- Version:
- Letzte Veränderungen:
- Speicherplatz:
- Systemstruktur:
    - Produkte, Komponenten, Teile, aus denen das System besteht
    - Systemexterne und systeminterne Schnittstellen
    - Grafische Gesamtübersicht des Systems

- Detailbeschreibung Produkte, Komponenten, Teile:
  - Kurzbeschreibung Produkt 1
  - Kurzbeschreibung Komponente 1
  - Kurzbeschreibung Produkt 2
  - Kurzbeschreibung Komponente 2
  - ...
  - ...
  - Kurzbeschreibung Produkt N
  - Kurzbeschreibung Komponente N
- Detailbeschreibung Schnittstellen:
  - Schnittstellen zwischen Produkten, Komponenten, Teilen (systemintern)
  - Schnittstellen an den Systemgrenzen (systemextern)
- Entwicklungsplan
  - Make/Buy Entscheidungen hinsichtlich Produkten, Komponenten, Teilen
  - Eigenentwicklung von Produkten, Komponenten, Teilen
  - Festlegung von Kompatibilitäten

Systemarchitekturen werden in der Anfangsphase der Systemvermarktung meist in kundenspezifischen Projekten und auch meist nur grob zusammengestellt. In späterer Folge ist zu überlegen, wie dieses Systemgeschäft organisatorisch im Unternehmen verankert werden soll und welche spezifischen Prozesse, Strukturen, Kapazitäten und Kompetenzen aufzubauen sind.

2. **Die Integration des Systemgeschäfts im Unternehmen**

Systemproduktmanager bilden eine zusätzliche Schnittstelle im Unternehmen. Ähnlich dem Produktmanager müssen sie die funktionsübergreifende Koordination für ihr System sicherstellen und gleichzeitig die Schnittstelle zu den Produktmanagern koordinieren. Damit entsteht auch für Sie als Produktmanager eine neue Situation (siehe Abb. 94).

Ein Beispiel für die Entwicklung des Systemproduktmanagements aus einem Industriebetrieb zeigt Abb. 95.

In diesem Unternehmen war für die Kundenakquisition im Systemgeschäft folgender Ablauf festgelegt:

Stufe 1: Kundenkontakt durch Vertrieb und/oder Key Account Management
Stufe 2: Bedarfserhebung und Bedarfsbeschreibung
Stufe 3: Zusammenstellung eines kundenspezifischen Projektteams
Stufe 4: Entwicklung eines kundenspezifischen Systems
Stufe 5: Technische Freigabe des Systems
Stufe 6: Wirtschaftliche Freigabe des Systems
Stufe 7: Abnahme durch den Kunden

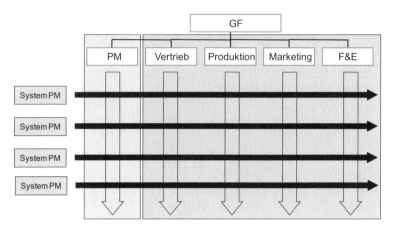

Abb. 94 Schnittstellen im Systemproduktmanagement

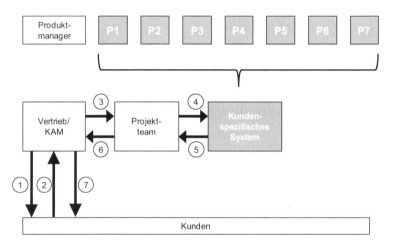

Abb. 95 Aufbau Systemgeschäft im Industriebereich (Schema)

Diese Vorgehensweise bewirkte, dass praktisch jedes System kundenspezifisch erstellt wurde. Hohe Entwicklungs- und Engineeringkosten durch die Hard- und Softwareintegration der einzelnen Produkte führten zu einem Umdenken. Das Produktmanagement, bisher zuständig für die einzelnen Produkte und Produktgruppen des Unternehmens, wurde zum Komponentenproduktmanagement umfunktioniert (siehe Abb. 96). Außerdem wurden für fünf unterschiedliche Systeme Systemproduktmanager installiert.

Die Systemproduktmanager hatten folgende Schwerpunkte:

- strategisch verantwortlich für das System
- Aufbau und Weiterentwicklung der Systemkonzepte

10 Produkt versus System? Der Weg zum Systemproduktmanagement

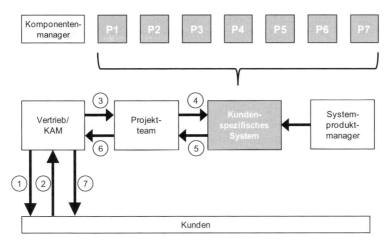

Abb. 96 Komponenten- und Systemproduktmanagement

- Ableitung der Anforderungen für die Systemkomponenten (die Umsetzung erfolgte durch die Komponentenproduktmanager)
- Entwicklung eines Systemstandards
- Analyse, Strategie und Planung für das System
- usw.

Durch die Systemproduktmanager wurden Systemstandards entwickelt. Diese Systemstandards enthielten die meisten von Kunden immer wieder geforderten Funktionen und Anforderungen. Bei kundenspezifischen Entwicklungen wurde auf diese Systemstandards zurückgegriffen; darauf aufbauend wurden die spezifischen Kundenanforderungen integriert. Die dadurch entstandene Senkung der Engineeringkosten war erheblich.

Im Systemgeschäft ist die Verlagerung der Produktvermarktung auf die Systemvermarktung wesentlich. Der Kunde kauft keine Einzelprodukte mehr, sondern ein System. Er ist also gezwungen, eine Systemkonzeptentscheidung zu treffen. Auf der Basis dieser Systementscheidung werden in späterer Folge die Einzelprodukte oder Komponenten beschafft und integriert. Für diese Systemkonzeptentscheidung werden vom Kunden zusätzlich zu den klassischen systembezogenen Entscheidungskriterien auch service- und dienstleistungsbezogene sowie unternehmensbezogene Kriterien herangezogen.

Eine von der MSG Management Systems St. Gallen durchgeführte Befragung bei Industrieunternehmen hinsichtlich Auswahlkriterien bei der Beschaffung von Systemen ergab folgende Entscheidungskriterien:

- Systemleistung
- Systemumfang (Funktionsumfang)
- Kompatibilität

- mit eigenen und Fremdkomponenten innerhalb des Systems
- mit eigenen und Fremdkomponenten (Systemen) außerhalb des Systems
- mit kundeninternen Systemen, Prozessen und Infrastruktur
• Service und Dienstleistungen
• Anbieterunternehmen
    - Problemlösungskapazität (Hardware, Software, Integration ...)
    - Bestehende Geschäftsbeziehungen
    - Marktposition des Anbieters (Größe, Marktanteil, Internationalität ...)
    - Spezifische Referenzen (systembezogen)
    - Kernkompetenzen des Anbieters (Projektmanagement, Technologie ...)
    - Zugang zu Ressourcen (Finanzressourcen, Wissen ...)
    - Kapazitäten (F&E, Produktion, Logistik ...)
    - Positionierung des Anbieters (Innovation, Technologie, Kosten ...)

Die Berücksichtigung dieser Kriterien hat durch den Systemproduktmanager im Rahmen der Analyse-, Strategie- und Planungsprozesse zu erfolgen.

Systemproduktmanager sind insgesamt mit einer völlig neuen Ausgangslage konfrontiert. Dazu zählen insbesondere:

• neue Wettbewerber (auch durch Neueinsteiger aus anderen Technologiebereichen)
• neue Spielregeln (Kundenanforderungen, Kaufprozesse, Kaufverhalten)
• Veränderung in den erforderlichen Kernkompetenzen (Systemkonzept und Integration)
• neue Kunden und Kundentypen (Systemkunden vs. Produktkunden)
• zusätzliche Komplexität in der eigenen Organisation
• höhere Komplexität in der Leistungserstellung und Vermarktung
• neue Anbieterrollen (z. B. Systemlieferant versus Systembetreiber) etc.

11 Was bringt die Zukunft? Aktuelle Trends und Entwicklungen im Produktmanagement

Märkte, Wettbewerber, Umfeldfaktoren und die unternehmensinternen Rahmenbedingungen verändern sich stetig. Daraus entstehen Anforderungen und Vorgaben, die auch bei Ihnen im Produktmanagement ihren Niederschlag finden. Ihr Bereich ist kontinuierlich in Veränderung und Anpassung.

In den Ausführungen dieses Kapitels diskutieren wir folgende Trends und Entwicklungen im Produktmanagement:

• Der Produktmanager als Profit Center
• Produktmanagementteams

Abb. 97 Umsatzverantwortung im Produktmanagement

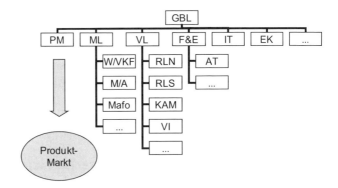

- Kompetenzzentralisierung
- Dienstleistungsorientierung im Produktmanagement

11.1 Der Produktmanager als Profit Center

Mit zunehmender Leistungsorientierung und damit auch notwendiger klarer Leistungsabgrenzung gewinnen Profit-Center-Modelle immer mehr an Bedeutung. Dies hat auch vor dem Produktmanagement nicht Halt gemacht. Nicht nur Umsätze und Erträge werden dem Produktmanagement zugeordnet, auch das gesamte Kostenmanagement wird im Zuge dieser Leistungsabgrenzung dem Produktmanagement angelastet. Das Beispiel eines Unternehmens aus der IT-Branche zeigt Ihnen einen solchen Profit-Center-Ansatz (siehe Abb. 97).

Wie Sie sehen, ist in diesem Unternehmen das Produktmanagement direkt unterhalb der Geschäftsbereichsleitung angegliedert. Die Produktmanager haben für ihre zugeordneten Produktgruppen Umsatz- und Deckungsbeitragsverantwortung.

In der Deckungsbeitragsverantwortung lag aber in diesem Fall das Problem. Die Kosten der funktionalen Bereiche wurden über verschiedene Umlageverfahren auf die Produktgruppen verteilt. So kam es vor, dass ein Produktmanager Entwicklungskosten verrechnet bekam, obwohl er in dieser Periode keine Entwicklungsleistungen bezogen hatte. Eine sinnvolle Deckungsbeitragsrechnung konnte auf dieser Basis nicht erstellt werden. Zusätzlich erschwerend waren noch gravierende Schnittstellenprobleme zwischen Funktions- und Produktmanagement. Die Lösung erfolgte durch einen ausgeklügelten Profit-Center-Ansatz. Das Produktmanagement wurde als eine Art „Profit Center" etabliert. Die Geschäftsbeziehungen zwischen dem Profit Center Produktmanagement und den funktionalen Bereichen wurden nach folgendem Vorgehen neu geregelt. Das bestehende Umlageverfahren wurde vollständig aufgelöst.

Schritt 1: Erstellung eines Briefings

Braucht der Produktmanager Leistungen aus den Funktionen, so ist ein Briefing zu erstellen. Die Briefings für den Leistungseinkauf sind schriftlich zu formulieren (es wurden für Standardbriefings, gemeinsam mit den funktionalen Bereichen, Briefingformulare entwickelt). Die Briefingunterlagen werden in einer Briefingmappe gesammelt und stehen dem Produktmanagement als Arbeitswerkzeug zur Verfügung.

> **Beispiel: Gliederung Briefingunterlage Marktforschung (Auszug)**
> - Zweck/Absicht
> - Beschreibung Produkt/Produktgruppe
> - Beschreibung Markt/Marktsegment/Kundengruppen
> - Festlegung Zielsetzungen
> - Darstellung der zu ermittelnden Informationen (quantitativ, qualitativ)
>   - Marktinformationen
>   - Wettbewerbsinformationen
>   - Umfeldinformationen
> - Statistische Angaben
> - Zeitliche Angaben
> - Aufbereitung der Informationen
> - etc.

Schritt 2: Angebotserstellung

Auf Basis des Briefings durch den Produktmanager erstellt der betroffene funktionale Bereich ein Angebot. Dieses Angebot ist auch schriftlich zu formulieren und enthält ein zur Umsetzung notwendiges Budget.

Schritt 3: Durchführung und Leistungsabrechnung

Führt der Produktmanager die Maßnahme mit dem Funktionsbereich durch, ist der Funktionsbereich berechtigt, das veranschlagte Budget an den Produktmanager zu verrechnen.

Mit diesem Vorgehen hatte der Produktmanager zumindest schon mal Planungssicherheit hinsichtlich der Kosten. Kostenüberschreitungen durch die Funktionsbereiche konnten nachträglich nicht mehr weiterverrechnet werden und mussten vom Funktionsbereich getragen werden. Dies führte jedoch in weiterer Folge dazu, dass die funktionalen Bereiche „großzügig" budgetierten, um sicherzustellen, dass sämtliche Kosten und sonstige Eventualitäten verrechnet werden konnten.

Darauf wurde wiederum durch die Geschäftsleitung interveniert und dem Produktmanagement die Möglichkeit gegeben, Leistungen auch extern einzukaufen (vgl. Abb. 98). Im

Abb. 98 Profit-Center-Ansatz im Produktmanagement

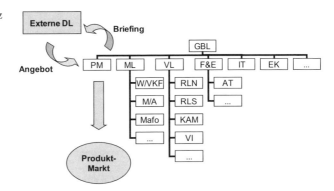

Rahmen einer Übergangszeit von rund zwei Jahren konnten sich das Produktmanagement und die funktionalen Bereiche auf das neue System einstellen.

Die Ergebnisse waren erfreulich. Nach der Übergangszeit konnten im ersten Jahr erhebliche Kostensenkungen im Produktmanagement erzielt werden. In einigen funktionalen Bereichen mussten jedoch Kapazitätsanpassungen vorgenommen werden, weil diese im externen Wettbewerb nicht mithalten konnten und nicht in der Lage waren, eine Kernkompetenz auszubilden. Die Schnittstellenproblematik hat sich mit dem neuen System praktisch in Luft aufgelöst. Das Profit Center Produktmanagement ist die konsequente Weiterentwicklung des Produktmanagements als gewinn- und umsatzverantwortliche Managementfunktion.

Um das Funktionieren dieses Vorgehens sicherzustellen, müssen Sie folgende Punkte beachten:

- Klare Zuordnung von Gewinn/Verlust/Kosten/Ertrag
- Funktionale Bereiche gelten als Service oder Cost Center
- Professionalisierung der Funktionen durch externen Wettbewerb
- Aufbau interner Kundenbeziehungen
- Klare Schnittstellen und Kompetenzen
- Schaffung von Übergangsfristen zur Anpassung
- Prüfung und Aufbau von Kernkompetenzen in den Funktionen

11.2 Der Einsatz von Produktmanagementteams

Sie als Produktmanager koordinieren und steuern das produktorientierte Geschäft mit den funktionalen Bereichen meist mittels bilateraler Abstimmungsgespräche und Zielvereinbarungen. Da auch Ihre Kollegen im Produktmanagement diese Rolle für ihre Produkte oder Produktgruppen ausüben, kommt es in der Praxis immer wieder zu Konflikten und Unzuverlässigkeiten. Man bedenke, dass Sie nicht nur den externen Wettbewerb im

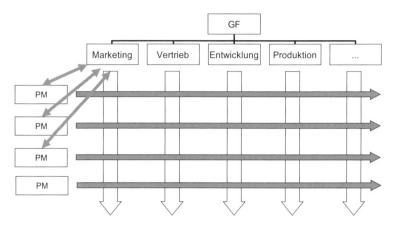

Abb. 99 Bilaterale Abstimmung durch den Produktmanager

Produkt beachten müssen, sondern auch den internen Wettbewerb der Produktmanager untereinander im Kampf um die knappen Ressourcen (siehe Abb. 99).

Sie können klarerweise hier das Produktportfolio zur Prioritätensetzung heranziehen, doch erst ein Produktteam schafft eine relativ zuverlässige Basis für folgende Anforderungen:

- Zuordnung der notwendigen Ressourcen in den Funktionen zum Produkt
- Sicherstellung der Umsetzung der Maßnahmen in den funktionalen Bereichen
- Einhaltung der Zielvereinbarung hinsichtlich Budget, Zeit, Ziele, Inhalte …
- Controlling der Maßnahmen im Rahmen der Umsetzung

Für die Zusammenstellung eines Produktteams werden neben Ihnen, dem Produktmanager, Personen aus für das Produktmanagement wichtigen funktionalen Bereichen rekrutiert. Meist wird nicht für alle Produkte oder Produktgruppen ein Produktteam zusammengestellt. Auch hier macht es Sinn, dass Sie sich auf strategisch wichtige Produkte oder Produktgruppen entsprechend dem Produktportfolio konzentrieren.

Abbildung 100 zeigt Ihnen das Grundprinzip der Zuordnung von Personen aus den funktionalen Bereichen zu den Produktteams.

Bei der Zusammenstellung von Produktteams sollten Sie folgende Grundprinzipien beachten:

- Produktteams sind permanente Teams (keine zeitlich begrenzten Projektteams!).
- Sie als Produktmanager sind meist Teamleiter des Produktteams.
- Die Teammitglieder aus den funktionalen Bereichen sind namentlich und fix zugeordnet (keine Personalrotation pro Funktion).
- Sie sind für die Qualität des Produktteams verantwortlich. Nehmen Sie also Einfluss auf die Selektion der Teammitglieder.

11 Was bringt die Zukunft? Aktuelle Trends und Entwicklungen ...

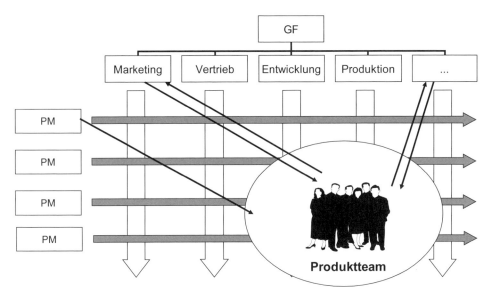

Abb. 100 Zusammenstellung von Produktteams

Ebene	Ziele/Aufgaben	Position
Dispositive Ebene	Optimierung ROI Produkt-Portfoliomanagement Produkt-Grundstrategien Ressourcenzuordnung	Geschäftsführung/ Geschäftsbereichsleitung
Strategische Ebene	Optimierung Umsatz/DB Strategieentwicklung/Konzeption Steuerung/Koordination Umsetzung	Produktteam
Operative Ebene	Umsetzung	

Abb. 101 Integration der Funktionen in die Konzeptionsphasen

Mit der Bildung von Produktteams integrieren Sie die funktionalen Bereiche in die Arbeit im Produktmanagement. Mit dem Produktteam sind die Funktionen nicht nur im Umsetzungsmanagement tätig, sondern bereits in der Konzeptionsphase (Produktanalyse, -strategie und -planung) mit eingebunden. Diese Einbindung zeigt Ihnen Abb. 101 im Drei-Ebenen-Modell.

Abb. 102 Entwicklung des Leistungsniveaus von Produktteams

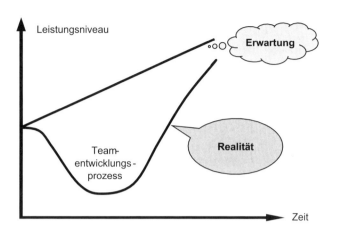

Durch die Integration der funktionalen Bereiche in das Produktteam und damit in die strategische Planung des Produkts werden die betroffenen funktionalen Bereiche frühzeitig zu Beteiligten gemacht. Die spätere Kommunikation der Produktstrategie und Produktplanung wird für Sie daher erleichtert. Sie profitieren auch frühzeitig vom funktionalen Spezialistenwissen Ihrer Teammitglieder, die dies in den Planungsprozess einbringen und damit Konflikten und Verständnisproblemen in der Umsetzung vorbeugen.

Beachten Sie bei der Einführung von Produktteams den Prozess der Teamentwicklung. Unrealistische Erwartungen hinsichtlich der Steigerung des Leistungsniveaus der Produktteams führen oft zu einer Abkehr von Produktteams. Tatsächlich müssen Sie in der Praxis anfänglich sogar mit einem Leistungsabfall zu rechnen (vgl. Abb. 102).

Die gebildeten Teams haben noch keine eigenen Prozesse, Strukturen und Methoden zur Zusammenarbeit entwickelt, und es müssen unterschiedliche Persönlichkeiten integriert werden. Ihr Team und Sie brauchen Zeit für die Teamentwicklung, und damit werden anfangs Ressourcen im Team verbraucht, die möglicherweise im Produktmanagement fehlen. Erfahrungen aus der Praxis zeigen jedoch, dass Produktmanagement mittels eines Produktteams wesentlich besser funktioniert. Haben Sie daher etwas Geduld. Unternehmen gehen heute auch schon dazu über, Zielvereinbarungen mit den Produktteams selber vorzunehmen und zusätzlich einen Teambonus für die Teamleistung auszuschütten.

11.3 Kompetenzzentralisierung im Produktmanagement

In den letzten Jahren hat sich die Zentralisierung von Aufgaben und Verantwortlichkeiten in den Unternehmen vermehrt durchgesetzt. Dieses Phänomen führt dazu, dass Ihnen im Produktmanagement diese Aufgaben und Verantwortlichkeiten entzogen und einer zentralen Stelle im Unternehmen übertragen werden. Abbildung 103 zeigt Ihnen dieses Vorgehen am Beispiel eines Unternehmens aus dem industriellen Reinigungsbereich.

Abb. 103 Geschäftsbereichsstruktur mit Produktmanagement (Auszug)

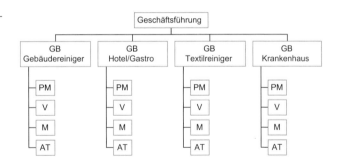

Das Unternehmen ist in Geschäftsbereiche gegliedert. Jeder Geschäftsbereich ist strategisch autonom, d. h. er verfolgt seine eigene, von anderen Geschäftsbereichen unabhängige Strategie. In jedem Geschäftsbereich sind die Funktionen und das Produktmanagement integriert. Das Unternehmen produziert und vermarktet Reinigungsmittel und Reinigungsgeräte.

Durch die Internationalisierung und Globalisierung der Märkte, das engere Zusammenwachsen der Branchen und auch durch die wachsende Transparenz wurde das Produktmanagement zunehmend mit geschäftsbereichsübergreifenden Themen, wie z. B. Preisharmonisierung etc., konfrontiert. Anfangs versuchten sich die Produktmanager bei solchen Situationen abzustimmen, aber im Laufe der Zeit sah das Management, dass ein proaktiver Ansatz zu diesen Themen notwendig war. Dazu wurden für bestimmte Themen Zentralstellen geschaffen, die geschäftsbereichsübergreifend produktbezogene Entscheidungen trafen. Damit wurde die strategische Entscheidungsfreiheit der Produktmanager im Geschäftsbereich stark eingeschränkt.

Folgende Themenbereiche wurden „zentralisiert":

- Nationale und internationale Preismodelle
- Nationales und internationales Markenmanagement
- Produktstandardisierung bei Basisprodukten
- Standardisierung der Produktkennzeichnung
- usw.

In diesem Unternehmen wurden vor allem bei der produktübergreifenden Standardisierung hohe Kostensenkungspotenziale realisiert (vgl. Abb. 104).

Auch in einem Unternehmen aus der Kosmetikbranche wurde durch die Einführung eines Brandmanagements (Markenmanagement) dieser Entscheidungsbereich aus dem Produktmanagement herausgelöst. Vor Einführung des Brandmanagements waren die Produktmanager für die einzelnen Produktmarken und damit für das Brandmanagement verantwortlich. Die Entscheidung der Unternehmensleitung für ein Dachmarkenkonzept mit gleichzeitiger Einführung der Brandmanagementorganisation führte zu einem Abzug dieses Entscheidungsbereiches aus dem Produktmanagement.

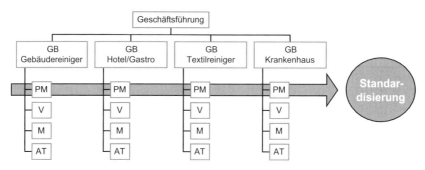

Abb. 104 Produktübergreifende Standardisierung (Grundprinzip)

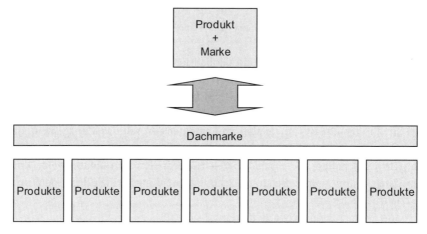

Abb. 105 Produktmarkenkonzept versus Dachmarkenkonzept

Die Zentralisierung der Entscheidungen zum Brandmanagement der Dachmarke wurde auch organisatorisch so vollzogen, dass das Brandmanagement dem Produktmanagement übergeordnet wurde (siehe Abb. 105).

Die Teilung der Aufgaben zwischen Brandmanagement und Produktmanagement sah wie in Abb. 106 dargestellt aus.

Aufgaben im Brandmanagement:

- Markenpositionierung
- Markenstrategie
- Markenlogo
- Markenkommunikation
- usw.

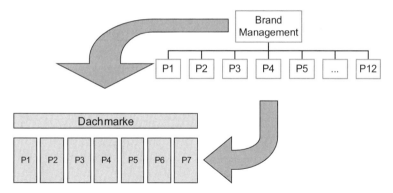

Abb. 106 Organisation Brandmanagement und Produktmanagement

Aufgaben im Produktmanagement:

- Produktanalyse (ohne Markenanalyse)
- Produktstrategie (ohne Markenstrategie)
- Produktplanung (ohne Markenplanung)
- Produkt-USP (Unique Selling Proposition)
- Produktkommunikation
- usw.

Der Produktmanager musste bei den Strategien und Maßnahmen für seinen Produktbereich die durch das Brandmanagement vorgegebenen Rahmenbedingungen hinsichtlich der Dachmarke einhalten und berücksichtigen. Dies stellt im beschriebenen Fall wahrscheinlich kein Problem dar, da das Produktmanagement dem Brandmanagement organisatorisch unterstellt ist.

11.4 Dienstleistungsorientierung im Produktmanagement

In den letzten Jahren ist die Entwicklung vom Produktmarketing zum Service- und Dienstleistungsmarketing weiter vorangeschritten. Ähnlich wie im Systemgeschäft verlagert sich auch hier die Entscheidung des Kunden weg vom Produkt hin zum Service oder der Dienstleistung. Der Weg in die Dienstleistungsgesellschaft, erkennbar am wachsenden Anteil der Dienstleistungen an der gesamten Wertschöpfung, wird auch in Zukunft weitergehen und entsprechende Veränderungen in den Märkten, in den Unternehmen und bei Ihnen im Produktmanagement mit sich bringen. Diese Veränderungen in Unternehmen, speziell auf das Produktmanagement bezogen, zeigt Ihnen das Beispiel eines Maschinenherstellers. Das Unternehmen hatte eine klassische Produktorientierung mit Produktmanagern,

Abb. 107 Baureihenmanagement im Industriebetrieb (Auszug)

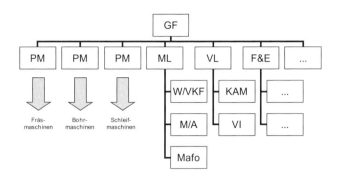

die für bestimmte Maschinenbaureihen (Baureihenmanager) verantwortlich waren (siehe Abb. 107).

Zunehmender Wettbewerbsdruck von asiatischen Anbietern zwang das Unternehmen, den produktorientierten Ansatz aufzugeben. Man versuchte zwar in der Anfangszeit durch Preissenkungen und Kostenoptimierungen, mit dem Wettbewerb Schritt zu halten, aber auf Dauer war dieses Vorgehen nicht durchzuhalten.

Im Rahmen eines internen Projekts wurde die Situation analysiert und versucht, eine Lösung zu finden. Im Life-Cycle-Cost-Modell hat man letztendlich den notwendigen Ansatz gefunden. Exemplarisch wurden bei einigen Kunden die Lebenszykluskosten (= entstehende Kosten beim Kunden während der gesamten Nutzungsdauer des Produkts) ermittelt. Das Resultat war eindeutig. Die Anschaffungskosten waren nur ein geringer Bruchteil der Gesamtkosten.

Die eigentliche Kostenbelastung entstand beim Kunden in der Nutzung der Produkte. Dieses Resultat zeigte auch die Lösung. Eine weitere Preissenkung in den Produkten machte keinen Sinn mehr. Die Verbesserung der Kosten in der Nutzung der Produkte musste angegangen werden.

Beispiele für Kostenpositionen in der Nutzung der Produkte waren:

- Servicekosten
- Reparaturkosten
- Betriebsmittel
- Stillstandzeiten
- usw.

Die zur Optimierung der Nutzungskosten notwendige Dienstleistung wurde gesucht und in der Form eines Ferndiagnosesystems gefunden. Maschinen wurden mit Sensoren ausgestattet und mit einem Ferndiagnosezentrum verbunden. Meldete der Sensor einen möglichen Defekt, konnte frühzeitig das Problem analysiert und proaktiv gelöst werden. Diese Dienstleistung erzielte einen dominanten Nutzen für den Kunden durch Kosteneinsparung und Ergebnisverbesserung.

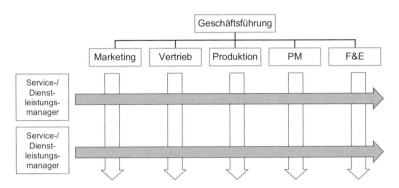

Abb. 108 Strategisch verantwortliche Dienstleistungsmanager (Schema)

Der Übergang vom Produktmanagement zum Dienstleistungsmanagement war damit nur eine Frage der Zeit. Das Unternehmen ging immer mehr dazu über, die Dienstleistung der Ferndiagnose in der Vermarktung in den Vordergrund zu stellen. Es wurden verschiedene Dienstleistungspakete zusammengestellt und gesondert vermarktet. Die Vermarktung der Produkte (Baureihen) wurde letztendlich eingestellt und damit auch das strategisch verantwortliche Produktmanagement (Baureihenmanagement) aufgegeben. Für die einzelnen Dienstleistungspakete wurden strategisch verantwortliche Dienstleistungsmanager eingesetzt, das Baureihenmanagement wurde (operativ umsetzend) neu positioniert (vgl. Abb. 108).

12 Die Umsetzung: Checkliste zur Identifikation von Optimierungspotenzialen

Nun sind Sie an der Reihe. Als Produktmanager sollten Sie nicht darauf warten, dass Ihr Vorgesetzter tätig wird und die Rahmenbedingungen für ein erfolgreiches Produktmanagement für Sie aufbaut. Nein, Sie müssen handeln! Dazu steht Ihnen diese Checkliste (siehe Tab. 5) zur Verfügung. Mit ihr können Sie die zentralen Optimierungspotenziale ermitteln und anschließend, mit entsprechenden Konzepten und Maßnahmen, die Umsetzung und Optimierung vorbereiten. Stimmen Sie sich in diesem Prozess ständig mit wichtigen Führungskräften und Mitarbeitern (Opinion Leader) in Ihrem Unternehmen ab. Denken Sie auch daran: Gut Ding braucht Weile!

Tab. 5 Checkliste Produktmanagement

	Trifft zu	Trifft wenig zu	Trifft nicht zu
1. In meinem Unternehmen herrscht Klarheit über Ziele, Grundprinzipien und Definition des Produktmanagements.	☐	☐	☐
2. Wir haben eine eindeutige Abgrenzung zwischen Funktions- und Produktmanagement.	☐	☐	☐
3. Konflikte zwischen Funktionsbereichen und dem Produktmanagement werden bei uns offen und konstruktiv bearbeitet.	☐	☐	☐
4. Wir haben die Aufgaben und Schnittstellen zwischen funktionalen Bereichen bereinigt und eindeutig abgegrenzt.	☐	☐	☐
5. Die operative und strategische Verantwortung des Produktmanagements in unserem Unternehmen ist geklärt und die Produktmanager sind entsprechend positioniert.	☐	☐	☐
6. Wir im Produktmanagement haben ausreichend Zeit und Ressourcen, um die strategischen Aufgaben für unsere Produkte wahrzunehmen.	☐	☐	☐
7. Wir haben für unser Produktmanagement ein Anforderungsprofil und eine Stellenbeschreibung.	☐	☐	☐
8. Wir als Produktmanager haben eine ausgeprägte Markt- und Kundenorientierung.	☐	☐	☐
9. Unser Produktmanagement ist sowohl in die Unternehmensplanung (dispositive Ebene) als auch in die Funktionsbereichsplanung (operative Ebene) integriert.	☐	☐	☐
10. Jährliche Zielvereinbarungen zur Festlegung produktbezogener Ziele finden mit dem Produktmanagement statt.	☐	☐	☐
11. Für unsere Produkte/Produktgruppen liegen entsprechende Analysen, Strategien und jährliche Produktpläne vor.	☐	☐	☐
12. Unser Produktmanagement genießt die Unterstützung des Top-Managements, das auch – wenn notwendig – eine Coachingfunktion für uns übernimmt.	☐	☐	☐
13. Das Produktmanagement in unserem Unternehmen ist nach den Grundprinzipien der strategischen und operativen Verantwortung richtig organisiert.	☐	☐	☐
14. In unserem Unternehmen gibt es ein Förderprogramm für das Produktmanagement, und unsere Produktmanager sind ausreichend qualifiziert.	☐	☐	☐
15. Den Produktmanagern stehen umfangreiche Tools und Instrumente (Analysetools, Controllingtools, Planungsinstrumente…) zum Produktmanagement zur Verfügung.	☐	☐	☐
16. Durch laufende Überprüfung von aktuellen Trends und Entwicklungen im Produktmanagement ist unser Produktmanagement auf dem neuesten Stand.	☐	☐	☐

Produktmarketing: Strukturen, Erfolgsfaktoren und praktische Hilfsmittel

Produktmarketing ist der Aufgabenbereich, der wahrscheinlich auch Sie zeitlich am meisten beschäftigt. Produktmanager aller Branchen beklagen dabei oft die zu starke operative Ausrichtung des Produktmarketing. Sie bewegen sich im Spannungsfeld zwischen Kunden, Wettbewerbern, Umfeld und dem eigenen Unternehmen und müssen dafür sorgen, dass Ihr Produkt differenzierter, kostengünstiger, innovativer und vor allem schneller am Markt platziert wird. Damit müssen Sie zwangsläufig das Produktmarketing zusätzlich stärker strategisch ausrichten. Sie können sich nicht mehr allein auf das einfache Erkennen und die Erfüllung der Kundenbedürfnisse konzentrieren.

Sollten Sie im Produktmanagement auch noch in globalen und internationalen Märkten agieren, wird Ihr Produktmarketing mehrdimensional und erfordert von Ihnen nicht nur ein schnelles Erfassen komplexer Sachverhalte, sondern auch eine klare Strukturierung von Produktmärkten und relevanten Zusammenhängen.

In diesem Teil erfahren Sie,

- wie Sie komplexe Märkte und Produkte durch Segmentierungstechniken strukturieren können.
- wie Produktmanager erfolgsrelevante Steuerungsgrößen analysieren und beeinflussen.
- wie der Aufbau einer Produktmarke erfolgt.
- welche Rolle das Preis-/Leistungsverhältnis Ihres Produkts beim Kunden spielt.
- was Sie bei der Bestimmung von Kennziffern für Ihren Produktmarkt beachten müssen.
- wie Sie Umsätze, Deckungsbeiträge und Preise planen.
- welche Tools und Instrumente zur Analyse, Strategieentwicklung und Umsetzungsplanung Ihnen als Produktmanager zur Verfügung stehen.
- wie Sie Strategiealternativen für Ihren Produktmarkt entwickeln und bewerten können.
- welchen Aufbau und welche Inhalte ein produktbezogener Business-Plan hat.

1 Voraussetzungen schaffen: Wie Produktmanager komplexe Märkte strukturieren

Eine klare Strukturierung des Produktmarkts gewinnt gerade im internationalen Produktmarketing an Bedeutung. Die Produktmarktanalyse, die Strategieentwicklung und die Produktplanung sind in vielen Fällen nur sinnvoll, wenn der gesamte Produktmarkt noch weiter aufgeteilt wird.

> **Beispiel: Strukturierung des Produktmarkts**
>
> Die Produktteams eines Spielwarenherstellers bekamen im Rahmen der Einführung der Produktplanung die Aufgabe, ihre zugeordneten Produktmärkte (Spiele) zu analysieren, eine Strategie zu entwickeln und eine Produktplanung (Jahresplanung) zu erstellen. Ein Produktteam unter der Leitung des Produktmanagers wollte mit der SWOT-Analyse für den gesamten Produktmarkt beginnen. Schon bald stellte das Team fest, dass eine länderindividuelle SWOT-Analyse eher sinnvoll war. Es kam immer wieder vor, dass in manchen Ländern die Stärken und Schwächen beim gleichen Kriterium höchst unterschiedlich waren. Auch eine zusätzliche Aufteilung des Produktmarktes nach Marktsegmenten (z. B. Kleinkinder, Kinder, Erwachsene etc.) und nach Technologien (z. B. manuell, IT-gestützt etc.) wurde überprüft und angewendet.

Produktmärkte können Sie nach folgenden Kriterien aufteilen und strukturieren:

- Marktsegmente
- Produktsegmente
- Funktionen
- Technologien
- Regionen

Durch Kombination von zwei oder mehreren Kriterien können Sie zwei- und dreidimensionale Strukturmodelle entwickeln und darauf aufbauend Produktmarktkombinationen oder Planungseinheiten bilden, die als Grundlage für Ihre weitergehenden Betrachtungen im Produktmarketing dienen.
Zwei in der Praxis häufig verwendete Strukturierungsmodelle stehen Ihnen dabei zur Verfügung:

- die Produkt-Markt-Matrix und
- die Funktions-Technologie-Matrix.

Aber Achtung! Speziell bei der Anwendung der Produkt-Markt-Matrix ergeben sich in der Praxis immer wieder Probleme bei der Unterscheidung zwischen Produktsegmentierung und Marktsegmentierung bzw. der Definition eines Markt- und Produktsegments.

1 Voraussetzungen schaffen: Wie Produktmanager komplexe Märkte strukturieren

Abb. 1 Marktsegmentierung versus Produktsegmentierung

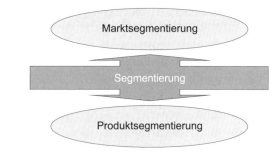

Abb. 2 Grundprinzip der Marktsegmentierung

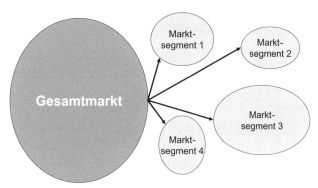

Die beiden Ansätze sind zwar prinzipiell ähnlich, aber nicht austauschbar. Eine klare Trennung und Unterscheidung ist insbesondere für die Anwendung der Produkt-Markt-Matrix von entscheidender Bedeutung (vgl. Abb. 1).

1.1 Marktsegmentierung

Unter Marktsegmentierung versteht man die Zerlegung eines gegebenen Produktmarkts in Teilmärkte und/oder Zielgruppen (Marktsegmente), die sich dadurch unterscheiden, dass das Kaufverhalten und die zugrunde liegenden Kaufmotive, Bedürfnisse und Anforderungen innerhalb eines Marktsegmentes relativ homogen, zwischen den Marktsegmenten dagegen relativ heterogen sind (vgl. Abb. 2).

Beachten Sie folgendes Grundprinzip der Marktsegmentierung:

▶ Marktsegmentierung ist marktorientiert!

1.1.1 Marktsegmentierungskriterien

Zur Marktsegmentierung werden von Produktmanagern sehr häufig die klassischen Segmentierungskriterien herangezogen:

1. **Segmentierungskriterien Konsumgütermärkte (Auszug)**
   - **Demographische Kriterien**
     - Altersklassen
     - Geschlecht

- Familien-/Haushaltsgröße
- Familienlebenszyklus
- Einkommen/Kaufkraft
- Beruf/Ausbildung
- etc.

a) **Geografische Kriterien**
- Region/Gebiet
- Orts-/Stadtgröße
- Bevölkerungsdichte
- etc.

b) **Psychografische Kriterien**
- Soziale Schicht
- Persönlichkeitsstile
- Lebensstile
- Werte/Einstellungen
- etc.

c) **Verhaltensbezogene Kriterien**
- Kaufanlässe
- Verwenderstatus
- Verwendungsrate
- Markentreue
- Kaufbereitschaft
- etc.

2. **Segmentierungskriterien Industriegütermärkte (Auszug)**
   - Demographische Kriterien
     - Branchen
     - Unternehmensgröße
     - Standort
     - Umsatz/Gewinn
     - Wachstumsraten
     - etc.

a) **Beschaffungsbezogene Kriterien**
- Beschaffungspolitik
- Machtstrukturen
- Kaufkriterien
- Organisationsform
- etc.

b) **Personenbezogene Kriterien**
- Risikobereitschaft
- Lieferantentreue
- Partnerschaftsverhalten
- etc.

c) **Operative Kriterien**
   - Technologie
   - Anwenderstatus
   - Kundenkompetenz
   - Dringlichkeit
   - Auftragsumfang
   - Kundendeckungsbeitrag
   - etc.

Die Festlegung der Marktsegmente nach diesen Kriterien (Einzelkriterien oder eine Kombination mehrerer Kriterien) ergibt aber meist keine homogenen Bedarfsgruppen. Die Findung homogener Bedarfsgruppen erfolgt in der Praxis durch die Anwendung verschiedener statistischer Verfahren. Ein einfaches Verfahren, das Sie zur Gewinnung von Marktsegmenten verwenden können, ist die Kreuztabellierung. Dazu lassen Sie durch die Marktforschung die Kaufmotive, Kundenbedürfnisse, Anforderungen und Kaufverhalten und zusätzlich auch Segmentierungskriterien wie z. B. Alter, Geschlecht, Haushaltsgröße, verfügbares Einkommen, Wohnort, Beruf, Ausbildung, usw. abfragen. Damit schaffen Sie die Basis für die Anwendung der Kreuztabellierung, in der Sie die Kundenbedürfnisse den Segmentierungskriterien gegenüberstellen.

Das Verfahren der Kreuztabellierung zeigt Ihnen auf, welche Kundenbedürfnisse mit welchen Segmentierungskriterien stark oder schwach korrelieren. In dem Beispiel in Abb. 3 gibt es ein Kundensegment, in dem die Freundlichkeit ein wichtiges Kaufkriterium darstellt und das vor allem aus Personen besteht, die

- 50 Jahre und älter sind,
- vorwiegend weiblich sind und
- die ein überdurchschnittlich hohes frei verfügbares Einkommen haben.

In der Praxis finden Sie meist keine eindeutige Abgrenzung zwischen den Marktsegmenten. Die Korrelationskoeffizienten dienen zur Einschätzung der Homogenität und damit der Streuverluste bei der Bearbeitung der Marktsegmente.

Die Marktsegmentierung müssen Sie regelmäßig überprüfen, da sich die Kundenbedürfnisse mit der Zeit verändern können. Auch das Auftauchen neuer Marktsegmente, hervorgerufen durch Trends und Entwicklungen am Markt, die das Entstehen neuer Kundenbedürfnisse begünstigen, ist möglich.

Wie die Marktsegmentierung eines Produktmanagers in der Pharmaindustrie aussieht, zeigt das in Tab. 1 dargestellte Beispiel.

Diese Marktsegmentierung (Arztsegmente) wird durch einen Produktmanager aus der Pharmabranche, zuständig für Produkte aus dem Bereich Atemwegserkrankungen, verwendet. Die Marktsegmente wurden mit passenden Namen versehen und entsprechend charakterisiert. Die Größe des Segments wurde in Prozent des Gesamtmarkts angegeben. Bei der Durchsicht der Marktsegmente ergeben sich schon erste Erkenntnisse für das Produktmarketing:

Abb. 3 Grundprinzip der Kreuztabellierung (Auszug)

Segmentierungskriterien	Bedürfnisse	Freundlichkeit	Fachliche Beratung	Erreichbarkeit	...
Alter	14-29	5%	5%		
	30-39	5%	30%		
	40-49	20%	40%		
	50-59	30%	15%		
	60+	40%	10%		
Geschlecht	M	40%	70%		
	W	60%	30%		
HH-Einkommen	bis 1000	20%	40%		
	1000-2000	30%	30%		
	über 2000	50%	30%		

Tab. 1 Marktsegmentierung eines Produktmarkts (Auszug)

Marktsegment	Größe	Charakterisierung
Experimentalisten	18 %	Ist bereit, neue Medikamente und Behandlungsmethoden zu verwenden, betrachtet Pharmaberater als Quelle von neuen Informationen.
Progressive	21 %	Positive Einstellung zu klinischen Studien/Versuchen, offen für neue Behandlungsmethoden.
Zufriedene	19 %	Sieht den Wert von Pharmaberatern nicht, ist zufrieden mit herkömmlichen Behandlungsmethoden.
Desillusionierte	13 %	Wurde Arzt aus Idealismus, enttäuscht von neuen Produkten, sucht aber nach Produkten, um die Gesundheit seiner Patienten zu verbessern.
Überstrapazierte	13 %	Hat zu viel Arbeit, ist demotiviert, hat keine Zeit, Studien zu lesen, verwendet überdurchschnittlich viele verschreibungspflichtige Medikamente.
Akademiker	16 %	Schätzt formale Methoden in der Bildung und Weiterbildung, bildet sich selbst kontinuierlich weiter, verwendet Generika, verwendet spontan keine neuen Medikamente.

- Das Marktsegment „Zufriedene" und „Akademiker" (eventuell auch das Marktsegment „Desillusionierte") eignen sich nicht besonders gut für die Einführung neuer Produkte.
- Informationen in Form von Studien oder über Gespräche mit Pharmaberatern sind besonders im Marktsegment „Experimentalisten", „Progressive" und eventuell „Akademiker" relevant.

Überprüfen Sie anschließend die durch die Methode der Kreuztabellierung gefundenen Marktsegmente hinsichtlich folgender Kriterien:

- Relevanz zum Kaufverhalten/zu Kundenbedürfnissen
- Verwendung messbarer/bestimmbarer Kriterien
- Zeitliche Stabilität des Marktsegments über einen längeren Zeitraum
- Erreichbarkeit der Kunden im Marktsegment (z. B. durch Marketingmaßnahmen)
- Gewährleistung einer wirtschaftlichen Bearbeitbarkeit des Segmentes (Größe)

Ergänzend können Sie auch Marktsegmentsportfoliomodelle zur Bewertung der einzelnen Marktsegmente für Ihren Produktmarkt aufbauen.

1.1.2 Marktsegmentierungsstrategien

Auch unter strategischen Gesichtspunkten liefert Ihnen die Marktsegmentierung einige Vorteile. Sie als Produktmanager können für Ihre Produktstrategie unter vier Strategien auswählen:

- Undifferenzierte Strategie
- Differenzierte Strategie
- Selektiv-differenzierte Strategie
- Konzentrierte Strategie (Nischenstrategie)

1. **Undifferenzierte Strategie**

Bei der undifferenzierten Strategie berücksichtigen Sie die möglicherweise vorhandenen Marktsegmente im Produktmarkt nicht. Sie stellen für den gesamten Produktmarkt eine einheitliche Strategie und ein einheitliches Marketing-Mix zusammen. Untersucht man die Auswirkungen auf die einzelnen Marktsegmente, kann es durchaus vorkommen, dass in einzelnen Segmenten die Strategie gut passt und damit auch hohe Marktanteile erreicht werden, bei anderen Segmenten ist es umgekehrt. Wählen Sie diese Strategie vor allem, wenn geringe Wettbewerbsintensität in Ihrem Produktmarkt vorhanden ist und Sie den gesamten Produktmarkt abdecken möchten (siehe Abb. 4).

Steigt die Wettbewerbsintensität an, überprüfen Sie die Möglichkeit, auf die differenzierte Strategie umzustellen.

2. **Differenzierte Strategie**

Bei dieser Strategiealternative entwickeln Sie entweder für jedes einzelne Marktsegment (vollständig differenzierte Strategie) oder für einzelne Segmente (teilweise differenzierte Strategie) eine eigene Strategie und ein segmentsspezifisches Marketing-Mix (siehe Abb. 5).

Da jedes Marktsegment eine homogene Bedarfsgruppe darstellt, hat eine spezifisch für das Marktsegment abgeleitete Strategie wesentlich mehr Wirkung als eine undifferenzierte

Abb. 4 Undifferenzierte Strategie im Produktmarkt

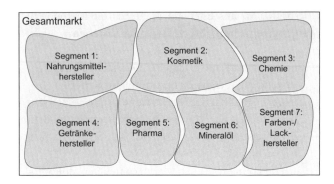

Abb. 5 Differenzierte Strategie im Produktmarkt

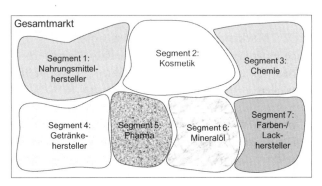

Strategie. Erfahrungen von Produktmanagern aus verschiedenen Branchen zeigen, dass die Marktanteile bei einer differenzierten Strategie pro Marktsegment um das 1,5- bis 2,5-Fache im Vergleich zu einer undifferenzierten Strategie erhöht werden können. Natürlich müssen Sie damit rechnen, dass die differenzierte Strategie wesentlich mehr Kosten (Differenzierungskosten) verursacht. Sie als Produktmanager müssen im Einzelfall den erhöhten Marktanteil mit den Mehrkosten abgleichen. Dazu können Sie für jede Strategievariante eine separate Ergebnisrechnung aufstellen und die Resultate vergleichen.

Welche Strategieelemente bzw. welche Elemente des Marketing-Mix differenziert werden können, zeigt Ihnen die Gegenüberstellung in Tab. 2 (Auszug).

Welche Strategieelemente im Einzelnen differenziert werden und welche undifferenziert beibehalten werden, müssen Sie produkt- und marktindividuell festlegen. Bei dieser Entscheidung müssen Sie neben dem Kriterium der segmentsindividuellen Passform des Marketing-Mix auch die unter Umständen hohen Differenzierungskosten (z. B. bei Produktdifferenzierungen) berücksichtigen.

3. **Selektiv-differenzierte Strategie**

Die selektiv-differenzierte Strategie ist eine Mischform aus undifferenzierter und differenzierter Strategie. Bei der quantitativen Bewertung von Strategien können Sie manchmal feststellen, dass es sich bei einigen Marktsegmenten lohnt zu differenzieren, bei den übrigen

Tab. 2 Differenzierung des Marketing-Mix (Auszug)

Marketing-Mix	Undifferenzierte Strategie	Differenzierte Strategie
Unique Selling Proposition (USP)	Zentraler USP für den gesamten Produktmarkt	Individuelle USPs pro Marktsegment
Produkt	Einheitliches Produkt für den Gesamtmarkt	Produktdifferenzierung je Segment
Sortiment	Einheitliches Sortiment für den Gesamtmarkt	Unterschiedliche Sortimente je Segment
Preise, Konditionen	Einheitliches Preis- und Konditionenmodell	Preisdifferenzierung und segmentsindividuelle Konditionen
Werbemedien	Schaltung von Produktwerbung in Medien, die von allen gelesen werden	Schaltung in segmentsspezifischen Medien (z. B. Branchenfachzeitschriften)
Service	Einheitliches Serviceangebot	Differenzierte Servicelevels je Segment

Marktsegmenten werden die zusätzlichen Kosten nicht ausreichend Mehrumsatz erzielen. In diesem Fall können Sie die geeigneten Segmente differenzieren, den Rest bearbeiten Sie mit einer undifferenzierten Strategie.

> **Beispiel: Strategiewechsel in der Marktbearbeitung**
>
> Der Produktmanager eines amerikanischen Unternehmens aus der Pharmabranche hatte die Aufgabe, ein Produkt (Nahrungsergänzungsmittel) in den europäischen Markt einzuführen. Der Lebenszyklus in diesem Produktmarkt war bereits in der Phase der Reife-/Sättigungsphase. Das Marktwachstum lag bei circa vier Prozent pro Jahr. Das ehrgeizige Ziel war, einen Marktanteil von 30 % zu erreichen. Dies ging natürlich nur über einen starken Verdrängungswettbewerb.
>
> In der ersten Phase wurde eine undifferenzierte Strategie gefahren. Es gab ein Produkt mit einer zentralen Nutzenbotschaft in drei Packungsgrößen mit herkömmlichen konsumerorientierten Massenmedien (Print/TV/Radio).
>
> Durch eine Agentur wurde im Vorfeld der Produkteinführung das Marketingbudget des Wettbewerbs analysiert und bewertet. Der Produktmanager entschied sich, mit dem circa eineinhalbfachen Marketingbudget des in diesem Markt etablierten Wettbewerbers einzusteigen. Zu gering, wie die Marktforschungsresultate zeigten. Der erzielte Marktanteil lag mit zwölf Prozent weit unter den Erwartungen.
>
> Für die nun notwendige zweite Phase wurde eine selektiv-differenzierte Strategie aufgebaut. Man segmentierte den Produktmarkt und wählte daraus vier Marktsegmente, die nun differenziert bearbeitet werden sollten. Der restliche Markt wurde weiter undifferenziert bearbeitet (selektiv-differenzierte Strategie).

Abb. 6 Konzentrierte Strategie (Nischenstrategie)

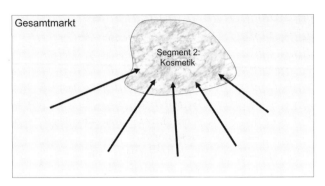

Die mit differenzierter Strategie bearbeiteten Marktsegmente waren:
- Kinder/Jugendliche
- Ältere Personen/Senioren
- Sportlich Aktive
- Leistungsorientierte.

Die notwendige Differenzierung wurde vorwiegend im Produkt (Konzentration der Inhaltsstoffe), in der Verpackung, in der Kommunikation und in der Nutzenbotschaft vorgenommen. Es wurde damit zwar der erforderliche Marktanteil fast erreicht (28 %), doch die erheblichen Differenzierungskosten führten dazu, dass das Produkt die Ergebniserwartungen nicht erreichen konnte.

4. **Konzentrierte Strategie (Nischenstrategie)**

Bei der in Abb. 6 gezeigten konzentrierten Strategie oder Nischenstrategie bearbeiten Sie nur ein Marktsegment (konzentriert). Wählen Sie diese Strategie vor allem, wenn Ihr Produktmarkt von einem dominanten Wettbewerber beherrscht wird und Ihr eingesetztes Budget für einen Angriff am Gesamtmarkt nicht ausreicht.

Hier arbeiten Sie nach folgendem Prinzip:

▶ Es gibt keine zu kleinen Budgets, es gibt nur zu große Angriffsflächen.

Erfahrungen aus dem Produktmarketing zeigen immer wieder, dass für einen erfolgreichen Frontalangriff auf einen Wettbewerb das eingesetzte Budget (Marketingbudget) das Zwei- bis Vierfache von dessen Budget betragen muss. Nur mit dieser Budgetkonzentration ist es für Sie möglich, die Position des Verteidigers zu brechen. Können Sie dieses Budget nicht aufbringen, muss die Angriffsfläche verringert werden, d. h. Sie konzentrieren sich auf einen Teilmarkt oder eine Marktnische. Aber auch in der dabei gewählten Marktnische gilt das Prinzip der Budgetüberlegenheit.

Die Nischenstrategie ist auch eine beliebte Strategie bei der Produkteinführung in neue Märkte, wo meist schon etablierte Wettbewerber vorhanden sind. Aber auch Risikoüberlegungen bei einer Gesamtmarktabdeckung lassen eine konzentrierte Strategie, zumindest

1 Voraussetzungen schaffen: Wie Produktmanager komplexe Märkte strukturieren

Abb. 7 Wachstumsraten von Marktnischen im Vergleich zum Gesamtmarkt

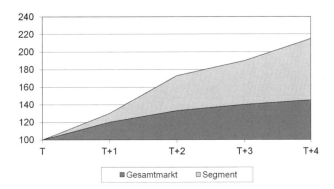

für den ersten Schritt, attraktiv erscheinen. Mit dem Markteintritt über die Nische schaffen Sie eine Art „Brückenkopf". Im Anschluss an die Eroberung der Nische können Sie die übrigen Marktsegmente Schritt für Schritt einnehmen.

Natürlich entwickeln Sie bei der konzentrierten Strategie eine spezifische, segmentsindividuelle Strategie für das gewählte Marktsegment und schneiden Ihr gesamtes Marketing-Mix auf das Segment zu. Damit passen Sie sich nicht nur in der Produktleistung besser an die Bedürfnisse der Kunden im Segment an, Sie können auch das restliche Marketing-Mix (zur Vermarktung der Produktleistung) spezifischer am Kunden ausrichten und damit mehr Wirkung erreichen.

Auch hier können Sie die Wahl des Marktsegments für die Nischenstrategie durch ein Marktsegmentsportfolio unterstützen. Ein Produktmanager aus der Nahrungsmittelbranche (Nahrungsergänzungsmittel) nimmt als Auswahlkriterium nur die Größe und Wachstumsraten der einzelnen Marktsegmente relativ zum Gesamtmarkt. Das Beispiel aus dem Nahrungsergänzungsmittelbereich in Abb. 7 zeigt Ihnen, dass einzelne Marktsegmente meist überdurchschnittlich hohe Wachstumsraten im Vergleich zum Gesamtmarkt haben.

Die Anwendung und Umsetzung der einzelnen strategischen Möglichkeiten veranschaulicht folgendes Beispiel aus einem Industrieunternehmen.

Beispiel: Marktsegmentierungsstrategien im internationalen Produktmarketing

Ein international tätiger Produktmanager eines Unternehmens aus der Industriebranche war für den Bereich Tankmessgeräte und -systeme zuständig. Für Ergebnis und Umsatz dieser Produktgruppe war er europaweit verantwortlich. Im Rahmen eines Strategieprozesses in diesem Produktbereich wurden die einzelnen Länder und Regionen durch ein Länder-/Regionalportfolio strategisch bewertet und priorisiert. Anschließend sollten für die einzelnen Länder/Regionen individuelle Strategien entwickelt und umgesetzt werden. Basis für diese Strategien war die Aufteilung des Produktmarkts in Marktsegmente, die nach folgenden Branchen gegliedert wurden (Auszug):
- Segment 1: Nahrungsmittelhersteller
- Segment 2: Kosmetik

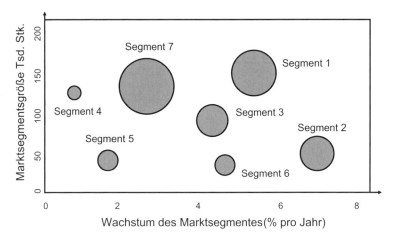

Abb. 8 Bewertung von Marktsegmenten

- Segment 3: Chemie
- Segment 4: Getränkehersteller
- Segment 5: Pharma
- Segment 6: Mineralöl
- Segment 7: Farben-/Lackhersteller

Für jedes Land wurden die Segmente hinsichtlich Segmentsgröße und Segmentswachstum bewertet. Anschließend wurde entschieden, ob pro Land eine undifferenzierte Strategie, eine differenzierte Strategie oder eine konzentrierte Strategie verfolgt werden sollte.

In den vier Kern-/Schlüsselmärkten (Ländern) wurde eine differenzierte Strategie eingeführt, die Produkteinführung in zwei Ländern wurde durch eine konzentrierte Strategie (Nischenstrategie) vollzogen. Die restlichen Länder wurden mittels einer undifferenzierten Strategie abgedeckt.

Abbildung 8 zeigt die Bewertung der Segmente hinsichtlich Segmentsgröße und Segmentswachstum aus dem dargestellten Beispiel. Die Kreisgröße stellt den eigenen Umsatz dar.

1.2 Produktsegmentierung

Der Ansatz der Produktsegmentierung ist es, Untergruppen (Produktsegmente) zu finden, die relativ autonom im Vergleich zu anderen Produktsegmenten sind. Beachten Sie folgendes Grundprinzip der Produktsegmentierung:

▶ Produktsegmentierung ist produktorientiert!

Abb. 9 Grundprinzip der Produktsegmentierung

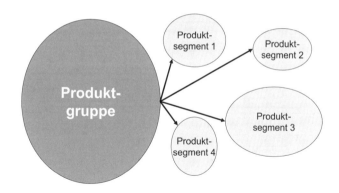

Tab. 3 Segmentierungskriterien Produktsegmentierung (Auszug)

Produktkategorie	Segmentierungskriterium
Automobil	Motorisierung, Ausstattungsklassen, Modellvarianten, Leistungsklassen ...
Kartenspiele	Themen, Zielsetzungen (Lernen, Unterhaltung, Wettbewerb etc.) ...
Schleifscheiben	Anwendungen, Materialien, Scheibengrößen, Formen ...
Medikamente	Packungsgrößen, Darreichungsformen, Dosierung, Verfügbarkeit (Over the Counter (OTC) oder verschreibungspflichtig) ...
Genussmittel	Farbe, Geschmacksrichtung, Dosierung, Packungsgrößen ...

Während die Marktsegmentierung auf Märkte zielt, ist die Produktsegmentierung auf Produkte ausgerichtet (siehe Abb. 9).

Für die Produktsegmentierung stehen Ihnen ebenso wie für die Marktsegmentierung die unterschiedlichsten Segmentierungskriterien zur Verfügung. Die produktbezogenen Kriterien hängen sehr stark von der jeweiligen Produktkategorie ab (vgl. Tab. 3).

1.2.1 Produkthierarchien

Unter Zuhilfenahme der Produktsegmentierungskriterien können Sie für Ihre Produkte Produkthierarchien aufbauen. Die Produkthierarchie gibt Ihnen Hinweise, auf welcher Ebene Sie Ihre Produktsegmentierung sinnvollerweise ansetzen. Für den Aufbau einer Produkthierarchie werden meist fünf Ebenen verwendet:

- **Ebene 1: Produktfamilie**
  Beinhaltet alle Produktklassen, die eine Grundanwendung oder ein Grundbedürfnis abdecken (z. B. „Rund um das Büro").
- **Ebene 2: Produktklasse**
  Beinhaltet alle Produktlinien, zwischen denen ein thematischer Zusammenhang besteht (z. B. Bürobedarf, Büroeinrichtung, Büroorganisation ...).

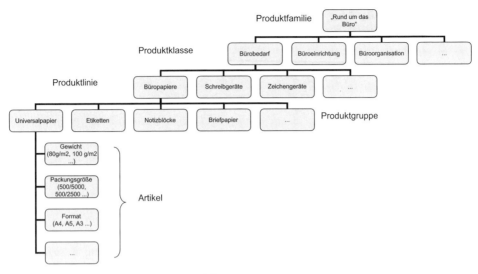

Abb. 10 Produkthierarchie bei Büroprodukten

- **Ebene 3: Produktlinie**
  Beinhaltet alle Produktgruppen, deren Anwendung oder Funktionsweise ähnlich sind (z. B. Papiere, Schreibgeräte, Zeichengeräte ...).
- **Ebene 4: Produktgruppe**
  Beinhaltet alle Artikel gleicher Art (z. B. Universalpapiere, Etiketten, Notizblöcke, Briefpapiere ...).
- **Ebene 5: Artikel**
  Ein Artikel ist eine konkrete Form einer Produktgruppe. Er unterscheidet sich in unterschiedlichen Details von den anderen Artikeln innerhalb der Produktgruppe (z. B. Format, Gewicht, Packungsgröße, Farbe ...).

Die in Abb. 10 dargestellte Produkthierarchie zeigt Ihnen die konkreten Inhalte und Strukturen am Beispiel von Produkten aus dem Bürobereich.

Die Produktsegmentierung wird meist auf der Produktgruppenebene vorgenommen. Seltener findet man die Segmentierung auf Produktlinien - und Artikelebene. Da in der Praxis keine einheitliche Bezeichnung für die unterschiedlichen Produktebenen existiert, ist es meist Ihnen als Produktmanager überlassen, eine nützliche Struktur zu finden.

Die unterschiedlichen Segmentierungskriterien können Sie zusätzlich auch dazu verwenden, ein Produktprofil Ihrer Produkte im Vergleich zum Wettbewerb zu erstellen. Für diese Analyse übertragen Sie relevante Produktcharakteristiken (z. B. Segmentierungskriterien auf Artikelebene) in ein zwei- oder dreidimensionales Modell. Anschließend tragen Sie sowohl die eigenen Artikel als auch die Artikel des Wettbewerbers in das Modell ein (siehe Abb. 11).

Speziell bei einer Vielzahl von Artikeln und Produkten gibt Ihnen dieses Modell eine gute Hilfe, um Lücken in der Artikelstruktur zu identifizieren und die Wettbewerbsintensi-

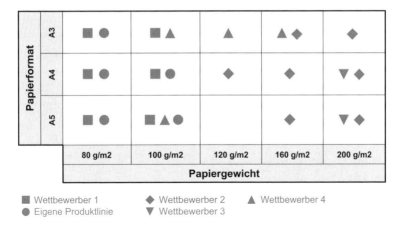

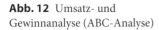

Abb. 11 Erstellung von Produktprofilen mittels Produktsegmentierungskriterien

tät einzuschätzen. Hohe Wettbewerbsintensität ist dann zu vermuten, wenn viele Produkte bei einer bestimmten Kombination von Segmentierungskriterien zu finden sind.

1.2.2 Umsatz - und Gewinnanalyse (ABC-Analyse)

Jedes durch Ihre Produktsegmentierung gewonnene Produktsegment leistet einen unterschiedlichen Beitrag zum Gesamtumsatz und Gesamtgewinn Ihrer Produktgruppe. Sie als Produktmanager müssen den prozentualen Anteil am Gesamtumsatz und -gewinn ermitteln, den jedes einzelne Produkt erwirtschaftet. Die Ergebnisse einer produktbezogenen ABC-Analyse liefern Ihnen die Grundlage für die Bestimmung der optimalen Produkt- oder Sortimentsstruktur. Meist findet man in dieser Umsatz- und Gewinnanalyse (ABC-Analyse) das Paretoprinzip (80:20-Regel) wieder (siehe Abb. 12).

20 % der Artikel in der Produktgruppe erzielen 80 % des Gesamtumsatzes der Produktgruppe. Diese Artikel werden als A-Artikel bezeichnet. Weitere 20 % der Artikel tragen

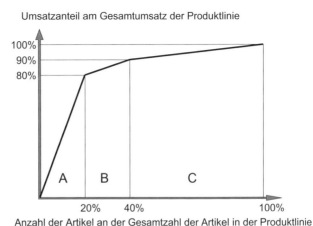

Abb. 12 Umsatz- und Gewinnanalyse (ABC-Analyse)

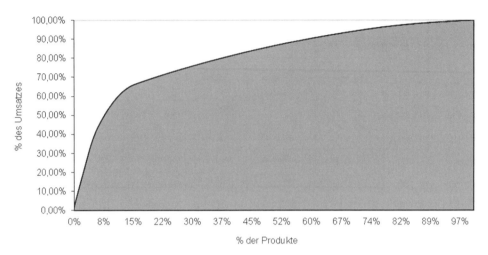

Abb. 13 Produktbezogene ABC-Analyse einer Warengruppe

lediglich mit 10 % zum Gesamtumsatz bei (B-Artikel). Der Rest, 60 % aller Artikel, auch als C-Artikel bezeichnet, liefert den Rest von 10 %. Diese empirischen Werte sind Durchschnittswerte aus unterschiedlichen Untersuchungen in verschiedenen Branchen. Die für Ihre eigene Produktgruppe geltende Verteilung kann von diesen Werten abweichen. Es kann durchaus vorkommen, dass bereits 10 % aller Produkte in Ihrer Produktgruppe 90 % des Gesamtumsatzes ergeben. Auch einen weniger starken Umsatzanteil der A-Artikel können Sie in der Praxis finden.

Die ABC-Analyse, die ein Warengruppenmanager (Category Manager) aus dem Konsumgütermarkt für seine Warengruppe durchführte, zeigt Ihnen Abb. 13.

65 % des Gesamtumsatzes werden hier durch 15 % aller Produkte erzielt. Die umsatzbezogene ABC-Analyse können Sie noch ergänzen durch die deckungsbeitragsbezogene ABC-Analyse oder zumindest eine Gegenüberstellung der Deckungsbeitragssituation.

Abbildung 14 zeigt Ihnen die Umsatz- und Deckungsbeitragsverteilung von einzelnen Artikeln einer Produktgruppe aus dem Industriebereich.

Abb. 14 Umsatz- und Deckungsbeitragsverteilung

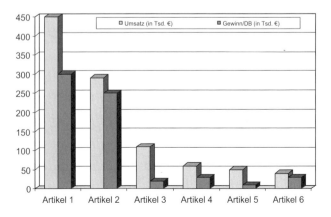

1 Voraussetzungen schaffen: Wie Produktmanager komplexe Märkte strukturieren

Abb. 15 Abgleich Risiko- und Potenzialbetrachtung

In diesem Beispiel werden 74 % des Umsatzes und 85 % des Deckungsbeitrages der Produktgruppe mit Artikel 1 und 2 erzielt.

Die durch die auf Ihren Umsatz und Deckungsbeitrag bezogene ABC-Analyse gewonnenen Erkenntnisse spiegeln vor allem den Risikoaspekt in Ihrer Produktgruppe wider. Werden einzelne umsatzstarke Produkte aus Ihrer Produktgruppe vom Wettbewerb angegriffen, stellt dies ein hohes Risiko für Ihre gesamte Produktgruppe dar. Den Gesichtspunkt des Risikos (aus der eigenumsatzbezogenen ABC-Analyse) müssen Sie zusätzlich auch mit dem Gesichtspunkt des Umsatzvolumens aus Gesamtmarktsicht (Potenzialbetrachtung) abgleichen (siehe Abb. 15).

Eine Gegenüberstellung der produktbezogenen ABC-Analyse Ihres Umsatzes in der Produktgruppe mit dem gesamtmarktbezogenen Marktpotenzial kann die in Abb. 16 gezeigte Situation ergeben.

A-Produkte (aus der umsatzbezogenen ABC-Analyse) können durchaus C-Produkte aus der Sicht des Gesamtmarktvolumens sein und umgekehrt. Wenn Sie die ABC-Analyse als ein Hilfsmittel zur Programmbereinigung nutzen wollen, so müssen Sie diesen Gesichtspunkt (Marktsicht) unbedingt berücksichtigen.

Nutzen Sie folgende Regeln bei einer Programmbereinigung als grobe Richtlinien:

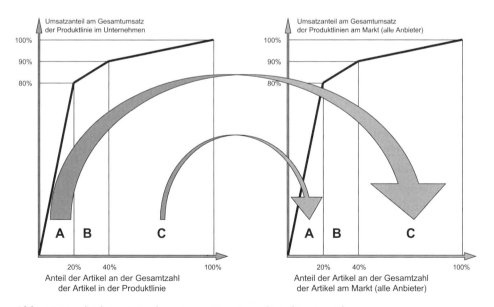

Abb. 16 Vergleich ABC-Analyse eigener Umsatz und Marktpotenzial

Fachbuch-gruppe	... % des Umsatzes in der Produktgruppe ...									
	1	2	3	4	5	6	7	8	9	10
1		4%	5%	20%	10%	2%	10%	4%	10%	4%
2	10%		9%	13%	3%	7%	15%	7%	6%	12%
3	5%	6%		3%	4%	12%	9%	3%	4%	14%
4	7%	9%	10%		2%	7%	3%	15%	1%	5%
5	10%	22%	21%	11%		9%	2%	6%	13%	7%
6	13%	24%	4%	10%	4%		6%	4%	6%	14%
7	23%	2%	5%	8%	1%	2%		2%	8%	9%
8	10%	9%	13%	4%	6%	6%	6%		9%	6%
9	16%	10%	12%	2%	2%	12%	2%	12%		15%
10	4%	11%	9%	5%	1%	6%	12%	6%	4%	

Abb. 17 Verbundeffekte zwischen Produkten

▶ Der Produktlinienumfang ist zu klein, wenn Sie als Produktmanager den Gewinn durch Hinzunehmen von neuen Produkten erhöhen können.

▶ Der Produktlinienumfang ist zu groß, wenn Sie als Produktmanager den Gewinn durch Eliminierung von Produkten erhöhen können.

Bei der Hinzunahme und insbesondere bei der Eliminierung von Produkten müssen Sie auch mögliche Verbundeffekte beachten. Ein Verbundeffekt besteht, wenn Kunden Ihr Produkt kaufen und verbunden mit dem gekauften Produkt auch ein anderes Produkt aus Ihrer Produktgruppe kaufen. Kauft ein Kunde beispielsweise ein Haarspray, dann kauft er auch zu 30 % das Haargel aus dieser Produktgruppe. Der Verbundeffekt beträgt hier 30 %.

Die Analyse von Verbundeffekten eines Verlages im Bereich Sach- und Fachbücher zeigt Ihnen Abb. 17.

Die 10 Fachbuchgruppen (1 bis 10) sind in unterschiedlichem Ausmaß durch Verbundeffekte gekoppelt. Die Fachbuchgruppe 8 ist beispielsweise mit der Fachbuchgruppe 4 durch Verbundeffekte verknüpft, denn 15 % des Umsatzes in der Fachbuchgruppe 8 werden zusätzlich vom Kunden für Käufe in der Fachbuchgruppe 4 verwendet. Wird beispielsweise die Fachbuchgruppe 8 im Rahmen einer Programmbereinigung eliminiert, hat dies unmittelbare Auswirkungen auf den Umsatz in der Fachbuchgruppe 4. Sie als Produktmanager haben Verbundeffekte entsprechend zu ermitteln und in der Entscheidung zur Produktbereinigung mit zu berücksichtigen.

1.3 Produkt-Markt-Matrix

Ein einfaches Hilfsmittel zur Strukturierung von Produktmärkten bietet Ihnen die Produkt-Markt-Matrix. Zuerst zerlegen Sie den Markt in einzelne Marktsegmente, dann machen Sie das Gleiche auch bei Ihrer Produktgruppe (Produktsegmentierung). Stellen

1 Voraussetzungen schaffen: Wie Produktmanager komplexe Märkte strukturieren   151

Produkte \ Märkte	M1	M2	M3	M4	M5	M6	M7	M8	M9
P1									
P2									
P3									
P4									
P5									

Abb. 18 Aufbau der Produkt-Markt-Matrix

Sie anschließend die Marktsegmente den Produktsegmenten gegenüber. Es entsteht dabei eine zweidimensionale Matrix (vgl. Abb. 18).

Das Strukturierungshilfsmittel der Produkt-Markt-Matrix wird sowohl auf Unternehmensebene eingesetzt, um das Geschäft zu definieren, als auch von Ihnen als Produktmanager auf Produktebene, um Ihren Produktmarkt im Detail zu strukturieren.

Die unternehmensbezogene Anwendung der Produkt-Markt-Matrix wird Ihnen hier am Beispiel eines Unternehmens aus der Bauzulieferindustrie gezeigt.

> **Beispiel: Geschäftsdefinition mittels Produkt-Markt-Matrix (Unternehmen)**
>
> Das Unternehmen der Bauzulieferindustrie definiert auf Unternehmensebene die eigene Geschäftstätigkeit (Geschäftsdefinition) wie folgt:
> **Marktdefinition:** Professionelle Kunden im gewerblichen und industriellen Bauwesen.
> **Produktdefinition:** Umfassendes Problemlösungsangebot mit Beratungskompetenz und Serviceleistungen sowie Begrenzung des Angebots auf Produkte, die sich durch Sicherheit, Qualität, Anwendungsfreundlichkeit und Innovation auszeichnen.

Der Markt ist hier klar abgegrenzt. Dies ist auch der Grund dafür, dass dieses Unternehmen keine Produkte und Leistungen für den Konsumartikelmarkt anbietet.

Die Produktdefinition ist weitgehend offen. Es werden nur die Kriterien für die Produkte festgelegt, die das Unternehmen im Produktportfolio halten will. Mit dieser Geschäftsdefinition gibt es einerseits eine Einschränkung für das Produktmanagement, andererseits ist auch die Entwicklungsrichtung des Unternehmens klar festgelegt. Die strategischen Möglichkeiten für das Unternehmen ergeben sich, indem man die Produkte und Märkte in bestehende Produkte/Märkte (vom Unternehmen bereits bearbeitet) und neue Produk-

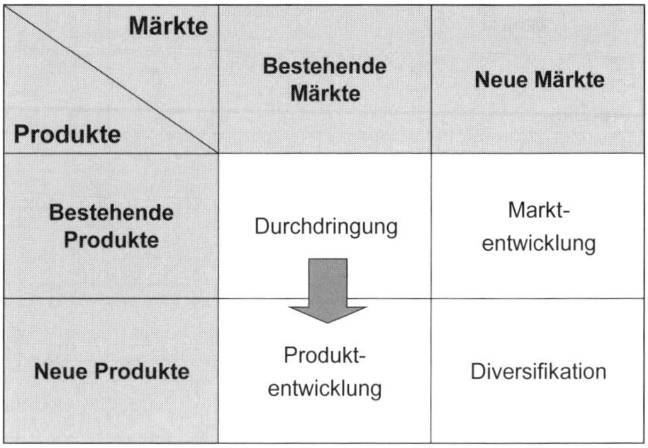

Abb. 19 Strategiemöglichkeiten in der Produkt-Markt-Matrix

Produkte \ Märkte	Bestehende Märkte	Neue Märkte
Bestehende Produkte	Durchdringung	Marktentwicklung
Neue Produkte	Produktentwicklung	Diversifikation

te/Märkte (vom Unternehmen noch nicht bearbeitet) unterteilt. Dadurch entstehen vier Strategiemöglichkeiten für das Unternehmen (vgl. Abb. 19).

Die Unternehmensstrategie des Bauzulieferunternehmens ist geprägt von einer Produktentwicklungsstrategie. Die Marktentwicklungsstrategie wird durch die Geschäftsdefinition ausgeschlossen. Die Strukturierung des Produktmarkts führen Sie nach denselben Prinzipien durch. Der Detaillierungsgrad ist hier jedoch viel höher. Die Produkt-Markt-Matrix eines Produktmanagers aus der Spielzeugbranche ist in Abb. 20 dargestellt.

Durch die Kombination von Produkt- und Marktsegmenten entstehen hier Produktmarktkombinationen (auch Planungseinheiten genannt). Diese sind die kleinste Einheit der Analyse, Strategieentwicklung und Produktplanung. Können Sie keine sinnvollen Markt- und/oder Produktsegmente finden, bleibt nur eine Planungseinheit (Gesamtmarkt und gesamte Produktgruppe) für Ihre weiteren Überlegungen übrig. In der Produkt-Markt-Matrix in Abb. 21 sehen Sie auch deutlich die Überschneidungen und Abhängigkeiten, die sich aus der Kombination von Produkt- und Marktsegmenten ergeben.

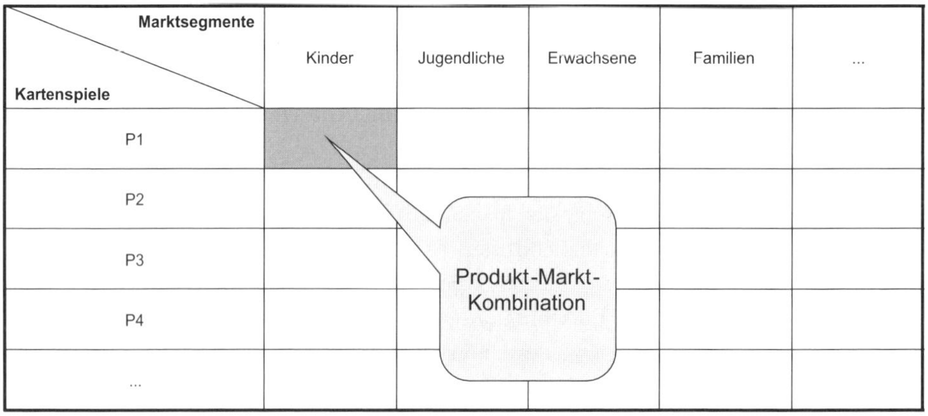

Kartenspiele \ Marktsegmente	Kinder	Jugendliche	Erwachsene	Familien	...
P1					
P2					
P3					
P4					
...					

Abb. 20 Produkt-Markt-Matrix auf Produktebene (Auszug)

1 Voraussetzungen schaffen: Wie Produktmanager komplexe Märkte strukturieren

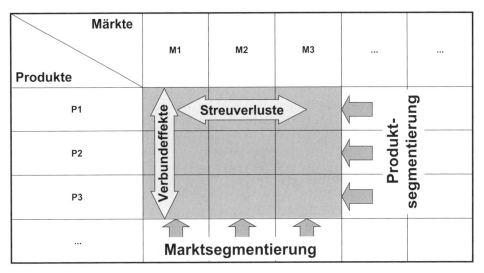

Abb. 21 Streuverluste und Verbundeffekte in der Produkt-Markt-Matrix

Auf Basis der Produkt-Markt-Matrix können Sie nun unterschiedliche Strategien für Ihren Produktmarkt ableiten.

1.3.1 Produkt-Markt-Abdeckungsstrategien

Mit der Abdeckungsstrategie entscheiden Sie als Produktmanager, welche Planungseinheiten aus der Produkt-Markt-Matrix bearbeitet werden. Basis Ihrer Entscheidung bilden dabei die unterschiedlichen Attraktivitäten und Wettbewerbssituationen je Planungseinheit.

1. Spezialisierungsstrategie

Bei der Spezialisierungsstrategie konzentrieren Sie sich auf nur eine Planungseinheit. Mit der Spezialisierungsstrategie versuchen Sie, in der gewählten Planungseinheit eine starke Position aufzubauen. Die Konzentration auf die Planungseinheit Jugendliche mit dem spezifischen Kartenspiel (P3) ist dazu ein Beispiel (siehe Abb. 22).

2. Selektive Spezialisierungsstrategie

Bei dieser Strategie wählen Sie als Produktmanager, nach objektiver Beurteilung, mehrere Planungseinheiten aus. Selbst wenn keine oder nur geringe Zusammenhänge zwischen den Planungseinheiten bestehen, spielt das keine Rolle. Sie versuchen hier, die besonders attraktiven Planungseinheiten zu identifizieren und zu bearbeiten. Unter Risikogesichtspunkten hat diese Strategie eindeutige Vorteile im Vergleich zur Spezialisierungsstrategie. Ihr Risiko wird auf mehrere Planungseinheiten verteilt. Nachteile ergeben sich möglicherweise daraus, dass Sie bei dieser Strategievariante keine klaren innerbetrieblichen Synergien zwi-

Kartenspiele \ Marktsegmente	Kinder	Jugendliche	Erwachsene	Familien	...
P1					
P2					
P3		▓			
P4					
...					

Abb. 22 Spezialisierungsstrategie

Kartenspiele \ Marktsegmente	Kinder	Jugendliche	Erwachsene	Familien	...
P1	▓				
P2				▓	
P3		▓			
P4			▓		
...					

Abb. 23 Selektive Spezialisierungsstrategie

schen den einzelnen Produkten erzielen können und dass aus Markt-/Kundensicht keine Produktstruktur im Sinne eines Sortiments erkennbar ist (vgl. Abb. 23).

3. Marktsegmentsspezialisierungsstrategie

Hier spezialisieren Sie sich als Produktmanager auf ein Marktsegment und decken alle Planungseinheiten ab, die in dieses Segment fallen. Sie streben an, für dieses Marktsegment Spezialist (Marktspezialist) zu sein (vgl. Abb. 24).

1 Voraussetzungen schaffen: Wie Produktmanager komplexe Märkte strukturieren   155

Kartenspiele \ Marktsegmente	Kinder	Jugendliche	Erwachsene	Familien	...
P1					
P2					
P3					
P4					
...					

Abb. 24 Marktsegmentsspezialisierungsstrategie

Bei dieser Strategievariante müssen Sie wegen der möglichen Marktsegmentsüberschneidungen und damit verbundener Streuverluste besonders auf eine klare Definition des Marktsegments achten.

4. **Produktsegmentsspezialisierungsstrategie**

Die Konzentration auf ein bestimmtes Produktsegment, das in allen Marksegmenten vermarktet wird, bildet die Grundlage für diese Strategievariante. Durch diese Strategie bauen Sie sich als Produktmanager eine starke Position als Produktspezialist in einem Produktsegment auf (vgl. Abb. 25).

Auch bei dieser Strategievariante müssen Sie auf das Phänomen der Verbundeffekte achten. Der Markt und die Kunden fordern vermehrt von Ihnen die Möglichkeit, „alles aus einer Hand" zu bekommen. Besonders mit dem Trend zur Reduzierung der Zulieferer/Anbieter auf der Kundenseite wird das Thema aktuell bleiben.

5. **Vollständige Abdeckungsstrategie**

Hier sind Sie bestrebt, alle Marktsegmente mit sämtlichen Produktsegmenten zu versorgen. Sie streben eine maximale Abdeckung sowohl bei den Produkt- als auch bei den Marktsegmenten an (vgl. Abb. 26). Wenden Sie bei dieser Strategievariante die ABC-Analyse nach Umsatz- und Deckungsbeitrag an, könnte es durchaus Sinn machen, einzelne Produkte aus Ihrer Produktgruppe zu streichen, um den Deckungsbeitrag insgesamt zu optimieren. Bei der zusätzlichen Berücksichtigung von Verbundeffekten kann dies aber auch einen Rückgang bei den restlichen Produkten zur Folge haben.

Marktsegmente Kartenspiele	Kinder	Jugendliche	Erwachsene	Familien	...
P1					
P2					
P3	███	███	███	███	
P4					
...					

Abb. 25 Produktsegmentsspezialisierungsstrategie

Marktsegmente Kartenspiele	Kinder	Jugendliche	Erwachsene	Familien	...
P1	███	███	███	███	███
P2	███	███	███	███	███
P3	███	███	███	███	███
P4	███	███	███	███	███
...	███	███	███	███	███

Abb. 26 Vollständige Abdeckungsstrategie

1.3.2 Produkt-Markt-Wachstumsstrategien

Unter der Annahme, dass der Produktmanager (zuständig für Kartenspiele) derzeit nur in der Planungseinheit „Kinder-P1" tätig ist, ergeben sich folgende strategische Wachstumsmöglichkeiten (soweit von der Geschäftsdefinition des Unternehmens nicht ausgeschlossen), um eine erwünschte Produktmarktabdeckung zu erreichen oder die Performance bei einer gegebenen Produktmarktabdeckung zu erhöhen (siehe Abb. 27).

1 Voraussetzungen schaffen: Wie Produktmanager komplexe Märkte strukturieren

Produkte \ Märkte	Bestehende Märkte	Neue Märkte
Bestehende Produkte	Durchdringung	Marktentwicklung
Neue Produkte	Produktentwicklung	Diversifikation

Abb. 27 Produkt-Markt-Wachstumsstrategien

1. **Durchdringungsstrategie**

Mit dieser Strategie versuchen Sie als Produktmanager, mit Ihrem derzeitigen Produkt oder Ihrer derzeitigen Produktgruppe den Marktanteil am bestehenden Markt zu erhöhen.
Der Produktmanager für Kartenspiele kann:

- seine bestehenden Kunden dazu anregen, mehr Kartenspiele zu kaufen (Erhöhung der Verbrauchsrate oder der Verwendungsintensität),
- dem Wettbewerb Kunden abwerben (Markenwechsler generieren) und/oder
- Kunden ansprechen, die bisher keine Kartenspieler waren, aber ähnliche Merkmale aufweisen wie die bisherigen Kunden (Potenzialerweiterung).

2. **Marktentwicklungsstrategie**

Bei dieser Strategie suchen Sie als Produktmanager nach neuen Märkten, die Sie mit Ihrem bestehenden Produkt oder Ihrer bestehenden Produktgruppe bedienen können.
Der Produktmanager für Kartenspiele kann:

- neue Märkte oder Marktsegmente identifizieren und bearbeiten (dabei ist zu überprüfen, ob diese mit den bestehenden Distributionskanälen erreicht werden können oder ob neue/zusätzliche Distributionskanäle erforderlich sind) und/oder
- neue regionale Märkte bedienen.

3. **Produktentwicklungsstrategie**

Bei dieser Strategievariante entwickeln Sie für den bestehenden Markt neue Produkte.
Der Produktmanager für Kartenspiele kann:

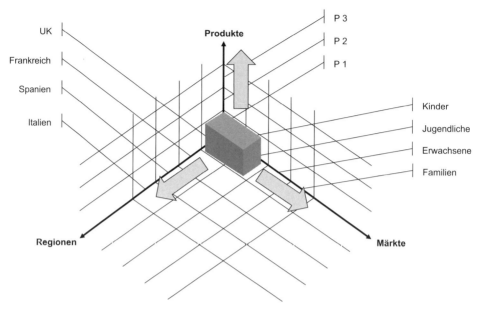

Abb. 28 Dreidimensionale Produkt-Markt-Matrix

- neue Kartenspiele entwickeln und vermarkten (z. B. neue Themen, Spielvarianten, Motive ...) und/oder
- neue Technologien für Kartenspiele entwickeln (IT-gestützte Kartenspiele ...).

4. **Diversifikationsstrategie**

Sie wählen die Diversifikation als Strategie, wenn Sie ein neues Produkt und gleichzeitig einen neuen Markt bearbeiten wollen. Hier kombinieren Sie die Strategieelemente der Marktentwicklungsstrategie und der Produktentwicklungsstrategie. Indem Sie die regionale Dimension hinzufügen, erhalten Sie eine dreidimensionale Darstellung Ihres Produktmarktes. Diese dreidimensionale Matrix wird vor allem im internationalen Produktmarketing verwendet, da hier die regionale/geografische Dimension hinzukommt (siehe Abb. 28).

Sie können in diesem Modell nicht nur die Struktur des Produktmarkts gut abbilden, sondern zusätzlich auch für jede Planungseinheit (z. B. Produkt P1, Kinder, UK) die relevanten Ergebnisse (Umsatz, Deckungsbeitrag ...) und Marktkennziffern (Potenzial, Volumen ...) hinterlegen. Außerdem können Sie die Planungseinheiten kennzeichnen, die Sie selber abdecken, und auch die Planungseinheiten markieren, die durch den Wettbewerb abgedeckt werden. Damit gewinnen Sie schnell einen Überblick über die Produktmarktabdeckungsstrategien des Wettbewerbers.

1 Voraussetzungen schaffen: Wie Produktmanager komplexe Märkte strukturieren 159

	Erfolgswahrscheinlichkeit	Aufwandswerte
Diversifikation	gering	sehr hoch
Marktentwicklung	mittel	mittel
Produktentwicklung	mittel	hoch
Durchdringung	hoch	gering

Abb. 29 Aufwand und Erfolgswahrscheinlichkeiten der Wachstumsstrategien

> **Beispiel: Strategieentscheidungen im Produktmarkt**
>
> Im Rahmen von jährlich stattfindenden Strategieworkshops der Geschäftsführung eines Medizintechnikherstellers mit dem Produktmanagement wurde die neue Wachstumsstrategie des Unternehmens durch die Geschäftsführung präsentiert. Nach der Präsentation gab es eine intensive Diskussion mit den Produktmanagern, da diese aufgefordert wurden, ihre produktbezogenen Beiträge zur Wachstumsstrategie und damit zum Unternehmenswachstum zu formulieren und zu konkretisieren. Die Produktmanager erhielten den Auftrag, ihre bisherigen Ziele und vor allem die bestehenden Produktstrategien zu überdenken und gegebenenfalls neu zu formulieren.
>
> In einem Produktbereich des Unternehmens wurde durch den Produktmanager bislang eine sehr erfolgreiche Produktsegmentsspezialisierungsstrategie gefahren. Eine Internationalisierung wurde bisher nie überlegt, man blieb im eigenen Land. Unterschiedliche Strategiealternativen wurden entwickelt und durchgerechnet, um den entsprechenden Beitrag zur Unternehmensstrategie zu liefern. Man einigte sich, bei der Produktsegmentsspezialisierungsstrategie zu bleiben, aber die vollständige regionale Abdeckung in Europa anzustreben (Produkt-Markt-Abdeckungsstrategie). Die dazu notwendige regionale Marktentwicklungsstrategie wurde aus Risiko- und Kostengründen in mehrere Schritte geteilt. Im ersten Schritt sollte nur ein neues Land dazukommen (regionale Nische) und nur ein Marktsegment dort bearbeitet werden (Marktsegment). In der zweiten Phase sollte die Nischenstrategie verlassen und ein differenziertes Marketing umgesetzt werden. Für die restlichen Länder verfolgte man ein ähnliches Strategiemodell.

Die vier Strategiemöglichkeiten der Wachstumsstrategie sind, wie Abb. 29 zeigt, in der Umsetzung auch mit unterschiedlichen Aufwandswerten und Erfolgswahrscheinlichkeiten behaftet.

Unterschiedliche Erfahrungen von Produktmanagern zeigen, dass rund 90 bis 95 % aller Diversifikationsstrategien zu einem Flop führen – dies vor allem wegen der extrem hohen Aufwandswerte für die Neuproduktentwicklung einerseits und wegen des meist unbekann-

Abb. 30 Produktzerlegung in Funktion und Technologie

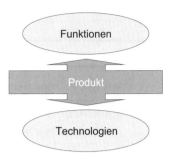

ten Marktes, in dem sämtliche Strukturen in Zusammenhang mit dem Marketing-Mix erst aufgebaut werden müssen. Bei der Durchdringungsstrategie ist zumindest jede zweite Strategie erfolgreich. Erfahrungen zeigen auch immer wieder, dass von Produktmanagern die Durchdringungsstrategie zu früh verlassen wird, um in neue Produkte oder Märkte zu gehen. Der bestehende Produktmarkt ist noch nicht ausreichend entwickelt und gefestigt und stellt für den Wettbewerb ein leichtes Angriffsziel dar.

1.4 Funktions-Technologie-Matrix

Die Funktions-Technologie-Matrix ist ein weiterer Ansatz zur Zerlegung und Strukturierung des Produktmarktes. Bei der Funktions-Technologie-Matrix zerlegen Sie Ihr Produkt noch weiter in Funktionen und Technologien (siehe Abb. 30).

Die Zerlegung Ihres Produkts in Funktionen und Technologien gibt Ihnen zusätzliche Hinweise und Ansatzpunkte für die Definition Ihrer Produktmärkte und der relevanten Wettbewerber sowie für Ihre weiteren Produktstrategien.

Bei der Zerlegung von Produkten in Funktionen und Technologien können Sie folgende Fragen anwenden:

▶ Welche Funktionen (Grundfunktionen) werden mit meinem Produkt für den Markt (Kunden) erfüllt?

▶ Mit welchen Technologien können diese Funktionen (Grundfunktionen) erfüllt werden?

Beachten Sie dabei, dass Funktionen nicht immer technische Funktionen sind und Technologien in diesem Zusammenhang nicht immer mit der technischen Dimension zu tun haben.

Wenn Sie das Produkt Kaffee in Funktionen für den Kunden zerlegen wollen, kommen Sie beispielsweise auf folgende Funktionen:

- Genussfunktion
- Wachhaltefunktion

- Gesellschaftliche Funktion (z. B. Kaffeekränzchen)
- Durstlöschfunktion
- Stimulierungsfunktion
- etc.

Betrachten wir die Technologien, so können wir uns über Inhaltsstoffe des Kaffees, die für gewisse Funktionen notwendig sind, unterhalten (z. B. Koffein für die Wachhaltefunktion). Aber auch andere Technologien/Inhaltsstoffe (z. B. das in Energydrinks verwendete Taurin oder entsprechende Inhaltsstoffe in bestimmten Teesorten) können die Wachhaltefunktion erbringen. Wir haben damit alternative Technologien identifiziert, die bei gewissen Funktionen durchaus als Technologiewettbewerb bezeichnet werden können. Sie können hier die Technologie (Inhaltsstoff) auch noch weiter in Darreichungsformen klassifizieren. Sie können Koffein sowohl in Kaffeeform als auch in Form von Schokolade einnehmen.

Beispiel: Zerlegung eines Produkts in Funktionen und Technologien

Ein Produktmanager entwickelte für die Strukturierung des Produktmarkts verschiedene Alternativen für Planungseinheiten. Er war im Unternehmen zuständig für mechanische Bohrer. Zuerst entwickelte er ein Produkt-Markt-Modell mit der Produkt-Markt-Matrix.

Bei der Marktsegmentierung orientierte er sich an Branchen (Automobilbranche, Baubranche, Maschinenbau etc.). Bei der Produktsegmentierung wurden die Anwendungen als Basis genommen (Holz, Stein, Metall etc.). Die Zerlegung des Produkts nach Funktionen und Technologien ergab folgendes Resultat: Die Grundfunktion eines Bohrers (Loch machen) war schnell gefunden. Die Suche nach unterschiedlichen Technologien, um diese Loch-mach-Funktion zu erfüllen, gestaltete sich etwas schwieriger. Folgende Technologien wurden identifiziert (Auszug):
- Mechanische Technologie (hier wurde auch noch nach unterschiedlichen Werkstoffen unterteilt)
- Optische Technologie (z. B. mit Laser)
- Chemische Technologie
- Flüssigtechnologie (z. B. mit Wasser)
- etc.

Im Rahmen der Strategiefindung setzte man sich daher auch intensiv mit dem Problem der Technologiesubstitution auseinander. Der bisherige Ansatz in der eigenen Branche war klar gegen den direkten Wettbewerb (mechanische Bohrer) ausgerichtet. Alternative Technologien hatten jedoch in der Zwischenzeit die mechanische Technologie in bestimmten Anwendungsgebieten zurückgedrängt (Technologiesubstitution). Als eigentlicher Wettbewerb wurde daher nicht nur der direkte Wettbewerb identifiziert, sondern auch Wettbewerber mit alternativen Technologien. Die Analyse des Produktmarktes musste ausgedehnt und neue Strategien für den Technologiewettbewerb mussten gefunden werden.

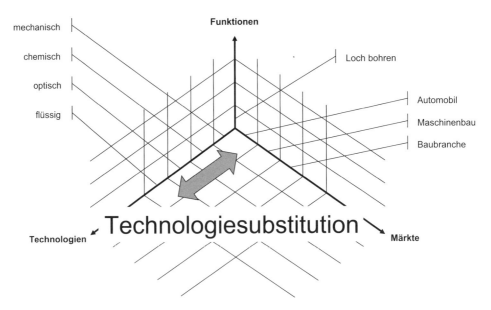

Abb. 31 Funktions-Technologie-Matrix

Das für diesen Produktmarkt entwickelte Strukturmodell zeigt Abb. 31

Mit dieser dreidimensionalen Darstellung können Sie außerdem folgende Fragestellungen untersuchen:

▶ Welche Funktionen werden von welchen Märkten (in welchem Ausmaß) benötigt?

▶ Mit welchen Technologien können die Funktionen in welchem Ausmaß/Umfang erstellt werden?

▶ Welche Technologien eignen sich (daher) für welche Märkte?

Mit den gewonnenen Erkenntnissen können Sie nicht nur die Produktmarktstrukturen ermitteln, sondern auch Ansatzpunkte für die Strategienentwicklung gewinnen.

Die sich daraus für Sie ergebenden Optionen für eine Wachstumsstrategie sind:

- neue Märkte und/oder
- neue Funktionen und/oder
- neue Technologien.

Abbildung 32 zeigt Ihnen das Ausmaß einer Technologiesubstitution aus dem Industriebereich im Zeitraum von sechs Jahren. Die bisher durch den Produktmanager eingesetzte Technologie (Technologie 3) wurde durch alternative Technologien (1 und 2) so weit substituiert, dass das Marktvolumen um 60 % schrumpfte.

Durch frühzeitige Entwicklung und Einbindung der Alternativtechnologien durch den Produktmanager konnten die Auswirkungen auf den Umsatz und Ertrag der Produktgrup-

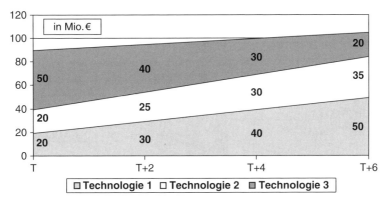

Abb. 32 Verlauf der Technologiesubstitution im Produktmarkt

pe kompensiert werden. Im Rahmen dieser Neuausrichtung des Produktbereichs wurden auch Themen im Zusammenhang mit der Unternehmensstrategie diskutiert.

2 Erfolgsrelevant: Die wichtigsten Steuerungsgrößen für das Produktmarketing

Bei der Gestaltung eines produktbezogenen Marketing-Mix sollten Sie die Steuerungsgrößen für das Produktmarketing berücksichtigen. Mit der Gestaltung der Steuerungsgrößen durch das Marketing-Mix nehmen Sie nicht nur wesentlichen Einfluss auf die produktbezogenen Kaufentscheidungsprozesse beim Kunden, sondern legen damit auch die Basis für ein aussagekräftiges Marketingcontrolling.

Sehr häufig wird das Marketingcontrolling ausschließlich auf der Basis von klassischen Controllinginformationen aufgebaut. Es werden Umsätze und Absätze ermittelt, produktbezogene fixe und variable Kosten bestimmt und Produktdeckungsbeiträge errechnet. Diese Zahlen sind zwar wichtig für Sie, sie sind aber meist von geringem Einfluss auf die Kaufentscheidung des Kunden. Im Rahmen der Gestaltung und Festlegung der Steuerungsgrößen für das Produktmarketing können Sie diese Faktoren aktiv gestalten und Sie nehmen damit gezielt Einfluss auf Produktentscheidungen von Kunden.

Wie Ihnen Abb. 33 zeigt, wirken die Faktoren Bekanntheitsgrad, Markenimage, Leistungsvorteil, Preis und Beziehung auf den Kaufentscheidungsprozess und die Kaufentscheidung des Kunden (vor dem Kauf). Die Wirkung der einzelnen Faktoren ist in den einzelnen Phasen des Kaufprozesses unterschiedlich. Auch den Kauftyp (Neukauf, Ersatzkauf etc.) und die Kaufprozessdauer (Spontankauf oder längerer Kaufprozess) müssen Sie bei der Gestaltung der Steuerungsgrößen berücksichtigen. Ist diese Wirkung erfolgreich, wird die Kaufentscheidung für Ihr Produkt getroffen und das klassische Controlling zeigt die Resultate (Umsatz, Absatz, Deckungsbeitrag etc.).

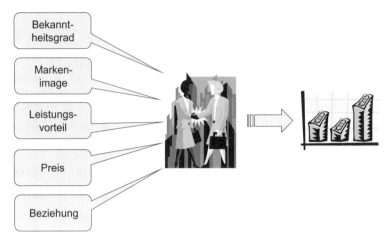

Abb. 33 Steuerungsgrößen im Produktmarketing (vor dem Kauf)

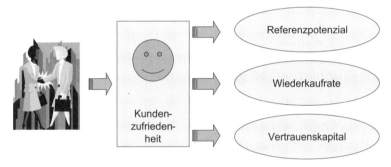

Abb. 34 Steuerungsgrößen im Produktmarketing (nach dem Kauf)

Zusätzlich zu den Steuerungsgrößen, die vor der Produktentscheidung eine Rolle spielen, gibt es auch noch Steuerungsgrößen, die nach der Kaufentscheidung beim Kunden von Ihnen zu berücksichtigen sind. Diese Steuerungsgrößen sind im Wesentlichen das Resultat der Kundenzufriedenheit, die nach dem Produktkauf beim Kunden auftritt (siehe Abb. 34).

Referenzpotenzial (auch Weiterempfehlungsrate genannt), Wiederkaufrate bei Ersatzkauf und das Vertrauenskapital sind Resultate der Kundenzufriedenheit.

Bevor auf die Darstellung der einzelnen Steuerungsgrößen im Detail eingegangen wird, muss noch erwähnt werden, dass bei der Gestaltung dieser Größen nicht die aktionsorientierten, taktisch-kurzfristigen Maßnahmen im Vordergrund stehen, sondern mittel- und langfristige Maßnahmen und Strategien benötigt werden, um eine entsprechende Wirkung zu erzielen (vgl. Abb. 35).

Wenn Sie sich als Produktmanager allein auf die Aktionsebene konzentrieren, führt dies meist zu Preiskämpfen, schrumpfenden Erträgen sowie teuren spontanen Aktionen, um Produkte und Leistungen kurzfristig anzupassen.

2 Erfolgsrelevant: Die wichtigsten Steuerungsgrößen für das Produktmarketing   165

Abb. 35 Mittel- und langfristige Orientierung im Produktmarketing

Ihre Konzentration auf das Erkennen von bestehenden und zukünftigen Markt- und Kundenbedürfnissen gibt die entsprechende Orientierung für die Zukunft. Nutzeninnovationen (neue innovative Produkte und Leistungen) und Nutzenvorteile (Differenzierung vom Wettbewerb und Wettbewerbsvorsprung) durch mittel- und langfristige Strategien sind hier Ihr Fokus. Erfahrungen aus der praktischen Anwendung zeigen, dass sich 80 % des Umsatz- und Gewinnpotenzials aus der Strategieebene gewinnen lassen und nur 20 % aus der Aktionsebene.

▶ HINWEIS Die im Folgenden beschriebenen Steuerungsgrößen im Produktmarketing werden zum besseren Verständnis in einer Reihenfolge/Abfolge dargestellt. In der Praxis werden diese Faktoren den Kunden im Kaufentscheidungsprozess parallel begleiten und je nach Kaufprozessphase unterschiedliche Bedeutung haben.

2.1 Produkt- und Markenbekanntheitsgrad

Der Bekanntheitsgrad eines Produkts oder einer Marke ist als Einstiegsgröße in den Kaufprozess für Ihr Produkt von zentraler Bedeutung. Der Bekanntheitsgrad wird in Prozent gemessen. 40 % Bekanntheitsgrad bedeuten, dass 40 % der Personen oder Unternehmen im Zielmarkt Ihre Marke oder Ihr Produkt kennen. Werte zum Bekanntheitsgrad ermitteln Sie durch Marktforschung. Bei der Erhebung des Bekanntheitsgrades müssen Sie zwischen dem gestützten und dem ungestützten Bekanntheitsgrad unterscheiden.

Der **gestützte Bekanntheitsgrad** wird ermittelt durch Befragung von Personen mit Hilfe einer vorbereiteten Liste. Die Auflistung der Produkte und/oder Marken (mit oder ohne Markenlogo) wird der zu befragenden Person vorgelegt.

Bei der Bestimmung des **ungestützten Bekanntheitsgrades** werden keine Erinnerungshilfen eingesetzt. Die zu befragende Person wird lediglich gefragt, welche Produkte oder Markten sie in der jeweiligen Produktkategorie oder für bestimmte Anwendungen kennt. Die Spontannennungen werden anschließend ausgewertet.

Es ist klar erkennbar, dass die Bekanntheit des Produkts oder der Produktmarke einen entscheidenden Faktor für den Erfolg Ihres Produkts am Markt darstellt. Andere Faktoren können nicht wirksam werden, wenn dieser Faktor bei Ihrem Produkt zu gering ausgeprägt ist.

Beispiel: Bekanntheitsgrad des Produkts/der Marke

Ein Produktmanager eines Mobilfunktelekommunikationsanbieters war mit der Einführung eines neuen Produkts beauftragt. Das Produkt war keine eigene Marke, sondern wurde mit dem Markenlogo des Unternehmens vermarktet. Der Produktmanager hatte deswegen dem Bekanntheitsgrad der Dachmarke (Unternehmensmarke) und dem Markenimage keine besondere Bedeutung bei der Produktvermarktung zugeordnet. Die Produktbekanntheit wurde zwar mit den einschlägigen Medien gefördert, aber es gab keinen klaren Schwerpunkt. Durch Vernachlässigung der Produktbekanntheit wurde die Produkteinführung ein Flop. Im Nachhinein wurde festgestellt, dass der in diesem Produktmarkt notwendige kritische Bekanntheitsgrad von rund 60 bis 80 % bei weitem nicht erreicht wurde (circa 30 %). Die guten Produktvorteile und das ausgezeichnete Preis-/Leistungsverhältnis kamen deswegen am Markt nicht voll zur Geltung.

Wird im Unternehmen mit einer Dachmarkenstrategie gearbeitet, so ist meist ein Markenmanager (Brandmanager) für die Dachmarke verantwortlich. Sie als Produktmanager müssen in einem solchen Fall aber trotzdem Ihre produktindividuelle Produktbekanntheit ausreichend fördern.

Den Aufbau einer ausreichend hohen Produktbekanntheit können Sie durch direkte oder indirekte Kommunikationsmaßnahmen unterstützen, die folgende Charakteristika aufweisen:

- hohe Aufmerksamkeitswerte und
- hohe Wiederholungsraten.

Startet ein Kunde einen Kaufprozess, so bleibt in der Regel die Gesamtzahl der angebotenen Produkte/Angebote am Markt für den Kunden verborgen. Der potenzielle Käufer wird den Kaufprozess mit denjenigen Produkten oder Marken beginnen, die er kennt (Bekanntheitsgrad). Es kann als Ausnahme angesehen werden, wenn Personen oder Unternehmen versuchen, eine Totalerhebung von angebotenen Produkten und Produktalternativen am Markt durchzuführen. Das Vorgehen des Kunden beim Kauf wird in Abb. 36 als stufenweiser Prozess dargestellt.

Ist aber die Anzahl der bekannten Produkte oder Marken für den Einstieg in einen Kaufprozess zu gering, so schaltet der Kunde eine explorative Suchphase ein, die er jedoch abbricht, sobald eine kritische Anzahl von Produkten oder Marken für den weiteren Kaufprozess zur Verfügung steht.

2 Erfolgsrelevant: Die wichtigsten Steuerungsgrößen für das Produktmarketing

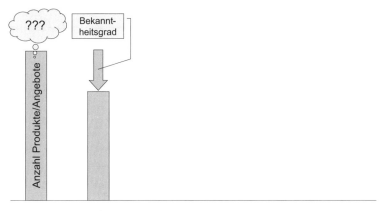

Abb. 36 Gesamtzahl der Produkte/Angebote und Bekanntheitsgrad

> **Beispiel: Gesamtzahl von Produktalternativen und kritische Anzahl**
>
> Das zuständige Buying Center (beteiligte Personen am Kaufentscheidungsprozess) in einem Unternehmen aus der Konsumgüterbranche hatte die Aufgabe, im Rahmen der Einführung eines Customer Relationship Managements (CRM) eine zusätzliche Software zu beschaffen. Der Suchprozess wurde bei etwa 15 gefundenen Produkten/Anbietern abgebrochen, da für dieses Unternehmen damit eine ausreichende Anzahl von Produktalternativen gefunden worden war, um den Kaufprozess weiterzuführen. Nach der Kaufentscheidung für das Produkt wurde eine Produktübersicht in einem Fachmagazin herausgebracht, in der gezeigt wurde, dass aktuell rund 90 Produktalternativen am Markt waren.

2.2 Produktmarke und Markenimage

Im nächsten Schritt des Kaufprozesses wird der Kunde aus den ihm bekannten Produkten oder Marken die für ihn relevanten Alternativen (Relevant Set) selektieren (siehe Abb. 37).

Wie viele relevante Produktalternativen der Kunde hier wählt und welche Entscheidungskriterien herangezogen werden, steht im Mittelpunkt dieser Phase der Entscheidungsfindung.

2.2.1 Zahl der relevanten Alternativen

Unterschiedliche Studien und Marktforschungsergebnisse zeigen immer wieder, dass Personen oder Unternehmen nur wenige relevante Alternativen selektieren. In den dargestellten Durchschnittswerten aus dem B2B-Bereich in Abb. 38 sieht man, dass bei Produktentscheidungen in rund 80 % der Fälle nur vier relevante Alternativen herangezogen werden.

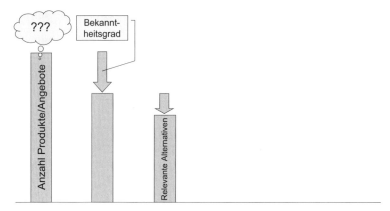

Abb. 37 Bekanntheitsgrad und Zahl der relevanten Alternativen

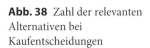
Alternativen bei
Kaufentscheidungen

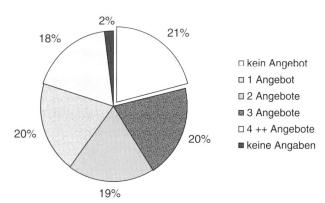

Sind Sie bereits Anbieter bei einem Kunden (kein Angebot = bestehender Lieferant wird gewählt), ist dies keine Erfolgsgarantie, denn der Kunde wird sich auch noch mit weiteren drei Wettbewerbsangeboten versorgen und die Produkte und Leistungen vergleichen. Die Reduktion auf die Zahl der relevanten Alternativen macht für den Kunden durchaus Sinn, denn mit dieser Einschränkung bestimmt er, mit welchen Produkten oder Marken er sich weiter intensiv beschäftigen wird. Sind Sie nicht bei den relevanten Alternativen dabei, hat das auch Auswirkungen auf Ihren Marktanteil, wie das Beispiel aus dem Produktmarkt für Gebrauchsgüter in Abb. 39 zeigt.

Vier Produkte (P1 bis P4) decken den Markt bereits zu über 70 % ab. Die Verteilung der Marktanteile hängt natürlich vom Reifegrad des Produktmarktes ab. Marktanteilsverteilungen wie dargestellt findet man meist in reifen und gesättigten Märkten. In früheren Phasen des Produktmarktlebenszyklus sind klare Verteilungen der Marktanteile meist nicht so stark ausgeprägt. Als Produktmanager versuchen Sie bei solchen Ausgangslagen, durch konsequente Anwendung von Marktdurchdringungsstrategien die Marktführerschaft im Produktmarkt zu erreichen (siehe Abb. 40).

2 Erfolgsrelevant: Die wichtigsten Steuerungsgrößen für das Produktmarketing 169

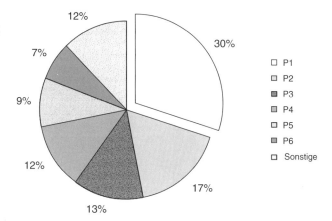

Abb. 39 Zahl der relevanten Alternativen und Auswirkung auf Marktanteile

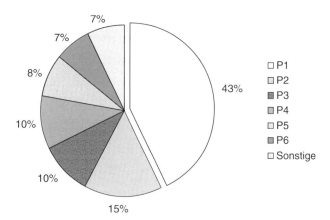

Abb. 40 Marktführerschaft durch Marktdurchdringungsstrategien

Die im gesättigten Produktmarkt erfolgreiche Marktdurchdringungsstrategie eines Produktmanagers aus dem Konsumgüterbereich zeigt sich im dominanten Marktanteil von über 40 %. Der relative Marktanteil zum stärksten Wettbewerber ergibt 2,9!

2.2.2 Aufbau eines Produkt-/Markenimages

Damit Sie zu der Zahl der relevanten Alternativen bei Produktentscheidungen gehören, müssen Sie ein Produkt- oder Markenimage aufbauen und gestalten (siehe Abb. 41).

Das Produkt- oder Markenimage ist ein subjektives Vorstellungsprofil eines Produkts oder einer Marke. Durch entsprechende Imagewerbung werden Ihrem Produkt oder Ihrer Marke Eigenschaften vermittelt, die bei dieser Phase des Kaufprozesses (Wahl der relevanten Alternativen) eine zentrale Rolle spielen. Das Image gestalten und beeinflussen Sie durch Kommunikationsmaßnahmen, die auf eine subjektive Zuordnung von Eigenschaften zu Ihrem Produkt oder Ihrer Marke abzielen (Imagewerbung). Der Imagetransfer vom Imageträger zum Produkt oder zur Marke steht hier im Vordergrund.

Eine reine Produktmarkierung (z. B. durch eine Produktbezeichnung oder ein klassisches Wort- und/oder Bild-Logo) ist für den Aufbau eines Markenimages nicht ausrei-

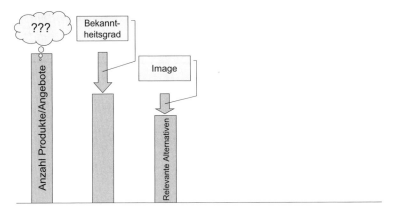

Abb. 41 Zahl der relevanten Alternativen und Produkt-/Markenimage

Abb. 42 Markierung, Positionierung und Profilierung einer Produktmarke

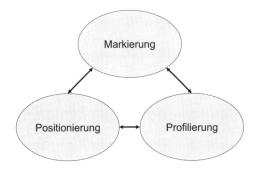

chend. Zusätzlich zu dieser Produktmarkierung müssen Sie auch noch eine entsprechende Positionierung und Profilierung der Marke sicherstellen (vgl. Abb. 42).

Die Positionierung und Profilierung der Marke beinhaltet alle Maßnahmen und Strategien, um ein Image Ihres Produkts oder Ihrer Marke bei Ihren Kunden und potenziellen Kunden aufzubauen und zu erhalten. Damit soll sichergestellt werden, dass Ihr Produkt oder Ihre Marke einen klaren, abgegrenzten und eigenständigen Platz (Position) relativ zum Wettbewerb im Wahrnehmungsraum Ihrer Zielkunden erhält.

Diese für den Markenaufbau wichtigen Komponenten Positionierung und Profilierung werden in der Praxis durch Imageanalysen ermittelt. Um die aktuelle Positionierung Ihres Produkts im Wahrnehmungsraum des Kunden zu identifizieren, führen Sie Befragungen durch, die es der befragten Person ermöglichen, Ihrem Produkt oder Ihrer Marke Kriterien (Eigenschaften) zuzuordnen und auch die Stärke dieser Zuordnung anzugeben (vgl. Abb. 43).

In diesem Beispiel wurden die Positionierungskriterien dynamisch und sportlich als die dominanten Kriterien des Markenimages identifiziert. Die ermittelten Werte der befragten Personen können Sie auswerten und die daraus resultierenden Imageprofile grafisch darstellen (siehe Abb. 44).

2 Erfolgsrelevant: Die wichtigsten Steuerungsgrößen für das Produktmarketing

Beurteilungskriterien	Zuordnung	Beurteilung					
		1	2	3	4	5	6
modern	⊗				x		
wirtschaftlich	O						
anspruchsvoll	⊗				x		
dynamisch	⊗						x
sicher	O						
sportlich	⊗					x	
kompetent	O						
flexibel	O						
innovativ	⊗				x		
progressiv	⊗				x		
extrovertiert	O						

Abb. 43 Bestimmung der Markenpositionierung und -profilierung

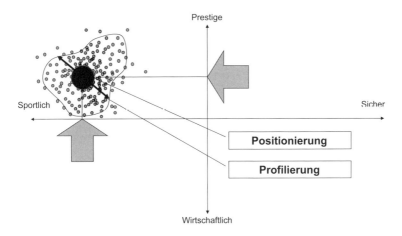

Abb. 44 Imageprofile von Produkten/Marken (Auszug)

Das dargestellte Beispiel aus dem Gebrauchsgütermarkt zeigt Ihnen die Positionierung und Profilierung einer Produktmarke in den angegebenen Kriterien. Weitere Kriterien sind in jedem Fall für eine gesamthafte Darstellung des Markenimages notwendig. Die einzelnen Punkte sind die Einzelnennungen der befragten Personen. In diesem Beispiel ist die Marke mit mittleren Prestigewerten und hohen Sportlichkeitswerten positioniert. Die Profilierung der Marke zeigt Ihnen die Streuung der Punkte (Wahrnehmungsfeld) an. Eine geringe Streuung ist erwünscht, da die Marke damit ein klares Markenprofil und somit eine hohe Wirkung (Zahl der relevanten Alternativen) aufweist. Zusätzlich müssen

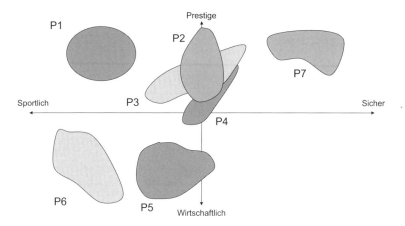

Abb. 45 Eigenständige Markenpositionierung im Wettbewerbsumfeld

Sie auch sicherstellen, dass Ihre Marke eine eigenständige Position zu Wettbewerbsmarken einnimmt (siehe Abb. 45).

Die Positionierung der Produkte (P1 bis P7) zeigt Ihnen klar, dass die Produkte P2, P3 und P4 keine eigenständige Position im Wahrnehmungsraum der befragten Personen haben. Diejenige Marke wird gewinnen, die das stärkste Markenimage aufweist. Zusätzlich besteht hier auch die Möglichkeit, eine Produktmarke in der Positionierungslücke „sicher-wirtschaftlich" neu zu positionieren oder eine bestehende Produktmarke zu repositionieren.

Beispiel: Repositionierung einer Produktmarke

Bei der Analyse der Informationen über Aufmerksamkeit und Werbeerinnerung erkannte der Produktmanager eines Getränkeherstellers, dass die Werte für das Wettbewerbsprodukt (Marke A) ebenso anstiegen wie die eigenen Werte (Marke B). Bei der Bestimmung der Ausgaben für die Imagewerbung stellte man außerdem fest, dass der Wettbewerb in dem betrachteten Zeitraum das Budget nicht erhöht hatte. Nur die eigenen Budgetmittel für die Imagewerbung stiegen an. Nach zusätzlichen Analysen der Marktforschungsergebnisse gemeinsam mit der Werbeagentur wurde deutlich, dass die Positionierung der eigenen Marke mit der Wettbewerbsmarke nahezu identisch war. Da das Markenimage der eigenen Produktmarke aber schwächer ausgeprägt war, wurde die eigene Imagewerbung mit dem Wettbewerb assoziiert. Durch eine Repositionierung der eigenen Marke wurde das Problem gelöst.

Die dem Beispiel zugrunde liegende Untersuchung der Werbeerinnerung und der Aufmerksamkeitswerte der eigenen Produktmarke und der Wettbewerbermarke zeigt Ihnen das Problem klar und deutlich (siehe Abb. 46).

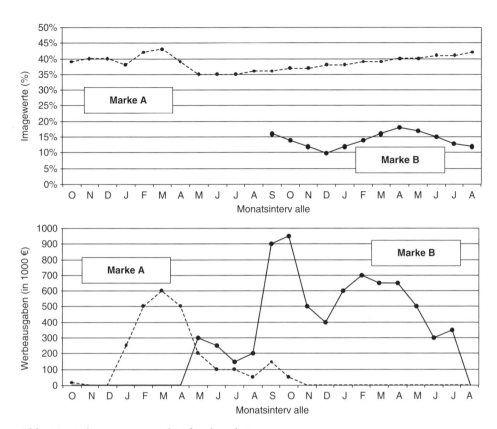

Abb. 46 Werbeerinnerung und Aufmerksamkeitswerte

2.2.3 Marktsegmentierung und Produkt-/Markenimage

Bei der Analyse und Festlegung des Produkt-/Markenimages müssen Sie als Produktmanager auch die Segmentierung des Produktmarktes berücksichtigen. Den Zusammenhang zwischen der Marktsegmentierung und dem Produkt-/Markenimage veranschaulicht Abb. 47.

In diesem Beispiel eines Produkts aus dem Gebrauchsgütermarkt sind nicht nur die Produkte der wichtigsten Wettbewerber positioniert (das Markenprofil der Produktmarken wurde in dieser Darstellung weggelassen), sondern auch die Persönlichkeitsprofile der Marktsegmente aus der Segmentierung des Produktmarktes eingezeichnet.

Es zeigt sich, dass die Produkte P1 und P2 in den Dimensionen „Extrovertiert" und „Progressiv" als stark/mittel extrovertiert mit einer leichten Ausprägung zum Progressiven positioniert sind. Das Marktsegment 2 ist vom Persönlichkeitsprofil der Personen in dem Segment als extrovertiert mit einem leichten Hang zum Progressiven charakterisiert. Hier stimmt das Produkt-/Markenimage mit den Persönlichkeitscharakteristiken des Marktsegmentes überein. Die Produkte P1 und P2 als direkte Wettbewerber werden bei der Kaufentscheidung in diesem Segment zu der Zahl der relevanten Alternativen zählen.

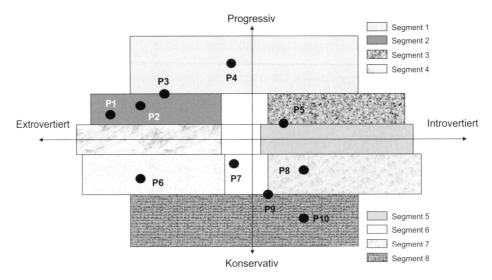

Abb. 47 Marktsegmentierung und Produkt-/Markenimage

P1 und P2 werden klarerweise im Segment 7 definitiv nicht zum relevanten Set (Zahl der relevanten Alternativen) gehören.

Die Bestimmung der Persönlichkeitscharakteristika von Personen in Marktsegmenten können Sie durch entsprechende Studien und Marktforschungen erheben. Stellen Sie hier sicher, dass neben den klassischen Segmentierungskriterien zusätzlich unterschiedliche Persönlichkeitsdimensionen abgefragt oder abgetestet werden.

Solche Persönlichkeitscharakteristika können beispielsweise sein:

- Körper-/Modeorientierung
- Fleißig und pflichtbewusst
- Häuslichkeit und Tradition
- Gesundheit und Wellness
- Familienorientierung
- Heimatverbundenheit
- usw.

Auch hier ordnen Sie die Charakteristika den Marktsegmenten zu und berechnen daraus die Korrelation. Das Persönlichkeitsprofil von Personen in unterschiedlichen Marktsegmenten stellt das Beispiel aus dem Konsumgüterproduktmarketing in Abb. 48 dar.

Beachten Sie hier die Skalierung. Der Wert 1 bedeutet eine hohe Relevanz/Zuordnung des Merkmals zum Segment, der Wert 6 bedeutet eine geringe Relevanz/Zuordnung des Merkmals zum Segment. Bei der Analyse der Segmente 1 und 2 finden Sie eine klar unterschiedliche Charakterisierung der beiden Marktsegmente.

2 Erfolgsrelevant: Die wichtigsten Steuerungsgrößen für das Produktmarketing   175

Merkmale	Durch-schnitt	Marktsegmente (Auszug)			
		1	2	3	4
Individualismus	3,3	2,8	3,5	3,4	2,9
Sozial teilnehmende Person	3,3	2,9	4,0	3,9	3,0
Durchsetzungswille	3,3	2,7	3,6	3,7	2,8
Realitätsbewältigung	3,7	3,0	4,0	3,9	2,9
Aufstiegs - und Karrieremotivation	3,6	2,6	3,7	3,5	2,4
Emotional bewegte Person	3,6	2,3	3,6	3,8	2,1
Zärtlichkeitshunger	3,9	3,7	3,6	4,4	3,9
Gesundheitsbewusstsein	3,3	3,5	3,7	3,8	3,5
Prestigestreben	3,8	3,5	3,4	3,6	3,5
Politisches Engagement	3,9	3,8	3,7	3,8	4,2
Traditionalismus	3,4	3,7	3,6	3,5	3,8
Besitzstreben	3,6	3,0	4,1	3,9	3,1

Abb. 48 Marktsegmentierung und Persönlichkeitscharakteristika (Auszug)

1. **Charakterisierung des Marktsegments 1:**
   - Individualistisch
   - Sozial teilnehmend
   - Durchsetzungswille
   - Aufstiegs- und Karrieremotivation
   - Prestigestreben
2. **Charakterisierung des Marktsegments 2:**
   - Realitätsbewältigung
   - Emotional bewegt
   - Zärtlichkeitshunger
   - Politisches Engagement
   - Traditionalismus

2.3 Leistungsvorteil und Produktnutzen

Hat der Kunde die relevanten Produktalternativen selektiert und festgelegt, werden diese untereinander verglichen. Der potenzielle Kunde versucht, die Produkte oder die Dienstleistungen zu identifizieren, die aus seiner Sicht einen Leistungsvorteil gegenüber den anderen relevanten Produktalternativen haben (siehe Abb. 49).

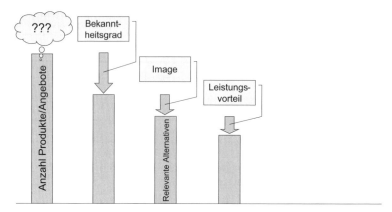

Abb. 49 Leistungsvorteil und Nutzenvergleich

2.3.1 Preis - oder Leistungsorientierung

Auf dieser Ebene der Entscheidung müssen Sie als Produktmanager jedoch unterscheiden, ob es sich beim Kunden um einen preisorientierten oder um einen leistungsorientierten Kundentyp handelt. Beide Kundentypen unterscheiden sich im Verhalten beim Kauf.

1. **Der preisorientierte Kunde**

Der preissensible oder preisorientierte Kunde sucht meist eine Standardleistung (Produkt beinhaltet alle gängigen Leistungsmerkmale), aber diese zu einem niedrigen Preis. Ein Leistungsvorteil wird für diesen Kundentyp meist nicht so relevant sein, und der Kunde wird direkt in den Preisvergleich einsteigen.

Beispiel: Preisorientierte Kaufentscheidung

Im Rahmen einer Ersatzbeschaffung für einen Teil der Laboranalysegeräte eines Chemieunternehmens wurde durch den zentralen Einkauf gemeinsam mit den Verantwortlichen aus den Laborbereichen die Spezifikation der zu beschaffenden Laboranalysegeräte zusammengestellt. Es stellte sich heraus, dass die einzelnen Labors prinzipiell die gleichen Standardanwendungen benötigten. Alle Produkte der bekannten Hersteller konnten diese Anforderung abdecken. Auch bei den Serviceleistungen ging es lediglich darum, ein SLA (Service Level Agreement) mit Standardserviceleistungen abzuschließen. Die Verhandlungen mit dem Vertrieb der einzelnen Produktanbieter wurden auf reiner Preisbasis geführt.

2. **Der leistungsorientierte Kunde**

Qualitäts- oder leistungsorientierte Kunden (auch Value Added Customer genannt) suchen gezielt spezifische zusätzliche Leistungen. Diese Mehrleistung kann entweder direkt im Produkt oder auch in den produktbezogenen Service- und/oder produktbezogenen

Dienstleistungen liegen. Für diese Mehrleistung ist dieser Kundentyp auch bereit, mehr zu bezahlen.

Bei diesem Kundentyp wird nur jenes Produktangebot erfolgreich sein, das als subjektiv überlegen gegenüber anderen Produktalternativen eingestuft wird. Die Subjektivität der Einschätzung der Produktleistung ist, ähnlich auch beim Thema Markenimage, von entscheidender Bedeutung. Nicht immer ist der Kunde in der Lage, eine objektive Leistungsbewertung der Produkte durchzuführen. Ist dies aus bestimmten Gründen (fehlendes Know-how, hoher notwendiger Zeit-/Kostenaufwand etc.) nicht möglich oder sinnvoll, so greift der Kunde durchaus auf subjektive Bewertungen und Annahmen zurück.

Daher ist es für Ihren Markterfolg entscheidend, in der Wahrnehmung Ihrer potenziellen Kunden besser zu sein als die Wettbewerbsprodukte. Nur in diesem Fall verfügt Ihr Produkt oder Ihre Dienstleistung über einen **USP (Unique Selling Proposition)**.

In der Praxis finden Sie auch hier keine einheitliche Terminologie. Häufig wird der USP (Unique Selling Proposition) auch als **Unique Selling Point** oder als **Komparativer Konkurrenz-Vorteil (KKV)** bezeichnet.

Die oft zu findende Gleichsetzung des USP mit dem Markenimage sollten Sie auf jeden Fall vermeiden. Ihr USP oder Ihr KKV kann durch den Wettbewerb schnell kopiert werden und muss durch einen anderen Vorteil ersetzt werden. In manchen Produktbereichen haben USPs nur eine Lebensdauer von wenigen Monaten. Das Markenimage ist eine langfristige Positionierung einer Produktmarke und Sie werden zum Aufbau meist mehrere Jahre benötigen. Beide Faktoren haben auch unterschiedliche Zielsetzungen im Rahmen des Kaufprozesses beim Kunden.

Der USP sollte auch auf keinen Fall mit der **Strategischen Erfolgs-Position (SEP)** gleichgesetzt oder durch diese ersetzt werden. Der SEP-Ansatz ist ein Thema, mit dem sich das strategische Management auf Unternehmens- oder Geschäftsbereichsebene beschäftigt. Strategische Erfolgs-Positionen (SEP) sind wichtige dominierende Fähigkeiten und/oder Fertigkeiten (Kernkompetenzen), die im Unternehmen oder im Geschäftsbereich bewusst aufgebaut werden, um langfristig im Vergleich zur Konkurrenz/zum Branchendurchschnitt überdurchschnittliche Ergebnisse erzielen zu können.

> **Beispiel: Qualitäts-/Leistungsorientierte Kaufentscheidung**
>
> Bei der Suche nach einem Digitalcamcorder für seine individuellen Ansprüche stellte ein Amateurvideofilmer seine spezifischen Anforderungen zusammen. Bald erkannte er, dass die unterschiedlichen Angebote und Modelle hinsichtlich der folgenden Kriterien deutliche Unterschiede aufwiesen:
> - Akkuleistung
> - Bildbearbeitungsprogramme
> - Bildqualität
> - Lichtempfindlichkeit
> - Gegenlicht

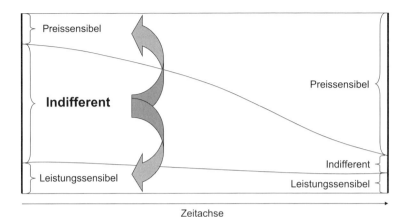

Abb. 50 Verhältnis preis- und leistungssensibler Kunden

- Sucher/Display
- Handhabung
- Anschlüsse/Schnittstellen
- Dateiformate

Bei der Bewertung der unterschiedlichen Digitalcamcorder (er hatte fünf relevante Alternativen in die engere Wahl gezogen) kam ein Modell als deutlicher Sieger mit klaren Leistungsvorteilen heraus. Unterstützt wurde seine Bewertung durch Fachzeitschriften und Klubkollegen, die ebenfalls diesem Hobby nachgingen. Dieses Modell deckte am besten seine Anforderungen ab. Der Preisunterschied betrug circa 15 % im Vergleich zu den anderen Modellen.

Natürlich finden Sie in der Praxis kein fixes und stabiles Verhältnis zwischen preis- und qualitätssensiblen Kunden. Je nach Markt- und Wettbewerbssituation ist das Verhältnis unterschiedlich und verändert sich über den Zeitablauf (siehe Abb. 50).

Das dargestellte Beispiel aus der Telekommunikationsbranche zeigt Ihnen die Verteilung der preis - und leistungssensiblen Kunden zu Beginn der Produkteinführung und am Ende des Produktlebenszyklus. Diese Verteilung basiert darauf, dass ein Teil der Kunden ihre Kaufpräferenz bei neuen Produkten vom bisherigen Kaufverhalten bei ähnlichen Produkten ableitet. Es gibt natürlich zu Beginn einen großen Anteil indifferenter Kunden, die noch nicht wissen, ob ein Preis- oder Qualitätsprodukt das richtige für sie ist. Diese indifferenten Kunden werden sich durch

- das Testen der Produkte und/oder
- das intensive Informieren über die Produkte

dem preis- oder qualitätssensiblen Lager zuordnen. Im fortgeschrittenen Stadium des Produktlebenszyklus wird sich eine klarere Verteilung von Qualität/Leistung und Preis

2 Erfolgsrelevant: Die wichtigsten Steuerungsgrößen für das Produktmarketing

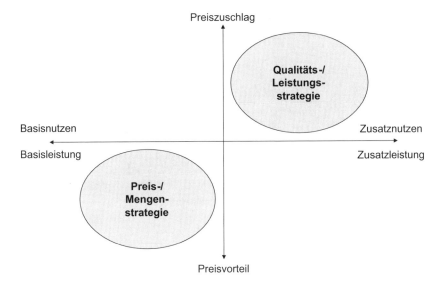

Abb. 51 Preis- oder Qualitäts-/Leistungsstrategie

bilden. Dies hat für die Entwicklung einer Produktstrategie für Sie als Produktmanager besondere Bedeutung. Sie müssen sich entscheiden, ob

- eine Preisstrategie,
- eine Qualitäts-/Leistungsstrategie oder
- eine Zwei- oder Mehrmarkenstrategie

sinnvoll ist (vgl. Abb. 51).

Erfahrungen von Produktmanagern zeigen immer wieder, dass ein klares Bekenntnis zu einer der beiden Strategien Erfolg versprechend ist. Die auch als Bermuda-Dreieck bezeichnete Mittelposition ist meist nicht sonderlich profitabel im Vergleich zu den anderen beiden Positionen. Bei gutem Marktumfeld werden diese Mittelpositionen relativ gut mithalten. Bei Rückschlägen am Markt beispielsweise durch konjunkturelle Einflüsse rutschen diese Mittelpositionen meist sehr stark in Umsatz und Marktanteilen ab.

> **Beispiel: Einführung einer Zweimarkenstrategie**
>
> Der Produktmanager eines Gebrauchsgüterherstellers hatte in den letzten Jahren damit zu kämpfen, dass der Prozentsatz der qualitätssensiblen Kunden in seinem Produktmarkt von circa 35 % auf rund 25 % gesunken war. Die bisherige Qualitätsstrategie war zwar gegenüber den anderen Qualitätswettbewerbern erfolgreich (Marktanteil im Qualitätsmarkt von circa 40 %), aber das starke Schrumpfen dieses Marktes führte zu Problemen in der Umsatzentwicklung des Produkts.

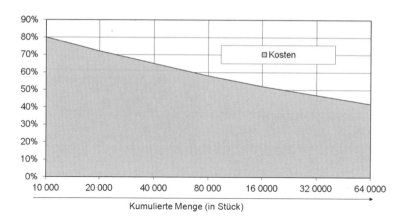

Abb. 52 Erfahrungskurveneffekte und Kostensenkung

Im Produktteam wurden verschiedene Strategievarianten entwickelt und bewertet, und man kam zu dem Schluss, eine Zweitmarke in den preissensiblen Markt einzuführen. Diese Marke wurde völlig getrennt von der bestehenden Marke vermarktet und vertrieben. Das neue Produkt für den preissensiblen Markt beinhaltete zwar dieselbe Technik/Mechanik, das Gehäuse wurde aber neu konzipiert und auch nur die Grundfunktionen „zur Bedienung nach außen geleitet". Zusätzlich wurde ein neues Markenlogo für das Produkt entwickelt.

Die Verwendung der gleichen Technik/Mechanik für beide Produkte (für den Kunden nicht ersichtlich) führte zu einer Kostensenkung über Erfahrungskurveneffekte. Davon profitierte nicht nur das bestehende Produkt, man konnte auch die notwendige Kostenposition für das neue Produkt, die Zweitmarke, erreichen.

Das Prinzip der Erfahrungskurve besagt, dass mit Verdoppelung der hergestellten Mengen die Stückkosten fallen. Im Beispiel des Gebrauchsgutes konnten die Stückkosten mit Verdoppelung der hergestellten Mengen um rund 16 % gesenkt werden (siehe Abb. 52).

Diese Kostensenkung wurde im Wesentlichen durch Einsparungen in folgenden Bereichen erzielt:

- Einkaufskosten (Maschinen und Material)
- Automatisierung und Fertigungsverfahren
- Lageroptimierung (Just in Time)
- Prozessoptimierung

2.3.2 Produktnutzenanalyse

Mit der Produktnutzenanalyse haben Sie ein wirksames Instrument zur Identifikation eines USP. Entscheidende Voraussetzung bei der Anwendung der Produktnutzenanalyse in der Praxis ist eine klare Unterscheidung zwischen

2 Erfolgsrelevant: Die wichtigsten Steuerungsgrößen für das Produktmarketing

Kundenbedürfnisse	Leistungsmerkmale	Produktnutzen	Beweis
Erhöhung der Produktivität	Computersteuerung	Erhöhte Produktivität (zwischen 15 und 25 Prozent)	Artikel in Fachzeitschrift
Verringerung der Reklamationen	Computersteuerung Fehlerindiziersystem	Rückgang der Reklamationen (zwischen 20 und 30 Prozent)	Referenzen von Kunden Fehlerprotokolle
Fundierte Kaufentscheidung	Kostenlose Bedarfsanalyse	Keine Fehlentscheidungen	Muster einer Bedarfsanalyse
Reduktion der Ausfallzeiten	24h-Reparaturdienst	Verringerung der Ausfallzeiten bis 25 Prozent	Artikel in Fachzeitschrift

Abb. 53 Grundprinzip der Produktnutzenanalyse (Auszug)

- Kundenbedürfnis,
- Leistungsmerkmal,
- Produktnutzen und
- Beweis.

Die in Abb. 53 dargestellte Produktnutzenanalyse eines Produktmanagers, zuständig für die Produktgruppe Werkzeugmaschinen, illustriert das Prinzip. Zur Klärung der Abgrenzung der relevanten Kriterien gelten folgende Definitionen:

1. **Kundenbedürfnisse**

In der Spalte Kundenbedürfnisse tragen Sie die entscheidungsrelevanten Kundenbedürfnisse zum Produktkauf und Anforderungen des Kunden im Rahmen des Kaufprozesses ein. Kundenbedürfnisse und Anforderungen erheben Sie durch Marktforschung. Kundenbedürfnisse werden dabei eher generell ausgedrückt. Ihr Kunde will beispielsweise seine Produktivität erhöhen, er will seine Reklamationsquote senken, er will eine fundierte Kaufentscheidung treffen, er will seine Ausfallzeiten reduzieren usw. Bei der Zusammenstellung der Kundenbedürfnisse beachten Sie, dass der Detaillierungsgrad entsprechend hoch ist. Das Kundenbedürfnis „Anwendungsfreundlichkeit" ist zu generell und muss weiter detailliert werden.

Der Detaillierungsgrad sollte so groß sein, dass Sie eine Mess- oder Zielgröße für das Kundenbedürfnis festlegen können. Die Möglichkeit der Quantifizierung mittels dieser Mess- oder Zielgröße ist in späterer Folge bei der Festlegung Ihres Produktnutzens entscheidend (vgl. Abb. 54).

Abb. 54 Detaillierungsgrad der Kundenbedürfnisse

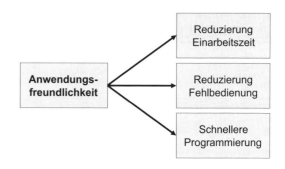

Tab. 4 Zuordnung von Mess- oder Zielgrößen

Kundenbedürfnis	Mess- oder Zielgröße
Reduzierung der Einarbeitungszeit	Zeit (Tage, Stunden …)
Reduzierung der Fehlbedienungsrate	Fehlbedienungsrate in Prozent der Bedienungsvorgänge
Schnellere Programmierung	Zeit (Tage, Stunden …)

Tab. 5 Detaillierungsgrad von Kundenbedürfnissen

Kundenbedürfnis	Detailbedürfnisse
Umweltfreundlichkeit	Geringer Treibstoffverbrauch Geräuscharmut Geringe Emissionswerte Wiederverwertbarkeit Recyclingfähigkeit

Die Detaillierung des generellen Kundenbedürfnisses „Anwendungsfreundlichkeit" wird in diesem Beispiel durch die Aufgliederung in die drei Kategorien „Reduzierung der Einarbeitungszeit", „Reduzierung der Fehlbedienung" und „Schnellere Programmierung" erreicht. Bei allen drei Kategorien lassen sich quantifizierbare Mess- oder Zielgrößen zuordnen (siehe Tab. 4).

Diese wichtige Detaillierung und Konkretisierung des Kundenbedürfnisses soll durch ein weiteres Beispiel untermauert werden (vgl. Tab. 5).

2. **Leistungsmerkmale**

In der Spalte Leistungsmerkmale führen Sie die Eigenschaften und/oder Merkmale

- Ihres Produkts,
- Ihrer produktbezogenen Serviceleistungen und
- Ihrer produktbezogenen Dienstleistungen

2 Erfolgsrelevant: Die wichtigsten Steuerungsgrößen für das Produktmarketing

Kundenbedürfnisse	Leistungsmerkmale	Produktnutzen	Beweis
Anwendungs-technische Beratung	Weltweites Vertriebs-/Servicenetz		
„Vor-Ort-Service"	57 Servicestellen in Deutschland		

Abb. 55 Kundenbedürfnisse versus Leistungsmerkmale

an. Dabei ordnen Sie die Eigenschaften/Merkmale bereits den Kundenbedürfnissen zu. Es kann durchaus vorkommen, dass Sie eine Eigenschaft/ein Merkmal mehreren Kundenbedürfnissen zuordnen können und umgekehrt.

Beispiele für produktbezogene Leistungsmerkmale sind:

- Aluminium (als Werkstoff)
- Computersteuerung
- Fehlerindiziersystem
- Zwölfstufige Höheneinstellung
- Hydraulische Dämpfung
- Luftkammerisolierung
- Direkte Einspritzung
- usw.

Beispiele für service-/dienstleistungsbezogene Leistungsmerkmale sind:

- 24-h-Hotline
- Anwendungstechnische Beratung
- JIT-Lieferservice
- Produktschulungen
- Installationsservice
- Ferndiagnosesystem
- Produktfinanzierungsmodelle
- usw.

Bei der Unterscheidung zwischen Kundenbedürfnis und Leistungsmerkmal gibt es in der Praxis immer wieder Unklarheiten und Schwierigkeiten. Das Beispiel für das Produkt Garagentor für den B2B-Markt in Abb. 55 soll dies verdeutlichen.

Anwendungstechnische Beratung und Service vor Ort sind keine Kundenbedürfnisse, sondern Leistungsmerkmale. Es kommt jedoch im Rahmen der Marktforschung häufig

Kundenbedürfnisse	Leistungsmerkmale	Produktnutzen	Beweis
geräuscharm	SDS (Sound Design System)	50% geräuschärmer als herkömmliche Beamer	Stiftung Warentest

Quantifizierung
- Messbarkeit
- Vergleichbarkeit

Abb. 56 Quantifizierung des Produktnutzens

vor, dass Kunden, die nach Kundenbedürfnissen gefragt werden, mit einer Aufzählung von Leistungsmerkmalen antworten. In diesem Fall müssen Sie hinterfragen, wozu der Kunde dieses Leistungsmerkmal braucht. Die Antworten darauf ergeben die zugrunde liegenden Kundenbedürfnisse. Zur Überprüfung, ob es sich um ein Kundenbedürfnis oder ein Leistungsmerkmal handelt, können Sie mit folgender Fragestellung arbeiten:

▶ Was ist für den Kunden gewährleistet/sichergestellt, wenn er dieses Leistungsmerkmal erhält?

3. Produktnutzen

In der Spalte Produktnutzen tragen Sie ein, welchen Wert das Leistungsmerkmal Ihres Produkts, Ihres produktbezogenen Service, Ihrer produktbezogenen Dienstleistung für den Kunden zur Bedürfnisbefriedigung hat. Folgende Definition können Sie als Hilfestellung heranziehen:

▶ **Der Produktnutzen** ist das Ausmaß, in dem das Leistungsmerkmal das Kundenbedürfnis befriedigt!

Achten Sie bei der Festlegung des Produktnutzens auf jeden Fall auf eine ausreichende Quantifizierung! Das Beispiel aus dem Produktbereich Unterhaltungselektronik (Beamer für Home Cinema Entertainment) in Abb. 56 zeigt Ihnen diese Quantifizierung.

Natürlich analysieren Sie in der Praxis mehrere Kundenbedürfnisse. Aus Gründen der Einfachheit wurde hier nur ein Kundenbedürfnis dargestellt.

Die Quantifizierung des Produktnutzens können Sie vornehmen durch:

- absolute Quantifizierung des Produktnutzens (z. B. durch die Angabe der Dezibelwerte des eigenen Produkts).
- relative Quantifizierung im Vergleich zum Wettbewerbsprodukt (z. B. zweifach geringere Geräuschentwicklung im Vergleich zum Wettbewerbsprodukt).

2 Erfolgsrelevant: Die wichtigsten Steuerungsgrößen für das Produktmarketing

Kundenbedürfnisse	Leistungsmerkmale	Produktnutzen	Beweis
Lange Lebensdauer	T-Konstruktion Aluminiumlegierung Oberflächenbehandlung	Hohe Lebensdauer	

Abb. 57 Fehlende Quantifizierung des Produktnutzens

- die relative Quantifizierung im Vergleich zum eigenen Vorgängerprodukt.
- die relative Quantifizierung im Vergleich zu einer anderen Technologie oder zu anderen Produktkategorien wie im dargestellten Beispiel (50 % geräuschärmer als herkömmliche Beamer).

Die Quantifizierung des Produktnutzens ist für den Kunden deshalb wichtig, damit der Produktnutzen messbar und so mit dem Wettbewerbsprodukt vergleichbar wird.

Eine Quantifizierung, die nicht ausreicht, zeigt Ihnen die Produktnutzenanalyse des Produkts Garagentor für den B2B-Markt in Abb. 57.

Hohe Lebensdauer ist keine ausreichende Quantifizierung des Produktnutzens. Eine Quantifizierung in Jahren (z. B. zehn Jahre) wäre in diesem Fall einfach zu machen.

Aus den bisherigen Darstellungen ergibt sich auch die Definition des USP.

▶ **Der USP** ergibt sich durch den Produktnutzenvergleich Ihres eigenen Produkts mit dem Produktnutzen des Wettbewerbsprodukts.

Zur Ermittlung des Produktnutzens führen Sie sowohl für das eigene Produkt als auch für das Wettbewerbsprodukt Produktnutzenanalysen durch. Anschließend vergleichen Sie die ermittelten Produktnutzen. Ergibt sich ein ausreichend hoher Vorteil im Produktnutzen, so haben Sie einen USP für Ihr Produkt identifiziert. Das Beispiel aus dem Produktbereich Unterhaltungselektronik (Beamer für Home Cinema Entertainment) in Abb. 58 zeigt Ihnen den Zusammenhang.

Mit dem USP beantworten Sie auch die Frage, warum der Kunde Ihr Produkt und nicht das Produkt des Wettbewerbers kaufen soll. Überprüfen Sie ebenso die Relevanz Ihres Produktnutzens mit der Frage, ob der Kunde für den höheren Produktnutzen auch bereit wäre, einen höheren Preis zu zahlen. Ist der Kunde nicht bereit dazu, ist der höhere Produktnutzen für den Kunden nicht mehr relevant. Die Kosten entstehen beim Produkt durch die Leistungsmerkmale (vgl. Abb. 59).

Ist der Kunde trotz höherer Kosten (durch weitere Leistungsmerkmale) nicht bereit, für den zusätzlichen Nutzen mehr zu zahlen, besteht das typische Syndrom des „Overengineering".

Kundenbedürfnisse	Leistungsmerkmale	Produktnutzen	Beweis
geräuscharm	SDS (Sound Design System)	50% geräuschärmer als herkömmliche Beamer (XY dB-A)	Stiftung Warentest

Kundenbedürfnisse	Leistungsmerkmale	Produktnutzen	Beweis
geräuscharm	SSDS (Super Sound Design System)	80% geräuschärmer als herkömmliche Beamer (AB dB-A)	Stiftung Warentest

Abb. 58 Produktnutzenvergleich und USP

Kundenbedürfnisse	Leistungsmerkmale	Produktnutzen	Beweis
geräuscharm	SDS (Sound Design System)	50% geräuschärmer als herkömmliche Beamer (XY dB-A)	Stiftung Warentest
	↑ Kosten	↑ Preis	

Abb. 59 Produktnutzen versus Preis und Kosten

Die kostenverursachenden Leistungsmerkmale können Sie jedoch nur erbringen, wenn das relevante Problemlösungs-Know-how in Ihrem Unternehmen vorhanden ist. Dieses Problemlösungs-Know-how liegt, wie Abb. 60 zeigt, nicht nur in der Produktentwicklung, sondern auch in anderen produktrelevanten Leistungsbereichen (z. B. Service, Logistik, Design, Verpackung, Anwendungstechnik etc.).

Zusammenfassend können Sie den Produktnutzen mit folgenden Fragen überprüfen:

- Ist mein Produktnutzen für den Kunden messbar und vergleichbar?
- Ist der Produktnutzen relevant für den Kunden?
- Ist der Produktnutzenvorteil dominant im Vergleich zum Wettbewerbsprodukt?
- Haben der Produktnutzen und der Wettbewerbsvorteil längerfristige Wirkung?

4. **Beweis**

In der Spalte Beweis tragen Sie die vom Kunden akzeptierten Beweise ein. Produktnutzen können vom Kunden angezweifelt werden, und Sie als Produktmanager müssen den Beweis antreten.

Abb. 60 Wettbewerb im Problemlösungs-Know-how

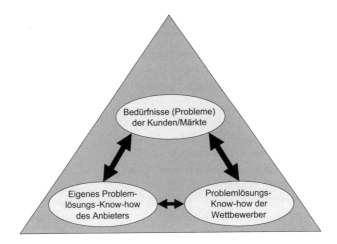

Beispiele für Möglichkeiten zu Ihrer Beweisführung sind:

- Kundenreferenzen
- Unabhängige Gutachten
- Produkttests von Fachzeitschriften
- Eigene Testberichte
- Demonstration beim Kunden
- usw.

Die eigene Produktwerbung als Beweis anzuführen, genügt in der Regel nicht.

5. **Produktnutzen versus Kundennutzen**

Oft werden Produktmanager mit dem Begriff Kundennutzen konfrontiert. Besonders der Vertrieb und das Marketing benutzen diesen Begriff häufig. Der Unterschied zwischen Produktnutzen und Kundennutzen ist in vielen Fällen unklar. In der Praxis ist aber eine deutliche Unterscheidung notwendig. Grundsätzlich kann man sagen, dass der Kundennutzen eine Weiterführung des Produktnutzens ist. Der Kundennutzen steht in der Nutzenhierarchie über dem Produktnutzen. Die in Tab. 6 dargestellten Beispiele aus verschiedenen Produktbereichen und Branchen sollen Klarheit schaffen.

Beim Produktnutzen geht man davon aus, dass er direkt durch das Produkt (oder die produktbezogenen Services) erbracht werden kann. Dieser Produktnutzen wird unter bestimmten Einsatzbedingungen erbracht. Diese Einsatzbedingungen (z. B. Temperatur, Luftfeuchtigkeit, Strahlenbelastung etc.) müssen durch den Produktmanager im Lastenheft spezifiziert werden und später auch in den entsprechenden Dokumenten (z. B. technische Dokumentation) beschrieben werden. Auch bei der Schulung des Vertriebs und des Kunden ist auf diese Einsatzbedingung hinzuweisen.

Tab. 6 Produktnutzen versus Kundennutzen

Produktnutzen	Kundennutzen
50 % reduzierte Geräuschentwicklung des Reinigungsgerätes	5 % verringerte Krankenstände (verursacht durch Lärm)
30 % höhere Verbrennungsleistung des Kraftstoffs	10 % mehr Kilometer zusätzlich fahren (pro Tankfüllung)
20 % geringere Geräuschentwicklung eines Multimedia-Projektors	Erhöhung der Zufriedenheit von Seminarteilnehmern um 5 %
100 % biologisch abbaubar	Reduzierung der Entsorgungskosten um 10 %
Doppelte Lebensdauer der Projektionslampe (im Wettbewerbsvergleich)	Verbesserung der Abverkaufszahlen und der Flächenproduktivität am POS (Point of Sales) um 6 %
Halbierung der Wartungsintervalle im Vergleich zum Wettbewerb	Erhöhung der Maschinenauslastung um den Faktor 2

Beim Kundennutzen geht man noch einen Schritt weiter. Der Kundennutzen ist nicht mehr direkt mit dem Produkt leistbar, sondern er ist von Rahmenbedingungen abhängig, die weit über die erwähnten Einsatzbedingungen hinausgehen. Man kann zwar mit einem bestimmten Kraftstoffgemisch die Verbrennungsleistung im Zylinder eines Motors erhöhen (direkt geleisteter Produktnutzen), aber der Kundennutzen einer höheren Kilometerleistung pro Tankfüllung ist nicht mehr alleine mit dem Produktnutzen erreichbar. Hier kommen noch zusätzlich spezielle Rahmenbedingungen wie

- Ladegewicht
- Reifendruck
- Profiltiefe
- Gefälle
- Fahrverhalten
- Straßenzustand
- Witterung
- etc.

hinzu, die einen wesentlichen Einfluss auf die Erreichung des Kundennutzens haben. Manchmal kann ein Kundennutzen auch nur erreicht werden, wenn das eigene Produkt in Verbund mit anderen Produkten, Systemen und Dienstleistungen genutzt wird.

Speziell bei der Kommunikation des Produkt- bzw. Kundennutzens ist Vorsicht geboten. Nutzen, egal ob Produkt- oder Kundennutzen, die kommuniziert werden (z. B. mittels Produktwerbung oder Produktbroschüren), sind Bestandteile von Kaufverträgen. Beim Produktnutzen ist das in der Regel kein Problem, da Sie als Produktmanager die Nutzenerbringung kontrollieren können. Beim Kundennutzen haben Sie diesen Einfluss nicht. Deshalb muss bei der Kommunikation des Kundennutzens auf die spezifischen Rahmenbedingungen hingewiesen werden. Dies geschieht in der Praxis meist mit Fußnoten die auf die entsprechenden Texte und Beschreibungen hinweisen.

2.3.3 Quality Function Deployment (QFD)

Die konsequente Weiterentwicklung der Produktnutzenanalyse finden Sie in der Quality Function Deployment (QFD-)Methodik. Die QFD-Methodik ist eine hoch strukturierte Methode zur Übersetzung Ihrer Kundenanforderungen und Kundenbedürfnisse in technische Produkt- und Leistungsmerkmale. Zusätzlich dient die Methode zur Unterstützung Ihrer Produktplanung durch:

- Reduktion der Komplexität
- Aggregation von Markt und Technik
- Diskussion konkreter Produktthemen
- Strukturierung der Diskussion
- Visualisierung der Diskussionsthemen
- Dokumentation der Vorgehensweise
- Transparenz der Entscheidungsfindung
- Priorisierung der Produktthemen

Das zentrale Grundprinzip dieser Methode besteht in der Zusammenführung von Kundenbedürfnissen und Leistungsmerkmalen in einer zweidimensionalen Matrix. Zusätzlich zu dieser Matrix können Sie noch folgende weitere Punkte in die Analyse integrieren:

- Priorisierung der Kundenbedürfnisse
- Korrelationsanalyse der Leistungsmerkmale (House of Quality)
- Wettbewerbsvergleich
- Priorisierung der Leistungsmerkmale
- usw.

In bis zu vier Stufen können Sie nicht nur die Produktentwicklung, sondern auch die Verfahrens- und Fertigungsplanung abdecken. In der Praxis werden meist jedoch nur die ersten beiden Stufen des Modells verwendet. Das Grundprinzip der Methodik besteht darin, dass die Kundenbedürfnisse und Produkt-/Leistungsmerkmale in einer zweidimensionalen Matrix einander gegenübergestellt werden (vgl. Abb. 61).

Der Vorteil gegenüber der Produktnutzenanalyse besteht darin, dass Sie die Leistungsmerkmale mehreren Kundenbedürfnissen zuordnen können (siehe Abb. 62).

Damit eignet sich die Methodik vor allem für komplexe Produkte und Dienstleistungen. Auch in der gemeinsamen Arbeit in Produktteams können Sie diese Methode gut einsetzen.

Die weitere Darstellung der QFD-Methodik würde den Rahmen dieses Buches sprengen. Falls Sie sich für diese Methode interessieren, bitte ich Sie, die einschlägige Literatur dazu heranzuziehen.

2.3.4 Praktische Anwendungen

Die praktischen Anwendungsmöglichkeiten der Produktnutzenanalyse sind vielfältig. Die wichtigsten Anwendungen in der Praxis werden Ihnen hier vorgestellt.

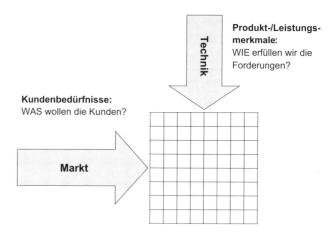

Abb. 61 Grundprinzip Quality Function Deployment (QFD)

1. **Verkaufsgespräch, Verkaufshandbuch, Verkaufstools**

In der produktbezogenen Verkaufsschulung, die Sie als Produktmanager sicherzustellen haben, bildet die Produktnutzenanalyse die Grundlage für das gesamte Verkaufsgespräch. Analysiert man die bekanntesten Verkaufsschulungskonzepte, so finden Sie meist folgende Aufgabenstellungen, die der Vertriebsmitarbeiter im Verkaufsgespräch zu beherrschen hat:

- Einsatz von Fragetechniken zur Identifizierung von Kundenbedürfnissen
- Darstellung des Produktnutzens für den Kunden (auch im Wettbewerbsvergleich)
- Zusammenfassung der relevanten Produktnutzen und Kaufabschluss
- Beantwortung von Fragen des Kunden zum Produkt und zu den Services
- Einwandbehandlung, wenn der Produktnutzen vom Kunden angezweifelt wird

Diese Aufgabenstellungen können entweder alle in einem Verkaufsgespräch auf den Außendienstmitarbeiter zukommen, oder sie sind verteilt auf einen Kaufprozess mit mehreren Verkaufsgesprächen. Betrachtet man die einzelnen Aufgabenstellungen, so wird schnell klar, wo die einzelnen Elemente der Produktnutzenanalyse zum Einsatz kommen.

Mit den in der ersten Spalte der Produktnutzenanalyse aufgelisteten Kundenbedürfnissen geben Sie dem Vertrieb die Möglichkeit, bereits in der Vorbereitung zum Verkaufsgespräch die relevanten Kundenbedürfnisse zu identifizieren und die Fragestrategie gezielt darauf auszurichten. Bei der Darstellung und Zusammenfassung des Produktnutzens ist die dritte Spalte hilfreich. In Ihren Verkaufshandbüchern sollten für die wichtigsten Produktnutzen die Nutzenargumentationen bereits schriftlich formuliert sein. Produktbezogene Fragestellungen des Kunden können mit Hilfe der zweiten Spalte der Produktnutzenanalyse beantwortet werde. Häufig sind Kunden technisch interessiert und stellen die Frage, wie der Produktnutzen technisch realisiert wird. Bei Einwänden des Kunden ist die vierte Spalte der Produktnutzenanalyse relevant. Sie als Produktmanager stellen dem Vertrieb ein Verkaufshandbuch zur Verfügung, in dem nicht nur die Pro-

2 Erfolgsrelevant: Die wichtigsten Steuerungsgrößen für das Produktmarketing   191

				Leistungsmerkmale					
		Schallemission	Wartungsintervall	Design	Wirkungsgrad	Masse	Farbvarianten	Fehlerintervall	Emission
Kundenbedürfnisse	Geräuscharm	o		o	o				
	Keine Wartung		o		o			o	
	Gutes Aussehen			o			o	o	
	Geringer Verbrauch	o	o		o				
	Geringer Platzbedarf			o		o			
	Optisch einpassbar			o			o		
	Lange Lebensdauer	o		o				o	o
	Einhaltung Normen				o				o

Abb. 62 Zuordnung Leistungsmerkmale zu Kundenbedürfnissen

duktnutzenanalyse integriert ist, sondern alle in der Spalte Beweise aufgelisteten und zur Kundenpräsentation aufbereiteten Dokumente, Studien, Berichte etc. vorhanden sind.

Zusätzlich können Sie dem Vertrieb auch noch Hilfsmittel zur kundenindividuellen Berechnung und Quantifizierung des Produktnutzens an die Hand geben.

Das Beispiel in Abb. 63 zeigt Ihnen ein einfaches IT-gestütztes Tool, das der Produktmanager eines technischen Verbrauchsgüterherstellers im B2B-Markt für den Vertrieb entwickelt hat.

In diesem Beispiel wurde der Nutzen nach Prozesskosten pro Stück berechnet. Trotz des billigeren Wettbewerbsprodukts wurde, auf Basis der Prozesskosten pro Stück, ein um rund 35 % höherer Nutzen errechnet. In vielen Fällen ist die kundenindividuelle Berechnung des Nutzens notwendig. Man kann zwar in der Produktwerbung eine allgemeine Nutzendarstellung durchführen (z. B. Prozesskostensenkung zwischen 20 und 40 %), im direkten Kundenkontakt müssen diese Nutzenwerte jedoch meist spezifisch für den Kunden berechnet und präsentiert werden.

Machen Sie keinen Direktvertrieb, sondern einen indirekten Vertrieb über Zwischenstufen (z. B. Großhändler, Einzelhändler, Value Added Reseller (VAR), Original Equipment Manufacturer (OEM), Systemintegratoren (SI) etc.), so können Sie den Produktnutzen auch für diese Zwischenstufen bestimmen. Aufgrund der unterschiedlichen

Wettbewerb	Eigenes Produkt	
200,00		Maschinenstundensatz
0,00	30,00	Produktpreis
27,00		Durchmesser (neues Produkt)
21,60		Durchmesser (nach Gebrauch)
0,02		Zustellung
0,00		Zeit
10,20	6,36	Bearbeitungszeit
2	9	Intervalle
10,20	6,36	Effektive Zykluszeit
352,94	566,04	Produktivität
270		Vorgänge
0,00	1,23	Produktkosten/Stück
56,67	36,57	Prozesskosten/Stück
	35%	Kundennutzen

Abb. 63 Kundenindividuelle Nutzenanalyse (Kundennutzen)

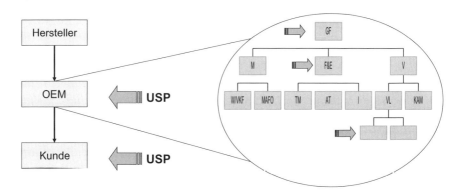

Abb. 64 Unterschiedliche Kundenbedürfnisse im mehrstufigen Marketing

Bedürfnisprofile werden hier unterschiedliche Produktnutzen und Produktnutzenvorteile entstehen (siehe Abb. 64).

Zusätzlich können Sie auch noch unterscheiden zwischen den unterschiedlichen Personengruppen innerhalb der Kundenorganisation (Buying Center) mit ebenfalls unterschiedlichen Kundenbedürfnissen.

Die unterschiedlichen Prioritäten in den Kundenbedürfnissen und Kundenanforderungen zeigt das Beispiel eines Produkts aus der Bauzulieferbranche in Abb. 65.

2 Erfolgsrelevant: Die wichtigsten Steuerungsgrößen für das Produktmarketing

Anforderungen	Schreiner unwichtig	Schreiner wenig wichtig	Schreiner wichtig	Schreiner sehr wichtig	Händler unwichtig	Händler wenig wichtig	Händler wichtig	Händler sehr wichtig	Architekt/GU unwichtig	Architekt/GU wenig wichtig	Architekt/GU wichtig	Architekt/GU sehr wichtig
1. Kundenorientierung	o	o	o	o	o	o	o	o	o	o	o	o
2. Preis	o	o	o	o	o	o	o	o	o	o	o	o
3. Servicekapazität	o	o	o	o	o	o	o	o	o	o	o	o
4. Termintreue	o	o	o	o	o	o	o	o	o	o	o	o
5. Lieferzeiten	o	o	o	o	o	o	o	o	o	o	o	o
6. Marketing	o	o	o	o	o	o	o	o	o	o	o	o
7. Außendienst	o	o	o	o	o	o	o	o	o	o	o	o
8. Kundenkontakt	o	o	o	o	o	o	o	o	o	o	o	o
9. Information	o	o	o	o	o	o	o	o	o	o	o	o
10. Freundlichkeit	o	o	o	o	o	o	o	o	o	o	o	o
11. Regionalisierung	o	o	o	o	o	o	o	o	o	o	o	o
12. Optimale Problemlösung	o	o	o	o	o	o	o	o	o	o	o	o
13. Schulung	o	o	o	o	o	o	o	o	o	o	o	o
14. Auftragsabwicklung	o	o	o	o	o	o	o	o	o	o	o	o
15. Kontakt Geschäftsleitung	o	o	o	o	o	o	o	o	o	o	o	o
16. Sortiment	o	o	o	o	o	o	o	o	o	o	o	o
17. Qualität	o	o	o	o	o	o	o	o	o	o	o	o

Abb. 65 Unterschiedliche Priorität der Kundenbedürfnisse (Auszug)

Kundenbedürfnisse	Leistungsmerkmale	Produktnutzen	Beweis
Erhöhung der Produktivität	Computersteuerung	Erhöhte Produktivität (zwischen 20 und 30 Prozent)	Artikel in Fachzeitschrift
Verringerung der Reklamationen	Computersteuerung Fehlerindiziersystem	Rückgang der Reklamationen (zwischen 30 und 50 Prozent)	Referenzen von Kunden Fehlerprotokolle
Fundierte Kaufentscheidung	Kostenlose Bedarfsanalyse	Keine Fehlentscheidungen	Muster einer Bedarfsanalyse
Reduzierung Ausfallzeiten	24h-Dienst	Verringerung Ausfallzeiten bis 30%	Artikel in Fachzeitschrift

(Lastenheft ← → Pflichtenheft ← → Lastenheft)

Abb. 66 Produktnutzenanalyse und Lasten-/Pflichtenheft

2. Erstellung und Abgrenzung von Lasten-/Pflichtenheften

Die Produktnutzenanalyse können Sie auch wirkungsvoll als Hilfsmittel zur Erstellung und Abgrenzung der Lasten- und Pflichtenhefte einsetzen. Im Lastenheft werden meist die Kundenbedürfnisse und -probleme sowie die Produktnutzen definiert. Diese können Sie, zumindest was die produkt- und servicerelevanten Themen betrifft, direkt aus der Produktnutzenanalyse übernehmen (Spalte Kundenbedürfnisse und Produktnutzen). Das Pflichtenheft beschäftigt sich in diesem Zusammenhang mit der Definition der Inhalte für die Spalte Leistungsmerkmale. Auch hier wird wieder deutlich, wie wichtig eine klare Abgrenzung zwischen den unterschiedlichen Spalten der Produktnutzenanalyse durch Sie als Produktmanager ist (siehe Abb. 66).

3. **Briefing für die Produktwerbung**

Auch für das Briefing der Werbeagentur oder der eigenen Marketingabteilung stellt Ihnen die Produktnutzenanalyse ausreichend Inhalte zur Verfügung.

Ihre Produktwerbung besteht in der Regel aus folgenden Elementen:

- Slogan (USP)
- Textelemente
- Bildelement
- Produkt-/Markenlogo
- Responseelement

Der Slogan und das Textelement werden vom Werbetexter der Agentur entwickelt. Der Slogan enthält meist den zentralen USP des Produkts, Textelemente beinhalten zusätzlich wichtige Leistungsmerkmale des Produkts und/oder weitere Produktnutzen, aber auch eine Darstellung der Kundenprobleme/-bedürfnisse. Zusätzlich können auch Beweise in die Textelemente mitintegriert werden.

Die inhaltlichen Grundlagen für diese beiden Elemente der Produktwerbung liefert Ihre Produktnutzenanalyse. Das Bildelement unterstützt die Aussagen des zentralen USP Ihres Produkts und wird von den „Kreativen" der Agentur gestaltet. Das Produkt-/Markenlogo dient zur Markierung und Wiedererkennung des Produkts oder der Marke. Das Responseelement zur Kontaktaufnahme mit dem Produktverkäufer.

2.4 Der Preis als Entscheidungskriterium

Der Begriff „Preis" wird hier als Sammelbegriff für alle möglichen preisrelevanten Faktoren (z. B. Rabatte, Konditionen etc.) verwendet. Wie bereits dargestellt, nimmt der preissensible Kunde den Preis als primäres Entscheidungskriterium bei nahezu gleichen Produktleistungen von Standardprodukten.

Der Preis wird als Entscheidungskriterium auch relevant bei leistungssensiblen Kunden, vor allem wenn der potenzielle Kunde keinen Leistungsvorteil zwischen den Produkten erkennen kann. Dabei spielt es keine Rolle, ob der Leistungsvorteil objektiv nicht vorhanden ist oder er einfach nicht wahrgenommen wird (siehe Abb. 67).

2.4.1 Das Preis- Leistungs-Verhältnis

Bei der Diskussion über den Preis wird immer wieder das Preis-Leistungs-Verhältnis als Entscheidungskriterium angeführt. Das Preis-Leistungs-Verhältnis lässt sich in diesem Zusammenhang auch errechnen. Basis dafür ist die Berechnung der Leistungskomponente. Der Preis ist meist einfach ermittelbar. Die Bestimmung der Leistungskomponente Ihres Produkts erfolgt durch die Berechnung des Produktnutzenindex aus Kundensicht (siehe Abb. 68).

2 Erfolgsrelevant: Die wichtigsten Steuerungsgrößen für das Produktmarketing

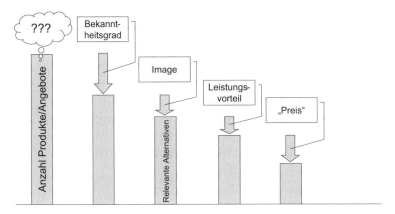

Abb. 67 Kaufentscheidungskriterium „Preis"

Wie Ihnen das Beispiel der Berechnung des Produktnutzenindex eines Finanzdienstleistungsprodukts zeigt, ermitteln und gewichten (G) Sie zuerst die relevanten produktbezogenen Kundenbedürfnisse, da nicht alle Kundenbedürfnisse für den Kunden in der Kaufentscheidung gleich wichtig sind. Häufig werden Gewichtungsskalen mit fünf Punkten (5 ... sehr wichtig bis 1 ... wenig wichtig) oder mit zehn Punkten (10 ... sehr wichtig bis 1 ... wenig wichtig) verwendet.

Anschließend werden Sie ebenfalls aus Kundensicht Ihr Produkt und die relevanten Wettbewerbsprodukte bewerten (B). Dabei schätzen Sie ein, wie weit die Produkte das relevante Kundenbedürfnis befriedigen. Auch hier werden meist Bewertungsskalen mit fünf Punkten (5 ... sehr gut bis 1 ... sehr schlecht) oder mit zehn Punkten (10 ... sehr gut bis 1 ... sehr schlecht) verwendet. Multiplizieren Sie Gewichtung mit Bewertung (G x B), bilden Sie die Spaltensumme und Sie erhalten den Produktnutzenindex.

Kundenbedürfnisse (produktbezogen)	G	Eigenes Produkt		Wettbewerber 1		Wettbewerber 2	
		B	G x B	B	G x B	B	G x B
• Schnelle Abwicklung	8	2	16	6	48	9	72
• Verständliche Versicherungsbed.	6	7	42	6	36	4	24
• Rückerstattung von Überschüssen	8	8	64	8	64	7	56
• Verlässlichkeit	10	6	60	10	100	10	100
• Sparsamkeit	6	4	24	5	30	8	48
• Unbürokratisch	8	7	56	6	48	4	32
• Beitragsminderung	7	5	35	6	42	3	21
• Verschiedene Versicherungen	10	8	80	6	60	9	90
• Information	8	6	48	8	64	3	24
• Erstattung	6	9	54	8	48	6	36
Produktnutzenindex			**479**		**540**		**503**

Abb. 68 Berechnung des Produktnutzenindex

Tab. 7 Berechnung des Preis-Leistungs-Verhältnisses

	Produktnutzenindex	Preis (€)	Preis-Leistungs-Verhältnis
Eigenes Produkt	479	255	1,878
Wettbewerb 1	540	275	1,964
Wettbewerb 2	503	260	1,935
Durchschnitt	507	263	1,928

Das Preis-Leistungs-Verhältnis können Sie danach einfach errechnen:

$$\text{Preis-Leistungs-Verhältnis} = \frac{\text{Leistung (Produktnutzenindex)}}{\text{Preis}}$$

Das um fast 10 % teurere Wettbewerbsprodukt 1 (siehe Tab. 7) hat in diesem Beispiel ein besseres Preis- Leistungs-Verhältnis als das eigene Produkt. Um mit dem eigenen Produkt das gleiche Preis-Leistungs-Verhältnis zu erreichen, müsste der Preis auf rund 243 € gesenkt werden. Hier stellt sich nun für Sie als Produktmanager die Frage, wie weit eine geringere Produktleistung (Produktnutzenindex) im Vergleich zum Wettbewerb durch einen geringeren Preis quasi kompensiert werden kann. Klarerweise ist die Antwort abhängig vom Produkt, der Markt- und Wettbewerbssituation etc. Ein Beispiel aus dem IT-Bereich gibt Ihnen dazu Hinweise.

> **Beispiel: Kompensation mangelnder Produktleistung durch Preisreduktion**
>
> Ein Produktmanager eines Unternehmens aus der IT-Softwarebranche, zuständig für spezifische Anwendungssoftware für Firmenkunden, versuchte in mehreren Workshops mit dem Vertrieb, die Preissensibilität der Kunden zu identifizieren. Diese Information sollte als zusätzliche Basis für die Bestimmung des Produktpreises herangezogen werden. In diesen Workshops wurden auch die Ergebnisse der pro Quartal stattfindenden Produktnutzenindexberechnung eingebracht. Für die Erhebung des Produktnutzenindex wurden per Zufallsstichprobe Kunden und potenzielle Kunden selektiert und mittels eines vorbereiteten Fragebogens befragt. Die Berechnung des Produktnutzen index wurde sowohl für das eigene Produkt als auch für das Produkt des Hauptwettbewerbers durchgeführt. Dabei kam vom Vertrieb die Idee, doch die Preisentwicklung des eigenen Produkts (unter Berücksichtigung von Rabatten und sonstigen preiswirksamen Konditionen) dem Verlauf des Produktnutzenindex gegenüberzustellen. Die Idee wurde umgesetzt und brachte die Erkenntnis, dass bei einem Vorteil im Produktnutzenindex von circa 20 % im Vergleich zum Wettbewerbsprodukt der Wettbewerber nicht mehr in der Lage war, diesen Leistungsnachteil durch Preisnachlässe zu kompensieren. Der Kunde würde zwar ein wesentlich günstigeres Produkt bekommen, aber mit deutlichen Leistungsnachteilen.

2 Erfolgsrelevant: Die wichtigsten Steuerungsgrößen für das Produktmarketing 197

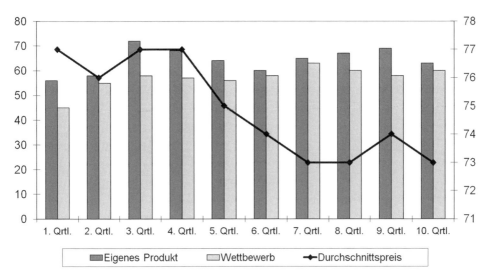

Abb. 69 Verlauf von Preis- und Produktnutzenindex (Auszug)

Abbildung 69 zeigt einen Auszug aus der für die Workshops im Vertrieb verwendete Darstellung des Produktnutzenindex mit integriertem Preisindex (eigenes Produkt).

Die rechte vertikale Skala zeigt den Produktnutzenindex, die linke vertikale Skala den Preisindex. Wie Sie leicht erkennen können, stieg im Laufe von zweieinhalb Jahren der Produktnutzen des eigenen Produkts an (von 56 auf 62), während der Preis zurückgegangen ist (von 77 auf 73). Im ersten Quartal hatte das eigene Produkt einen Vorteil im Produktnutzenindex von circa 20 % (Produktnutzen Wettbewerb: 45, Produktnutzen eigenes Produkt: 56). Der Vertrieb konnte auf Basis dieses dominanten Vorteils bei Forderungen des Kunden nach Preisnachlässen, Rabatten und Konditionen gut gegenhalten. Ein Wechsel zum Wettbewerb machte für den Kunden keinen Sinn, da er bei diesem wichtigen Produkt einen deutlichen Leistungsnachteil erleiden würde. Diese gute Verhandlungsposition ermöglichte es dem Vertrieb, das Preisniveau zu halten. Im nächsten Quartal wurde durch den Wettbewerb ein neues Release eingeführt. Hier sah nun die Sache wieder anders aus. Der Wettbewerb hatte nachgezogen. Die Leistungen der Produkte waren praktisch vergleichbar, die eigene Verhandlungsposition mit dem Wettbewerb ebenfalls gleich. Die Kompensation der mangelnden Leistungsdifferenzierung erfolgte über den Preis.

Das Preis- Leistungs-Verhältnis können Sie auch noch in anderer Form grafisch abbilden. Die in Abb. 70 gezeigte Form dient häufig zur Darstellung der **Preis-Leistungs-Positionierung**.

Die Produkte A, B und C sind klar positioniert. Produkt B ist im Hochpreissegment positioniert. Produkt A ist in der Mittelpreislage angesiedelt und Produkt C befindet sich im preissensiblen Billigbereich.

Die Preis-Leistungs-Positionierung können Sie als Produktmanager auch heranziehen, um bei der Gestaltung Ihres Produktsortiments die Leistungsklassen in den Produkten

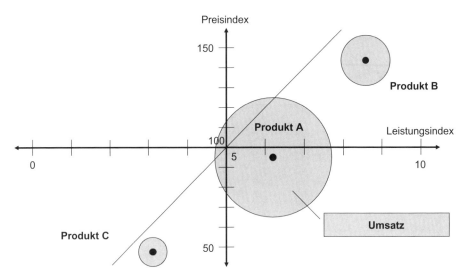

Abb. 70 Preis-Leistungs-Positionierung von Produkten

festzulegen und den Sortimentsaufbau zu überprüfen. Zur Bestimmung der Preis-Leistungs-Positionierung benutzen Sie das **Scoring-Verfahren**. Dabei durchlaufen Sie folgende Schritte:

Schritt 1: Bestimmen Sie den Produktmarkt

Hier legen Sie mit Hilfe der Produkt-Markt-Matrix den relevanten Produktmarkt oder die zu analysierende Planungseinheit (Produkt-Markt-Kombination) fest. Zusätzlich bestimmen Sie auch die wichtigsten drei Wettbewerber.

Schritt 2: Schätzen Sie Umsatz und Preise ab

Im nächsten Schritt ermitteln Sie die Umsätze des letzten Jahres (eigener Umsatz und Umsätze der Wettbewerber). Bei hohen Umsatzschwankungen pro Jahr nehmen Sie einen Durchschnittswert der letzten drei bis fünf Jahre als Grundlage. Mit diesen Werten errechnen Sie die Marktanteile. Um 100 % Marktanteil zu bekommen, fügen Sie für die restlichen Wettbewerber die Kategorie „Sonstige" ein. Analog werden auch der Durchschnittspreis der drei Wettbewerber und der eigene Durchschnittspreis ermittelt.

Schritt 3: Berechnen Sie den Preisindex

Mithilfe der Marktanteile und der Durchschnittspreise errechnen Sie den Durchschnittsmarktpreisindex und den Preisindex je Anbieter (siehe Tab. 8).

2 Erfolgsrelevant: Die wichtigsten Steuerungsgrößen für das Produktmarketing

Tab. 8 Berechnung des Preisindex

	Marktanteil (MA)	Durchschnittspreis (DP)	MA × DP	Preisindex (DP/DMPI) × 100
Produkt A	60	10	600	95
Produkt B	25	15	375	143
Produkt C	15	5	75	48
Summe			1050	
Durchschnittsmarktpreisindex DMPI = (Summe MA × DP)/100			10,50	

Nichtpreisfaktoren	Gewichtung	Anbieter					
		A		B		C	
	G	E	GxE	E	GxE	E	GxE
Service	0,6	6	3,6	9	5,4	2	1,2
Design	0,2	7	1,4	10	2,0	3	0,6
Verfügbarkeit	0,1	5	0,5	6	0,6	8	0,8
Verpackungsgestaltung	0,05	6	0,3	5	0,25	7	0,35
Marke	0,05	8	0,4	7	0,35	2	0,1
Summe	1.00	32	6,2	37	8,6	22	3,1
Ungewichteter Durchschnitt (Summe E/Anzahl Faktoren)		6,4		7,4		4,4	

Abb. 71 Berechnung des Leistungsindex

Schritt 4: Berechnen Sie den Leistungsindex

Hier bestimmen und gewichten Sie die wichtigsten Nichtpreisfaktoren (produktbezogene und servicebezogene Faktoren) aus Kundensicht. Die Gewichtung (G) der einzelnen Faktoren muss bei dieser Methodik die Summe 1 ergeben. Ebenso ermitteln Sie den Erreichungsgrad (E) auf einer Skala von 1 bis 10 (1 ... schlecht, 5 ... mittel, 10 ... sehr gut) bewertet. Mittels beider Werte (G und E) können Sie den **Leistungsindex** berechnen (siehe Abb. 71).

Schritt 5: Stellen Sie die Preis-Leistungs-Positionierung dar

Mithilfe des Preis- und Leistungsindex eines jeden Anbieters können Sie nun die Preis-Leistungs-Positionierung bestimmen. Die Position zeichnen Sie im grafischen Modell ein. Die Größe des Kreisdurchmessers repräsentiert den Umsatz.

Zur Steuerung und Optimierung des Produktnutzenindex können Sie die Subjektiv-Objektiv-Matrix verwenden (siehe Abb. 72).

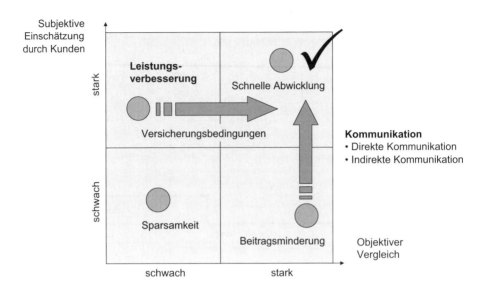

Abb. 72 Subjektiv-Objektiv-Matrix

Wie bereits erwähnt, sind die Einschätzungen des Kunden hinsichtlich der Produktleistung subjektiv und in manchen Fällen auch im Vergleich zur objektiven Produktleistung deutlich fehlerhaft. Hier setzt die Subjektiv-Objektiv-Matrix an, um diese Unterschiede zu identifizieren und mit geeigneten Maßnahmen den Produktnutzenindex zu erhöhen.

Für die Erhöhung des Produktnutzenindex stehen Ihnen folgende Maßnahmen zur Verfügung:

- Direkte und indirekte Kommunikationsmaßnahmen zur Korrektur der subjektiven Fehleinschätzung Ihrer Produktleistung durch den Kunden.
- Verbesserung Ihrer Produktleistung (Produkt und/oder Service) bei objektiven Nachteilen im Wettbewerbsvergleich.

Beim Leistungskriterium „Schnelle Abwicklung" ist keine Maßnahme notwendig. Die subjektive Fehleinschätzung beim Kriterium „Beitragsminderung" müssen Sie als Produktmanager mit entsprechenden Kommunikationsmedien korrigieren. Das Leistungskriterium „Verständliche Versicherungsbedingungen" ist zwar stark auf Kundenseite bewertet, die objektive Realität zwingt Sie aber zum Handeln durch Leistungsverbesserung und damit zur Überarbeitung und Verbesserung der aktuellen Versicherungsbedingungen für dieses Versicherungsprodukt. Das Leistungskriterium „Sparsamer Umgang mit dem Geld des Versicherten" ist in beiden Dimensionen optimierungsbedürftig (siehe Abb. 73).

Die Errechnung des Produktnutzenindex können Sie auch noch dafür verwenden, die Eignung eines bestehenden Produkts für unterschiedliche Marktsegmente zu überprüfen. In diesem Fall führen Sie die Produktnutzenindexberechnung für jedes einzelne Markt-

2 Erfolgsrelevant: Die wichtigsten Steuerungsgrößen für das Produktmarketing

Marktsegment	Kundenbedürfnis 1	Kundenbedürfnis 2	Kundenbedürfnis 3	Kundenbedürfnis 4	Kundenbedürfnis 5	Kundenbedürfnis 6	Produkt-nutzen-index	Grad der Produkt-eignung	Rang
Elektronik	6	9	9	8	9	6	47	hoch	2
Maschinenbau	7	3	3	10	4	6	33	mittel	5
Fahrzeugbau	4	7	7	5	6	5	34	mittel	4
Banken	10	10	6	4	9	9	48	hoch	1
Metallverarbeitung	8	4	3	7	4	6	32	mittel	6
Chemie/Pharma	4	6	7	8	10	7	42	hoch	3
Versicherungen	3	7	4	2	7	9	32	mittel	7
Energieversorger	6	3	3	2	5	7	26	niedrig	8
Konsumgüter	2	4	4	3	5	2	20	niedrig	9

Abb. 73 Produktnutzenindex nach Marktsegmenten

segment durch. Die unterschiedlichen Kundenbedürfnisse und Gewichtungen sowie die differierenden Erreichungsgrade führen zu unterschiedlichen Resultaten. Die Ergebnisse geben Ihnen auch Anhaltspunkte für eine eventuell notwendige Produktdifferenzierung im Rahmen einer differenzierten Produktmarktstrategie.

Bei diesem Beispiel handelt es sich um ein Produkt aus der Software- und Hardwarebranche. Je höher die Punktzahl (Produktnutzenindex) eines Marktsegments, desto positiver ist die Produkteignung zu beurteilen (unter 30 Punkte: Grad der Eignung niedrig; 30 bis 40 Punkte: Grad der Eignung mittel; über 40 Punkte: Grad der Eignung hoch).

Auch eine Gegenüberstellung von Produktnutzenindex je Marktsegment mit der Attraktivität eines Marktsegmentes (Marktsegmentsgröße, Wachstum im Segment etc.) liefert Ihnen zusätzliche Erkenntnisse für Entscheidungen im Produktmanagement (siehe Abb. 74).

Für die Marktsegmente Nahrungsmittel- und Getränkehersteller besteht ein hoher Eignungsgrad des eigenen Produkts. Auch die Marktsegmentsattraktivität ist in beiden Marktsegmenten vielversprechend. Obwohl auch das Marktsegment der Mineralölhersteller hohe Attraktivität aufweist, ist der Erfolg durch die relativ geringe Produkteignung wahrscheinlich nicht gegeben.

2.4.2 Das Kosten-Nutzen-Verhältnis

Das Kosten-Nutzen-Verhältnis müssen Sie klar unterscheiden vom Preis-Leistungs-Verhältnis. Beim Kosten-Nutzen-Verhältnis werden Ihre Kosten für die Erstellung der Produktleistung dem Wert Ihrer Produktleistung für den Kunden gegenübergestellt (vgl. Abb. 75).

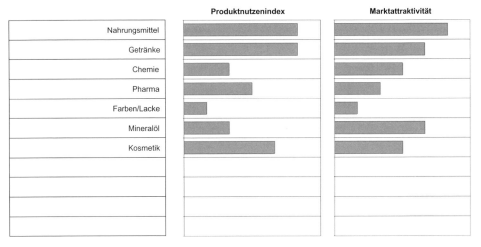

Abb. 74 Gegenüberstellung Produktnutzenindex und Marktattraktivität

Produkteigenschaft	Kosten für die Produkteigenschaft (€) (1)	Wert für den Kunden (€) (2)	Nutzen-Kosten-Verhältnis (3) = (2) : (1)
Bordcomputer	26	52	2
Klimaanlage	250	750	3
Navigationssystem	240	1440	6
ASR	180	360	2
Klimaautomatik	75	75	1

Abb. 75 Bestimmung des Kosten-Nutzen-Verhältnisses

Die Bestimmung des Kosten-Nutzen-Verhältnisses dient dazu, Ansatzpunkte zu identifizieren, um den Produktnutzen mit möglichst geringen Produktkosten zu optimieren. Zuerst ermitteln Sie die eigenen Kosten zur Erstellung der Produkteigenschaft. Durch den Einsatz der Marktforschung (z. B. Conjoint-Analyse) ermitteln Sie zusätzlich den Wert der Produkteigenschaft (Nutzen) aus Kundensicht. Der Quotient aus Kundenwert und Kosten ergibt das Kosten-Nutzen-Verhältnis.

Beispiel: Bestimmung relevanter Produkteigenschaften

Zur Optimierung des eigenen Produkts im Bereich landwirtschaftliche Nutzfahrzeuge und Geräte verwendete ein im Produktbereich Zugmaschinen tätiger Produktmanager die Kosten-Nutzen-Analyse. Zur Bestimmung der für den Kunden relevanten Produk-

teigenschaften wurde eine Marktforschung durchgeführt. Die Marktforschung bestand aus Einzelgesprächen mit Kunden, in denen folgende Fragen bearbeitet wurden:
- Was gefällt Ihnen an dem bestehenden Produkt?
- Welche Produkteigenschaften sollte das Produkt zusätzlich haben?
- Welche Produkteigenschaften würden das Produkt Ihrer Meinung nach verbessern?
- Wie viel würden Sie für jede dieser Produkteigenschaften bezahlen?
- Was halten Sie von folgenden Produkteigenschaften (Vorlage eines Kataloges)?
- Wie viel würden Sie für jede dieser zusätzlichen Produkteigenschaften bezahlen?

Nach Abschluss der Marktforschung wurden die Ergebnisse ausgewertet und die relevanten Produkteigenschaften nach Kostengesichtspunkten bewertet. Das errechnete Kosten-Nutzen-Verhältnis brachte wesentliche Erkenntnisse zur Produktoptimierung.

2.4.3 Target Costing und Target Pricing

Ein weiteres Anwendungsfeld der Preis-/Leistungs- und Kosten-/Nutzenbetrachtung finden Sie im Target Costing und Target Pricing wieder. Ihr Vorgehen bei der Anwendung dieses Ansatzes ist wie folgt:

Schritt 1: Definieren Sie das Produkt

Durch Marktforschung ermitteln Sie die vom Markt gewünschten Funktionen, Leistungen und Nutzen des Produkts.

Schritt 2: Legen Sie den Preis fest (Target Price)

Im nächsten Schritt legen Sie den Preis fest, zu dem das Produkt unter Berücksichtigung von Markt und Wettbewerb angeboten werden müsste. Den Zielpreis (Target Price) können Sie entweder durch Preisfindungsmodelle für ein neues Produkt ermitteln (z. B. Conjoint-Analysen etc.) oder bei bestehenden Produkten durch Vorgaben von Zielpreisen durch die Kunden oder durch Branchenerwartungen ableiten. Folgendes Beispiel zeigt ein Preis-Leistungsmodell für einen Produktmarkt aus dem Maschinenbau. Die Erwartungen der Branche liegen bei einem Zielpreisindex von 0,68 (vgl. Abb. 76).

Die Qualitätsanbieter (das eigene Produkt und das Wettbewerbsprodukt) liegen noch deutlich über den Preiserwartungen.

Schritt 3: Ermitteln Sie die Zielkosten (Target Costs)

Vom Zielpreis (Target Price) ziehen Sie die notwendige Gewinnspanne ab und erhalten die Zielkosten (Target Costs), die zu erreichen sind.

Schritt 4: Analysieren Sie die Kostensenkungspotenziale

Sie untersuchen die zu erzielenden Kosten für die unterschiedlichen Produkteigenschaften mit verschiedenen Methoden (z. B. QFD ...) auf Kostensenkungspotenziale (z. B. Designkosten, Verpackungskosten, Fertigungskosten, Materialkosten ...).

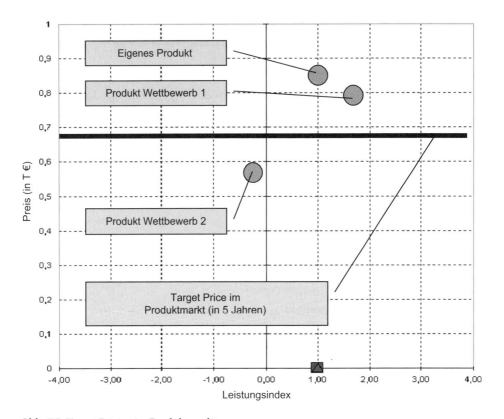

Abb. 76 Target Pricing im Produktmarkt

Schritt 5: Realisieren Sie die Kosteneinsparung

Im letzten Schritt realisieren Sie die Kosteneinsparungspotenziale durch

- Verhandlungen mit Lieferanten,
- Streichung von unbedeutenden Produkteigenschaften,
- Verwendung alternativer Technologien,
- Überarbeitung von Teilen und Baugruppen,
- Verwendung alternativer Werkstoffe,
- etc.

Erreichen Sie die Zielkosten nicht, kann es durchaus vorkommen, dass Ihr neues Produkt nicht am Markt eingeführt wird oder die Existenz bestehender Produkte in Frage gestellt wird.

2 Erfolgsrelevant: Die wichtigsten Steuerungsgrößen für das Produktmarketing

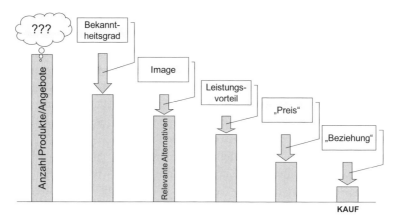

Abb. 77 Beziehungsmanagement und Kaufentscheidung

Abb. 78 Beziehungsstärke und Beziehungsstufen

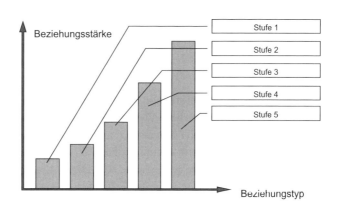

2.5 Beziehungsmanagement

Mit dem Beziehungsmanagement runden Sie die Faktoren ab, die den Kunden in der Kaufentscheidung für Ihre Produkte oder Dienstleistungen beeinflussen (siehe Abb. 77).

Die Gestaltung der eigentlichen Kundenbeziehung erfolgt im Wesentlichen durch Ihren Vertrieb bzw. durch Ihr Key Account Management. Bei der Ausgestaltung der Beziehung zum Kunden kommen verschiedene Stufen zum Einsatz. Die Stufe der Kundenbeziehung hat meist unmittelbare Auswirkungen auf die Beziehungsstärke (siehe Abb. 78).

Welche Beziehungsstufe und damit Beziehungsstärke Sie beim Kunden anstreben, hängt im Wesentlichen von Ihrer Kundenzahl bzw. Kundenstruktur und dem Anteil der Kunden am Umsatz (und auch Deckungsbeitrag) Ihres Unternehmens ab.

Beziehungsstufe 1: Bei dieser Beziehungsstufe sind Sie bestrebt, das Produkt oder die Dienstleistung lediglich zu verkaufen. Sie beschränken die Anzahl der Kundenkontakte auf das Notwendigste. Nach dem Kaufabschluss wird kein weiterer Kundenkontakt angestrebt.

Wird auf diese Beziehungsstufe abgezielt, brauchen Sie als Produktmanager für die Phasen nach dem Kaufabschluss keine weiteren Vorkehrungen für den Kunden treffen.

Beziehungsstufe 2: Ziel der Beziehungsstufe 2 ist zwar auch ein möglichst rascher Kaufabschluss, Sie fordern den Kunden hier aber auf, mit dem Unternehmen in Kontakt zu treten, wenn sich Fragen zum Produkt oder zur Produktanwendung ergeben oder wenn sich Reklamationen und Beschwerden über das Produkt einstellen. Wird die Beziehungsstufe 2 angestrebt, müssen Sie als Produktmanager die entsprechenden produktbezogenen Kommunikationskanäle für den Kunden definieren und gestalten.

Beziehungsstufe 3: Mit der Beziehungsstufe 3 vollziehen Sie den Wechsel von der passiven zur aktiven Gestaltung der Kundenbeziehung. Der Kunde wird hier nicht nur ermutigt, Verbesserungsvorschläge für das Produkt oder die Dienstleistung einzubringen, er wird auch aktiv von Ihrem Unternehmen kontaktiert, um herauszufinden, ob

- das Produkt oder die Dienstleistung seinen Erwartungen entspricht,
- der Kunde mit dem Produkt zufrieden oder unzufrieden ist,
- die produktbezogenen Services seinen Vorstellungen entsprechen,
- die Kontakterlebnisse mit dem Unternehmen zufrieden stellend verlaufen,
- usw.

Beziehungsstufe 4: Die Beziehungsstufen 3 und 4 werden in der Praxis nicht sehr stark abgegrenzt. Zusätzlich zu den Aktivitäten in der Beziehungsstufe 3 wird hier der Kunde auf regelmäßiger Basis kontaktiert und mit Hinweisen über neue Produkte, neue Dienstleistungen, neue Anwendungen, neue Services etc. versorgt.

Werden die Beziehungsstufe 3 und 4 angestrebt, sollten Sie als Produktmanager sicherstellen, dass nicht nur die entsprechenden produktbezogenen aktiven und passiven Kommunikationskanäle für den Kunden definiert und gestaltet sind, Sie müssen auch die Kontaktfrequenz, die Kontaktinhalte etc. definieren und dafür sorgen, dass die gewonnenen Informationen gesammelt und aufbereitet werden und in der Leistungsgestaltung und Leistungsvermarktung ihren Niederschlag finden.

> **Beispiel: Gestaltung der Kundenkontakte im Beziehungsmanagement**
>
> Ein Unternehmen aus der Konsumgüterbranche entwickelte mittels einer Marktsegmentierung und einer kundenbezogenen ABC-Analyse eine Kundentypologie und ordnete den Kundentypen drei verschiedene Ebenen des Beziehungsmanagements zu. Jeder Produktmanager in diesem Unternehmen wurde aufgefordert, die aktiven und passiven produktbezogenen Kundenkontakte zu definieren. Ein Produktmanager entwickelte für seine Produktgruppe folgende aktiven und passiven Kundenkontakte (Auszug):
> - Passive Kundenkontakte
>   – Gebührenpflichtige technische Hotline (24 h, 365 Tage, weltweit)
>   – Gebührenpflichtige kaufmännische Hotline (24 h, 365 Tage, weltweit)

- Aktive Kundenkontakte
  - Monatliche E-Mail-Informationen
  - Jährliche Kundenzufriedenheitsbefragung
  - Produktinformationsmagazin vierteljährlich
  - Anwenderchatroom (monatliche Fixtermine)

Beziehungsstufe 5: Bei dieser auf Partnerschaft mit dem Kunden ausgerichteten Beziehung arbeitet Ihr Unternehmen gemeinsam mit dem Kunden daran, Leistungsverbesserungen, Einsparungen, Vermarktungsaktivitäten etc. für Ihre Produkte oder Dienstleistungen zu erzielen. Diese Form des Beziehungsmanagements wird vor allem bei wichtigen Kundengruppen oder auch im Key Account Management eingesetzt. Wird die Beziehungsstufe 5 angestrebt, müssen Sie als Produktmanager sicherstellen, dass die für diese eher kundenindividuell ausgerichteten Kommunikationsplattformen notwendigen Ressourcen bereitgestellt werden. Gemeinsame Workshops mit den Kunden und Projektteams stehen hier im Vordergrund.

2.6 Kundenzufriedenheit

Die bisher dargestellten Faktoren haben, klar ersichtlich, einen zentralen Stellenwert in der Kaufentscheidung beim Kunden. Ihr Produkterfolg und damit Ihr Erfolg als Produktmanager hängen mit dem kreativen Management dieser Faktoren eng zusammen. Die Steuerungsgrößen für das Produktmarketing gehen aber noch weiter, da Sie auch nach dem Kauf relevante Größen ermitteln und gestalten können. Dabei ist die Kundenzufriedenheit als zentrale Größe anzusehen.

Kundenzufriedenheit oder -unzufriedenheit entsteht in der Regel durch einen Vergleich, den der Kunde anstellt. Durch die Imagewerbung und vor allem durch die Produktwerbung geben Sie dem Kunden ein Nutzenversprechen (USP). Im Rahmen des Kaufentscheidungsprozesses wägen nun die Kunden ab, welches Produkt ihnen den meisten Nutzen bringt. Es werden auch subjektive Erwartungen zum Nutzen gebildet (Erwartungshaltung), die die Kaufentscheidungen mitbeeinflussen. Nach getroffener Kaufentscheidung werden die subjektiven Erfahrungen mit der Verwendung des Produkts mit Ihrem Nutzenversprechen und den subjektiven Erwartungen abgeglichen. Der Vergleich kann nun zu einer Erfüllung, Übererfüllung oder Untererfüllung führen. Dementsprechend spricht man auch im Rahmen der Kundenzufriedenheit von

- Kundenzufriedenheit,
- Kundenbegeisterung oder
- Kundenunzufriedenheit.

Je nach Grad der Kundenzufriedenheit werden auch die Wiederkaufrate, das Referenzpotenzial (Weiterempfehlungsrate), die Cross-Selling-Rate und das Vertrauenskapital beeinflusst.

Die Kundenzufriedenheit als Steuerungsgröße wird für Sie als Produktmanager aber erst dann sinnvoll, wenn sie gemessen wird. Häufig wird die Kundenzufriedenheit unter Zuhilfenahme von Umsatzentwicklung, Stammkundenanteil, Anzahl der Garantiefälle etc. eingeschätzt. Diese Größen werden aber nicht nur durch die Kundenzufriedenheit, sondern auch durch andere Einflussvariablen bestimmt. Eine besonders markante Aussage eines Produktmanagers aus der Baubranche zur Einschätzung der Kundenzufriedenheit über den Auftragseingang unterstreicht diesen Ansatz.

> **Beispiel: Messung der Kundenzufriedenheit**
>
> Die Produktmanager eines Unternehmens aus der Baubranche hatten die Aufgabe, ein Modell zur Messung der Kundenzufriedenheit für die einzelnen Produktgruppen des Unternehmens zu entwickeln, das nicht nur den absoluten Kundenzufriedenheitsindex in der Produktgruppe widerspiegeln sollte, sondern auch als direkter Vergleichsmaßstab zu anderen Produktgruppen verwendet werden konnte. Die Werte sollten dann in späterer Folge in das Zielvereinbarungs- und Leistungsbeurteilungssystem für die Produktmanager integriert werden. Im Rahmen eines Kick-off-Workshops gemeinsam mit dem Leiter Produktmanagement sollte das Projekt vorgestellt werden. Ein Produktmanager machte zum präsentierten Projektvorschlag folgende Bemerkung: „Ich brauche keine Kundenzufriedenheitsmessung. Ich weiß: Wenn meine Kunden nicht mehr zufrieden sind, kaufen sie nicht mehr bei mir."

Diese sicherlich gültige Aussage ist aber für einen proaktiven und gestalterischen Ansatz als Steuerungsgröße nicht ausreichend. Methoden, die den Kunden in direkterer Form miteinbeziehen, sind zuverlässiger. Dazu werden qualitative Methoden (z. B. Auswertungen von Reklamationssystemen, Einzelkundenbefragung über kritische Ereignisse etc.) und quantitative Methoden (Befragung nach der Produktzufriedenheit etc.) kombiniert. Bei der Befragung der Kunden zur Kundenzufriedenheit können Sie die Zufriedenheitswerte durch den Einsatz von Ratingskalen direkt erfassen.

> **Beispiel: Skalierung zur Kundenzufriedenheitsmessung**
>
> Ein Unternehmen aus der Dienstleistungsbranche führt jährlich eine Kundenzufriedenheitsanalyse für seine Dienstleistungen durch. Die dabei verwendete Skalierung ist in fünf Kategorien unterteilt:
>
> - 1: vollkommen zufrieden
> - 2: sehr zufrieden
> - 3: zufrieden
> - 4: weniger zufrieden
> - 5: unzufrieden.

2 Erfolgsrelevant: Die wichtigsten Steuerungsgrößen für das Produktmarketing

Welche der folgenden Leistungen nehmen Sie bei uns in Anspruch und wie zufrieden sind Sie mit der Leistungserbringung?

		1	2	3	4	5
☐	Werk-/Objektschutz	☐	☐	☐	☐	☐
☐	Pförtner-/Empfangsdienst	☐	☐	☐	☐	☐
☐	Begleit-/Personenschutz	☐	☐	☐	☐	☐
☐	Alarmservice	☐	☐	☐	☐	☐
☐	Kurierdienste	☐	☐	☐	☐	☐
☐	Veranstaltungsservice	☐	☐	☐	☐	☐
☐	Sicherheitstechnik	☐	☐	☐	☐	☐
☐	Sicherheitsanalysen	☐	☐	☐	☐	☐
☐	Revierdienste	☐	☐	☐	☐	☐

In welchen der folgenden Dienstleistungen arbeiten Sie mit einem anderen Unternehmen zusammen und wie zufrieden sind Sie mit der Leistungserbringung?

		1	2	3	4	5
☐	Werk-/Objektschutz	☐	☐	☐	☐	☐
☐	Pförtner-/Empfangsdienst	☐	☐	☐	☐	☐
☐	Begleit-/Personenschutz	☐	☐	☐	☐	☐
☐	Alarmservice	☐	☐	☐	☐	☐
☐	Kurierdienste	☐	☐	☐	☐	☐
☐	Veranstaltungsservice	☐	☐	☐	☐	☐
☐	Sicherheitstechnik	☐	☐	☐	☐	☐
☐	Sicherheitsanalysen	☐	☐	☐	☐	☐
☐	Revierdienste	☐	☐	☐	☐	☐

1: vollkommen zufrieden, 2: sehr zufrieden, 3: zufrieden, 4: weniger zufrieden, 5: unzufrieden.

Bei diesem Unternehmen wird nicht nur ein absoluter Wert pro Dienstleistung erhoben, sondern es werden auch die Vergleichswerte der eigenen Dienstleistungen untereinander und im Wettbewerbsvergleich erfasst. Die Auswertung von Kundenzufriedenheitsbefragungen kann Ihnen ein Ergebnis wie in Abb. 79 gezeigt liefern.

Diese Auswertung einer Kundenzufriedenheitsanalyse eines Dienstleistungsprodukts zeigt Ihnen auch die Verteilung von überzeugten Kunden, zufriedenen Kunden und enttäuschten Kunden. 60 % aller Kunden waren begeistert von der Freundlichkeit, 35 % waren zufrieden und 5 % waren enttäuscht. Die Ermittlung der Wiederkaufrate, des Referenzpotenzials, der Cross-Selling-Rate und des Vertrauenskapitals erfolgt nach ähnlichen Verfahren.

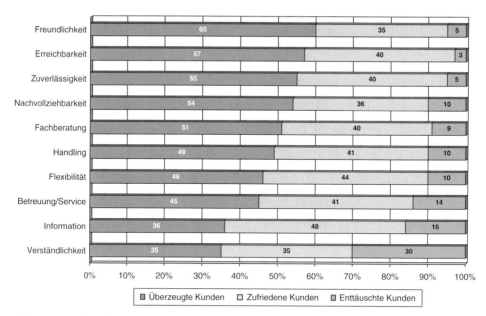

Abb. 79 Kundenzufriedenheitsanalyse und Auswertung

> **Beispiel: Fragenkatalog zur Kundenzufriedenheitsmessung (Auszug)**
>
> 1. Wie sind Sie mit den bisherigen Leistungen insgesamt zufrieden?
> 2. Nennen Sie die zwei ausschlaggebenden Gründe für die Zufriedenheit/Unzufriedenheit mit den Leistungen.
> 3. Welche der folgenden Leistungen nehmen Sie in Anspruch und wie zufrieden sind Sie mit der Leistungserbringung?
> 4. Arbeiten Sie derzeit noch mit anderen Unternehmen in diesem Leistungsbereich zusammen?
> 5. Wie zufrieden sind Sie mit den Leistungen dieses anderen Unternehmens, mit dem Sie noch zusammenarbeiten?
> 6. Werden Sie bei zukünftigem Neu- und/oder Zusatzbedarf wieder mit uns zusammenarbeiten?
> 7. Würden Sie uns an andere Unternehmen mit Bedarf an diesen Leistungen weiterempfehlen?
> 8. Wenn sich ein anderer Anbieter für diese Leistungen bei Ihnen vorstellen würde, wie hoch wäre die Wahrscheinlichkeit, dass Sie diesen alternativen Anbieter wählen würden?
> 9. Wie zufrieden waren Sie generell mit der Reaktion von uns auf Ihre Reklamationen oder Beschwerden?
> 10. Nennen Sie uns bitte die zwei ausschlaggebenden Gründe für Ihre Zufriedenheit/Unzufriedenheit mit der Reaktion von uns auf Ihre Reklamationen oder Beschwerden.

2 Erfolgsrelevant: Die wichtigsten Steuerungsgrößen für das Produktmarketing   211

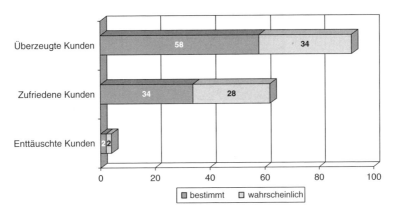

Abb. 80 Messung Referenzpotenzial (Weiterempfehlungsrate)

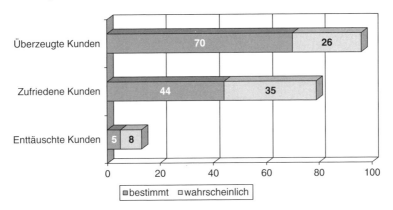

Abb. 81 Messung Wiederkaufrate

11. Wenn Sie an den Erstkontakt und an die damit verbundene Angebotserstellung mit dem Kontaktpartner von uns zurückdenken, wie zufrieden waren Sie in Bezug auf ...?
12. Wie zufrieden sind Sie mit folgenden Punkten bei der eigentlichen Durchführung des Auftrages durch uns?
13. Wie zufrieden sind Sie mit der laufenden Betreuung durch den Kontaktpartner von uns?

Wie Sie in diesem Fragebogen erkennen, werden hier unterschiedliche Aspekte der Kundenzufriedenheit, unter anderem auch die Wechselwahrscheinlichkeit, abgefragt.

Die Ergebnisse der Auswertung von Referenzpotenzial (siehe Abb. 80) und Wiederkaufrate (siehe Abb. 81) zeigt Ihnen ein klares Bild. Rund 60 % der überzeugten Kunden und 34 % der zufriedenen Kunden werden das Produkt (hier ein Beispiel aus dem Gebrauchsgütermarkt) bestimmt weiterempfehlen. Die Wiederkaufrate in diesem Fall ist besonders

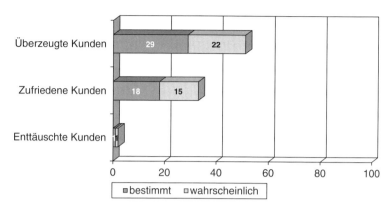

Abb. 82 Cross-Selling-Rate

Abb. 83 Vertrauenskapital

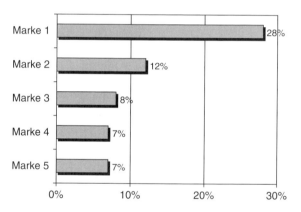

hoch. 70 % aller überzeugten Kunden und 44 % aller zufriedenen Kunden werden im Fall eines Ersatzbedarfs das Produkt wieder beim bisherigen Anbieter kaufen. Für dieses Produkt wurde auch noch die Cross-Selling-Rate (siehe Abb. 82) ermittelt.

Die Cross-Selling-Rate erfasst, inwieweit der Kunde zusätzlich zum gekauften Produkt auch noch andere Produkte innerhalb der Produktgruppe oder anderen Produktgruppen des Herstellers kaufen würde.

In zunehmendem Maße wird auch noch das Vertrauenskapital von Produkten und Marken im Produktmanagement gemessen. Das Vertrauenskapital ergibt sich durch einen über einen längeren Zeitraum positiv sich entwickelnden Kontakt mit dem Kunden auf Produktebene. Das Vertrauenskapital ist meist das Resultat aus der Wirkung von allen Steuerungsfaktoren und wirkt auch im umgekehrten Sinn zurück. Bei hohem Vertrauenskapital wird zum Beispiel die Glaubwürdigkeit Ihrer Produktwerbung erhöht und damit die Werbewirksamkeit verbessert.

Bei der Messung des Vertrauenskapitals im Produktmarkt von Digitalkameras ergibt sich eine klare Dominanz der Marke 1 (vgl. Abb. 83).

3 Klarheit durch Zahlen: Wie der Produktmanager relevante Kennziffern bestimmt

Sie als Produktmanager haben die Aufgabe, eine quantitative Bewertung des Produktmarktes vorzunehmen. Diese Bewertung bildet nicht nur die Basis für Ihre Produktplanung auf der Ebene des Produktmanagements, sondern liefert Ihnen auch die Zahlenwerte für die Erstellung von Produktportfolios auf Unternehmensebene sowie die Grundlagen für Ihre produktbezogene operative Vertriebsplanung. Darauf aufbauend erstellen Sie als Produktmanager zusätzlich zur Bewertung des Produktmarktes eine Produktdeckungsbeitragsrechnung, die ebenfalls Bestandteil Ihrer Produktplanung und der Zielvereinbarung mit Ihnen ist.

3.1 Zusammenstellung der Markt- und Absatzkennziffern

Im Rahmen der quantitativen Bewertung des Produktmarktes ermitteln Sie sowohl die Markt- als auch die Absatzkennziffern.

Marktkennziffern sind stichtagsbezogene Werte (bezogen auf einen Zeitpunkt). Sie können unterscheiden zwischen:

- Marktkapazität
- Marktpotenzial
- Marktvolumen
- Marktanteil

Absatzkennziffern sind periodenbezogene Werte (bezogen auf einen Zeitraum). Sie können unterscheiden zwischen:

- Neubedarf
- Ersatzbedarf
- Absatzvolumen
- Absatzanteil

3.1.1 Berechnung der Marktkennziffern

Bevor Sie mit der Berechnung der einzelnen Kennziffern beginnen, müssen Sie die Basisgröße ermitteln. Die Basisgröße ist abhängig von Ihrem Produktmarkt. Beispiele von Basisgrößen für unterschiedliche Produktmärkte zeigt Ihnen Tab. 9.

Für die Ermittlung und Berechnung der Markt- und Absatzkennziffern wird hier als Beispiel ein Soft- und Hardwaresystem für die Installation und Verwendung am Arbeitsplatz gewählt. Für die regionale Abgrenzung des Produktmarkts wurde hier ein Land ausgewählt. Die Basisgröße für den Produktmarkt ist der Arbeitsplatz. Auf Basis der Arbeitsplatzzählung des Landes werden 30 Millionen Arbeitsplätze ermittelt (siehe Abb. 84).

Tab. 9 Bestimmung der Basisgröße von Produktmärkten

Produktmarkt	Basisgröße
Medikamente	Anzahl Personen
Haushaltsgeräte	Anzahl der Haushalte
Laborgeräte	Anzahl der Labors
Bürogeräte	Anzahl der Arbeitsplätze
Tierfuttermittel	Anzahl der Tiere
Wirtschaftsinformationen	Anzahl der Unternehmen

Abb. 84 Bestimmung der Basisgröße

Im ersten Schritt berechnen Sie die Marktkapazität. Die Marktkapazität wird wie folgt definiert:

▶ **Die Marktkapazität** ist die theoretisch mögliche Nachfrage nach einem Produkt oder einer Dienstleistung (= Bedürfnis).

In unserem Beispiel ist es nur möglich, Arbeitsplätze mit einem solchen System auszustatten, wenn der Arbeitsplatz über entsprechende Grundvoraussetzungen verfügt. Diese Grundvoraussetzungen sind:

- Computer (PC)
- Telefon
- Netzanbindung
- Datenbankzugang (DB)
- etc.

Diese auf dieser Stufe definierten Grundvoraussetzungen werden auch als nicht beeinflussbare Faktoren bezeichnet. Nicht beeinflussbar deshalb, weil Sie als Produktmanager

3 Klarheit durch Zahlen: Wie der Produktmanager relevante Kennziffern bestimmt

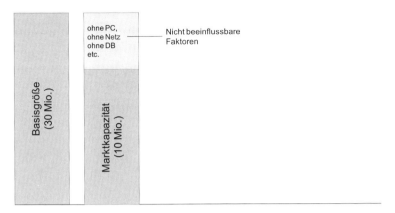

Abb. 85 Marktkapazität und nicht beeinflussbare Faktoren

über das eingesetzte Produktmarketing diese Faktoren nicht beeinflussen können (siehe Abb. 85).

Natürlich kann es auch vorkommen, dass in Ihrem Produktmarkt keine einschränkenden Faktoren vorhanden sind. Bei einer Kfz-Haftpflichtversicherung sorgt der Gesetzgeber dafür, dass jeder Kfz-Halter eine Haftpflichtversicherung haben muss. In diesem Fall ist die Marktkapazität gleich groß wie die Basisgröße.

Im zweiten Schritt berechnen Sie das Marktpotenzial. Das Marktpotenzial wird wie folgt definiert:

▶ **Das Marktpotenzial** ist die tatsächliche Nachfrage nach einem Produkt oder einer Dienstleistung (= Bedarf).

Es ist zwar bei zehn Millionen Arbeitsplätzen theoretisch möglich, das System zu installieren, trotzdem wird nur ein geringer Teil der Arbeitsplätze von den Unternehmen ausgestattet. Diese Faktoren (manchmal auch als Nichtkaufgründe bezeichnet) müssen Sie von der Marktkapazität abziehen, um das Marktpotenzial zu erhalten. Die besondere Eigenschaft dieser Faktoren ist, dass sie durch Ihr Produktmarketing beeinflusst werden können. Als Nichtkaufgründe sind hier zu nennen:

- Arbeitsplätze ohne Kundenkontakt
- Verwendung einer alternativen Technologie
- Budgetstop im IT-Bereich
- etc.

Dieses System optimiert den Kontakt mit externen Kunden. Arbeitsplätze, die keinen externen Kundenkontakt haben (wie z. B. Personalentwicklung, Buchhaltung etc.) werden, obwohl sie theoretisch mit dem System ausgestattet werden könnten, nicht ausgestattet.

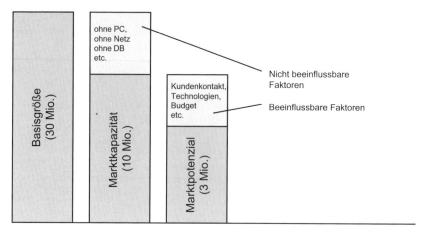

Abb. 86 Marktpotenzial und beeinflussbare Faktoren

Natürlich kann man hier einwenden, dass das auch mit dem Einsatz des produktbezogenen Marketing-Mix nicht zu beeinflussen ist. Der Einsatz eines potenzialerweiternden Marketing-Mix durch Überzeugung der Unternehmen, dieses System auch für die Unternehmensinterne Kommunikation zu nutzen (interner Kunde), ist aber durchaus möglich. Ebenso werden tatsächlich alternative Technologien anstelle dieses Systems eingesetzt. Einfache IT-gestützte Dateisysteme bis hin zu manuellen Karteikartensystemen werden noch genutzt. Auch ein Budgetstop im IT-Bereich ist hier ein Faktor (siehe Abb. 86).

Im dritten Schritt ermitteln Sie das Marktvolumen und die Marktanteile. Das Marktvolumen und der Marktanteil sind wie folgt definiert:

▶ **Das Marktvolumen** ist die Summe der bereits am Produktmarkt abgesetzten Produkte oder Dienstleistungen (= Bestand).

▶ **Der Marktanteil** ist der Anteil der Produkte oder Dienstleistungen (eigenes Produkt und Wettbewerbsprodukte) am Marktvolumen.

Die Summe der bereits abgesetzten Mengen oder der Bestand der Produkte beim Kunden beträgt in diesem Fall 1,5 Millionen. Dabei dürfen Sie die Produkte nicht einrechnen, die bei Ihnen im Lager oder im Lager der Zwischenhändler liegen. Von diesem Bestand wird nun der Marktanteil (MA) Ihres Produkts und der Produkte der Mitbewerber (in Prozent oder absolut) bestimmt (siehe Abb. 87).

Der Marktanteil des eigenen Produkts beträgt in diesem Fall 30 %, der Marktanteil der größten Hauptwettbewerber beträgt jeweils 10 %. Rund 90 weitere Anbieter teilen sich die restlichen 50 % des Marktvolumens.

Aus dem Marktvolumen und aus dem Marktpotenzial können Sie die Marktsättigung errechnen. Teilt man das Marktvolumen durch das Marktpotenzial und multipliziert den Wert mit 100, erhält man die Marktsättigung in Prozent. Im dargestellten Beispiel liegt

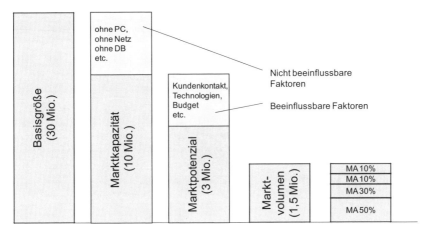

Abb. 87 Marktvolumen und Marktanteil

die Marktsättigung bei 50 %. Im Produktlebenszyklusmodell würde sich dieser Produktmarkt, auch durch die hohen jährlichen Wachstumsraten gestützt, in der Wachstumsphase befinden.

Achten Sie bei der Berechnung der Marktkennziffern darauf, dass es sich hier um stichtagsbezogene Größen handelt. Die Absatzkennziffern hingegen sind periodenbezogene Größen.

3.1.2 Berechnung der Absatzkennziffern

Die bisher berechneten Marktkennziffern stellen sozusagen die Ausgangswerte für Ihre periodenbezogene Produktplanung dar. Die Produktplanung führen Sie sowohl strategisch (mehrere Jahre) als auch operativ (Jahresplanung) durch. Daraus resultieren die periodenbezogenen Absatzkennziffern. Wie diese bestimmt werden, zeigt Ihnen das bereits gewählte Beispiel eines Soft- und Hardwaresystems für die Installation und Verwendung am Arbeitsplatz. Die Berechnung der Absatzkennziffern erfolgt hier auf der Basis einer Jahresplanung (T = Stichtag, T + 1 = Stichtag nach einem Jahr). Für die Mehrjahresplanung können Sie dieselben Prinzipien der Berechnung anwenden.

Basisgröße, Marktkapazität und Marktpotenzial verändern sich. Diese Werte müssen Sie als stichtagsbezogene Planwerte für das folgende Jahr bestimmen. Klar ist, dass sich sowohl die Basisgröße als auch Marktkapazität und -potenzial durch unterschiedliche Einflussfaktoren stark verändern können. Die Basisgröße schrumpft, da Unternehmen im betrachteten Zeitraum Arbeitsplätze streichen. Die Marktkapazität kann dabei auch steigen, da Unternehmen bei den verbleibenden Arbeitsplätzen die Produktivität erhöhen wollen und diese mit entsprechender Technik ausstatten. Das Marktpotenzial erhöht sich ebenfalls, weil IT-Budgets in dieser Periode wieder freigegeben werden und Unternehmen alternative Technologien wegen mangelnden Funktionsumfangs aufgeben und überlegen auf neue Systeme umzusteigen (siehe Abb. 88).

Schenken Sie der Veränderung des Marktvolumens besondere Aufmerksamkeit. Das Marktvolumen wächst einerseits (Neubedarf) und schrumpft auch (Ersatzbedarf).

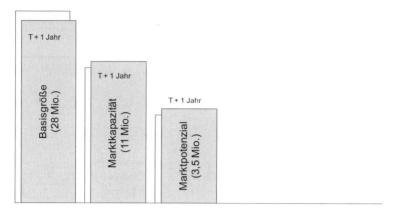

Abb. 88 Basisgröße, Marktkapazität und -potenzial im Zeitverlauf

Der Neu- und der Ersatzbedarf sind wie folgt definiert:

▶ **Der Neubedarf** ist der Anteil am noch nicht erschlossenen Marktpotenzial.

▶ **Der Ersatzbedarf** ist der Anteil des Marktvolumens, der ersetzt wird.

Bei Kunden, die das noch nicht erschlossene Marktpotenzial darstellen (Differenz Marktpotenzial zu Marktvolumen), wurde das Bedürfnis (Marktkapazität) schon zum Bedarf (Marktpotenzial) konkretisiert. Sie befinden sich quasi schon in einem Kaufprozess. Da diese Kaufprozesse längere Zeit dauern, wird die Marktsättigung nicht sofort erreicht. Auch Engpässe auf der Anbieterseite (Produktions- und Lieferengpässe etc.) können dazu beitragen. Diejenigen Kunden, die eine Kaufentscheidung in der betrachteten Periode tätigen, stellen den Neubedarf dar. Das Marktvolumen am Ende der Periode (T + 1) ergibt sich aus der Summe des Marktvolumens am Stichtag T und dem Neubedarf. Der Ersatzbedarf resultiert aus dem Ersatz bestehender Produkte. Der Ersatzbedarf kann hervorgerufen werden durch einen Produktdefekt oder einfach durch eine Überalterung des Produkts (siehe Abb. 89).

Beim Ersatzbedarf können Sie nochmals unterscheiden zwischen dem realisierten und dem nicht realisierten Ersatzbedarf (vgl. Abb. 90).

Beim realisierten Ersatzbedarf wird das zu ersetzende Produkt tatsächlich ersetzt (z. B. nach einem Autounfall mit Totalschaden wird das Auto ersetzt). Beim nicht realisierten Ersatzbedarf wird das Produkt nicht mehr ersetzt (z. B. der Autofahrer mit dem Totalschaden entscheidet, in Zukunft nur mehr mit öffentlichen Verkehrsmitteln zu fahren). Dieser Autofahrer fällt damit aus dem Marktvolumen und dem Marktpotenzial heraus.

Die Summe aus Neubedarf und Ersatzbedarf ist das Absatzvolumen. Das Absatzvolumen ist die Menge an Produkten oder Dienstleistungen, die in der betrachteten Periode insgesamt in Ihrem Produktmarkt verkauft werden kann. Um dieses Absatzvolumen kämpfen alle Produktmanager. Ihr Ziel ist es, einen möglichst großen Absatzanteil (= Anteil am Absatzvolumen in Prozent oder absolut) gegenüber dem Wettbewerb zu

3 Klarheit durch Zahlen: Wie der Produktmanager relevante Kennziffern bestimmt   219

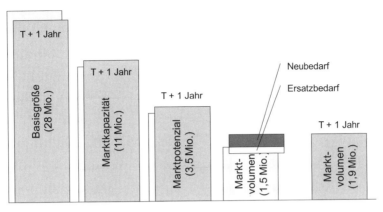

Abb. 89 Neubedarf und Ersatzbedarf

Abb. 90 Realisierter und nicht realisierter Ersatzbedarf

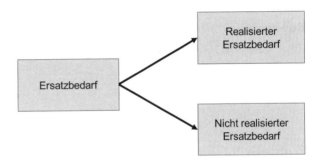

gewinnen. Ihr Absatzvolumen (absolut) ist auch die Größe, die in Ihre produktbezogene Vertriebsplanung eingeht.

Die Marktsättigung für dieses System nach einem Jahr ergibt sich wieder aus dem Marktvolumen und aus dem Marktpotenzial (ein Jahr später). Im dargestellten Beispiel erhöht sich die Marktsättigung von 50 auf 54 %.

Die Berechnung Ihres Absatzanteils (in Prozent und/oder absolut) vom Absatzvolumen orientiert sich in der Regel am Zielmarktanteil des Produkts. Der zu erzielende Marktanteil des Produkts am definierten Produktmarkt ist ein wesentlicher Bestandteil der Zielvereinbarung mit dem Produktmanagement.

> **Beispiel: Berechnung des Absatzanteiles für die Vertriebsplanung**
>
> Der Produktmanager, verantwortlich für die Vermarktung des als Beispiel gewählten Soft- und Hardwaresystems für die Installation und Verwendung am Arbeitsplatz, hatte die Aufgabe, auf Basis des von der Geschäftsführung vorgegebenen Marktanteilszieles von 35 % (bisher 30 %) den für den Vertrieb relevanten Absatzanteil (in Prozent und absolut) zu berechnen. Der angenommene Ersatzbedarf im Gesamtmarkt wurde auf circa 10 % geschätzt (auch der Ersatzbedarf der eigenen Produkte wurde mit 10 % eingeschätzt).

Für die Ermittlung der geforderten Werte wurden folgende Rechenschritte gewählt:

Rechenschritt 1 (Bestimmung des eigenen Absatzanteils):

Marktanteil Ist (%):	30%
→ Marktanteil Ist (absolut):	0,450 Mio.
Marktanteil Ziel (%):	35%
→ Marktanteil Ziel (absolut):	0,665 Mio.
Differenz Marktanteil Ist/Ziel:	0,215 Mio.
+ Eigener Ersatzbedarf:	0,045 Mio.
Eigener Absatzanteil (absolut):	0,260 Mio.

Rechenschritt 2 (Bestimmung des Absatzvolumens):

Neubedarf (gesamt):	0,400 Mio.
+ Ersatzbedarf (gesamt):	0,150 Mio.
Absatzvolumen (gesamt):	0,550 Mio.

Rechenschritt 3 (Berechnung des eigenen Absatzanteils in %):

$$\text{Eigener Absatzanteil in \%} = \frac{\text{Eigener Absatzanteil (absolut)}}{\text{Absatzvolumen (gesamt)}} \times 100$$

Eigener Absatzanteil (in %):   47%

Die Höhe Ihres Absatzanteils gibt auch Hinweise zur Plausibilitätsprüfung der Vertriebszielsetzung für Ihr Produkt. 47 % Absatzanteil bedeutet, dass (unter der Annahme, dass sämtliche Kaufanfragen aller Neukunden im eigenen Unternehmen bekannt sind und mit Angeboten beantwortet werden) Ihr Vertrieb eine Abschlussquote (Hitrate) von ebenfalls 47 % erzielen müsste. Mit diesem Vorgehen können Sie als Produktmanager Marktanteilsziele und Vertriebsziele abstimmen und damit einen wesentlichen Beitrag zur sinnvollen Produktplanung leisten. Den Lösungsansatz zum Rechenbeispiel können Sie auch grafisch wie in Abb. 91 gezeigt darstellen.

3.1.3 Produktplanung und strategische Schwerpunkte

Mit der Berechnung der Markt- und Absatzkennziffern erstellen Sie als Produktmanager die Grundlage für die kurz-, mittel- und langfristige Produktplanung. Die Ergebnisse der Berechnungen auf mehrere Jahre bezogen werden meist in Tabellenform präsen-

3 Klarheit durch Zahlen: Wie der Produktmanager relevante Kennziffern bestimmt

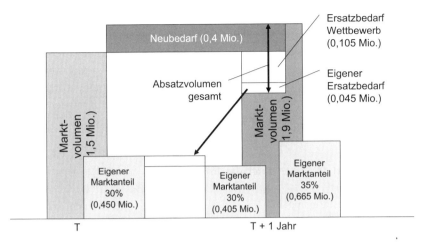

Abb. 91 Berechnung des Absatzanteils für die Vertriebsplanung

	T	T + 1	T + 2	T + 3
Basisgröße/Bezugswert	30	28	27	27
Nicht beeinflussbare Faktoren	20	17	15	14
Marktkapazität	10	11	12	13
Beeinflussbare Faktoren	7	7,5	8	8
Marktpotenzial	3	3,5	4	5
Marktvolumen	1,5	1,9	2,6	3,8
Sättigungsgrad (%)	50%	54%	65%	76%
Marktanteil (%)	30%	35%	40%	50%
Neubedarf		0,40	0,70	1,20	1,30
Ersatzbedarf		0,15	0,19	0,26	0,38
Absatzvolumen		0,55	0,89	1,46	1,68
Absatzanteil (%)		47%	50%	68%	

Abb. 92 Kurz-, mittel und langfristige Produktplanung

tiert. Abb. 92 zeigt Ihnen die Darstellung in Tabellenform am Beispiel des Soft- und Hardwaresystems für die Installation und Verwendung am Arbeitsplatz.

Der Zeitwert T bildet das vergangene Jahr ab, T + 1 bis T + 3 stellen die Planung für die nächsten drei Jahre dar. Der Zeithorizont der Produktplanung in Unternehmen liegt meist zwischen drei bis fünf Jahren. Bei der Festlegung des Zeithorizonts sollten Sie folgende Fragestellungen prüfen:

- Wie ist die Wettbewerbssituation in meinem Produktmarkt?
- Wie lange ist der Zeithorizont der eigenen Unternehmensplanung?
- Wie stark ist die Dynamik in meinem Produktmarkt?

Bei der Zusammenstellung der Planung haben viele Produktmanager ein Gefühl der Unbehaglichkeit, was Sicherheit von Daten und Informationen betrifft, die in die Produktplanung einfließen. Meist sind die Informationen ein Mix aus Erfahrungswerten, einfachen Schätzungen und Marktforschungsergebnissen. Die 100-Prozent-Lösung werden Sie in der Praxis nie finden. Natürlich sind Produktmanager aus der Konsumgüterbranche, was die Datenlage angeht, im Vorteil im Vergleich zur Industriebranche. Trotzdem ist Ihre Planung, auch wenn sie unvollkommen und lückenhaft erscheint, sinnvoll. Es gilt auch hier folgendes Prinzip:

▸ Planung ersetzt den Zufall durch den Irrtum!

Wenn Sie keine Planung machen, ist jedes Ergebnis, das Sie erzielen, ein Zufall. Aus dem Zufall können Sie nicht lernen. Wenn Sie eine Planung gemacht haben und es gibt eine Planabweichung (Soll-Ist), so ist das Irrtum. Aus dem Irrtum können Sie lernen. Analysieren Sie die Abweichungen, passen Sie den Plan an usw. Das Ergebnis dieses ständigen Überprüfens und Anpassens ist eine Erhöhung Ihrer Planungsgenauigkeit. Und darum geht es!

▸ Ziel: Erhöhung Ihrer Planungsgenauigkeit im Produktmanagement!

Beispiel: Erhöhung der Planungsgenauigkeit

Ein Produktmanager aus der Telekommunikationsbranche hatte die Aufgabe, ein neues Produkt am Markt einzuführen. Der Business-Plan für das Produkt wurde von der Geschäftsführung genehmigt, das Produkt wurde entwickelt und das Markteinführungskonzept vorbereitet. Trotz relativ guter Datenlage für die Produktplanung wurde entschieden, für die Phase der Produkteinführung (circa ein halbes Jahr) die getroffenen Annahmen (die auch hier zum Teil geschätzt wurden) in der Produktplanung jedes Monat komplett zu überprüfen. Schon bald zu Beginn der Produkteinführung stellte sich heraus, dass bei einem wichtigen Wert der Ist- vom Soll-Wert um den Faktor 3 abwich. Man hatte bei der Planung zu diesem Wert internationale Vergleichswerte in der Telekommunikationsbranche hergenommen. In diesem spezifischen Fall war jedoch durch die länderspezifische Situation eine hohe Abweichung nach oben erfolgt. Der Produktplan wurde rasch angepasst und die Korrektur der Markt- und Absatzkennziffern durchgeführt.

Zusätzlich können Sie aus der Berechnung der Markt- und Absatzkennziffern auch noch Hinweise für die Produktstrategie und für operative Maßnahmen ableiten (vgl. Abb. 93).
Diese Hinweise ergeben sich im Wesentlichen aus dem Grad der Marktsättigung im Produktmarkt. Bei noch geringer Marktsättigung in Ihrem Produktmarkt ist der Neubedarf höher als der Ersatzbedarf. Hier legen Sie den strategischen Schwerpunkt auf die Neukundengewinnung.

3 Klarheit durch Zahlen: Wie der Produktmanager relevante Kennziffern bestimmt

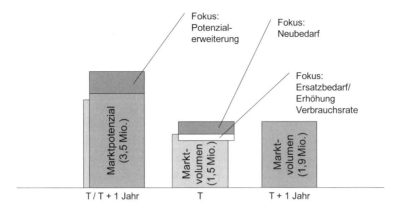

Abb. 93 Strategische Schwerpunkte

Bei zunehmender Marktsättigung wird es einen Zeitpunkt geben, an dem das Verhältnis Neubedarf zu Ersatzbedarf in Ihrem Produktmarkt umschwenkt und der Ersatzbedarf höher ist als der Neubedarf. Hier sollten Sie rechtzeitig dafür sorgen, dass zusätzlich zum Neugeschäft (Neukundenmarketing)

- Ihr eigener Kundenbestand gesichert wird (Bestandskundenmarketing),
- Kunden vom Wettbewerb (Markenwechsler) gewonnen werden und auch
- die Verbrauchsrate Ihres Produkts (wenn möglich) erhöht wird.

Beispiel: Erhöhung der Verbrauchsrate

Die Marktsättigung eines Verbrauchsguts für Büroanwendungen war bereits weit fortgeschritten. Marktsättigungswerte über 90 % waren in einigen Ländern überschritten. Der Ersatzbedarf dominierte, Programme zur Kundenbindung und zur Gewinnung von Wettbewerberkunden waren bereits längere Zeit im Einsatz und teilweise schon ausgereizt. Um ein weiteres Wachstum im Produkt sicherzustellen, wurde durch den Produktmanager ein spezielles Spendersystem für das Produkt entwickelt. Diese Idee war durch Anwendungsbeobachtung bei ausgewählten Kunden kreiert worden. Mit diesem Spendersystem wurde die Verbrauchsrate bei diesem Produkt um über 30 % erhöht.

Potenzialerhöhende Maßnahmen können einen weiteren möglichen strategischen Schwerpunkt in Ihrem Produktmarketing bilden. Hier setzen Sie Maßnahmen ein, um das Marktpotenzial zu erhöhen. Zu diesem Zweck entwickeln Sie Marketingprogramme, die auf die beeinflussbaren Faktoren ausgerichtet sind.

> **Beispiel: Potenzialerhöhende Maßnahmen**

Um das Marktpotenzial für den Produktmarkt (Soft- und Hardwaresystem für die Installation und Verwendung am Arbeitsplatz) weiter zu erhöhen, wurden für den amerikanischen Markt zwei Maßnahmenpakete entwickelt. Ein Maßnahmenpaket wurde auf den beeinflussbaren Faktor „Technologie" fokussiert. Anstelle dieses Produkts werden in Unternehmen tatsächlich noch alternative Technologien eingesetzt. Einfache IT-gestützte Dateisysteme bis hin zu manuellen Karteikartensystemen sind noch zu finden. Der Funktionsumfang der Alternativtechnologien ist zwar nur minimal, doch das Bewusstsein für neue Anwendungen und neue Möglichkeiten wurde noch nicht geweckt. Das zweite Paket wurde auf den beeinflussbaren Faktor „Kein Kundenkontakt" ausgerichtet. Man musste Unternehmen überzeugen, dieses System auch für die interne Kommunikation zwischen Abteilungen und Mitarbeitern einzusetzen. Die beiden Programme wurden entwickelt und umgesetzt, auch mit dem Bewusstsein, dass das erweiterte Potenzial auch für die Wettbewerbsprodukte nun zur Verfügung stand. Die gute Marktposition des Produkts (hoher Marktanteil, Bekanntheitsgrad und Produktimage) sorgte aber dafür, dass das eigene Produkt überproportional mehr davon profitierte.

3.2 Aufbau der Ergebnisrechnung

Nach Erstellung der Marktkennziffern und der Einschätzung der eigenen Absatzzahlen können Sie die voraussichtlichen Kosten und Gewinne (Deckungsbeiträge) Ihres Produkts abschätzen. Die Kostenschätzung wird von Ihnen gemeinsam mit den Funktionen/Abteilungen (F&E, Produktion, Marketing, Vertrieb, Finanz ...) vorgenommen. Beachten Sie dabei folgende zwei Punkte. Der erste Punkt ist das maximale Investitionsrisiko, also der Verlust, den Ihr Produkt im schlechtesten Fall verursacht. Der zweite Punkt ist die Amortisationszeit, also die Zeitspanne, in der Ihr Produkt den „Break Even" erreicht bzw. in der Ihr Produkt seine gesamten Investitionen eingespielt hat. Die Ergebnisse integrieren Sie in die Produktplanung (vgl. Abb. 94).

Für die Ergebnisrechnung können Sie folgende, häufig verwendete Verfahren heranziehen:

- Umsatzrenditeverfahren
- Kapitalrenditeverfahren
- Break-Even-Verfahren

3.2.1 Umsatzrenditeverfahren

Die am häufigsten verwendete Kalkulationsmethode ist das Umsatzrenditeverfahren. Dabei rechnen Sie den Kosten eines Produkts einen von der Höhe der zu erzielenden Umsatzrendite abgeleiteten Gewinnaufschlag zu. Sehr oft werden Produkte mit zu hohen Zuschlägen geplant, in der Hoffnung, die Entwicklungskosten schnell wieder einspielen zu können. Ein solches Vorgehen ist meist verheerend, wenn Wettbewerber mit niedrigen Preisen dagegenhalten.

3 Klarheit durch Zahlen: Wie der Produktmanager relevante Kennziffern bestimmt

	T	T + 1	T + 2	T + 3	T + 4
Bruttoumsatz (1000 €)	3 452	4 916	6 455	8 519	11 482
Erlösminderungen (1000 €)	2	4	5	6	8
Nettoumsatz (1000 €)	3 450	4 912	6 450	8 513	11 474
Variable Kosten (1000 €)	1 455	2 050	2 680	3 550	4 890
Deckungsbeitrag I (DBI) (1000 €)	1 995	2 862	3 770	4 963	6 584
Fixe Kosten (1000 €)	1 400	1 500	2 000	2 000	2 500
Deckungsbeitrag II (DB II) (1000 €)	595	1 362	1 770	2 963	4 084

Abb. 94 Produktplanung und Ergebnisrechnung

Beispiel: Ergebnisrechnung mit dem Umsatzrenditeverfahren

Die Ergebnisrechnung eines Produktmanagers, der das Umsatzrenditeverfahren anwendet, sieht wie folgt aus:

Ausgangslage:
Variable Kosten: 20 € (pro Stück)
Fixkosten: 600.000 €
Erwartete Absatzmenge: 100.000 Stück

Stückkosten des Herstellers:

$$Stückkosten = Variable\ Kosten + \frac{Fixkosten}{Absatzmenge} = 20 + \frac{600.000}{100.000} = 26\ €$$

Ziel ist Umsatzrendite 19 %:

$$Preis = \frac{Stückkosten}{(1 - Umsatzrendite)} = \frac{26}{(1 - 0{,}19)} = 32\ €$$

3.2.2 Kapitalrenditeverfahren

Ein weiteres kostenorientiertes Kalkulationsverfahren ist das Kapitalrenditeverfahren. Bei diesem Verfahren versuchen Sie den Preis zu ermitteln, der die Kapitalrendite erreichen würde.

Beispiel: Ergebnisrechnung mit dem Kapitalrenditeverfahren

Die Ergebnisrechnung eines Produktmanagers, der das Kapitalrenditeverfahren anwendet, sieht wie folgt aus:

Ausgangslage:
Variable Kosten: 20 € (pro Stück)
Fixkosten: 600.000 €
Erwartete Absatzmenge: 100.000 Stück
Investition: 3.000.000 €
Stückkosten des Herstellers:

$$\text{Stückkosten} = \text{Variable Kosten} + \frac{\text{Fixkosten}}{\text{Absatzmenge}} = 20 + \frac{600.000}{100.000} = 26\,€$$

Ziel ist Kapitalrendite von 20 %:

$$\text{Preis} = \text{Stückkosten} + \frac{\text{Kapitalrendite} \times \text{Investiertes Kapital}}{\text{Absatzmenge}}$$

$$\text{Preis} = 26 + \frac{0{,}2 \times 3.000.000}{100.000} = 32\,€$$

Häufig werden auch die Zielwerte für Umsatzrendite und Kapitalrendite als Zielvorgaben kombiniert.

Beispiel: Zielwerte bei der Produktplanung

Für die Produktplanung, speziell bei der Planung von Neuprodukten, gibt ein Unternehmen folgende Zielparameter vor:
- Marktreife innerhalb der nächsten X Jahre
- Umsatzpotenzial von mindestens 60 Mio. €
- Wachstumsrate nach Einführung 15 %
- Umsatzrendite mindestens 25 %
- Kapitalrendite mindestens 35 %
- Erreichung von Technologie- und Marktführer schaft (Marktanteil)

3.2.3 Break-Even-Verfahren

Das Umsatzrenditeverfahren und das Kapitalrenditeverfahren gehen im Wesentlichen von einer bestimmten Absatzmenge aus. Was tun Sie aber als Produktmanager, wenn die erwarteten Absatzmengen nicht erreicht werden oder andere Zielgrößen zur Bewertung von Neuprodukten im Vordergrund stehen (z. B. Break-Even-Ziele . . .)? Um herauszufinden, was bei anderen Absatzmengen geschehen würde, setzen Sie das Break-Even-Verfahren ein. Das Break-Even-Verfahren ermittelt jene Menge von abgesetzten Produkten, die notwendig ist, um alle mit der Entwicklung, Produktion und Vermarktung eines Produkts verbundenen Kosten zu decken (siehe Abb. 95).

3 Klarheit durch Zahlen: Wie der Produktmanager relevante Kennziffern bestimmt 227

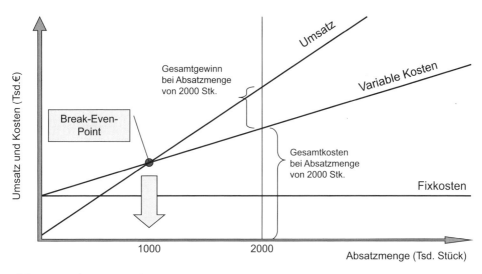

Abb. 95 Break-Even-Berechnung

▷ **Der Break-Even-Point** ist jener Punkt, bei dem Sie weder einen Gewinn noch einen Verlust mit Ihrem Produkt erzielen.

Beispiel: Berechnung des Break-Even-Absatzes

Die Berechnung des Break-Even-Absatzes eines Produktmanagers sieht wie folgt aus:
Ausgangslage:
Variable Kosten: 20 € (pro Stück)
Fixkosten: 600.000 €
Erwartete Absatzmenge: 100.000 Stück
Preis: 32 €

$$Break\text{-}Even\text{-}Absatz = \frac{Fixkosten}{Preis - Variable\ Kosten} = \frac{600.000}{32 - 20} = 50.000\ Stk.$$

Beispiel: Ergebnisrechnung mittels Break-Even-Verfahren

Die Ergebnisrechnung eines Produktmanagers, der das Break-Even-Verfahren anwendet, sieht wie folgt aus:
Die Produktion und Vermarktung eines neuen Produkts verursacht folgende Kosten:
Investitionskosten: € 50.000
Nutzungsdauer: 5 Jahre, lineare Abschreibung/Jahr: 10.000 €

Variable Stückkosten : 11 €
Absatzmarketing (Werbung, VKF...): 10.000 €
Distributionskosten (Vertrieb...): 10.000 €
Marktpreis: 22 €

Folgende Fragen sind zu beantworten:
1. Ab welcher Menge (Break-Even-Point) kann mit dem Produkt ein Gewinn erzielt werden?
2. Wie hoch ist der Gewinn bei einem Absatz von 4.000 Stück?

Verwendete Formeln:

$$Umsatz\ (U) = Menge\ (M) \times Preis\ (P)$$

$$Gesamtkosten\ (GK) = Fixe\ Kosten\ (FK) + Menge\ (M) \times Variable\ Kosten\ (VK)$$

$$Gewinn\ (G) = Umsatz\ (U) - Gesamtkosten\ (GK)$$

Lösung zu Frage 1:

$$G = M \times P - (FK + M \times VK) = 0$$

$$M \times P = FK + M \times VK$$

$$M = \frac{FK}{P - VK} = \frac{10.000 + 10.000 + 10.000}{22 - 11} = 2.727\ Stück$$

Ab einer Menge von 2.727 Stück kann mit dem Produkt ein Gewinn erzielt werden!

Lösung zu Frage 2:

$$G = M \times P - (FK + M \times VK) = 0$$

$$G = 4.000 \times 22 - (30.000 + 4.000 \times 11) = 14.000\ €$$

Bei einem Absatz von 4.000 Stück beträgt der Gewinn 14.000 € !

4 Strategisch denken: Der Einsatz strategischer Analyseinstrumente durch den Produktmanager

Um die längerfristigen dynamischen und vor allem komplexen Zusammenhänge in Ihrem Produktmarkt besser analysieren und darstellen zu können, stehen Ihnen als Produktmanager unterschiedliche strategische Produktanalysemodelle zur Verfügung. Zu den wichtigsten strategischen Analysemodellen zählen die SWOT-Analyse und die Einflussmatrix. Beide Modelle haben ihre spezifischen Vorteile und werden meist auch in Kombination miteinander eingesetzt.

Stärken:	Schwächen:
• Zuverlässigkeit des Produktes • Hohe Produktqualität • Wettbewerbsorientierter Preis • Bekanntheitsgrad • Hoher Marktanteil in B2C-Märkten • ...	• Geringe Produktmarketingressourcen • Schlechte Servicequalität • Schwacher Marktanteil in B2B-Märkten • Eingeschränkte Produktionskapazität • Geringe Anwendungsbreite • ...
Chancen:	Gefahren:
• Wachsender Markt in den USA • Technologische Substitution • Unberührtes Marktpotenzial in UK • Wachsende Anzahl qualitätssensibler Kunden • ...	• Preis/Mengen-Anbieter können sich auf Nischenmärkte einstellen • Zunehmende Zahl von Spezialisten • Verschärfte Produkthaftung und Produktstandards • ...

Abb. 96 Strukturierungsraster der klassischen SWOT-Analyse

4.1 Die SWOT-Analyse

Die **SWOT-Analyse** ist eine strukturierte Vorgehensweise, damit Sie die strategische Position Ihres Produkts oder Ihrer Produktgruppe bewerten können. Dazu ermitteln Sie die Stärken und Schwächen im Vergleich zum Hauptwettbewerber auf Produkt-/Produktgruppenebene und identifizieren die Chancen und Gefahren am Produktmarkt.

Die SWOT-Analyse in ihrer ursprünglichen Form wurde als rein deskriptives Instrument benutzt. Die Ermittlung der spezifischen Stärken und Schwächen sowie der Chancen und Gefahren wurde eher brainstormingartig zusammengetragen. Dabei wurden die Abgrenzung der Begriffe und die zugrunde liegenden dynamischen und komplexen Zusammenhänge weitgehend nicht berücksichtigt. Als grobes Strukturierungs- und Klassifizierungsraster wurden vier Felder (Stärken, Schwächen, Chancen, Gefahren) herangezogen (siehe Abb. 96).

Mit der Weiterentwicklung der SWOT-Analyse versuchte man die Zusammenhänge zwischen Stärken/Schwächen und den Chancen/Gefahren stärker zu beachten. Dies erfolgte durch die Berücksichtigung von Trends und Entwicklungen am Produktmarkt, die quasi die Verbindung zwischen Stärken/Schwächen und Chancen/Gefahren bildete. Basis dafür ist die Integration einer Trendanalyse in die SWOT-Analyse (siehe Abb. 97).

Schritt 1: Erstellen Sie das Stärken-Schwächen-Profil

Der erste Schritt bei der Erstellung Ihrer SWOT-Analyse ist die Zusammenstellung eines Stärken-Schwächen-Profils im Vergleich zum Produkt oder zur Produktgruppe des Hauptwettbewerbers. Für Sie als Produktmanager stellt sich hier vor allem die Frage, wel-

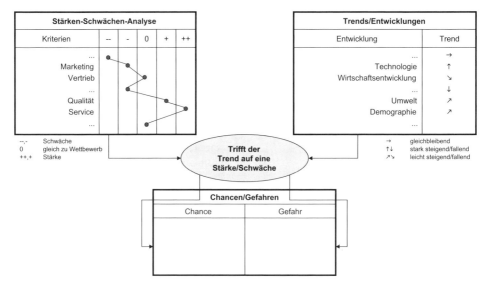

Abb. 97 Grundprinzip der erweiterten SWOT-Analyse

che Kriterien für diesen Vergleich herangezogen werden sollten. Folgende Aufstellung zeigt Ihnen in der Praxis häufig verwendete Kriterien für eine produktbezogene SWOT-Analyse:

Beispiel: Kriterien für eine produktbezogene SWOT-Analyse

- **Erfolgsfaktoren**
  - Bekanntheitsgrad
  - Produkt-/Markenimage
  - Leistung Produkt
  - Leistung Service
  - Preis/Konditionen
  - Beziehungsmanagement
  - Kundenzufriedenheit
  - Wiederkaufrate
  - Weiterempfehlungsrate
  - Vertrauenskapital
  - etc.
- **Marktsegmente**
  - Marktsegment A
  - Marktsegment B
  - Marktsegment C
  - Marktsegment D
  - etc.

- **Buying Center des Kunden**
  - Zugang zu Geschäftsführung
  - Zugang zu Forschung/Entwicklung
  - Zugang zu Einkauf
  - Zugang zu Niederlassungen
  - Zugang zu Technologiezentren
  - Zugang zu Produktionsstätten
  - Zugang zu Logistik/Lager
  - etc.
- **Kundenanwendungen**
  - Anwendung 1
  - Anwendung 2
  - Anwendung 3
  - etc.
- **Regionen/Länder**
  - Region/Land 1
  - Region/Land 2
  - Region/Land 3
  - etc.
- **Distributionskanäle**
  - A-Händler
  - B-Händler
  - C-Händler
  - Fachhandel
  - Value Added Retailer (VAR)
  - Systemintegrator (SI)
  - etc.
- **Absatzhelfer**
  - Universitäten
  - Verbände
  - Berater
  - Architekten
  - Prüfinstitute
  - Fachverlage
  - etc.
- **Vertrieb und Service**
  - Qualität Vertriebs-/Servicemitarbeiter
  - Quantität Vertriebs-/Servicemitarbeiter
  - Vertriebsunterstützung
  - Vertriebsinstrumente
  - Servicenetz
  - etc.

- **Marketing-Mix**
  - Produktwerbung
  - Imagewerbung
  - Verkaufsförderung (VKF)
  - Produkt-PR
  - POS-Aktionen
  - Produktdemos
  - Produktvideo
  - Produktbroschüren
  - Internet
  - etc.
- **Kundentyp**en
  - A-Kunden
  - B-Kunden
  - C-Kunden
  - etc.
- **Artikel**
  - Artikel A
  - Artikel B
  - etc.

Produktbezogene und servicebezogene Kriterien (z. B. Produktqualität, Lebensdauer, Lieferzuverlässigkeit, Kompatibilität etc.) können Sie ebenso in die SWOT-Analyse aufnehmen, soweit Sie nicht schon eine Produktnutzenanalyse oder eine Produktnutzenindexberechnung vorgenommen haben. Ist das der Fall, so nehmen Sie nur die Gesamtbewertung von Produkt und Service in die SWOT-Analyse auf (vgl. Abb. 98).

Schritt 2: Bestimmen Sie die zentralen Trends und Entwicklungen

Der zweite Schritt besteht darin, dass Sie die für Ihren Produktmarkt relevanten Entwicklungen identifizieren und den Trend für einen längeren Zeithorizont prognostizieren. Abb. 99 zeigt einen Auszug einer Trendanalyse für ein Produkt aus der Medizintechnik. Hier wurde zusätzlich die Szenariotechnik eingesetzt.

Dieser Produktmanager prognostiziert eine optimistische und eine pessimistische Entwicklung. Die wahrscheinliche Entwicklung wird zum Schluss eingeschätzt. Sie liegt klarerweise zwischen den Extremwerten.

In einem Produkt aus dem Gebrauchsgütermarkt zeigt Ihnen der prognostizierte Trend einer Technologiesubstitution einen relativ drastischen Verlauf. Die neue Technologie wird nicht nur die alte Technologie und damit das bestehende Produkt relativ rasch komplett verdrängen, mit der neuen Technologie werden auch neue Marktpotenziale erschlossen und damit wird ein großer Anteil an Neubedarf im Produktmarkt generiert (siehe Abb. 100).

4 Strategisch denken: Der Einsatz strategischer Analyseinstrumente...

Stärken-Schwächen-Analyse					
Marktbezogene Kriterien	--	-	0	+	++
Bekanntheitsgrad		●			
Image					●
Leistungsvorteil Produkt					●
Leistungsvorteil Service				●	
Leistungsvorteil sonstige Dienstleistungen				●	
Preis/Konditionen			●		
Beziehungsmanagement			●		
Kundenzufriedenheit				●	
Wiederkaufrate			●		
Weiterempfehlungsrate (Referenzpotenzial)				●	
Vertrauenskapital					●

--,- ... Schwäche, 0 ... gleich zu Wettbewerb, ++,+ ... Stärke

Abb. 98 Stärken-Schwächen-Profil (Auszug)

Faktoren	Wahrscheinliche Entwicklung		Optimistische Entwicklung		Pessimistische Entwicklung	
	Trend	Anzahl Patienten	Trend	Anzahl Patienten	Trend	Anzahl Patienten
• Bevölkerungswachstum	Stagnation	0	leichtes Wachstum	+	leichter Rückgang	-
• Überalterung	starke Zunahme	++	starke Zunahme	++	leichte Zunahme	+
• Geburten	Stagnation	0	leichte Zunahme	+	leichte Abnahme	-
• Ausländeranteil	Stagnation	0	leichte Zunahme	+	leichte Abnahme	-
• Wirtschaftliche Entwicklung	Stabilität	0	Aufschwung	+	Abschwung	-
• Versicherungsleistungen	schlechter	-	wie heute	0	viel schlechter	--
• Arbeitstätigkeit Frau	leichte Zunahme	-	wie heute	0	starke Zunahme	--
• Sexualverhalten	Zurückhaltung	-	wie heute	0	starke Zurückhaltung	--
• Fortpflanzungsverhalten	stabil	0	kinderfreundlich	+	kinderfreundlich	-
• Schwangerschaftsabbruch	zustimmend	+	zustimmend	+	wie heute	0
• Diagnose	stark verbessert	++	stark verbessert	++	verbessert	+
• Therapie	verbessert	+	stark verbessert	++	verbessert	+
• Gesundheitsbewusstsein	stark	--	mittel	-	stark	--
• Gesundheitszustand	befriedigend	-	schlecht	-	gut	0
• Anzahl Ärzte	stark steigend	++	stark steigend	++	leicht steigend	+
• Ausbildung/Spezialisierung	verbessert	+	stark verbessert	++	verbessert	+
• Bettenzahl	abnehmend	-	gleich	0	stark abnehmend	--
• Komfort	zunehmend	+	stark zunehmend	++	verbessert	0

Abb. 99 Trends und Entwicklungen im Produktmarkt (Auszug)

Abb. 100 Trendanalyse
Technologiesubstitution

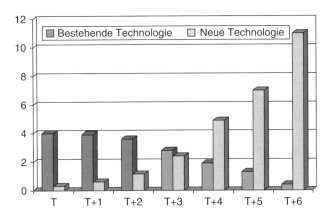

Ein Unternehmen aus der Automobilindustrie verwendet folgende Trendcheckliste bei der Identifizierung relevanter Trends und Entwicklungen im Produktmarkt.

Beispiel: Trendcheckliste (Auszug)

- **Wirtschaftliche Trends**
  - Entwicklung wirtschaftlicher Grössen (Inflationsrate...)
  - Entwicklung der Wechselkurse (Absatzmärkte...)
  - Entwicklung relevanter Wirtschaftssektoren (Zulieferer...)
  - Dynamik der Absatzmärkte
  - Regionalentwicklungen Stadt/Land
  - etc.
- **Demografische und soziale Trends**
  - Regionale Bevölkerungsentwicklung (Urbanisierungstendenzen...)
  - Automobilproblematik in Ballungsräumen
  - Neue Formen der Autonutzung (z. B. Car-Sharing...)
  - Sozialpsychologische Veränderungen (Freizeitverhalten...)
  - Individualisierung (zielgruppenadäquate Produktdifferenzierung)
  - Umweltbewusstsein
  - etc.
- **Politische und rechtliche Trends**
  - Entwicklung des öffentlichen Verkehrs
  - Belastung der Fahrzeughalter durch Steuern, Kraftstoffpreise...
  - Förderung des Schienenverkehrs
  - Abriegelung der Innenstädte
  - Abgasnormen, rechtliche Normen (z. B. Fahrverbote...)
  - Produkthaftungsgesetz

- Umweltsteuern
- Forderungen der Umweltpolitik („3-Liter-Auto")
- Vorschriften im Recyclingwesen
- etc.
- **Technologische Trends**
  - Einsatz neuer, natürlicher Werkstoffe (Keramik...)
  - Steigende Ansprüche der Kunden (Sicherheit, Wartung...)
  - Überlastung der Infrastruktur
  - Neue Verkehrskonzepte
  - Neue Antriebskonzepte (Erdgas, Solar, Elektro, Brennstoffzelle...)
  - Nutzbarmachung der IT im Fahrzeug
  - etc.

Schritt 3: Leiten Sie das Chancen-/Gefahrenprofil ab

Mit dem dritten Schritt überprüfen Sie, ob eine Entwicklung auf eine Stärke oder eine Schwäche trifft und sich dadurch Chancen oder Gefahren für Ihr Produkt am Produktmarkt ergeben. Dabei gibt es mehrere Varianten:

- **Steigender Trend trifft auf Stärke:** Trifft ein sich weiter verstärkender Trend auf eine bereits vorhandene Stärke gegenüber dem Wettbewerb, kann definitiv von einer Chance gesprochen werden. Sie als Produktmanager können von dieser Stärke profitieren. Die Position und den Vorteil gegenüber dem Wettbewerb können Sie zukünftig weiter auf-/ausbauen.
- **Steigender Trend trifft auf Schwäche:** Trifft ein sich weiter verstärkender Trend auf eine Schwäche, ist Vorsicht geboten. Für den Produktmanager des Wettbewerbsprodukts bedeutet das möglicherweise eine Chance, für Ihr Produkt ist es eine Gefahr. Hier sollten Sie überlegen, ob mit entsprechendem Mitteleinsatz der Abstand zum Wettbewerb aufgeholt werden kann oder die Chancenfokussierung stärker betont werden sollte.
- **Fallender Trend trifft auf Stärke:** Ein zukünftig rückläufiger Trend, der auf eine Stärke trifft, bedeutet, dass diese Stärke in Zukunft nicht mehr relevant bleibt. Sie sollten überlegen, ob Sie die Ressourcen zum Aufbau und/oder zur Erhaltung dieser Stärke weiter dort einsetzen oder eher auf die tatsächlichen Chancen oder Gefahren fokussieren.
- **Fallender Trend trifft auf Schwäche:** Ein zukünftig rückläufiger Trend, der auf eine Schwäche trifft, hat den Vorteil, dass der Produktmanager des Wettbewerbers möglicherweise von einer Chance nicht weiter profitieren kann. Auf einen fallenden Trend zu setzen macht aber auch für Sie als Produktmanager keinen Sinn.

Fassen Sie die identifizierten Chancen und Gefahren anschließend in einem Chancen-/Gefahrenprofil zusammen (siehe Abb. 101).

Chancen/Gefahren	
Chance	**Gefahr**
Durch den deutlichen Vorsprung bei der Entwicklung und beim Einsatz alternativer Produkttechnologien wird die einsetzende Technologiesubstitution nicht nur die Neukundengewinnung ankurbeln, sondern auch Markenwechsler von Wettbewerbern.	Die schlechte Position in den unteren Leistungsklassen der Produktgruppe wird durch die zunehmende Preissensibilität und Standardisierung in den USA zu einem Verlust von Kunden führen.
Die starke Position im Service wird durch den weiter zunehmenden Abbau von qualifiziertem Wartungs- und Instandhaltungspersonal für unseren Kunden zunehmend wichtiger in der Kaufentscheidung werden.	Der Trend zur Verlagerung der Kaufentscheidung von der Technik hin zum Einkauf wird durch unseren schlechten Zugang und unser mangelndes Beziehungsmanagement zum Einkauf wahrscheinlich zu massiven Preiszugeständnissen führen.

Abb. 101 Chancen-/Gefahrenprofil

Schritt 4: Entwickeln Sie einen Maßnahmenplan

Im vierten und letzten Schritt ordnen Sie die einzelnen Chancen und Gefahren nach Prioritäten und leiten entsprechende Maßnahmen und strategische Stoßrichtungen für die Ausnutzung von Chancen oder zur Bewältigung von Gefahren ab.

4.2 Erstellung einer Einflussmatrix

In zunehmendem Maße werden Sie als Produktmanager mit komplexen Problemen und Themenstellungen konfrontiert, bei denen die Anwendung linearer Problemlösungsmethoden nur bedingt eine brauchbare Lösung oder ein funktionierendes Konzept ergeben. Für diese Fälle können Sie die Einflussmatrix einsetzen. Die Einflussmatrix versucht, die komplexen Zusammenhänge verschiedener Einflussfaktoren zu erfassen und relevante Einflussgrößen zu ermitteln. Das Grundprinzip der Einflussmatrix zeigt Ihnen Abb. 102 am Beispiel eines Fachzeitschriftenverlages.

Werden von dieser Fachzeitschrift mehr Exemplare verkauft, steigt also die Verkaufsauflage, so erhöht sich auch die Leserreichweite (+... positiver Zusammenhang). Je mehr Leser eine Zeitschrift aber hat, desto mehr Anzeigen werden geschaltet und desto höher ist der Anzeigenumsatz. Dies wird zum Teil eingesetzt zur Verbesserung des redaktionellen Angebots, was sich schließlich absatzfördernd auswirkt. Für die Erhöhung der Attraktivität durch ein verbessertes redaktionelles Angebot ist der Leser bereit, einen höheren Verkaufspreis zu akzeptieren. Der höhere Verkaufspreis wirkt sich jedoch wiederum negativ auf die Verkaufsauflage aus (-... negative Wirkung).

Bei diesem Beispiel sind klarerweise wesentlich mehr Einflussfaktoren zu ermitteln und zu berücksichtigen, um die komplexe Situation in der Realität widerzuspiegeln.

4 Strategisch denken: Der Einsatz strategischer Analyseinstrumente... 237

Abb. 102 Darstellung der Komplexität (Auszug)

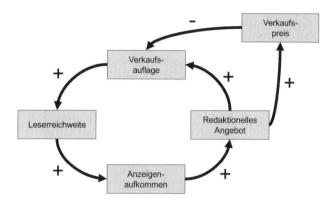

Abb. 103 Einflussmatrix (Grundprinzip)

Wirkung von ↓ / auf →	Verkaufsauflage	Leserreichweite	Anzeigenvolumen	Redakt. Angebot	Verkaufspreis	Aktivsumme AS	Quotient Q (AS / PS x 100)
Verkaufsauflage		3	3	1	2	9	128
Leserreichweite	0		3	2	0	5	56
Anzeigenvolumen	1	1		2	2	6	75
Redakt. Angebot	3	3	1		2	9	150
Verkaufspreis	3	2	1	1		7	116
Passivsumme PS	7	9	8	6	6		
Produkt P (AS x PS)	63	45	48	54	42		

Zur Verfeinerung bei der Darstellung der Zusammenhänge können Sie zusätzlich zu den positiven und negativen Einflüssen auch noch

- die Einflussstärke (hoch, mittel, gering) und
- die zeitlichen Verzögerungen (kurz-, mittel-, langfristig) in die Betrachtung integrieren.

Mit dem Einsatz der Einflussmatrix können Sie die unterschiedliche Einflussstärke der Faktoren mitberücksichtigen (vgl. Abb. 103).

Die Einflussmatrix setzt jede Größe der Problemsituation mit jeder anderen in Beziehung und stellt die Frage, wie stark die Beeinflussung auf einer Skala von 0 (keine Beeinflussung) bis 3 (starke Beeinflussung) ist. Die Leerfelder der Diagonalen bleiben

Einflussfaktoren	Charakterisierung	Ermittlung	Interpretation
Aktiv	Beeinflussen die anderen Faktoren stark, werden selbst aber wenig beeinflusst	Höchster Q	Ideal für Lenkungseingriffe
Passiv	Beeinflussen andere Faktoren wenig, werden selbst aber stark beeinflusst	Tiefster Q	Wenig geeignet für Lenkungseingriffe
Kritische Größen	Beeinflussen andere Faktoren stark und werden selber stark beeinflusst	Höchstes P	Geeignet für Lenkungseingriffe Aber Achtung: Kettenreaktionen!
Träge Größen	Beeinflussen andere Faktoren wenig und werden selber wenig beeinflusst	Tiefstes P	Nicht geeignet für Lenkungseingriffe

Abb. 104 Ermittlung von Lenkungs-/Steuerungsgrößen

frei, da die einzelnen Größen auf sich selber keinen Einfluss haben. Wie Ihnen die Einflussmatrix zeigt, hat beispielsweise die Leserreichweite einen starken Einfluss auf das Anzeigenvolumen (3), hingegen keinen Einfluss auf die Verkaufsauflage (0). Haben Sie alle Einflussfaktoren bestimmt und die Einflussnahme ermittelt, bilden Sie die Aktivsumme (AS) und die Passivsumme (PS), indem Sie die Werte in der Einflussmatrix horizontal und vertikal zusammenzählen. Im Anschluss daran ermitteln Sie für jeden Einflussfaktor einen Quotient (Q) und ein Produkt (P). Der Quotient (Q) und das Produkt (P) ermöglichen Ihnen nun eine Beurteilung der einzelnen Faktoren hinsichtlich Eignung als Lenkungs- und Steuerungsgröße (siehe Abb. 104).

Im Verlagsbeispiel zeigt sich das redaktionelle Angebot als aktiver Faktor, während die Leserreichweite als passiver Faktor vorwiegend das Resultat anderer Einflussfaktoren ist. In der Gesamtbeurteilung erweist sich das redaktionelle Angebot als zentraler Steuerungsfaktor für den Produktmanager. Dieser Faktor hat die größte Hebelwirkung auf das Gesamtsystem. Als passiver Faktor ist die Leserreichweite lediglich ein Indikator für den Erfolg und kann als Controllingfaktor herangezogen werden. Mit der Charakterisierung der einzelnen Einflussfaktoren als aktiv, passiv, kritisch und träge liegen Ihnen wichtige Anhaltspunkte für Erfolg versprechende Problemlösungseingriffe und Schwerpunkte in der Entwicklung und Umsetzung von Produktstrategien und Konzepten vor.

Abb. 105 Aufbau einer Produktstrategie

5 Marktanteile gewinnen: Wie wirksame Produktstrategien entwickelt werden

Die Entwicklung einer erfolgreichen Produktstrategie basiert auf einer gründlichen Analyse Ihres Produktmarkts. Häufig wird aber von der Analyse direkt in die Entwicklung operativer Maßnahmen gesprungen, ohne die Produktstrategie und die strategischen Stoßrichtungen im Produktmarkt zu definieren. Dieses eher aktionsorientierte Vorgehen führt dazu, dass eine strategisch-langfristige Ausrichtung im Produktmarketing sehr häufig fehlt. Erfahrungen aus der Praxis zeigen, dass weniger als 20 % aller Produktmanager eine längerfristige Strategie verfolgen. Der Rest bestreitet das Geschäft mit einer jährlichen Produktplanung auf operativer Ebene.

Ihre Produktstrategie sollte aus den zu erreichenden Zielen, den Grundstrategien und den detaillierten Marketing-Mix-Strategien bestehen (vgl. Abb. 105).

5.1 Festlegung der Ziele für den Produktmarkt

Die Festlegung der Ziele in Ihrem Produktmarkt bildet die Basis für die Strategieentwicklung. Hier geht es vor allem um die Festlegung von langfristigen, strategischen Zielen. Diese werden natürlich in der operativen Jahresplanung von Ihnen auf Jahresziele konkretisiert und mit weiteren operativen Zielen versehen. Der Zielhorizont Ihrer Produktplanung sollte bei circa fünf Jahren liegen.

Bei den strategisch-langfristigen Produktzielen können Sie unterscheiden zwischen

- quantitativen Zielen:
  - Umsatz-/Absatzziele
  - Marktanteils-/Distributionsanteilsziele
  - Deckungsbeitragsziele (DB I, DB II), Kostenziele
  - etc.

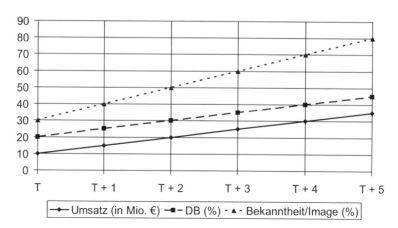

Abb. 106 Zielplanung ohne Berücksichtigung der Abhängigkeiten

- und qualitativen Zielen:
  - Bekanntheitsgradziele
  - Positionierungs-/Image ziele
  - Produktnutzenindexziele
  - Produktzufriedenheitsziele
  - etc.

Bei der Festlegung der Ziele für den Produktmarkt müssen Sie die Abhängigkeiten der Ziele untereinander beachten. Eine rein lineare Planung von mehreren Zielen vom Ist zum Ziel wird meist nicht funktionieren (vgl. Abb. 106).

Bei dieser Form der Planung berücksichtigen Sie die Abhängigkeiten zwischen den Zielen nicht. Umsatz, Deckungsbeitrag und Bekanntheitsgrad/Image werden hier linear geplant. Realistisch ist es eher, das Bekanntheitsgrad-/Imageziel mit Vorrang innerhalb von zwei Jahren auf den angestrebten Zielwert zu entwickeln. Durch diese Investition in Ihren Produktmarkt wird kurzfristig der Deckungsbeitrag nach unten gehen. Eine realistische Planung sieht damit eher wie in Abb. 107 gezeigt aus.

Die Zielfestlegung ist nicht nur wichtig für die Strategieentwicklung, sondern bildet auch den Rahmen für Ihre Zielvereinbarung und die Leistungsbeurteilung von Ihnen als Produktmanager. Daher sollten Sie bei der Zielplanung immer folgendes Prinzip beachten:

▶ Planen Sie Ihre Ziele für den Produktmarkt realistisch!

5.2 Grundstrategien im Produktmarketing

Bei der Entwicklung von Produktstrategien geht es nicht darum, ein einziges Strategieelement aus den vielen möglichen auszuwählen, sondern eine sinnvolle und wirksame Kombination mehrerer Strategieelemente zusammenzustellen.

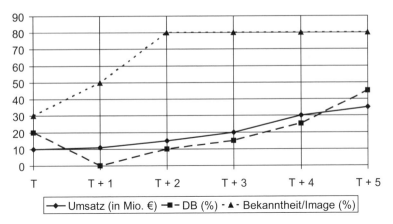

Abb. 107 Zielplanung mit Berücksichtigung der Abhängigkeiten

5.2.1 Übersicht über die Strategieelemente

Auf der Ebene der Grundstrategien können Sie folgende Strategieelemente nutzen.

1. **Portfoliostrategien**

Die Portfoliostrategien müssen Sie in der Entwicklung der Produktstrategie zwingend berücksichtigen. Es hängt im Wesentlichen von der Portfoliostrategie ab, welche Grundstrategie Sie im Produktmarkt verfolgen. Je nach verwendetem Produktportfoliomodell liegen Ihnen folgende Strategiealternativen vor:

- Marktwachstums-Marktanteils-Portfolio
  - Ausbauen
  - Ernten
  - Eliminieren
  - Halten
- Marktattraktivitäts-Wettbewerbsposition- Portfolio
  - Selektiver Ausbau
  - Ausbau mit Investition
  - Position schützen
  - Beschränkter Ausbau/Ernten
  - Selektiver Ausbau/Gewinnorientierung
  - Selektiver Ausbau
  - Desinvestition
  - Gewinnorientierung
  - Position schützen/Neufokussierung

2. Marktsegmentsstrategien

Bei den Marktsegmentierungsstrategien können Sie zwischen vier Strategiealternativen wählen:

- Undifferenzierte Strategie
- Differenzierte Strategie
- Selektiv-differenzierte Strategie
- Konzentrierte Strategie (Nischenstrategie)

Bei der spezifischen Darstellung der Marktsegmentierungsstrategie sollten Sie auf jeden Fall eine Auflistung der Marktsegmente vornehmen. Wählen Sie beispielsweise eine selektiv-differenzierte Marktsegmentierungsstrategie, sollten Sie spezifizieren, welche Marktsegmente differenziert und welche undifferenziert bearbeitet werden.

3. Produkt-Markt-Abdeckungsstrategien

Die Produkt-Markt-Abdeckungsstrategien liefern Ihnen fünf Strategiealternativen für die Strategieentwicklung:

- Spezialisierungsstrategie
- Selektive Spezialisierungsstrategie
- Marktsegmentsspezialisierungsstrategie
- Produktsegmentsspezialisierungsstrategie
- Vollständige Abdeckungsstrategie

Auch hier macht es Sinn, dass Sie die einzelnen Produktsegmente auflisten und den Strategiealternativen zuordnen. In einigen Fällen kann es durchaus praktikabel sein, dass Sie eine weitergehende Aufteilung der Produktsegmente (z. B. nach A-, B und C-Produkten oder nach einzelnen Artikelmerkmalen) vornehmen. Auch eine weitere Auflistung von alternativen Technologien, Funktionen und Anwendungen können Sie in der Praxis finden. Ebenso kann hier die Auflistung möglicher Nutzenkategorien erfolgen.

4. Produkt-Markt-Wachstumsstrategien

Vier Strategiealternativen stehen Ihnen bei den Produkt-Markt-Wachstumsstrategien zur Verfügung:

- Durchdringungsstrategie
- Marktentwicklungsstrategie
- Produktentwicklungsstrategie
- Diversifikationsstrategie

Da bei der Marktentwicklungsstrategie nicht nur neue Marktsegmente als neue Märkte dazukommen können, sondern auch neue regionale Märkte gewählt werden können, sollten Sie hier eine Auflistung und Zuordnung der regionalen/geografischen Märkte durchführen.

5. **Preis-/Leistungsstrategie**

Die grundsätzliche Unterscheidung in preis- und qualitätssensible Kunden ergibt für Sie mehrere unterschiedliche Strategiealternativen :

- Preisstrategie
- Qualitäts-/Leistungsstrategie
- Zweimarkenstrategie
- Mehrmarkenstrategie

Auch hier sollten Sie eine Übersicht über die Marken bei einer Zwei- oder Mehrmarkenstrategie geben.

6. **Strategien nach Bedarfsarten**

Je nach Phase des Produktlebenszyklus und dem Grad der Marktsättigung können Sie unterscheiden zwischen:

- Neubedarfsstrategien
- Ersatzbedarfsstrategien
- Potenzialerweiterungsstrategien
- Strategien zur Erhöhung der Verbrauchsrate

5.2.2 Strategieentwicklung mittels strategischem Baukasten

Produktstrategien werden durch Kombination von einzelnen Strategieelementen entwickelt. Als Methode können Sie hier den strategischen Baukasten verwenden. Der strategische Baukasten liefert Ihnen eine gute Struktur, um in Ihrem Produktteam die Strategiediskussion zu leiten und ebenso einen Leitfaden für die Präsentation der Strategie intern und extern zu haben.

Der Aufbau eines strategischen Baukastens ist einfach. In der ersten Spalte listen Sie die für den Produktmarkt relevanten Strategieelemente auf. Für jedes einzelne Strategieelement spezifizieren Sie anschließend die möglichen Strategiealternativen (vgl. Abb. 108).

Hier ist anzumerken, dass Sie dabei alle strategischen Möglichkeiten darstellen sollten. Bei der Erstellung des strategischen Baukastens sollten Sie noch keine Vorselektion von strategischen Alternativen vornehmen.

Nach dem Aufbau des strategischen Baukastens können Sie die strategischen Schwerpunkte der Wettbewerber, Ihre eigene Strategie und mögliche eigene strategische Alternativen zusammenstellen (siehe Abb. 109).

Strategieelemente	Strategiealternativen			
Portfoliostrategie	Halten/Ernten	Investition	Selektive Investition	Exit
Marktfeldstrategie	Durchdringung	Marktentwicklung	Produktentwicklung	Diversifikation
Produkte	A	B	C	Gesamt
Positionierungsstrategie	Preis	Qualität/Leistung	2-Marken	Mehrmarken
Segmentierungsstrategie	Undifferenziert	Differenziert	Konzentriert/Nische	Selektiv-differenziert
Segmente	Nahrungsmittel	Chemie	Pharma	Mineralöl
Servicestrategie (USP)	Anwendungstechnik	Finanzierung	Garantie	Lieferzeit
Produktstrategie (USP)	Lebensdauer	Performance	Wirkungsgrad	Design
Bedarfsart	Neubedarf	Ersatzbedarf	Potenzialerweiterung	Erhöhung Verbrauch

Abb. 108 Grundstrategieentwicklung mit dem strategischen Baukasten (Auszug)

Strategieelemente	Strategiealternativen			
Portfoliostrategie	Halten/Ernten	Investition	Selektive Investition	Exit
Marktfeldstrategie	Durchdringung	Marktentwicklung	Produktentwicklung	Diversifikation
Produkte	A	B	C	Gesamt
Positionierungsstrategie	Preis	Qualität/Leistung	2-Marken	Mehrmarken
Segmentierungsstrategie	Undifferenziert	Differenziert	Konzentriert/Nische	Selektiv-differenziert
Segmente	Nahrungsmittel	Chemie	Pharma	Mineralöl
Servicestrategie (USP)	Anwendungstechnik	Finanzierung	Garantie	Lieferzeit
Produktstrategie (USP)	Lebensdauer	Performance	Wirkungsgrad	Design
Bedarfsart	Neubedarf	Ersatzbedarf	Potenzialerweiterung	Erhöhung Verbrauch

● Strategie Hauptwettbewerber   ○ Eigene Strategie

Abb. 109 Bestimmung von eigener Strategie und Wettbewerbsstrategie

Eine markierte Strategiealternative stellt einen strategischen Schwerpunkt dar. Achten Sie darauf, sparsam mit der Vergabe von strategischen Schwerpunkten umzugehen. Meist ist mit einem strategischen Schwerpunkt ein Maßnahmenpaket zur Umsetzung verbunden. Die Kosten dafür gehen in Ihre Ergebnisrechnung ein. Zu viele strategische Schwerpunkte können auch zu einem Verlust der strategischen Stoßrichtung führen und damit die Wirksamkeit Ihrer Strategie gefährden.

5 Marktanteile gewinnen: Wie wirksame Produktstrategien entwickelt werden

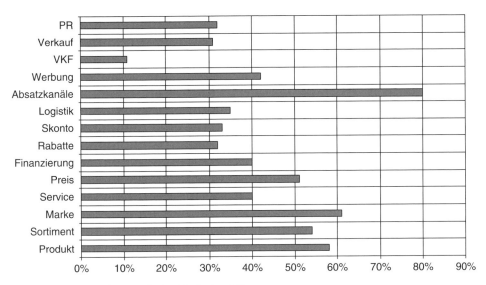

Abb. 110 Strategische Anteile des Marketing-Mix

5.3 Marketing-Mix-Strategien

Zusätzlich zu den Grundstrategien sollten Sie noch die Marketing-Mix-Strategien im Detail zusammenstellen. Bei den Marketing-Mix-Strategien nimmt der Detaillierungsgrad Ihrer Produktstrategie weiter zu. Zu beachten ist hier, dass abhängig von Ihrem Produktmarkt die einzelnen Elemente des Marketing-Mix unterschiedliche Ausprägungen und damit auch einen unterschiedlichen strategischen Anteil haben. Abb. 110 zeigt Ihnen die Einschätzung der strategischen Anteile des Marketing-Mix durch das Produktmanagement in einem spezifischen Produktmarkt.

Wie häufig zu finden, ist auch hier die Verkaufsförderung (VKF) als eher operatives Marketing-Mix-Instrument eingesetzt. Absatzkanalentscheidungen sind in diesem Fall strategisch bedeutsam. Auch hier wird der strategische Baukasten zur Bestimmung der Marketing-Mix-Strategien verwendet. Sie stellen die einzelnen Marketing-Mix-Strategien ebenso komplett (alle Möglichkeiten und Alternativen) für Ihren Produktmarkt zusammen. Tragen Sie die Marketing-Mix-Strategie (strategische Schwerpunkte) des Wettbewerbers anschließend ein und stellen Sie eigene Marketing-Mix-Strategiealternativen zusammen (siehe Abb. 111).

Natürlich finden Sie in der Praxis eine große Zahl von Marketing-Mix-Elementen und den dazugehörenden Strategien. Die wichtigsten habe ich hier für Sie kurz zusammengestellt, um zumindest Klarheit zu schaffen über die Abgrenzung von kurzfristig-taktischen Maßnahmen, die dann in der Umsetzung der Strategien im Maßnahmenplan zu finden sind, und langfristig-strategischen Stoßrichtungen, die im strategischen Baukasten zur Strategiefindung herangezogen werden.

Marketinginstrumente	Strategiealternativen			
Sortiment	Vollsortiment	Grund-/Basis-sortiment	Spezialsortiment	Cherry-Picking
Vertriebskanalstufen	direkt	indirekt	Kombination	
Vertriebskanalfokus	intensiv	selektiv	exklusiv	
Eigene Vertriebskanäle	Call Center	AD	KAM	Internet
Fremde Vertriebskanäle	FH	VAR	Partner	Handelsvertreter
Distribution	Pushstrategie	Pullstrategie		
Preis	Hochpreis-strategie	Tiefpreis-strategie	Skimming-strategie	Penetrations-preisstrategie
Service	vor dem Kauf	während des Kaufs	nach dem Kauf	
Absatzhelfer	Verband	Universität	Branchenberater	Technologie-institut
VKF	handelsbezogen	kundenbezogen	Mitarbeiter-bezogen	

Abb. 111 Marketing-Mix-Strategienentwicklung (Auszug)

5.3.1 Preisstrategien

Zu den längerfristig ausgerichteten **Preisstrategien** können Sie zählen:

- Hochpreisstrategie
- Tiefpreisstrategie
- Marktpenetrationspreisstrategie
- Abschöpfungspreisstrategie

Der am Produktmarkt vorherrschende, durch die Wettbewerber W1, W2 und W3 abgedeckte Preisbereich bildet die Ausgangslage für die im Rahmen der preisstrategischen Entscheidung zu wählende Preisstrategie und den Basis- oder Grundpreis (siehe Abb. 112).

Bei der Hochpreisstrategie bzw. Tiefpreisstrategie orientieren Sie sich in der Preisfestlegung am oberen bzw. unteren Preisbereich und halten den Produktpreis längerfristig auf diesem Niveau.

Die Abschöpfungspreisstrategie (Skimmingstrategie) orientiert sich an der Bereitschaft von Kunden oder Marktsegmenten, bei hohem Preis zu kaufen. Auch Kaufkraftgruppen spielen in diesem Zusammenhang eine Rolle. Hier setzen Sie den Preis über dem existierenden Preisbereich an und schöpfen die Kundengruppe ab, die bei diesem Preis bereit ist zu kaufen. Ist diese Kundengruppe abgeschöpft (diese Preisstrategie wird deswegen auch als Abschöpfungspreisstrategie bezeichnet), senken Sie den Preis weiter und schöpfen die nächste Kundengruppe ab. Auch zunehmender Wettbewerbsdruck und zunehmende Markterschließung sind Faktoren, die Sie bei der Preissenkung in Betracht ziehen müssen.

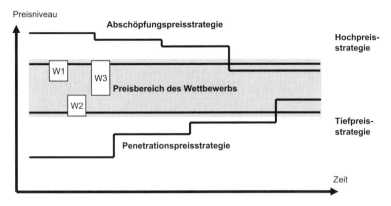

Abb. 112 Alternative Preisstrategien im Produktmarkt

Setzen Sie diese Strategie vor allem ein, wenn:

- genügend Kunden preisunempfindlich reagieren,
- der Produktlebenszyklus Ihres Produkts eher kurz ist,
- Sie einen hohen Deckungsbeitrag erzielen wollen,
- Ihre Produktions- und Vertriebskapazitäten beschränkt sind.

Diese Preisstrategie funktioniert, wenn man z. B. bei Produktinnovationen einen deutlichen zeitlichen Vorsprung gegenüber dem Wettbewerb hat, oder auch bei einem dominanten Produktnutzen.

Die Marktpenetrationspreisstrategie wird eingesetzt, wenn Sie schnell Ihren Produktmarkt durchdringen und kurzfristig viele Kunden zum Kauf bewegen wollen (Marktpenetration). Es sollen hier hohe Absatzmengen bei niedrigen Stückkosten erzielt werden. Setzen Sie Ihren Produktpreis deutlich unter dem bestehenden Preisbereich an, um anschließend, meist im Zusammenhang mit Leistungs- und/oder Vermarktungsanpassungen, diesen schrittweise zu erhöhen.

Setzen Sie diese Strategie vor allem ein, wenn:

- es rasche Reaktionen auf Preisunterschiede gibt,
- Sie die Deckungsbeitragssituation durch Kostensenkung verbessern können,
- Sie eine rasche Reaktion des Wettbewerbers erwarten,
- es einen hohen Anteil preissensibler Kunden gibt,
- Sie den Produktmarkt rasch durchdringen wollen.

Mengeneffekte und Ergebnisse aus der Erfahrungskurvenanalyse spielen bei dieser Strategievariante eine wichtige Rolle.

> **Beispiel: Einsatz der Markpenetrationspreisstrategie**
>
> Die Zielsetzung eines Produktmanagers bei der Einführung einer neuen Servicekarte im Finanzdienstleistungsbereich war eine schnelle Penetration des Produktmarktes. Die Entscheidung zu einer Marktpenetrationspreisstrategie war schnell gefallen. Die Servicekarte wurde mit Standardleistungen ausgestattet. Die einzelnen Stufen der Marktpenetrationsstrategie für die folgenden Jahre wurden im Rahmen eines Strategiemeetings im Produktteam zusammengestellt.
>
> **Phase 1:** Das erste Jahr war völlig gebührenfrei (Jahresgebühr). Ein Guthaben auf der Servicekarte wurde sogar verzinst.
>
> **Phase 2:** Im zweiten Jahr wurde eine Jahresgebühr eingeplant, die aber noch rund 50 % geringer war als der Wettbewerbsdurchschnitt. Die Verzinsung von Guthaben wurde auf ein Mindestguthaben beschränkt. Als eine Art Gegenleistung wurde der Leistungsumfang durch einige zusätzliche Serviceleistungen erweitert. Das Ausgabelimit wurde ebenfalls erhöht.
>
> **Phase 3:** In dieser Phase wurde die Jahresgebühr auf ein mit dem Wettbewerb vergleichbares Preisniveau angepasst und die Verzinsung komplett eliminiert. Auch dieser Schritt im Rahmen der Marktpenetrationspreisstrategie wurde mit zusätzlichen Leistungen kompensiert.

5.3.2 Distributionsstrategien

Bei den Distributionsstrategien können Sie im Wesentlichen unterscheiden zwischen

- Push-Strategien und
- Pull-Strategien.

Eine **Push-Strategie** bedeutet, dass Ihr Produkt mittels der eigenen Vertriebsorganisation durch das Vertriebssystem (z. B. Großhandel und Einzelhandel) gedrückt wird. Sie als Produktmanager betreiben mit Schwerpunkt eine handelsgerichtete Vermarktungsstrategie. Die Präferenz für Ihr Produkt wird im Handel geschaffen. Eine **Pull-Strategie** bedeutet, dass Sie zur Erhöhung der Nachfrage und Kaufpräferenz den Schwerpunkt der Vermarktungsstrategie auf den Nachfrager ausrichten. Ihr Produkt wird sozusagen durch die Absatzkanäle gezogen (Nachfragesog). In der Praxis setzen Sie meist beide Strategien gleichzeitig ein. Setzen Sie jedoch Schwerpunkte bei Pull oder Push (siehe Abb. 113).

Außerdem können Sie noch wählen zwischen

- direktem und indirektem Vertrieb sowie
- intensivem, selektivem und exklusiven Vertrieb.

Direkter Vertrieb bedeutet, dass Ihr Produkt mittels eigener Vertriebsorganisation, ohne Zwischenschaltung von Absatzmittlern (z. B. Händlern, Value Added Resellern (VAR) etc.) vermarktet wird. Beim direkten Vertrieb werden alle Aufgaben und Funktionen, die bei der

5 Marktanteile gewinnen: Wie wirksame Produktstrategien entwickelt werden

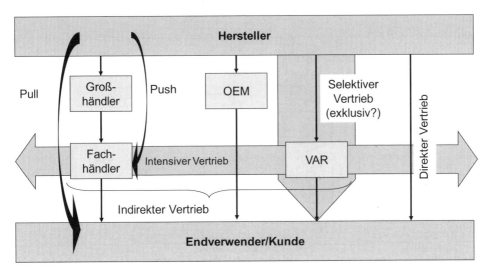

Abb. 113 Alternative Distributionsstrategien im Produktmarkt

Distribution Ihres Produkts oder Ihrer Produktgruppe bis hin zum Endabnehmer anfallen, selbst erfüllt. **Indirekter Vertrieb** bedeutet dann die Verwendung von Absatzmittlern. Hier werden Sie alle oder den überwiegenden Anteil der Distributionsaufgaben und -funktionen durch fremde, rechtlich und wirtschaftlich selbständige Distributionskanäle erfüllen lassen.

Mit der Entscheidung zum **intensiven, selektiven und exklusiven Vertrieb** legen Sie das Ausmaß der Distributionsdichte fest. Die Distributionsdichte ist ein Ausdruck für die Anzahl der Distributionskanäle, die Ihr Produkt führen. Von intensivem Vertrieb spricht man, wenn Sie möglichst viele oder sogar alle verfügbaren Vertriebskanäle für Ihre Produktvermarktung einsetzen, selektiv bedeutet eine spezifische Einschränkung oder sogar nur den Einsatz eines spezifischen Absatzkanals. Absatzkanäle können Sie auch noch mit Exklusivitätsrechten ausstatten (exklusiver Vertrieb).

> **Beispiel: Änderung der Distributionsstrategie**
>
> Im Rahmen einer Analyse der Distributionsstruktur stellte ein Produktmanager fest, dass in den nächsten Jahren der Schwerpunkt des Absatzvolumens im Produktbereich primär über die OEMs (Original Equipment Manufacturer) gehen wird. Distributoren, Technischer Handel und sonstige bisher benutzte Vertriebskanäle werden an Bedeutung verlieren. Untermauert wurde diese Analyse durch zahlreiche Studien sowie Experten- und Kundeninterviews. Daraufhin wurde die Distributionsstrategie für dieses Produkt verändert. Für die OEMs wurden Schwerpunkte im Key Account Management gesetzt. Die Ressourcen wurden Schritt für Schritt in die OEM-Schiene verlagert.

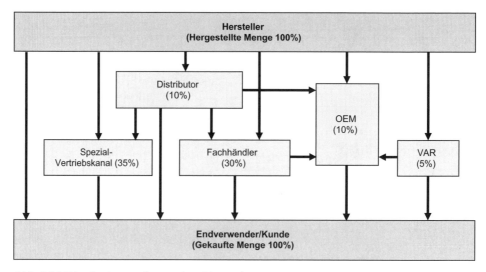

Abb. 114 Distributionsstrukturanalyse (Auszug)

Die der Entscheidung zugrunde liegende Distributionsstrukturanalyse ist in Abb. 114 vereinfacht dargestellt.

Alle wesentlichen Produktanbieter und Distributionskanäle wurden analysiert und der Warenstrom in der Ist-Situation dargestellt. Eine Prognose für die nächsten vier Jahre ergab, dass der Anteil der OEMs am Distributionsvolumen der Endverwender/Kunden von 10 % auf 20 bis 25 % steigen wird.

Die Prozentwerte zeigen nur den Anteil der einzelnen Distributionskanäle am verkauften Volumen beim Endverwender/Kunden. Bisher werden durch den Fachhändler 30 % des gesamten Jahresvolumens (Gesamtmarkt) an den Endkunden verkauft. Die Anteile, wie viel der Fachhändler vom Distributor und direkt von den Herstellern bezieht, sind hier nicht aufgeführt. In der Praxis sollten Sie sinnvollerweise die gesamten Warenströme auch aufgeteilt auf einzelne Hersteller darstellen. Auf Basis dieser Analyse können Sie auch die Anteile des eigenen Produkts je Distributionskanal errechnen (Distributionsanteile). Ein Distributionsanteil von 45 % im Absatzkanal Fachhändler bedeutet, dass von 100 % der vom Fachhandel gekauften Produkte 45 % Ihre eigenen Produkte sind. Unterschiedliche Distributionsanteile je Distributionskanal geben Ihnen Hinweise zur Wirksamkeit Ihres Produktmarketings je Vertriebskanal.

5.3.3 Sortimentsstrategien

Bei den **Sortimentsstrategien** können Sie unterscheiden zwischen

- Vollsortimentsstrategie,
- Basissortimentsstrategie,
- Spezialsortimentsstrategie und
- „Cherry Picking".

5 Marktanteile gewinnen: Wie wirksame Produktstrategien entwickelt werden

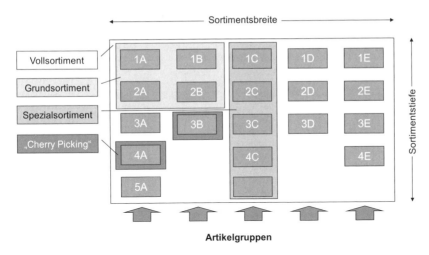

Abb. 115 Alternative Sortimentsstrategien im Produktmarkt

Beim Vollsortiment streben Sie eine hohe Sortimentstiefe und -breite an. Ein umfassendes Sortiment, in dem alle Artikel und Artikelgruppen zu finden sind, ist hier Ihr Ziel. Beim Basissortiment beschränken Sie die vollständige Abdeckung auf Standard- oder Basisartikel. Meist sind das die gängigen Artikel und Artikelgruppen.

Bei der Spezialsortimentsstrategie konzentrieren Sie sich auf eine oder wenige Artikelgruppen; dabei streben Sie jedoch maximale Sortimentstiefe an. Cherry Picking als Sortimentsstrategie versucht, einzelne Artikel aus dem Sortimentszusammenhang zu nehmen und zu vermarkten (siehe Abb. 115).

5.3.4 Sonstige Marketing-Mix-Strategien

Zusätzlich zu den bereits dargestellten Marketing-Mix-Strategien gibt es noch viele weitere strategische Schwerpunkte, die durch Sie als Produktmanager gesetzt werden können. Im Rahmen der Festlegung Ihres produktbezogenen Services können Sie den Schwerpunkt des Services beispielsweise vor, während oder nach der Kaufentscheidung beim Kunden legen. Auch unterschiedliche Servicelevels können Sie im strategischen Baukasten als Alternativen auflisten. Auch für die Verkaufsförderung können Sie strategische Schwerpunkte setzen – je nachdem, ob Sie den Schwerpunkt der VKF-Aktivitäten bei Ihren eigenen Mitarbeitern (z. B. im Vertrieb), beim Handel oder beim Kunden direkt legen. Unterschiedliche Alternativen lassen sich auch bei Rabattsystemen ableiten. Funktionsrabatte, Mengenrabatte, Zeitrabatte, Treuerabatte etc. stellen nicht nur Alternativen für Sie als Produktmanager dar, sondern können auch im Rahmen einer Strategiealternative kombiniert werden.

Der strategische Baukasten eines Produktmanagers aus dem Pharmabereich sieht wie in Abb. 116 dargestellt aus.

Strategieelemente	Strategiealternativen			
Marktsegmentierung	Nische	differenziert	undifferenziert	selektiv
Geschäftssystem	Arzt	Apotheker	Patienten	KH
Arztsegmente	Internist	Onkologe	Pulmologe	Chirurgen
Krankenhaustypen	UNI-Klinik	LKH	BKH	Spezial
KH-Grösse (Betten)	über 100	50 bis 100	unter 100	alle
Apothekensegmente	Öffentliche	KH	Haus	Depots
Bedarfsart	Neu	Ersatz	Erweiterung	Verbrauch
Funktionen	Diagnose	Behandlung	Vorsorge	
Krankheitsarten	Atemwege	Sepsis	Haut	Harn
Service (USP)	Kosten	Information	Beratung	
Produkt (USP)	Wirkung	Dosierung	Nebenwirkung	
Wettbewerbsverhalten	aggressiv	neutral	defensiv	

Abb. 116 Strategischer Baukasten zur Entwicklung der Produktstrategie (Auszug)

5.4 Bewertung der Strategiealternativen

Die Bewertung Ihrer alternativen Produktstrategien können Sie mit der Nutzwertmethodik durchführen. Die Kriterien für die Bewertung der strategischen Alternativen sind natürlich Ihre festgelegten Produktziele. Auch hier können Sie die Produktziele unterschiedlich gewichten. Die Eignung einer Strategievariante ist unterschiedlich, wenn es Ihnen primär um Wachstum oder eher um Profitabilität geht. Häufig verfolgte Zielsetzungen im Produktmarketing, die Sie in der Gewichtung der einzelnen Produktziele berücksichtigen müssen, sind:

- Gewinnmaximierung
- Maximierung Kapitalrendite
- Maximierung Umsatzrendite
- Break-Even-Ziele
- Umsatzmaximierung
- Absatzmaximierung
- Marktabdeckungsmaximierung
- Qualitätsführerschaft
- Preisführerschaft
- Kostenführerschaft
- etc.

5 Marktanteile gewinnen: Wie wirksame Produktstrategien entwickelt werden

Produktziele	G	Strategie 1		Strategie 2		Strategie 3	
		E	G x E	E	G x E	E	G x E
• Investitionsziel	8	2	16	6	48	9	72
• Deckungsbeitragsziel	6	7	42	6	36	4	24
• Marktstellungsziel	8	8	64	8	64	7	56
• Qualitätsziel	10	6	60	10	100	10	100
• Kostenziel	6	4	24	5	30	8	48
• Innovationsziel	8	7	56	6	48	4	32
• Wachstumsziel	10	8	80	6	60	9	90
• Umsatzziel	8	6	48	8	64	3	24
• Synergieziele	6	9	54	4	24	6	36
Zielerreichungsindex			444		474		482

Abb. 117 Strategiebewertung mittels Nutzwertanalyse

Bei der Schwerpunktsetzung durch eine Gewichtung müssen Sie hier ebenso die Abhängigkeiten der einzelnen Ziele untereinander berücksichtigen.

Wie das Beispiel in Abb. 117 zur Berechnung des Zielerreichungsindex von unterschiedlichen Strategiealternativen (Strategie 1, 2 und 3) zeigt, werden zuerst die relevanten Produktziele ermittelt und gewichtet (G), da nicht alle Produktziele für Sie als Produktmanager und für Ihr Unternehmen gleich wichtig sind. Häufig werden Gewichtungsskalen mit fünf Punkten (5 ... sehr wichtig bis 1 ... wenig wichtig) oder mit zehn Punkten (10 ... sehr wichtig bis 1 ... wenig wichtig) verwendet. Anschließend werden die Strategiealternativen hinsichtlich der Erreichungsgrade (E) bewertet. Dabei schätzen Sie ein, wie weit die Strategiealternative das jeweilige Produktziel erreicht. Auch hier werden meist Bewertungsskalen mit fünf Punkten (5 ... sehr gut bis 1 ... sehr schlecht) oder mit zehn Punkten (10 ... sehr gut bis 1 ... sehr schlecht) verwendet. Der durch Multiplikation von Gewichtung und Erreichungsgrad (G x E) und Bildung der Spaltensumme errechnete Wert ist der Zielerreichungsindex der Strategiealternative.

Bei der Einschätzung des Erreichungsgrades einer Strategiealternative können Sie qualitative Einschätzungen machen (z. B. bei der Einschätzung von Synergiezielen zwischen Produkten), aber andere Erreichungsgrade wie z. B. Umsatzziele und Deckungsbeitragsziele können Sie durchaus in mehreren Varianten rechnen.

Beispiel: Bewertung unterschiedlicher Produktstrategien

Für die quantitative Bewertung alternativer Produkteinführungsstrategien entwickelte der Produktmanager eines Hardwareherstellers ein einfaches Strategiesimulationsmodell. Das neue Produkt aus der Produktgruppe Speichermedien wurde ausschließlich im Firmenkundenmarkt abgesetzt. Vorgabe der Geschäftsbereichsleitung war, das Produktmarketing und die Einführungsstrategie auf Gewinnmaximierung (Deckungsbeitrag II) auszurichten. Als Strategiealternativen wurden eine undifferenzierte Pro-

Tab. 10 Branchensegmente, Absatzvolumen und Produkteignungsgrad

Marktsegment	Absatzvolumen	Produkteignungsgrad
Elektronik	132.000	hoch
Maschinenbau	126.000	mittel
Fahrzeugbau	74.000	mittel
Banken	154.000	hoch
Metallverarbeitung	104.000	mittel
Chemie/Pharma	72.000	hoch
Versicherungen	52.000	mittel
Energieversorger	62.000	niedrig
Konsumgüter	32.000	niedrig

duktmarktstrategie für den gesamten Firmenkundenmarkt und eine differenzierte Produktmarktstrategie (für jedes einzelne Segment eine eigene differenzierte Strategie) untersucht.

Mehrere Sitzungen im Produktmanagementteam (bestehend aus Produktmanager, Vertrieb, Marketing, Technik und Finanzen) lieferten folgende Ausgangsdaten: Bei einer undifferenzierten Strategie rechnete man mit einem Absatzanteil von 10 %.

Das gesamte Absatzvolumen wurde mit 808.000 Stück pro Jahr eingeschätzt. Bei der Segmentierung des Produktmarktes wurden die Branchensegmente, die Absatzvolumen (Stück pro Jahr) und der Produkteignungsgrad ermittelt (siehe Tab. 10).

Der Eignungsgrad des Produkts wurde durch eine Produktnutzenindexberechnung für jedes Marktsegment errechnet und anschließend wurden die Marktsegmente in die drei Produkteignungsklassen (hoch, mittel, gering) eingeteilt. Je nach Grad der Produkteignung konnte man mit der differenzierten Strategie bei Marktsegmenten mit hohem Eignungsgrad 25 %, mit mittlerem Eignungsgrad 20 % und mit niedrigem Eignungsgrad 15 % Absatzanteil erreichen. Der Produktpreis lag bei 150 €, der durchschnittliche Deckungsbeitrag I ist 20 €. Die produktbezogenen Fixkosten wurden mit 1 Mio. € geschätzt. Als Differenzierungskosten wurden vom Marketing und Vertrieb 150.000 € je Segment angegeben. Diese Differenzierungskosten wurden als variable Produktkosten eingestuft und beinhalteten zusätzlichen Kommunikationsaufwand in branchenspezifischen Medien, Messeauftritten, Außendienstschulung etc.

Das für die Strategiesimulation eingesetzte Rechenmodell war wie folgt aufgebaut:
Umsatz
- variable Kosten
= DB I
- fixe Kosten
= DB II

Bei der Berechnung der Deckungsbeitragswerte (DB II) je Strategievariante kam man zu folgendem Ergebnis:
Undifferenzierte Strategie: DB II: 616.000 €
Differenzierte Strategie (alle Segmente): DB II: 1.146.000 €

Damit war eindeutig klar, dass eine differenzierte Strategie, zumindest was den DB betraf, die eindeutig bessere Alternative darstellte. Zusätzlich wurden im Strategiebewertungsmodell mittels der Nutzwertanalyse noch weitere Zielkriterien für die Bewertung der Strategiealternativen herangezogen.

6 Das Resultat: Inhalt und Aufbau eines produktbezogenen Business-Plans

Jedes Unternehmen hat für den Einsatz im Produktmanagement seinen ganz spezifischen Business-Plan. Falls Sie noch keinen Business-Plan für Ihr Produktmanagement haben, können Sie aus den folgenden Inhalten und Strukturen einen geeigneten, individuellen Business-Plan zusammenstellen.

Dieser produktbezogene Business-Plan sollte folgende Bereiche abdecken:

- Produktmarktanalysen und Analyseergebnisse
- Produktmarktstrategien und Bewertung
- Maßnahmen und Maßnahmenplanung
- Betriebswirtschaftliche Kenngrößen

Die meisten produktbezogenen Business-Pläne haben folgende Gliederungsstruktur:

- Beschreibung der Ausgangslage
- Darstellung der Marktsituation/Trends
- Darstellung der Produktsituation/Trends
- Zusammenstellung der Chancen und Gefahren
- Darstellung der Produkt-/Markt-Strategie
- Betriebswirtschaftliche Kennzahlen
- Maßnahmen- und Zielpläne
- Controllingdaten
- Unterstützungsaktivitäten
- Zeitplanung

Die einzelnen Inhalte je Gliederungspunkt sind meist sehr individuell festgelegt.

Beispiel: Gliederungsstruktur und Inhalte eines produktbezogenen Business-Plans

1. **Beschreibung der Ausgangslage**
   - Produktbeschreibung
   - Autor

2. **Darstellung der Marktsituation/Trends**
   - Kunden, Abnehmer
   - Kaufkriterien und Kaufprozesse
   - Direkte und indirekte Konkurrenz
   - Aktuelle Wettbewerberstrategien und Ziele
   - Marktanteile nach Umsatz und Absatz
   - Vertriebsnetz und Vertriebsstruktur
   - Sonstige Marktteilnehmer (Geschäftssystem)
   - Umfeldfaktoren, Trends und Entwicklungen
3. **Darstellung der Produktsituation/Trends**
   - Beschreibung des neuen Produkts
   - Technische Daten/Testdaten
   - Vergleiche mit Konkurrenzprodukten
   - Produkttrends und Entwicklungen
4. **Zusammenstellung der Chancen und Gefahren**
   - Stärken und Schwächen im Wettbewerbsvergleich
   - Analyse der Trends und Entwicklungen
   - Ableitung der zentralen Chancen und Gefahren
   - Verwertbare Marktchancen
   - Hauptprobleme
5. **Darstellung der Produktmarktstrategie**
   - Allgemeine Leitidee
   - Qualitative und quantitative Ziele
   - Wettbewerbsvorteil (USP)
     - Grundstrategie
     - Segmentsstrategie
     - Regionalstrategie
     - Positionierungsstrategie
     - etc.
   - Marketing-Mix Strategie
     - Produkt
     - Preis
     - Distribution
     - Kommunikation
6. **Betriebswirtschaftliche Kennzahlen**
   - Absatz-/Umsatzprognose
   - Budgets
   - Deckungsbeitragsrechnung
   - Break-Even-Berechnung
   - Risikobewertung (technisch, wirtschaftlich)
   - Investitionen

7. **Maßnahmen- und Zielpläne**
   - Maßnahmenpläne
   - Zielpläne
   - Budgetpläne
   - Terminpläne
8. **Controllingdaten**
   - Hauptkontrollziele für Berichtszwecke
   - Zu beobachtende Hauptrisiken (interne, externe)
9. **Unterstützungsaktivitäten**
   - Funktionale Unterstützungsaktivitäten
   - Externe Unterstützungsaktivitäten
10. **Zeitplanung**

Die Zusammenstellung eines Business-Plans ist ein komplexer Vorgang. Im Business-Plan finden sich neben grundsätzlichen strategischen Entscheidungen viele Detailaspekte aus funktionalen Bereichen (Vertrieb, Marketing, Service, Logistik ...).

Es macht natürlich keinen Sinn, den Business-Plan dadurch zu erstellen, dass jeder funktionale Bereich seinen Beitrag formuliert und diese dann zu einem Paket zusammengeschnürt werden. Häufig werden Pläne aber tatsächlich auf diese Weise erarbeitet. Derartige Business-Pläne funktionieren in der Praxis jedoch nicht sonderlich gut.

7 Die Umsetzung: Checkliste zur Identifikation von Optimierungspotenzialen

Nun sind Sie wieder an der Reihe. Auch hier können Sie mit Hilfe der Checkliste die zentralen Optimierungspotenziale identifizieren (siehe Tab. 11). Bei der Optimierung des Produktmarketings haben Sie den Vorteil, dass Sie in einigen Punkten wesentlich mehr Einfluss und Gestaltungsmöglichkeiten haben. Es stehen Ihnen auch die bereits dargestellten Tools und Instrumente zur Verfügung, die Sie sofort einsetzen können.

Tab. 11 Checkliste Produktmarketing

	Trifft zu	Trifft wenig zu	Trifft nicht zu
1. Wir haben die Strukturelemente für unsere Produkte in unserem Unternehmen identifiziert und die Produktmärkte klar strukturiert.	☐	☐	☐
2. Die Steuerungsgrößen für unser Produktmarketing sind erkannt und in das Marketing-Controlling integriert.	☐	☐	☐
3. Unsere Produkte/Marken zählen bei Kaufentscheidungen mehrheitlich zu der Zahl der relevanten Alternativen.	☐	☐	☐
4. Der Produktnutzen unserer Produkte ist klar herausgearbeitet und der USP in der Produktwerbung kommuniziert.	☐	☐	☐
5. Unsere Produkte/Marken haben eine eindeutige und eigenständige Positionierung gegenüber dem Wettbewerb aus Kundensicht.	☐	☐	☐
6. Unser Vertrieb verfügt über alle notwendigen Hilfsmittel (Verkaufshandbuch …), um das Produkt beim Kunden effizient verkaufen zu können.	☐	☐	☐
7. Unser Produkt hat im Wettbewerbsvergleich ein optimales Preis-/Leistungsverhältnis.	☐	☐	☐
8. Wir messen die produktbezogene Kundenzufriedenheit regelmäßig und arbeiten die Ergebnisse in das Produktmarketing ein.	☐	☐	☐
9. Wir kennen die Markt- und Absatzkennziffern für unsere Produkte und Produktmärkte.	☐	☐	☐
10. Für alle unsere Produkte existiert eine Produktplanung mit Ergebnisrechnung auf Jahresbasis.	☐	☐	☐
11. Wir überprüfen unsere Produkte regelmäßig, um Kostensenkungs- und Ertragsoptimierungspotenziale auszuschöpfen.	☐	☐	☐
12. Wir haben Klarheit über die zentralen Stärken und Schwächen unserer Produkte, sowie über die spezifischen Chancen und Gefahren auf den Produktmärkten.	☐	☐	☐
13. Wir kennen die relevanten Steuerungsgrößen und Einflussfaktoren in unseren Produktmärkten.	☐	☐	☐
14. Für jedes Produkt existieren Produktziele und eine detaillierte Produktstrategie, die bis auf die Ebene der Marketing-Mix-Strategie heruntergebrochen sind.	☐	☐	☐
15. Wir entwickeln für jedes Produkt Strategiealternativen und bewerten diese entsprechend der Produktziele.	☐	☐	☐
16. Für jedes Produkt gibt es einen umfangreichen Business-Plan, der jährlich überarbeitet wird.	☐	☐	☐
17. Wir führen bei unseren Produktbereichen regelmäßig Analysen zur Programmoptimierung durch.	☐	☐	☐

Prozessorientiertes Produktmanagement: Arbeitsprozesse, Prozessorientiertes Marketing und Innovationsmanagement

Zusätzlich zur Lösung von Organisationsfragen haben Sie als Produktmanager auch die Prozessorganisation abzustimmen und zu gestalten. Gerade im Produktmanagement dominieren abteilungs- und bereichsübergreifende Prozesse und Abläufe die klassische Aufbauorganisation. Nutzen Sie diesen Gestaltungsspielraum! Entwickeln Sie Prozessvorschläge und produktmanagementrelevante Abläufe und integrieren Sie diese in Ihrem Unternehmen. Sie können damit einen wesentlichen Beitrag zum Schnittstellenmanagement liefern und Ihre Arbeit als Produktmanager wesentlich erleichtern.

Sie sollten dazu, neben einer umfassenden Kenntnis der bestehenden Prozesse und Abläufe in Ihrem Unternehmen, auch über ein spezifisches Know-how zur Prozessentwicklung und Prozessgestaltung verfügen. Auch in der Umsetzung und Anwendung der Prozesse wird von Ihnen Kompetenz als Prozessmanager gefordert.

In diesem Teil erfahren Sie,

- wie Ihre Aufgaben und Tätigkeiten im Produktmanagement als Prozess strukturiert sind.
- welchen Einfluss der Lebenszyklus Ihres Produkts auf die Produktperformance hat.
- wie Produktmanager das Marketing nach den Lebenszyklusphasen ausrichten.
- wie Sie Kaufprozesse beim Kunden aktiv auslösen können.
- wie man einen Kaufprozess analysiert und den Vermarktungsprozess darauf abstimmt.
- warum für jede Phase des Kaufprozesses der Einsatz der Marketinginstrumente angepasst werden muss.
- wie die einzelnen Phasen im Produktinnovationsprozess gestaltet werden und welche zusätzlichen Prozesse hier wirksam sind.
- welche Inhalte ein Markteinführungskonzept hat.

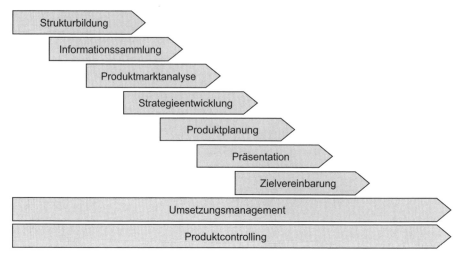

Abb. 1 Produktplanung und Teilschritte

1 Klarheit schaffen: Wie Produktmanager ihre Arbeit prozessorientiert gestalten

Sie können Ihre Arbeitsprozesse als Produktmanager in temporäre und permanente Arbeitsprozesse unterteilen. Ihre temporären oder zeitlich begrenzten Arbeitsprozesse finden meist in einem festgelegten Zeitraum statt. Ein wichtiger Arbeitsprozess ist die Produktplanung (siehe Abb. 1).

Die Produktplanung beinhaltet folgende Prozessschritte:

- Strukturbildung
- Informationssammlung
- Produktmarktanalyse
- Strategieentwicklung
- Produktplanung
- Zielvereinbarung
- Präsentation

Diese im Rahmen Ihrer Produktplanung stattfindenden Prozessschritte orientieren sich zeitlich am übergeordneten Unternehmensplanungsprozess. Sie werden einmal pro Jahr durchlaufen und finden ihr Ende in einer gemeinsamen Zielvereinbarung zwischen Ihnen und der Geschäftsführung oder, bei Unternehmen mit Geschäftsbereichen, mit der Geschäftsbereichsleitung. Die permanenten Arbeitsprozesse sind zeitlich nicht begrenzt und die darin enthaltenen Einzelaufgaben sind von Ihnen kontinuierlich zu erfüllen.

Zu den permanenten Einzelaufgaben können Sie zählen:

- Umsetzungsunterstützung
- Produktcontrolling
- Umsetzungssteuerung und -koordination

Sie als Produktmanager sind für diese Arbeitsprozesse der Prozessmanager. Diese Funktion des Prozessmanagements nimmt deswegen einen hohen Stellenwert ein, da Sie meist nicht alleine arbeiten, sondern im Produktteam und zusätzlich auch die funktionalen Bereiche mit ins Boot holen müssen. Sie sind für die Erfüllung der einzelnen Aufgaben innerhalb der Prozessschritte verantwortlich.

1.1 Temporäre Arbeitsprozesse

Die Einzelaufgaben und Tätigkeiten eines Produktmanagers innerhalb der temporären Arbeitsprozesse finden Sie hier im Einzelnen aufgelistet und dargestellt.

1. Strukturbildung
   - Segmentierung des Produktmarkts
   - Segmentierung der Produktgruppe
   - Segmentierung nach geografischen/regionalen Einheiten
   - Bildung der Produkt-Markt-Matrix
   - Bildung der Produkt-Markt-Regionen-Matrix (relevant für internationales Produktmanagement)
   - Bildung der Funktions-Technologie-Matrix (wenn notwendig)
   - Ableitung von Produkt-Markt-Kombinationen (Planungseinheiten)
2. Informationssammlung
   - Sammlung sekundärstatistischer Daten/Informationen über den Produktmarkt
     – Intern im eigenen Unternehmen
     – Externe Informationsquellen
     – Erhebung primärstatistischer Daten/Informationen zum Produktmarkt durch Marktforschung
     – über den Produktmarkt
     – über Wettbewerber im Produktmarkt
     – über Trends und Entwicklungen im Produktmarkt
3. Produktmarktanalyse
   - Durchführung unterschiedlicher Analysen
     – Positionierungsanalysen
     – Produktnutzenanalysen
     – Produktnutzenindexberechnungen
     – Marktkennziffern analysen
     – Deckungsbeitragsanalysen

- Kundenzufriedenheitsanalysen
- Analyse von Verbundeffekten (Cross-Selling-Raten)
- Portfolioanalysen
- SWOT-Analysen
- Einflussmatrix
- etc.
  - Auswertung und Zusammenfassung der Analyseergebnisse
4. Strategieentwicklung
    - Zusammenstellung der Ziele für den Produktmarkt
      - Quantitative Ziele (Umsatz, Absatz, DB, Marktanteil ...)
      - Qualitative Ziele (Bekanntheitsgrad, Positionierungsziele ...)
      - Entwicklung der Produktstrategie
      - Aufbau des strategischen Baukastens (Grundstrategien, Marketing-Mix-Strategien)
      - Identifizierung der Wettbewerberstrategien
      - Entwicklung eigener Strategiealternativen
    - Bewertung der Strategiealternativen und Auswahl der Produktstrategie
    - Erstellung des Business-Plans
5. Produktplanung
    - Entwicklung von detaillierten kurzfristig-taktischen Plänen (Jahresplänen)
      - Maßnahmenpläne
      - Zielpläne
      - Budgetpläne
      - Termin-/Zeitpläne
      - Kostenpläne
      - etc.
    - Entwicklung von Grobplänen für den Zeitraum von weiteren ein bis zwei Jahren (rollende Planung)
6. Zielvereinbarung
    - Zielvereinbarung mit den oberen Führungsebenen
      - Management des Top-down- und Bottom-up-Prozesses
      - Durchführung der Verhandlungen und Zielvereinbarungsgespräche (Geschäftsführung, Geschäftsbereichsleitung, Leiter Produktmanagement)
    - Zielvereinbarung mit den operativen Einheiten
      - Management des Top-down- und Bottom-up-Prozesses
      - Durchführung der Verhandlungen und Zielvereinbarungsgespräche (Funktionale Bereiche, Vertriebsniederlassungen, Externe Partner (soweit nicht durch Vertrieb durchgeführt) etc.)
7. Präsentation
    - Präsentation des Business-Plans und der Produktpläne im Unternehmen
    - Geschäftsführung/Geschäftsbereichsleitung/Managementteam
    - Funktionale Bereiche

- Vertriebsniederlassungen/Ländergesellschaften
- Mitarbeiter
- Präsentation /Verifizierung selektiv bei Kunden
- Präsentation (selektiv) bei externen Partnern
  - Handel/Distributoren
  - Vertriebspartnern
  - Kooperationspartnern/Entwicklungspartnern
  - Agenturen/Behörden
  - Zulieferern
  - etc.

1.2 Permanente Arbeitsprozesse

Die Einzelaufgaben und Tätigkeiten des Produktmanagers innerhalb der permanenten Arbeitsprozesse finden Sie hier im Einzelnen aufgelistet und dargestellt.

1. Ihre Aufgaben als Produktmanager im Umsetzungsmanagement
   - Umsetzungssteuerung und -koordination (intern und extern)
     - Briefings
     - Prioritätensetzung
     - Krisensitzungen
     - Konfliktmanagement
     - Krisenfeuerwehr
     - etc.
   - Umsetzungsunterstützung (intern und extern)
     - Mitwirkung bei kritischen Umsetzungsmaßnahmen (selektiv!)
     - Intervention bei kritischen Umsetzungsprojekten
     - etc.

Die Umsetzung bedeutet die Durchführung der festgelegten Maßnahmen und Strategien. Die einzelnen Tätigkeiten, die Sie im Rahmen des Umsetzungsmanagements durchführen, können hier selbstverständlich nicht erschöpfend dargestellt werden. Vor allem die Schnittstellendefinition und Aufgabenteilung zwischen den funktionalen Bereichen und Ihnen als Produktmanager spielen hier eine große Rolle.

2. Ihre Aufgaben als Produktmanager im Produktcontrolling
   - Regelmäßige Kontrolle der Zielerreichung
   - Bestimmung von Soll-Ist-Abweichungen
   - Ursachenanalyse bei Abweichungen
   - Entwicklung von Gegenmaßnahmen
   - Bericht an die relevanten Führungsebenen (Eskalationsprinzip)
   - Information an die Umsetzungsverantwortlichen

Abb. 2 Produktcontrolling und Controllingkreislauf

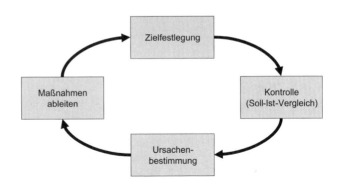

Im Produktcontrolling vergleichen Sie die erreichten Werte (Ziele, Budgets, Termine ...) mit den Vorgabewerten aus Ihrer Produktplanung und Zielvereinbarung (Soll-Werte), analysieren Abweichungen und initiieren entsprechende Korrekturmaßnahmen. Zielsetzungen (Soll-Werte) erfüllen nur dann ihren Zweck, wenn Sie die Erreichung ständig kontrollieren. Nur durch einen ständigen Vergleich des Erreichten mit den Vorgaben (Soll-Ist-Vergleich) ist es für Sie möglich, die operative Umsetzung durch korrektive Maßnahmen in die gewünschte Richtung zu lenken.

Sie als Produktmanager durchlaufen hier regelmäßig den Controllingkreislauf (siehe Abb. 2).

Ihr Produktcontrolling hört also nicht mit der simplen Feststellung einer Abweichung auf (Kontrolle Soll-Ist-Vergleich). Sie müssen auch untersuchen, worauf diese Abweichung zurückzuführen ist (Ursachenbestimmung). Ihre Ursachenbestimmung im Rahmen einer Abweichungsanalyse kann dabei ergeben,

- dass die Umsetzung mangelhaft ist,
- dass die Maßnahmen in den Produktplänen nicht die erwartete Wirkung zeigen,
- dass die Zielsetzung zu hoch gegriffen ist oder
- dass es zu wesentlichen Änderungen im Produktmarkt gekommen ist und Sie die gesamte Produktstrategie neu überdenken müssen.

Dabei müssen Sie einen neuen Produktmarketing prozess in Gang setzen. Dieser Prozess setzt in jener Phase ein, in der laut Ergebnis der Abweichungsanalyse eine Korrektur notwendig ist.

Sie können daher zu folgenden Korrekturen kommen:

- Korrektur der Umsetzung
- Korrektur der Pläne
- Korrektur der Ziele
- Korrektur der Strategie

Abb. 3 Festlegung von Toleranzgrenzen

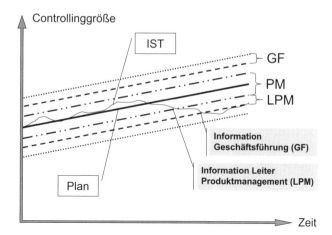

Im Rahmen des Produktcontrollings stellt sich für den Produktmanager sehr häufig die Frage, bei welchem Ausmaß der Abweichung eine Information an übergeordnete Führungsebenen erfolgen soll. Diese Frage können Sie vereinfachen, wenn Sie bereits in der Planung Toleranzgrenzen festlegen. Mit diesen Toleranzgrenzen legen Sie das Ausmaß der noch zu tolerierenden negativen und auch positiven Abweichung für jede kritische Controllinggröße fest (siehe Abb. 3).

In diesem Beispiel wurden drei Toleranzgrenzen festgelegt. Bleibt die Abweichung innerhalb der ersten Toleranz, erfolgt keine Information an andere Stellen. Sie versuchen hier, eigenständig durch Abweichungsanalysen die Ursache für die Abweichung zu ermitteln und Gegenmaßnahmen abzuleiten. Wird die erste Toleranzgrenze durchbrochen, erfolgt eine Information an den Leiter Produktmanagement. Hier wird dann gemeinsam versucht, eine Kurskorrektur vorzunehmen. Gelingt dies nicht und die dritte Toleranzgrenze wird durchbrochen, erfolgt unmittelbar eine Information an die Geschäftsführung des Unternehmens. In diesem Fall droht das Ausmaß der Abweichung so groß zu werden, dass der Unternehmenserfolg dadurch beeinflusst werden kann. In der Praxis zeigt sich, dass die Festlegung und Kommunikation von Toleranzgrenzen auch einen disziplinierenden Effekt hat. Produktmanagement und funktionale Bereiche versuchen gemeinsam, frühzeitig Korrekturen vorzunehmen, um eine Eskalation zu vermeiden.

2 Immer am Ball: Die Entwicklung von Maßnahmen zur Gestaltung des Produktlebenszyklus

Produkte und Produktmärkte sind in einem permanenten Zustand der Veränderung. Die Dynamik der Veränderung ist, abhängig vom Produktmarkt, mehr oder weniger gut vorhersehbar. Für Sie als Produktmanager ergibt sich aufgrund dieser Dynamik die

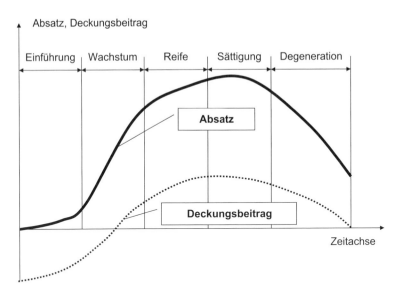

Abb. 4 Lebenszyklusmodell und Lebenszyklusphasen

Notwendigkeit, eine stärkere prozess- und phasenspezifische Betrachtung der Entwicklung der Produktmärkte und des eigenen Produkts vorzunehmen. Um diese Dynamik besser zu verstehen, stehen Ihnen verschiedene Phasen-/Prozessmodelle zur Verfügung. Das wichtigste Modell ist das Lebenszyklusmodell.

2.1 Das Lebenszyklusmodell

Das Lebenszyklusmodell ist ein Modell, mit dem Sie die Umsatz- oder Absatzentwicklung Ihres Produkts im Zeitverlauf abbilden können. Den idealtypischen Verlauf der dabei entstehenden Lebenszykluskurve können Sie weiter in unterschiedliche Lebenszyklusphasen unterteilen (vgl. Abb. 4).

Neben dem Umsatz- oder Absatzverlauf können Sie auch noch den Verlauf des Deckungsbeitrages in die Lebenszyklusbetrachtung mit aufnehmen. Lebenszykluskurven können unterschiedlich ausgeprägt sein. Die Länge und der Verlauf sind sehr stark abhängig von Ihrem Produkt und Ihrem Produktmarkt. Auch die Dauer der einzelnen Lebenszyklusphasen haben unterschiedlichste Ausprägungen. Den Lebenszyklusverlauf eines Produkts aus der Telekommunikationsbranche (Privatpersonen) zeigt Abb. 5.

Der Verlauf des Lebenszyklus orientiert sich hier an der Zahl der gewonnenen Kunden (Privatkunden). Die Einführungsphase und auch die Wachstumsphase des Produkts am Markt dauern circa ein Jahr. Das Produkt, wie Sie klar erkennen können, befindet sich derzeit in der Reife -/Sättigungsphase.

2 Immer am Ball: Die Entwicklung von Maßnahmen zur... 267

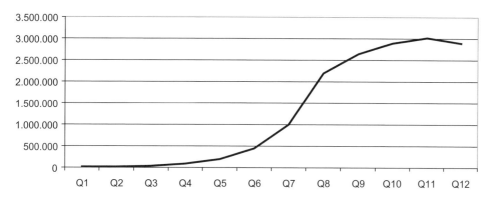

Abb. 5 Verlauf des Lebenszyklus eines Produkts

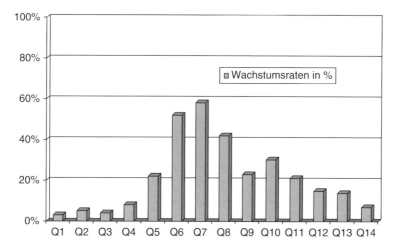

Abb. 6 Wachstumsraten im Lebenszyklusverlauf

1. Einführungsphase

Mit der Einführungsphase beginnt der Lebenszyklus Ihres Produkts. In der Einführungsphase ist der Absatz Ihres Produkts typischerweise gering und die Deckungsbeiträge sind wegen der meist hohen Einführungskosten gering oder negativ. In dieser Phase entscheidet sich auch, ob Ihr Produkt vom Markt aufgenommen wird oder sich als Flop entwickelt.

2. Wachstumsphase

Diese Phase ist charakterisiert durch ein schnelles Absatz- und Deckungsbeitragswachstum. Hier greifen Ihre in der Einführungsphase eingesetzten Marketinginstrumente, und Ihr Produkt entwickelt eine starke Verbreitung am Markt. Die starke Steigerung der Wachstumsraten in dieser Phase zeigt Ihnen das Beispiel eines Produkts aus der Telekommunikation in Abb. 6.

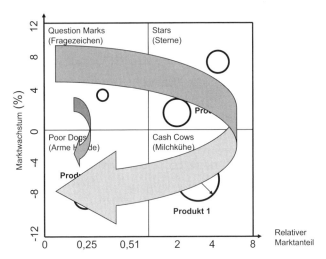

Abb. 7 Lebenszyklusmodell und Portfolioanalyse

Die Wachstumsphase dieses Produkts beginnt im vierten Quartal und endet im siebten Quartal.

3. Reife-/Sättigungsphase

Die Reife- und Sättigungsphase wird in manchen Fällen getrennt oder einfach zusammengefasst als Reifephase betrachtet. In der Praxis ist die Unterscheidung relativ schwierig. In diesen Phasen/dieser Phase erkennen Sie die Anzeichen der zunehmenden Marktsättigung. Die Wachstumsraten und Deckungsbeiträge Ihres Produkts sind rückläufig.

4. Degenerationsphase

Der Verfall Ihres Produkts setzt ein. Die Degenerationsphase ist meist dadurch gekennzeichnet, dass der Deckungsbeitrag negativ wird. Eine Wiederbelebung des Produkts in dieser Phase gelingt eher selten.

Auch andere Konzepte und Modelle beinhalten das Lebenszyklusmodell oder werden davon beeinflusst. Speziell im Zusammenhang mit dem Marktwachstums-Marktanteils-Portfolio wird die Lebenszyklusanalyse erwähnt. Der Verlauf des Lebenszyklus spiegelt sich in der Bewegung der Produkte in diesem Portfolio im Zeitverlauf wider: vom Question Mark zum Star, von der Cash Cow zum Poor Dog. Im Falle eines Flops ist der Weg etwas verkürzt. Er geht vom Question Mark direkt zum Poor Dog (siehe Abb. 7).

Abb. 8 Produkt- versus Marktlebenszyklus

2.2 Produkt- versus Marktlebenszyklus

Bei der Betrachtung der Lebenszyklen werden Sie sich wahrscheinlich auch die Frage stellen, um welchen Lebenszyklus es sich handelt. Grundsätzlich können Sie unterscheiden zwischen dem

- Produktlebenszyklus Ihres Produkts und dem
- Lebenszyklus des gesamten Produktmarkts (siehe Abb. 8).

Der **Marktlebenszyklus** bezieht sich auf den gesamten Produktmarkt. Um den Marktlebenszyklus bestimmen zu können, müssen Sie die Summe der Absätze oder Umsätze aller Produkte in Ihrem Produktmarkt im Zeitverlauf betrachten. Der **Produktlebenszyklus** bezieht sich nur auf ein Produkt in diesem Produktmarkt. Der Produktlebenszyklus Ihres Produkts kann einfach dargestellt werden. Ihre eigenen Umsätze oder Absätze des Produkts werden im Zeitverlauf abgebildet. In der Regel können Sie hier erhebliche Unterschiede feststellen (vgl. Abb. 9).

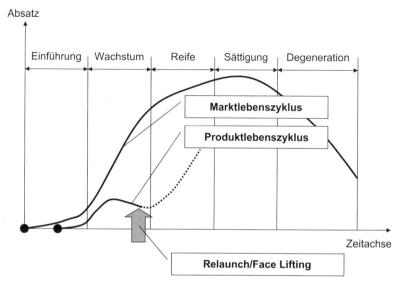

Abb. 9 Gegenüberstellung von Produkt- und Marktlebenszyklus

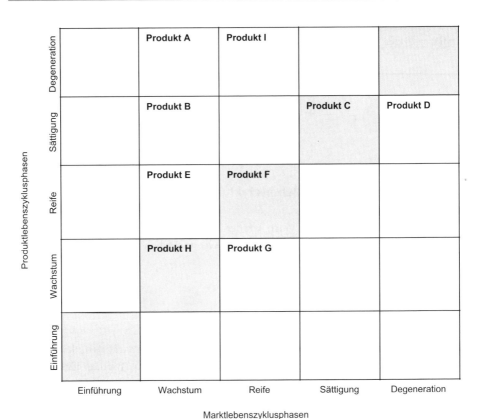

Abb. 10 Lebenszyklus-Matrix

Ihr Produkt wurde nach dem Wettbewerbsprodukt in den Produktmarkt eingeführt. Es entwickelte sich marktkonform. Auch andere Wettbewerbsprodukte sind in der Einführungsphase sowie in der Wachstumsphase des Produktmarkts hinzugekommen. Die Summe aller Absätze ergibt auch hier die Marktlebenszyklus kurve. Ihr Produkt hatte jedoch Probleme am Markt und der Absatz ging stark zurück, obwohl der Produktmarkt nach wie vor große Wachstumsraten zeigte. Sie als Produktmanager mussten hier sofort reagieren. Durch einen Relaunch (Produkt-, Verpackungs-, Markenrelaunch etc.) oder bei kleineren Problemen durch Face-Lifting-Maßnahmen müssen Sie versuchen, wieder auf Kurs zu kommen.

Zur Überprüfung Ihres Produkts hinsichtlich Produkt- und Marktlebenszyklus können Sie die Lebenszyklus-Matrix heranziehen. Bei dieser Matrix stellen Sie den eigenen Produktlebenszyklus dem Marktlebenszyklus gegenüber. Die Lebenszyklusphase des Produktmarkts wird dabei als Faktor für die Wachstumsdynamik des Markts herangezogen, die Phasen des Produktlebenszyklus dienen zur Einschätzung der Wachstumsdynamik Ihrer Produkte. Die Zuordnung Ihrer Produkte zu den einzelnen Phasen des Lebenszyklusmodells erfolgt meist mittels Bewertung der Entwicklung von Umsatz, Absatz und Deckungsbeitrag sowie der relevanten Markt- und Absatzkennziffern (siehe Abb. 10).

Tab. 1 Lebenszyklusphasen und Produktdeckungsbeitrag

	Einführung	Wachstum	Reife/Sättigung	Degeneration
Deckungsbeitrag (DB)	Gering, negativ	Wachsend, hoch	Stagnierend, sinkend	Stark fallend, negativ

Die Produkte in den diagonal verlaufenden Feldern entwickeln sich analog der Entwicklung des Produktmarkts. Produkt G liegt über den Wachstumsraten des Gesamtmarkts und gewinnt daher Marktanteile. Der Produktmarkt befindet sich hier bereits in der Reifephase, der eigene Produktlebenszyklus noch immer in der Wachstumsphase. Produkt B ist ein Problemfall. Mit dem Produktmarkt in der Wachstumsphase zeigt der eigene Absatzverlauf bereits Sättigungstendenzen. Das Produkt verliert Marktanteile.

2.3 Altersstrukturanalyse von Produkten

Das Lebenszyklusmodell ist ein hilfreiches Mittel, um die Altersstruktur Ihrer Produkte zu ermitteln. Besonders unter dem Gesichtspunkt des Deckungsbeitrages ist erwiesen, dass Produkte in unterschiedlichen Lebenszyklusphasen unterschiedliche Deckungsbeiträge erwirtschaften.

Die in Tab. 1 angegebenen Werte sind lediglich Richtwerte. Zum Zwecke der Altersstrukturanalyse müssen Sie die spezifischen Gegebenheiten der Produktmärkte, der Wettbewerbssituation und Ihrer produktbezogenen Kosten heranziehen.

> **Beispiel: Veränderung des Produktdeckungsbeitrages in den Lebenszyklusphasen**
>
> Bei der Analyse der Deckungsbeitragsstruktur der Produkte im Unternehmen stellte ein Team von Produktmanagern fest, dass bei Produkten in der Einführungsphase der Deckungsbeitrag zwischen -10 und $+5\%$ lag. Bei Produkten in der Wachstumsphase lag der Wert zwischen $+15$ und $+45\%$. Die Werte in der Reife-/Sättigungsphase schwankten zwischen $+20$ und $+40\%$, und in der Degenerationsphase gab es eine Spannweite von -20 bis $+10\%$.

Aufgrund dieser unterschiedlichen Deckungsbeitragssituation der Produkte je Lebenszyklusphase macht es für Sie Sinn festzustellen, welche Produkte sich in welcher Phase des Produktlebenszyklus befinden. Eine Deckungsbeitragsoptimierung kann dann dadurch erfolgen, dass Sie Produkte in der Degenerationsphase aus der Produktgruppe herausnehmen (eliminieren). Auch eine straffere Selektion von Produkten, die in den Markt eingeführt werden sollen, reduziert nicht nur die Anzahl der Flops, sondern erhöht insgesamt Ihre Profitabilität.

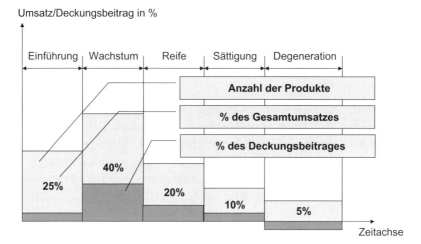

Abb. 11 Altersstrukturanalyse von Produkten

Beispiel: Eliminierung von Produkten

In einem Unternehmen aus der Konsumgüterindustrie gibt es von der Geschäftsführung klare Vorgaben für die Eliminierung von Produkten. Diese sind für das Produktmanagement bindend. Jährlich werden die einzelnen Produkte des Unternehmens nach diesen Kriterien überprüft und es wird festgelegt, welche Produkte in welchem Zeitraum aus dem Produktportfolio und aus den Produktsortimenten entfernt werden.

Folgende Kriterien und Methoden werden dazu herangezogen:

- Position im Produktportfolio
- Deckungsbeitragsentwicklung
- Umsatz-/Absatzentwicklung
- Lebenszyklus-Matrix und Altersstrukturanalyse
- Wachstumsmatrix
- etc.

Die Bestimmung der Altersstruktur der Produkte ist relativ einfach durchzuführen. Sie ordnen die einzelnen Produkte den Lebenszyklusphasen zu und errechnen dann,

- wie viele Produkte sich in den einzelnen Phasen des Lebenszyklus befinden,
- wie viel Umsatz mit diesen Produkten gemacht wird und
- wie viel Deckungsbeitrag dabei anfällt (siehe Abb. 11).

Die Anzahl der Produkte ist insofern wichtig, weil Sie damit auch einen Hinweis zur Risikoverteilung gewinnen können. Haben Sie nur wenige/einige Produkte in der

2 Immer am Ball: Die Entwicklung von Maßnahmen zur... 273

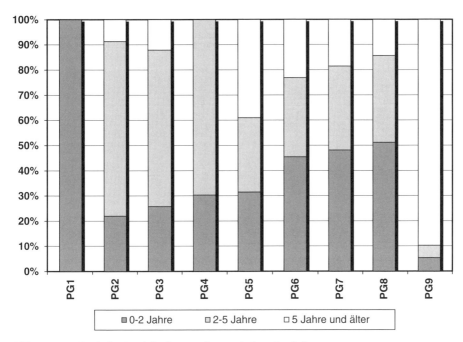

Abb. 12 Vergleich der Produktaltersstruktur zwischen Produktgruppen

Wachstumsphase mit hohem Volumen, besteht die Gefahr, dass Sie dieses Volumen möglicherweise durch neue Produkte nicht mehr kompensieren können, wenn diese Produkte in die Reife-/Sättigungs- und Degenerationsphase kommen.

Der Vergleich von unterschiedlichen Produktgruppen eines Unternehmens in Abb. 12 illustriert die unterschiedliche Altersstruktur. Produktgruppe 1 (PG1) wurde vor einem Jahr aufgebaut, hier sind sämtliche Produkte jünger als zwei Jahre. Eine gut ausgewogene Produktaltersstruktur zeigen Produktgruppe 5 (PG5) und 6 (PG6). Eine starke Überalterung weist die Produktgruppe 9 (PG9) auf.

Es leuchtet ein, dass Sie eine Entscheidung zur Programmbereinigung nicht alleine auf Basis der Ergebnisse der Altersstrukturanalyse treffen können. Sie liefert Ihnen aber ohne Zweifel eine zusätzliche Perspektive für Entscheidungen im Produktmanagement. Optimierung der Produktaltersstruktur braucht jedoch Zeit und muss durch ein konsequentes Innovationsmanagement und ein ebenso konsequentes Eliminieren von „alten" Produkten vorangetrieben werden (siehe Abb. 13).

Die Altersstruktur dieser Produktgruppe wurde innerhalb eines Zeitraums von rund sechs Jahren deutlich verändert. Der Umsatz von neuen Produkten wurde von einem Umsatzanteil an der Produktgruppe von 38 auf 58 % erhöht, während der Umsatzanteil der Produkte, die älter sind als fünf Jahre, um die Hälfte reduziert wurde.

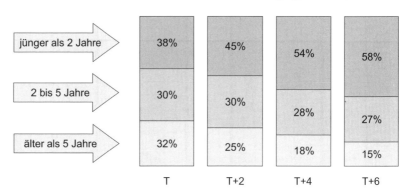

Abb. 13 Optimierung der Altersstruktur von Produkten

2.4 Marketing-Mix im Produktlebenszyklus

Auch hinsichtlich der Gestaltung des Marketing-Mix in den einzelnen Phasen des Produktlebenszyklus gibt es für Sie Empfehlungen aus der Praxis. Diese Empfehlungen können Sie in der Planungsphase heranziehen, um zumindest die wichtigsten Aufgaben und Möglichkeiten des Marketing-Mix in den einzelnen Phasen zu evaluieren. Dazu ist notwendig, dass Sie einschätzen können, in welcher Phase des Produktlebenszyklus sich Ihr Produkt befindet. Als Hilfestellung dazu habe ich für Sie die wichtigsten Charakteristika der Lebenszyklusphasen zusammengefasst (siehe Abb. 14).

Ein wesentliches Merkmal der Einführungsphase ist, dass hier primär Kundentypen oder Marktsegmente Erstkäufe tätigen, die als Innovatoren bezeichnet werden können. Innovatoren sind Personen, die sich auf neue Produkte und/oder Dienstleistungen frühzeitig einlassen. Dieser Personentyp ist auch vom Persönlichkeitsprofil „innovativ" und Neuem gegenüber grundsätzlich positiv eingestellt (siehe Abb. 15).

In der Einführungsphase muss es ein wesentliches Ziel für Sie sein, eine kritische Menge an Innovatoren für Ihr neues Produkt zu gewinnen, um ein ausreichend großes Referenzpotenzial für die dann folgenden Adoptionsgruppen zu schaffen.

Sehr häufig orientiert sich der Vertrieb beim Verkauf neuer Produkte an der frühen und späten Mehrheit. Diese Kundengruppen sind im Vergleich zu Innovatoren meist eher pflegeleicht. Innovatoren haben hohen Informations- und Betreuungsbedarf und sind daher für den Vertrieb mit höherem Aufwand verbunden. Kunden aus der Gruppe der frühen und späten Mehrheit sind zwar auch am Produkt interessiert, sie sind aber in der Kaufentscheidung konservativ und kaufen eher bereits am Markt etablierte Produkte und Leistungen. Sie orientieren sich stark an Referenzen bei Kaufentscheidungen.

Bei der Mengenverteilung der einzelnen Adoptionsgruppen können Sie von folgenden Richtwerten ausgehen:

2 Immer am Ball: Die Entwicklung von Maßnahmen zur...

	Phasen des Produktlebenszyklus			
Kriterium	Einführung	Wachstum	Reife/Sättigung	Degeneration
Absatzwachstum	gering			
Kosten	Einführungskosten (hoch)			
Deckungsbeiträge	gering, negativ			
Kundentypen/ Marktsegmente	Innovatoren			
Wettbewerber	wenige/keine			
Ziele	Bekanntheitsgrad, Erstkäufe, Referenzpotenzial			

Abb. 14 Charakteristika der Produktlebenszyklusphasen (Einführungsphase)

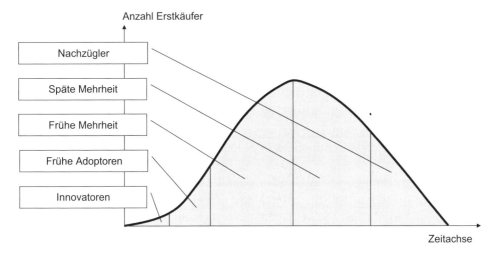

Abb. 15 Adoptionsgruppen im Zeitverlauf

- Innovatoren (Innovators): 2–5 %
- Frühe Adoptoren (Early Adopters): 10–15 %
- Frühe Mehrheit (Early Majority): 30–35 %
- Späte Mehrheit (Late Majority): 30–35 %
- Nachzügler (Laggards): 10–20 %

> **Beispiel: Identifizierung von Adoptionsgruppen im Produktmarkt**

Zur Vorbereitung einer für das Unternehmen wichtigen Produkteinführung versuchten das Produktmanagement und der Vertrieb, die Kunden nach folgenden Kundentypen zu klassifizieren:

- Innovatoren
- Mehrheit
- Nachzügler

Die notwendigen Kriterien wurden ermittelt, und jeder Vertriebsmitarbeiter wurde aufgefordert, seine Kunden in dieses einfache Raster zu integrieren. Insgesamt wurden rund 3.500 Kunden eingestuft.

Nach dem zweiten Durchlauf wurden folgende Zahlen ermittelt:

- **Innovatoren**
  - 4,8 %
  - 168 Kunden
- **Mehrheit**
  - 75,8 %
  - 2.653 Kunden
- **Nachzügler**
  - 19,4 %
  - 679 Kunden

Die Bewertung der Kunden erfolgte im Wesentlichen durch Ermittlung des Kaufverhaltens bei früheren Produkteinführungen, Forderungen des Kunden hinsichtlich Referenzen und Persönlichkeitsprofil der den Kaufentscheidung sprozess dominierenden Personen.

In der Einführungsphase des Produkts war der Vertrieb verpflichtet, die definierten 168 Innovatoren innerhalb des ersten Monats der Einführungsphase zu kontaktieren. Unterstützt wurde dieser Schwerpunkt durch Direktmarketingaktionen und das Call Center des Unternehmens. Von den 168 Innovatoren wurden in der Einführungsphase 48 Kunden gewonnen und damit ein ausreichend großes Referenzpotenzial für den Gesamtmarkt geschaffen.

Die weiteren Phasen des Produktlebenszyklus nach der Einführungsphase weisen ebenfalls besondere Charakteristika auf (vgl. Abb. 16).

Die Wettbewerbssituation verändert sich im Lebenszyklus ebenfalls stark. In der Einführungsphase finden Sie keine oder wenige Wettbewerber, in der Wachstumsphase zunehmend, gegen Ende der Reife - und Sättigungsphase findet meist eine Bereinigung bei den Wettbewerbern statt.

Für die Produkteinführungsstrategie können Sie auch hier unterschiedliche

2 Immer am Ball: Die Entwicklung von Maßnahmen zur... 277

Kriterium	Phasen des Produktlebenszyklus			
	Einführung	Wachstum	Reife/Sättigung	Degeneration
Absatzwachstum	gering	rasch steigend	stagnierend	rückläufig
Kosten	Einführungskosten (hoch)	Aufbaukosten (mittel/hoch)	Erhaltungskosten (mittel, gering)	Abbaukosten (gering)
Deckungsbeiträge	gering, negativ	wachsend, hoch	stagnierend, sinkend	stark fallend, negativ
Kundentypen/ Marktsegmente	Innovatoren	frühe Adoptoren, frühe Mehrheit	späte Mehrheit	Nachzügler
Wettbewerber	wenige/keine	zunehmend	stabil	abnehmend
Ziele	Produkt bekannt machen, Erstkäufe herbeiführen	Gewinnung Marktanteil	Gewinnoptimierung, Bestandssicherung	Kostensenkung, Abbau

Abb. 16 Charakteristika der Produktlebenszyklusphasen

Strategien definieren:

- Pionierstrategie
- Früheinsteigerstrategie
- Späteinsteigerstrategie

Die Pionierstrategie ist dadurch gekennzeichnet, dass Sie als Erster in den Produktmarkt einsteigen. Ihr Vorteil liegt darin, dass Sie damit den Produktmarkt prägen und gegebenenfalls auch gewisse Marktstandards etablieren können. Die Möglichkeit, Eintrittsbarrieren für den Wettbewerber aufzubauen, sollten Sie konsequent nutzen (z.B. durch vertragliche Bindung von Händlern, Exklusivitätsvereinbarungen mit Kunden . . .). Die Strategie des frühen Einsteigers hat das Ziel, die Einführungskosten weitgehend zu vermeiden und die Flop gefahr zu reduzieren. Als Früheinsteiger werden Sie noch im Verlauf der Einführungsphase in den Produktmarkt einsteigen. Als Späteinsteiger versuchen Sie, in den Produktmarkt frühestens gegen Ende der Einführungsphase und spätestens bis zur Mitte der Wachstumsphase einzusteigen.

Die einzelnen strategischen Schwerpunkte und Marketing-Mix-Strategien können Sie nun den einzelnen Phasen des Lebenszyklus zuordnen. Die spezifischen Übergänge in den strategischen Schwerpunkten planen Sie im Detail in der jährlichen Produktplanung. Abb. 17 zeigt Ihnen ein vereinfachtes Beispiel der Marketing-Mix-Strategien in den einzelnen Phasen des Produktlebenszyklus.

Die Gestaltung des Marketing-Mix auf Basis der Erkenntnisse aus der Lebenszyklusbetrachtung geht davon aus, dass es genügt, mittels Einführungswerbung den Bekanntheitsgrad zu optimieren, um damit Erstkäufe in der Einführungsphase des Produkts zu generieren. Dieser Ansatz ist sehr stark verbunden mit der klassischen AIDA-

Marketing-Mix Strategien	Phasen des Produktlebenszyklus			
	Einführung	Wachstum	Reife/Sättigung	Degeneration
Sortiment	Basissortiment	Ausbau zum Vollsortiment	Artikelschwerpunkte Cherry Picking	Selektiv Artikel eliminieren
Preis	Abschöpfungs-preisstrategie	Übergang zu Hochpreisstrategie	Preis wie Wettbewerb	Selektive Preissenkungen
Distribution	Selektive Distribution	Verdichtung Distributionswege	Intensive Distribution	Distributionswege eliminieren
Kommunikation	Bekanntheitsgrad	Imagewerbung/ Produktwerbung	Produktwerbung (USP)	Erhaltungswerbung
Verkaufsförderung (VKF)	Intensiv (Handel)	Intensiv (Kunde)	Selektiv	Abverkauf
Bedarfsart	Referenzkunden schaffen, Innovatoren	Neubedarf	Markenwechsel, Ersatzbedarf, Kundenbindung	Potenzialerweiterung

Abb. 17 Marketing-Mix-Strategien im Lebenszyklusverlauf

Formel. Dieses Modell besagt, dass Sie als Produktmanager zuerst Aufmerksamkeit (A ... Attention) erzeugen müssen. Ist der Kunde interessiert (I ... Interest), wird er den Wunsch haben, Ihr Produkt zu kaufen (D ... Desire), und schlussendlich den Kauf realisieren (A ... Action). Dieses einfache Modell funktioniert jedoch nicht immer. Die Bestimmung des Marketing-Mix aus der Perspektive des Lebenszyklusmodells müssen Sie daher durch die Erkenntnisse aus dem Kaufprozessmanagement ergänzen.

3 Die Königsdisziplin: Aktives Kaufprozessmanagement durch den Produktmanager

Produktmanager nehmen immer stärker Einfluss auf den Kaufprozess beim Kunden. Sie unterstützen dabei das operativ-taktische Verkaufsgespräch des Vertriebs durch die Entwicklung und Umsetzung eines kaufprozessspezifischen Marketing-Mix. Im Gegensatz zur klassischen Gliederung des Marketing-Mix nach dem häufig verwendeten Gliederungsschema der vier Ps (Product, Price, Place und Promotion) und dem AIDA-Modell orientieren Sie sich als Produktmanager bei der Zusammenstellung des Marketing-Mix am Kaufprozess des Kunden.

3 Die Königsdisziplin: Aktives Kaufprozessmanagement durch den Produktmanager

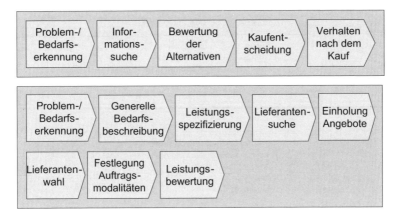

Abb. 18 Kaufprozesse mit unterschiedlichen Kaufprozessphasen

3.1 Der Kaufprozess beim Kunden

In der Regel durchläuft ein Kunde bei der Kaufentscheidung für ein Produkt einen Entscheidungsprozess. Diese Kaufentscheidungsprozesse können Sie meist in unterschiedliche Prozessphasen unterteilen, in denen verschiedene Nachfrageprobleme des Käufers im Vordergrund stehen. Sie können zwar in manchen Fällen die Abgrenzung der einzelnen Kaufprozessphasen nicht eindeutig feststellen, die Aufteilung in einzelne Prozessphasen ergibt jedoch eine gute Struktur zur Analyse des Entscheidungsprozesses und zur Zusammenstellung des Marketing-Mix (vgl. Abb. 18).

Ebenso ist der Zeitbedarf auf der Kundenseite, der vom Start des Kaufprozesses bis zur endgültigen Kaufentscheidung benötigt wird, unterschiedlich hoch. Bei reinen Spontanentscheidungen sind dem Einsatz des Kaufprozessmanagements jedoch Grenzen gesetzt.

Kaufprozesse beginnen mit der Phase der Problem- oder Bedarfserkennung beim Kunden. In dieser Phase erkennt der Kunde die Notwendigkeit für ein Produkt oder eine Leistung (Bedarfsorientierung) oder er identifiziert lediglich ein Problem (Problemorientierung), das mit einem Produkt, einem Verfahren, einem System, das noch nicht spezifiziert ist, gelöst werden kann.

Bei der Bedarfsorientierung wird meist im nächsten Prozessschritt eine spezifische Suche von Informationen über Produkte und Anbieter erfolgen, bei der Problemorientierung wird als nächster Schritt meist eine Lösungssuche für das Problem eingeschaltet. Durch diese unterschiedlichen Ausgangssituationen können Sie beim Kaufprozess einstufige und zwei- oder mehrstufige Kaufprozesse unterscheiden.

Zwei - oder mehrstufige Kaufprozesse haben eine Problemorientierung als Ausgangsbasis. In der ersten Stufe des Kaufprozesses (Kaufprozess zur Lösungssuche) versucht der Kunde, die richtige Lösung für sein Problem zu finden. In der zweiten Stufe werden kon-

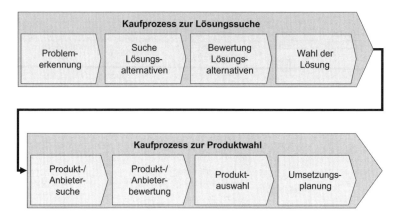

Abb. 19 Zweistufiger Kaufprozess

krete Produkte und Produktanbieter gesucht und aus den unterschiedlichen Alternativen ausgewählt (siehe Abb. 19).

Beispiel: Zweistufiger Kaufprozess zur Entscheidungsfindung

Die erste Stufe des Kaufprozesses
- **Phase 1: Problemerkennung**
  Eine Person wird vom Arzt dringend aufgefordert, das Körpergewicht zu reduzieren, da durch das Übergewicht die Gefahr schwerer gesundheitlicher Schäden für diese Person besteht bzw. bestehende Gesundheitsprobleme dadurch weiter verschärft werden könnten.
- **Phase 2: Suche nach Lösungsalternativen**
  Die Person macht sich nun intensiv darüber Gedanken, wie die Gewichtsreduktion am besten zu erzielen ist. Dazu sucht sie unterschiedliche Lösungsalternativen. Diätpläne, Schlankheitskuren, Fitnesscenter, Verfahren aus der Naturheilkunde etc. werden identifiziert. Auch das FdH-Konzept („Friss die Hälfte") wird in Betracht gezogen.
- **Phase 3: Bewertung der Lösungsalternativen**
  Die unterschiedlichen Lösungsansätze werden durch die betroffene Person anhand der relevanten Kriterien bewertet und verglichen.
- **Phase 4: Wahl der Lösung**
  Die Person entscheidet sich, eine der traditionellen Schlankheitskuren durchzuführen. Die erste Stufe des Kaufprozesses wird hier durch die Lösungswahl abgeschlossen. Die Kaufprozessauslösung ist damit für die zweite Stufe des Kaufprozesses erfolgt.

Die zweite Stufe des Kaufprozesses
- **Phase 1: Produkt-/Anbietersuche**

3 Die Königsdisziplin: Aktives Kaufprozessmanagement durch den Produktmanager

Problem-/Bedarfserkennung	Informationssuche	Bewertung der Alternativen	Kaufentscheidung	Verhalten nach dem Kauf	
		✓	✓		GF
	✓	✓	✓		EK
		✓		✓	F&E
		✓		✓	QM
	✓	✓	✓	✓	IT
✓		✓	✓	✓	M/V
✓	✓				PL

Abb. 20 Beteiligte Personen am Kaufprozess

Die Person sucht nach den gängigsten Schlankheitskuren. Unterschiedliche Konzepte und wissenschaftliche Ansätze prägen diese Schlankheitskuren.

- **Phase 2: Bewertung der Produkte**
  Die einzelnen Schlankheitskuren werden durch die Person bewertet. Sie zieht drei Schlankheitskuren in die engere Wahl und bringt auch in Erfahrung, ob die Kosten der Kur von öffentlichen Einrichtungen übernommen werden. Auch der Hausarzt wird nochmals kontaktiert.
- **Phase 3: Produktauswahl**
  Die Person trifft die Kaufentscheidung für eine Schlankheitskur. Es erfolgt die Bestellung beim Anbieter.
- **Phase 4: Umsetzungs-/Anwendungsphase**
  In der Anwendungs-/Umsetzungsphase wird die Kur durchgeführt. Auftretende Probleme werden mit dem Hausarzt und mit dem Produktanbieter über die Hotline, im Internet-Chat-Room und durch örtliche Selbsthilfegruppen gelöst.
- **Phase 5: Bewertungsphase**
  Mit der Abschluss-/Nachuntersuchung beim Arzt endet dieser Prozess. Die Person wurde vom Hersteller zu ihrer Zufriedenheit befragt und es wurde auch versucht, über Cross-Selling-Maßnahmen weitere Produkte (z. B. Nahrungsergänzungen) zu verkaufen.

Darüber hinaus können Sie feststellen, dass meist auch unterschiedliche Personen oder Personengruppen (Buying Center) in den einzelnen Phasen des Kaufprozesses beteiligt sind (siehe Abb. 20).

In diesem industriellen Kaufprozess sind die Geschäftsführung (GF), der Einkauf (EK) die Forschung und Entwicklung (F&E), das Qualitymanagement (QM), die EDV-

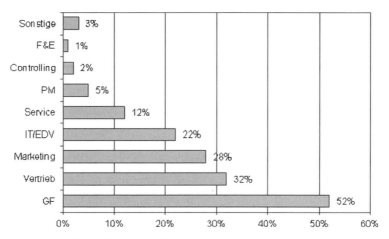

Abb. 21 Kaufprozessinitiative Region/Land A

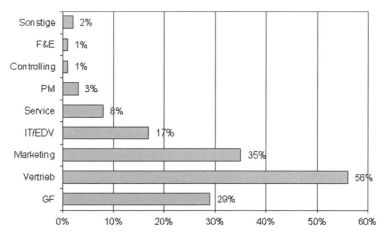

Abb. 22 Kaufprozessinitiative Region/Land B

Abteilung (IT), Marketing und Vertrieb (M/V) und die Projektleitung (PL) auf der Kundenseite in die Kaufentscheidung involviert. Sie können ebenfalls erkennen, dass diese Personen mit unterschiedlichen Schwerpunkten je Kaufprozessphase beteiligt sind.

Auch länderspezifische Unterschiede können Sie beim Kaufprozess und bei den beteiligten Personen feststellen. In manchen Regionen/Ländern (Region/Land A) werden Kaufprozesse zu einem Produkt primär von der Geschäftsführung (GF) initiiert (siehe Abb. 21), in anderen Regionen/Ländern sind die Kaufprozessinitiatoren in Marketing und Vertrieb zu finden (siehe Abb. 22).

Auch der Kaufprozesstyp (Neukauf, Ersatzkauf, Wiederholungskauf, Lieferantenwechsel etc.) hat Einfluss auf den Ablauf des Kaufprozesses und auch auf die beteiligten Personen. Handelt es sich um einen Erstkauf (Neukauf), das heißt, das Produkt wird

Kaufphase	Erstkauf/Neukauf	Ersatz-/Wiederholungskauf
Bedarfserkennung	GF/PL	EK
Festlegung Produktanforderungen	Technik/PM/F&E/PL	-
Anbieter-/Produktsuche	Technik/EK	-
Anbieter-/Produktbewertung	Technik/EK	EK
Einholung/Bewertung von Angeboten	EK	EK
Kaufentscheidung	Technik/GF/EK/QM/PL	EK
Festlegung Abwicklungsmodalitäten	EK/PM/PL	EK
Umsetzung/Implementierung	Technik/QM/PM/PL	-

Abb. 23 Unterschiedliche Kaufprozesstypen

zum ersten Mal gekauft, wird der Kaufprozess sehr intensiv und mit dem kompletten Buying Center durchlaufen. Bei einem Ersatz- oder Wiederholungskauf werden meist Kaufprozessphasen übersprungen, und es werden nur mehr wenige Mitglieder des Buying Centers involviert sein. Eine Spezialvariante des Ersatz- oder Wiederholungskaufs ist ein gleichzeitig durchgeführter Lieferantenwechsel (siehe Abb. 23).

3.2 Analyse des Kaufprozesses

Bevor Sie die Analyse des Kaufprozesses beim Kunden durchführen können, sind der Kaufprozess, der Kaufprozesstyp und die einzelnen Phasen des Kaufprozesses zu bestimmen. Beachten Sie dabei, in welcher Phase des Lebenszyklus sich Ihr Produkt und der Produktmarkt befinden. Je nach Phase im Lebenszyklus macht es für Sie durchaus Sinn, von einem strategischen Schwerpunkt im Neukaufprozess zu einem Ersatzkaufprozess überzuwechseln. Dies gilt vor allem beim Wechsel von der Wachstumsphase des Produktlebenszyklus zur Reife-/Sättigungsphase. Durch die Marktsättigung wird hier der Schwerpunkt vom Neubedarf auf den Ersatzbedarf verlagert. Bei der Analyse des Kaufprozesses bestimmen Sie in jeder Phase,

- welche kaufprozessrelevante Situationen beim Kunden auftreten,
- mit welchen Anlässen der Kaufprozess oder die Kaufprozessphase verbunden sind,
- welche kaufprozessrelevanten Tätigkeiten der Kunde durchführt,
- welche Probleme und kritischen Situationen auftreten können und
- welche Verhaltensweisen der Kunde zeigt.

Produktmarkt: Planungsbüros			Produkt: IT-System (Spezialanwendung)		
Problem-/ Bedarfs- erkennung	Informations- suche	Bewertung der Alternativen	Kaufent- scheidung	Verhalten nach dem Kauf	
• Kundenforderung • Kostensenkungs - projekt • Strategie (Technologieführer) • Neue Mitarbeiter • Umstrukturierung • Management - wechsel • Eigene Zulieferer • etc.					Verhalten/Tätigkeiten/Situationen, die im Rahmen des Kaufprozesses beim Kunden entstehen/auftreten

Abb. 24 Tätigkeiten des Kunden in der Phase der Problem-/Bedarfserkennung

Bei dem in Abb. 24 dargestellten Beispiel eines Kaufprozesses (Neukauf), in dem die Kaufentscheidung für ein IT-System für Spezialanwendungen bei Planungsbüros untersucht wird, startet der Prozess mit der Phase der Problem-/Bedarfserkennung.

Hier stellt sich für Sie als Produktmanager die Frage, welche Situationen oder Anlässe beim Kunden stattfinden, damit der Kunde erkennt, dass er ein solches Produkt/System benötigt. Im konkreten Fall könnte dies eine spezifische Kundenforderung sein, das Resultat eines Kostensenkung sprogrammes usw.

Wird in dieser Phase der Bedarf durch den Kunden klar erkannt, geht der Kaufprozess in die nächste Phase (siehe Abb. 25).

Die Phase der Informationssuche ist dadurch gekennzeichnet, dass der Kunde in dieser Phase spezifische produktinformationsrelevante Quellen heranzieht, um Informationen über Produkte, Systeme und Anbieter zu sammeln. Er befragt beispielsweise seine eigenen Zulieferer, macht eine umfangreiche Internetrecherche, besucht spezifische Messen und Ausstellungen, kontaktiert Berater, die in diesem Spezialgebiet tätig sind.

Abbildung. 26 zeigt die Häufigkeit der verwendeten Medien, die zur Vorbereitung von Kaufentscheidungen im industriellen Bereich herangezogen werden.

Sie sehen hier deutlich, dass das Internet die Messe als Informationsmedium bereits geschlagen hat. Sind ausreichend Informationen gesammelt, geht der Kaufprozess in die Bewertungsphase (siehe Abb. 27).

Mit der Grobauswahl nach Image kriterien führt der Kunde eine Vorentscheidung durch. Er schränkt die Zahl der Anbieter zu der Zahl der relevanten Alternativen ein (in diesem Fall zählen drei bis vier Anbieter zur Zahl der relevanten Alternativen). Mit den gewählten relevanten Anbietern (Relevant Set) wird sich der Kunde in der nächsten Phase des Kaufprozesses intensiv auseinandersetzen.

3 Die Königsdisziplin: Aktives Kaufprozessmanagement durch den Produktmanager

Produktmarkt: Planungsbüros				Produkt: IT-System (Spezialanwendung)	
Problem-/ Bedarfs- erkennung	Informations- suche	Bewertung der Alternativen	Kaufent- scheidung	Verhalten nach dem Kauf	Verhalten/Tätigkeiten/Situationen, die im Rahmen des Kaufprozesses beim Kunden entstehen/auftreten

• Kundenforderung
• Kostensenkungs-
  projekt
• Strategie
  (Technologieführer)
• Neue Mitarbeiter
• Umstrukturierung
• Management-
  wechsel
• Eigene Zulieferer
• etc.
	• Zulieferer
	• Internet
	• Messen
	• Berater
	• Fachzeitschriften
	• Wettbewerb
	• Kunden
	• Verband
	• etc.				

Abb. 25 Tätigkeiten des Kunden in der Phase der Informationssuche

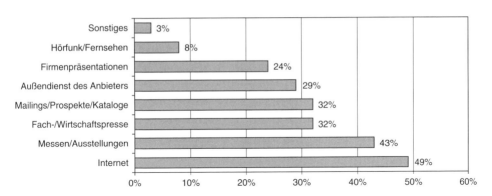

- Sonstiges: 3%
- Hörfunk/Fernsehen: 8%
- Firmenpräsentationen: 24%
- Außendienst des Anbieters: 29%
- Mailings/Prospekte/Kataloge: 32%
- Fach-/Wirtschaftspresse: 32%
- Messen/Ausstellungen: 43%
- Internet: 49%

Abb. 26 Genutzte Medien zur Vorbereitung von Kaufentscheidungen

Neben den unmittelbar mit dem Systemkauf in Zusammenhang stehenden Tätigkeiten führt der Kunde auch Tätigkeiten aus, die nicht direkt dazu gehören. Hier wird beispielsweise eine Bestandsaufnahme der eigenen Infrastruktur gemacht, um eventuelle Anpassungen der IT zu identifizieren. Auch wird bereits ein Implementierungskonzept erstellt, um die Zahl der Arbeitsplätze, den Schulungsbedarf, die Zeit- und Projektplanung, die Implementierungskosten etc. abschätzen zu können.

Der Kunde muss diese geplante Investition auch in die eigenen unternehmensinternen Budgetierungs- und Planungsprozesse integrieren. In dieser Phase wird zwar ein erster Budgetrahmen genügen, aber eine rechtzeitige Planung ist notwendig, damit der Kaufprozess nicht verzögert oder sogar auf die Budgetplanung für das nächst Jahr verschoben wird. In der nächsten Phase wird schlussendlich die Kaufentscheidung getroffen (siehe Abb. 28).

Produktmarkt: Planungsbüros			Produkt: IT-System (Spezialanwendung)		
Problem-/ Bedarfs- erkennung	Informations- suche	Bewertung der Alternativen	Kaufent- scheidung	Verhalten nach dem Kauf	
• Kundenforderung • Kostensenkungs-projekt • Strategie (Technologieführer) • Neue Mitarbeiter • Umstrukturierung • Management-wechsel • Eigene Zulieferer • etc.	• Zulieferer • Internet • Messen • Berater • Fachzeitschriften • Wettbewerb • Kunden • Verband • etc.	• Grobauswahl nach Imagekriterien • Bestandsaufnahme der eigenen IT-Infrastruktur • Abschätzung des Gesamtbudgets • Klärung Finanzierung • Erstellung Implementierungs-konzept • etc.			Verhalten/Tätigkeiten/Situationen, die im Rahmen des Kaufprozesses beim Kunden entstehen/auftreten

Abb. 27 Tätigkeiten des Kunden in der Phase der Bewertung der Alternativen

Produktmarkt: Planungsbüros			Produkt: IT-System (Spezialanwendung)		
Problem-/ Bedarfs- erkennung	Informations- suche	Bewertung der Alternativen	Kaufent- scheidung	Verhalten nach dem Kauf	
• Kundenforderung • Kostensenkungs-projekt • Strategie (Technologieführer) • Neue Mitarbeiter • Umstrukturierung • Management-wechsel • Eigene Zulieferer • etc.	• Zulieferer • Internet • Messen • Berater • Fachzeitschriften • Wettbewerb • Kunden • Verband • etc.	• Grobauswahl nach Imagekriterien • Bestandsaufnahme der eigenen IT-Infrastruktur • Abschätzung des Gesamtbudgets • Klärung Finanzierung • Erstellung Implementierungs-konzept • etc.	• Systemtest • Referenzen prüfen • Kriterienliste • Nutzwertanalyse • Verträge erstellen • Präsentation Angebote • Verhandlungen • etc.		Verhalten/Tätigkeiten/Situationen, die im Rahmen des Kaufprozesses beim Kunden entstehen/auftreten

Abb. 28 Tätigkeiten des Kunden in der Phase der Kaufentscheidung

Systemtests werden durchgeführt, spezifische Referenzen werden im Detail geprüft, Verträge (Serviceverträge, Kaufverträge, Beratungsverträge ...) werden erstellt. In dieser Phase fällt auch die Kaufentscheidung für das System und für den Anbieter.

Beachten Sie bei der Kaufprozessanalyse die kritischen Übergänge zwischen den Kaufprozessphasen. Sind gewisse Teilziele im Kaufprozess für den Kunden nicht erfüllt, kann

3 Die Königsdisziplin: Aktives Kaufprozessmanagement durch den Produktmanager

Produktmarkt: Planungsbüros			Produkt: IT-System (Spezialanwendung)	
Problem-/ Bedarfs- erkennung	Informations- suche	Bewertung der Alternativen	Kaufent- scheidung	Verhalten nach dem Kauf
Kaufziel? **Klarheit über Bedarf**	Kaufziel? **Übersicht über Systeme Anbieter**	Kaufziel? **Geeignete Anbieter Budget**	Kaufziel?	Verhalten/Tätigkeiten/Situationen, die im Rahmen des Kaufprozesses beim Kunden entstehen/auftreten

Abb. 29 Teilziele zwischen den Kaufprozessphasen

der Entscheidungsprozess verzögert oder auch durch den Kunden abgebrochen werden (siehe Abb. 29).

Als Produktmanager sollten Sie sich deshalb auch Gedanken machen, mit welchen Problemstellungen der Kunde im Kaufprozess konfrontiert wird. Ist zum Beispiel die Informationssuche wenig ergiebig oder zu widersprüchlich, kann es durchaus vorkommen, dass der Kaufprozess abgebrochen wird. Folgende Zielsetzungen müssen für den Kunden nach den einzelnen Kaufprozessphasen erfüllt sein:

Phase 1: Problem-/Bedarfserkennung
Nach der Phase der Problem-/Bedarfserkennung muss für den Kunden Klarheit über den konkreten Bedarf bestehen. Gibt es hier Zweifel, wird der Kaufprozess abgebrochen oder zur Weiterführung auf einen späteren Zeitpunkt verschoben.

Phase 2: Informationssuche

Ein ausreichend umfassender Überblick über die vorhandenen Systeme und Anbieter ist nach der Phase der Informationssuche das Ziel. Zur Erreichung dieses Teilziels investiert der Kunde auch in dieser Phase eine Menge an Ressourcen (Personalressourcen, Finanzressourcen etc.).

Phase 3: Bewertung der Alternativen
Der Kunde will hier die für ihn relevanten Alternativen (Relevant Set) selektiert haben und zumindest ein Grobbudget (gegebenenfalls mit Finanzierungsalternativen) aufgestellt haben. Das Grobbudget muss in die Budgetierungsprozesse des Unternehmens eingebracht

werden, um die notwendige Freigabe zu erreichen. Auch hier sehen Sie, dass andere Prozesse im Unternehmen mit Kaufprozessen in Verbindung zu bringen sind. Dies kann teilweise zu hohem Zeitdruck (um noch in die Budgetierungsprozesse des laufenden Jahres zu kommen) oder aber auch zu großen Zeitverzögerungen führen.

Phase 4: Kaufentscheidung
Nach der Kaufentscheidung will der Kunde das Gefühl haben, eine fundierte Entscheidung getroffen zu haben. Auch jetzt können Dissonanzen und Unsicherheiten auftreten, die noch dazu führen können, dass der Kunde vom Kauf zurücktritt.

Es gibt natürlich nach der Kaufentscheidung weitere Phasen, die Sie nach den gleichen Prinzipien analysieren müssen. Beispiele dafür sind:

- Implementierungsphase
- Testphase
- Anwendungsphase
- Bewertungsphase
- usw.

3.3 Bestimmung des kaufprozessspezifischen Marketing-Mix

Bei der Ableitung des kaufprozessspezifischen Marketing-Mix versuchen Sie, die vom Kunden durchgeführten Tätigkeiten im Rahmen des Kaufprozesses möglichst vollständig zu übernehmen (Serviceleistungen des Anbieters im Kaufprozess). Diesen Idealzustand können Sie leider nicht immer komplett erreichen. Gelingt Ihnen diese Übernahme nicht, versuchen Sie, diese Tätigkeiten beim Kunden weitgehend zu unterstützen oder gezielt zu beeinflussen (siehe Abb. 30).

Der Kunde erstellt in der Phase der Bewertung der Alternativen ein Implementierungskonzept. Diese spezifische Aufgabe können Sie als Anbieter übernehmen. Als Produktmanager haben Sie nun dafür Sorge zu tragen, dass ein entsprechendes Servicekonzept entwickelt wird und die Ressourcen im Unternehmen bereitgestellt werden oder externe Unternehmen diesen Service übernehmen (siehe Abb. 31).

Außerdem müssen Sie entscheiden, ob diese Serviceleistung entgeltlich oder unentgeltlich erfolgt. Bei den kaufprozessspezifischen Serviceleistungen können Sie auch noch phasenspezifische Schwerpunkte legen (siehe Abb. 32).

Auch die Phase der Informationssuche können Sie spezifisch gestalten. Dazu sollten Sie die Medien besetzen, die für die Informationssuche herangezogen werden. In der Phase der Informationssuche fragt der Kunde beispielsweise beim Branchenverband nach. Hier müssen Sie dafür sorgen, dass Ihr eigenes Unternehmen mit dem Produkt dort bekannt und präsent ist. Dies kann zum Beispiel dadurch erfolgen, dass Sie gewährleisten, dass

- Produktkataloge vorliegen,
- Produktwerbung in der Verbandszeitung geschaltet wird,

3 Die Königsdisziplin: Aktives Kaufprozessmanagement durch den Produktmanager

Produktmarkt: Planungsbüros			Produkt: IT-System (Spezialanwendung)		
Problem-/ Bedarfs- erkennung	Informations- suche	Bewertung der Alternativen	Kaufent- scheidung	Verhalten nach dem Kauf	
• Kundenforderung • Kostensenkungs- projekt • Strategie (Technologieführer) • Neue Mitarbeiter • Umstrukturierung • Management- wechsel • Eigene Zulieferer • etc.	• Zulieferer • Internet • Messen • Berater • Fachzeitschriften • Wettbewerb • Kunden • Verband • etc.	• Grobauswahl nach Imagekriterien • Bestandsaufnahme der eigenen IT-Infrastruktur • Abschätzung des Gesamtbudgets • Klärung Finanzierung • Erstellung Implementierungs-konzept • etc. Die Durchführung der Aufgabe erfolgt durch den Anbieter	• Systemtest • Referenzen prüfen • Kriterienliste • Nutzwertanalyse • Verträge erstellen • Präsentation Angebote • Verhandlungen • etc.		Verhalten/Tätigkeiten/Situationen, die im Rahmen des Kaufprozesses beim Kunden entstehen/auftreten

Abb. 30 Übernahme der Tätigkeiten des Kunden im Kaufprozess

Abb. 31 Möglichkeiten zur Durchführung von Serviceleistungen

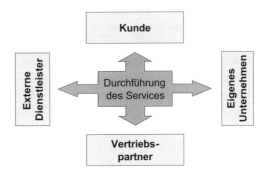

- vorfrankierte Mailing-Packages vorhanden sind,
- bei Verbandsveranstaltungen Referate gehalten werden,
- bei Verbandsveranstaltungen ein Informationsstand aufgebaut wird,
- Verbandsmitarbeiter eingeschult werden,
- PR-Aktivitäten über den Verband laufen,
- etc.

Bei diesen vielen möglichen Aktivitäten müssen Sie natürlich eine Selektion vornehmen. Gleichzeitig sollen Sie aber auch dafür sorgen, dass Sie sich bei der Vermarktung der Produkte gezielt vom Wettbewerb differenzieren. Man spricht in diesem Zusammenhang auch vom UMP (Unique Marketing Position). Während sich der USP (Unique Selling Proposition) auf Ihre Produktleistung bezieht, versuchen Sie mit dem UMP, sich auch in der Vermarktung dieser Produktleistung vom Wettbewerb zu differenzieren. Grundprin-

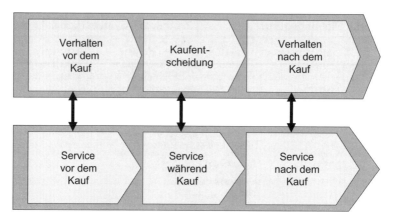

Abb. 32 Schwerpunkte in kaufprozessspezifischen Serviceleistungen

zip des UMP ist es, in der Vermarktung der Produktleistung zu sein als der Mitbewerb. In der Praxis finden Sie weitere Unterteilungen. Haben Sie eine spezifische Differenzierung in der Produktwerbung, so spricht man auch vom UAP (Unique Advertising Position), liegt Ihre Differenzierung in den Vertriebskanälen, so bezeichnet man dies als UDP (Unique Distribution Position).

Zunehmende Bedeutung gewinnt im Kaufprozessmanagement die erste Phase (Problem-/Bedarfserkennung). Sie können sicherlich warten, bis beim Kunden der Kaufprozess irgendwann einmal beginnt, um dann in der Informationsphase zuschlagen zu können. Dieses auch als passives Marketing bezeichnete Vorgehen wird zunehmend durch ein proaktives und interaktives Vorgehen bei der Vermarktung von Produkten und Leistungen ersetzt. Bei diesem Vorgehen versuchen Sie, den Kaufprozess beim Kunden durch den gezielten Einsatz von Marketinginstrumenten auszulösen. Das Auslösen des Kaufprozesses beim Kunden gehört sicherlich zu den Königsdisziplinen des Produktmarketings.

Kaufprozessauslösend kann ein dominanter Faktor sein oder das Zusammenwirken mehrerer Faktoren zu einem Zeitpunkt oder über einen gewissen Zeitraum. Im dargestellten Beispiel zählt das Resultat eines Kostensenkungsprojekts zu den kaufprozessauslösenden Faktoren. Ob der Kunde dieses Projekt (Kostensenkungsprojekt) in Eigenregie durchführt oder mit einer externen Beratungsgesellschaft, spielt hier keine Rolle. Tatsache ist, dass das Ergebnis oder zumindest ein Teilergebnis des Projekts die Einführung dieses Systems erforderlich macht. Damit ist der Kaufprozess für dieses System ausgelöst. Natürlich können Sie als Anbieter diese Kostensenkungsanalyse auch als Serviceleistung vor dem Kauf übernehmen und damit versuchen, den Kaufprozess, soweit die Ergebnisse dafür sprechen, zu starten. Die einzige Hürde für Ihr Unternehmen ist, diesen, meist für den Kunden unentgeltlichen Service, zu verkaufen.

Beispiel: Auslösen von Kaufprozessen

Der Produktmanager eines Telekommunikationsunternehmens hatte die Aufgabe, Kunden aus dem Segment Klein- und Mittelbetriebe (KMU) für sein Produkt zu gewinnen. Dieser Produktmarkt war bereits vollständig gesättigt. Der Kaufprozesstyp (Ersatzbedarf mit Lieferantenwechsel) war daher klar vorgegeben. Er versuchte zuerst mit einer auf den Preis fokussierten Produktwerbung, die Kunden zu gewinnen. Dieser Ansatz scheiterte jedoch. Bei Befragungen stellte sich heraus, dass die Kunden zwar wussten, dass mit dem Produkt Einsparungen zu erzielen wären, dass aber die Information für eine Entscheidung nicht konkret genug waren. Im Rahmen einer Kaufprozessanalyse wurde eine Maßnahme entwickelt, die in Form einer Kurzanalyse durch den Vertrieb dem Kunden Klarheit über die Einsparungspotenziale gab. Dies reichte aus, um in vielen Fällen einen Kaufprozess für dieses Produkt auszulösen.

Damit Sie einen Kaufprozess auslösen können, ist es manchmal auch erforderlich, nicht nur beim direkten Kunden zu intervenieren, sondern auch das Geschäftssystem, in dem der Kunde operiert, mit einzubeziehen.

Beispiel: Kaufprozessmanagement im Geschäftssystem

Ein sehr erfolgreiches System eines Industrieunternehmens, das bisher im Bereich von Maschinen und Anlagen eingesetzt wurde, sollte nun auch im Bereich Nutzfahrzeughersteller vermarktet werden (Marktentwicklungsstrategie). Der verantwortliche Produktmanager bereitete die Markteinführung dieses Systems für die Nutzfahrzeugbranche vor und unterstützte die Umsetzung. Die ersten Kundenkontakte des Vertriebs verliefen ernüchternd. Das System sollte die Servicekosten der Nutzfahrzeuge im Betrieb optimieren – ein Nutzen, an dem der Nutzfahrzeughersteller eher weniger interessiert ist. Der Produktmanager versuchte nun, Ansatzpunkte im Kundenumfeld (Geschäftssystem) zu finden. Kunden der Nutzfahrzeughersteller, Leasingfirmen, Werkstätten usw. lieferten dazu Hinweise. Nach entsprechender Analyse wurde entschieden, bei den Kunden der Nutzfahrzeughersteller zu beginnen. Das System wurde bei einigen Kunden gratis durch das Unternehmen installiert. Die Testphase verlief sehr positiv, eine Nachrüstung des gesamten Fuhrparks durch die Werkstätten wurde gewünscht. Dazu wurden vom Produktmanagement Einbausätze für die unterschiedlichen Nutzfahrzeugtypen entwickelt und den Werkstätten zur Verfügung gestellt. Dieses Vorgehen war sehr erfolgreich und führte in späterer Folge dazu, dass die Kunden der Nutzfahrzeughersteller bei Neuanschaffungen das System bereits als Zusatzausstattung mitbestellten.

Je mehr es Ihnen gelingt, die Tätigkeiten des Kunden zu übernehmen, desto mehr Einfluss können Sie auf den Kaufprozess des Kunden nehmen und umso erfolgreicher wird Ihre Produktvermarktung laufen. Voraussetzung dafür ist die Entwicklung eines kaufprozessspezifischen Marketing-Mix.

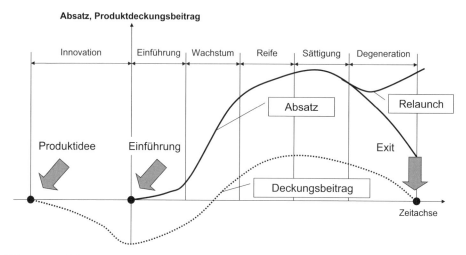

Abb. 33 Produktinnovation und Produktlebenszyklus

4 Auf Wachstumskurs: Innovative Produkte entwickeln und erfolgreich am Markt einführen

Bei den hier betrachteten Innovationen handelt es sich um Produktinnovationen. Produktinnovationen sind neu entwickelte (materielle oder immaterielle) Produkte und Leistungen, die auf die Befriedigung konkreter und relevanter Kundenbedürfnisse abzielen. Produktinnovationen sind klar zu unterscheiden von Verfahrens-/Prozessinnovationen. Diese beziehen sich auf die zur Leistungserstellung notwendigen materiellen und informationellen Prozesse. Sie dienen der Erhöhung der Produktivität und der Verbesserung der Kostenposition.

Als Produktmanager haben Sie bei Produktinnovationen nicht nur die Aufgabe, Ihr neues Produkt ins Leben zu rufen und am Markt einzuführen, sondern auch das richtige Timing zu finden. Die Zeit von der zentralen Produktidee bis zur Markteinführung (Time to Market) ist dabei ein relevantes Erfolgskriterium für Sie und muss durch entsprechendes Prozessmanagement (Innovations- und Markteinführungsprozess) gesteuert werden.

4.1 Der Innovationsprozess

Der Innovationsprozess bildet im Produktlebenszyklus die Phase vor der eigentlichen Markteinführung Ihres Produkts (vgl. Abb. 33).

Der Produktinnovationsprozess hat die Aufgabe, eine Produktidee mit den notwendigen Ressourcen zeitgerecht in ein marktfähiges Produkt umzusetzen. Er muss durchgängig alle erforderlichen Schritte von der Initiierung der Produktinnovation bis hin zu der erfolgreichen Markteinführung sicherstellen.

Abb. 34 Der Innovationsprozess und die Prozessphasen

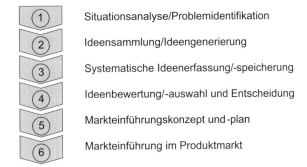

Abb. 35 Interne und externe Kommunikation und Vermarktung

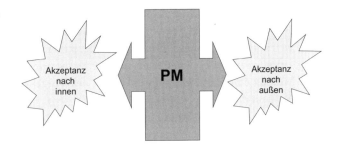

Angesichts der relativ hohen Unsicherheit über die Markt- und Wettbewerbssituation (speziell bei echten Innovationen) muss er genügend Flexibilität aufweisen, um entsprechende Reaktionen durch auftretende Veränderungen zu ermöglichen. Darüber hinaus erfordert seine strukturierte Abwicklung eine klare Regelung der Prozessaufgaben und Verantwortlichkeiten. Dies ist insofern wichtig für Sie, weil in der Praxis bei Produktinnovationen meist zusätzlich andere Prozesse parallel zum Innovationsprozess (Simultaneous Engineering) laufen (z. B. technische Entwicklungsprozesse), die auch hier eine Koordination durch Sie erforderlich machen.

Sie finden eine Vielzahl von in der Praxis verwendeten Innovationsprozessen. Die einzelnen Innovationsprozesse unterscheiden sich dadurch, dass sie unterschiedliche Aspekte des Prozesses stärker betonen (siehe Abb. 34).

Den Produktinnovationsprozess und die Phase der Produkteinführung am Markt müssen Sie zusätzlich intern mit Kommunikationsmaßnahmen begleiten. Viele Produktmanager verlassen sich bei der Produkteinführung sehr stark auf die externe Kommunikation. Diese externen Kommunikationsmaßnahmen sind jedoch auf den Produktmarkt gerichtet und werden dort absatzwirksam. Die internen Kommunikationsmaßnahmen sind auf die eigene Organisation abgestellt (Führungskräfte, Mitarbeiter, Funktionsbereiche, Niederlassungen etc.). Damit stellen Sie sicher, dass nicht nur die Akzeptanz Ihres Produkts am Markt, sondern auch im Unternehmen hergestellt wird (siehe Abb. 35).

Vor allem der interne Verkauf an den eigenen Vertrieb spielt für den Erfolg Ihrer Produkteinführung eine große Rolle.

> **Beispiel: Schaffung der internen Akzeptanz für das neue Produkt**
>
> Die spezifische Situation in einem Unternehmen (Kampf der Produktmanager um die limitierten Vertriebsressourcen) veranlasste einen Produktmanager, die interne Kommunikation bei einer wichtigen Produkteinführung sehr stark auszubauen. Als interne Kommunikationsmaßnahmen wurden verwendet:
>
> - **Produktlogbuch**: Das Produktlogbuch war eine kurze Mitteilung (eine Seite) an rund 250 ausgewählte Mitarbeiter und Führungskräfte des Unternehmens. Es wurde einmal pro Woche erstellt und per E-Mail an die Zielpersonen verschickt. Damit war sichergestellt, dass diese Personen aktuelle Informationen über das neue Produkt und die Produkteinführung auf wöchentlicher Basis zur Verfügung hatten.
> - **Produktnewsletter**: Sobald wichtige Phasen im Produkteinführungsprozess (z. B. Marktforschungsphase, Designphase, Strategiephase) abgeschlossen waren, wurde ein achtseitiger Newsletter an die 250 Zielpersonen verschickt. Dieser Newsletter enthielt eine kurze Zusammenfassung des Vorgehens in der Phase und stellte das Resultat dar.
> - **Homepage im Intranet**: Im firmeninternen Netz wurde eine eigene Homepage für die Produkteinführung erstellt. Hier wurde auch eine Produktlogbuchbibliothek angelegt und Kurzfassungen der Produktnewsletter wurden integriert. Auf diese Homepage hatten alle Mitarbeiter und Führungskräfte des Unternehmens Zugriff.
> - **Plakatserie**: Plakate zum Produkt wurden in regelmäßigen Abständen an wichtige Personen und Abteilungen versandt. Mit der Plakatserie sollte die Bekanntheit des Produkts und das Bewusstsein dafür erhöht werden.
> - **Informationsworkshops**: In größeren Standorten des Unternehmens wurden Informationsworkshops und Informationsmessen abgehalten. Die unterschiedlichen Bereiche, die an der Produkteinführung mitwirkten (Marktforschung, Entwicklung, Design, Werbung etc.), stellten sich dort den interessierten Fragen der Besucher.
> - **Launchmeeting**: Für die internationalen Vertriebsniederlassungen wurde kurz vor Produkteinführung ein Launchmeeting in Europa abgehalten. Ziel war es, hier die letzten fachlichen Inhalte zum Produkt zu kommunizieren, die Selling-Tools zu übergeben und den Vertrieb auf das neue Produkt einzuschwören. Die Kombination von fachlichem Inhalt und emotionalen Komponenten ist bei solchen Veranstaltungen sehr wichtig. Fachliches Wissen und emotionale Begeisterung sind wesentliche Erfolgsfaktoren für die vertriebliche Arbeit speziell bei Produkteinführungen.

4.2 Situationsanalyse / Problemidentifikation

Für die Notwendigkeit von Produktinnovationen in Unternehmen können Sie unterschiedliche Gründe identifizieren:

- Verkürzung der Produktlebenszyklen

4 Auf Wachstumskurs: Innovative Produkte entwickeln...

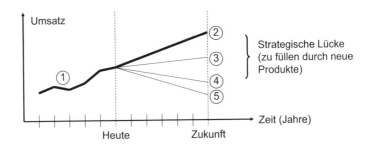

Abb. 36 Strategische Lückenplanung

- Überalterung der Produkt-/Artikelstruktur
- Neue produktrelevante Technologien, Verfahren und Prozesse
- Änderung von Kundenbedürfnissen
- Wettbewerbssituation und Wettbewerbsdruck
- Unternehmensstrategie und strategische Lückenplanung
- Veränderungen im Umfeld (Trends und Entwicklungen)

Besonders die strategische Lückenplanung gewinnt dabei in letzter Zeit wieder zunehmend an Bedeutung. Wachstumsziele werden hier Top-down vorgegeben, und auftretende Umsatzlücken müssen mit neuen Produkten geschlossen werden (vgl. Abb. 36).

Bei der strategischen Lückenplanung wird aus der Perspektive der Unternehmensplanung die strategische Lücke definiert. Der bisherige Umsatzverlauf (1) und die Umsatzplanung (5) bilden dazu die Basis. Die strategische Lücke entsteht, indem Sie die geplanten Umsätze dem vermutlichen Umsatzverlauf der bestehenden Produkte entsprechend dem Lebenszyklus gegenüberstellen. Die strategische Lücke können Sie nun mit unterschiedlichen Maßnahmen schließen:

- durch Zusatzumsatz, der mit bestehenden Produkten durch zusätzliche Marketingaktionen erzielt werden kann (2 bis 3),
- durch Zusatzumsatz, der durch neue Produkte, die aber bereits zur Einführung bereit sind, erzielt werden kann (3 bis 4),
- durch Umsatz, der durch neue Produkte, die zurzeit unbekannt sind, gefüllt werden muss (4 bis 5).

4.3 Ideensammlung /Ideengenerierung

Produktinnovationen entstehen durch neue Ideen. Generell lässt sich sagen, dass Ihre Erfolgswahrscheinlichkeit bei Innovationsprozessen mit der Anzahl der generierten und gesammelten Ideen steigt. Dies wird klar, wenn man sich die starke Reduzierung der Ideen in den verschiedenen Phasen vor Augen hält (siehe Abb. 37).

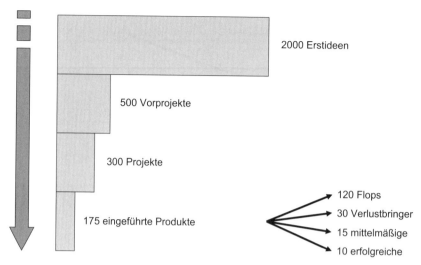

Abb. 37 Selektion von Produktideen

Im Rahmen des Innovationsprozesses werden nicht nur die Ideen in den unterschiedlichen Bewertungs- und Selektionsschritten stark reduziert, auch die Flop rate bei der Produkteinführung ist sehr hoch.

Bei der Ideensammlung und Ideengenerierung können Sie unternehmensinterne und -externe Informations- und Ideenquellen heranziehen.

Unternehmensexterne Informations- und Ideenquellen sind:

- Veröffentlichungen (Verbände, Hochschulen, Fachzeitschriften ...)
- Lieferanteninformationen
- Kundeninformationen (Marktforschungsmethoden)
- Patentrecherchen und Patentanalysen
- Wettbewerberanalysen (Produktanalysen, Eignungsanalysen ...)

Bei der Eignungsanalyse als eine mögliche Informations- und Ideenquelle betrachten Sie nicht nur den direkten Vergleich zu den Produkten des Wettbewerbs, sondern auch den Eignungsgrad Ihres Produkts für die Anwendung des Kunden und die Verbesserung der Leistung der Produkte des Kunden durch Ihr Produkt (siehe Abb. 38).

Unternehmensinterne Informations- und Ideenquellen sind:

- Führungskräfte und Mitarbeiter (Vorschlagswesen, Außendienstberichte ...)
- Berichte der Kundendienst- und Reklamationsbereiche
- Kreativitätsworkshops und Problemlösungsworkshops
- Unternehmensinterne Unterlagen (Reklamationsstatistik, Angebotsanalysen ...)

Detaillierte Analysen von Anfragen und Angeboten zur Identifizierung der Gründe für die Ablehnung, ein Angebot überhaupt abzugeben, und ebenso der Gründe für die Erfolglosig-

4 Auf Wachstumskurs: Innovative Produkte entwickeln...

Eigene Leistung	Kundenanwendung	Eignungsgrad					Verbesserungsgrad der Kundenleistung durch unsere Leistung					Wettbewerbsvergleich zu unserer Leistung				
		--	-	0	+	++	--	-	0	+	++	--	-	0	+	++
A	0815				x					x			x			
B	4711				x					x			x			
C	911		x						x						x	

Abb. 38 Wettbewerbsvergleich mittels Eignungsanalyse

Gründe für die Ablehnung, ein Angebot abzugeben	Anzahl der Vorgänge		Menge		Wert	
	absolut	%	kg	%	€	%
Preis/Kosten						
Lieferzeit						
Kleinmenge						
Technisches Risiko						
Wirtschaftliches Risiko						
Sonstige Gründe						
Summe Ablehnungen						
Summe Anfragen						

Gründe für Erfolglosigkeit von Angeboten	Anzahl der Vorgänge		Menge		Wert	
	absolut	%	kg	%	€	%
Preis/Kosten						
Lieferzeit						
Konditionen						
Service						
Qualität						
Angebot zu spät						
Sonstige Gründe						
Summe erfolglose Angebote						
Summe Angebote						

Abb. 39 Informationsgewinnung durch Angebotsanalysen

keit von Angeboten bilden für Sie als Produktmanager eine zusätzliche Informationsbasis (siehe Abb. 39).

Obwohl die Kreativitätstechniken in Innovationsstudien relativ schlecht abschneiden (weniger als fünf Prozent aller Ideen werden durch den Einsatz von Kreativitätsmethoden generiert), sollten Sie sie auf jeden Fall einsetzen. Das schlechte Abschneiden liegt meist in der falschen Anwendung der Methoden. Zu den wichtigsten Kreativitätsmethoden und Techniken zählen das Brainstorming, das Brainwriting, die Morphologie und die Synektik.

4.4 Systematische Ideenerfassung/-speicherung

Aus der Phase der Ideensammlung und Ideengenerierung liegt Ihnen meist eine Vielzahl neuer Ideen und Problemlösungen vor, die Sie in sinnvoller Art und Weise systematisch erfassen und speichern müssen. Dies kommt nicht nur dem bestehenden Innovationsvorhaben zugute, sondern Sie können auch bei einem späteren Innovationsprojekt auf diese Informationen zugreifen. Bauen Sie deswegen eine Innovationsdatenbank auf. Dazu ist es erforderlich, dass Sie eine einheitliche Struktur der Erfassungsmasken einrichten. Je höher der Standardisierungs - und Strukturierungsgrad bereits in dieser Phase ist, desto einfacher und vor allem vollständiger können Sie in späterer Folge Ideenrecherchen durchführen.

> **Beispiel: Strukturierung einer Ideendatenbank**
>
> Die Produktmanager eines Automobilzulieferunternehmens standen vor der Aufgabe, eine Innovations- und Ideendatenbank für das Produktmanagement aufzubauen. Das Unternehmen nutzte zur Informations- und Ideengewinnung nicht nur die klassischen Kreativitätsmethoden bei regelmäßig stattfindenden Kreativworkshops, sondern zusätzlich auch
>
> - ein ausgeklügeltes innerbetriebliches Vorschlagswesen,
> - regelmäßig stattfindende eintägige Kundenworkshops (so genannte Produkt-Kliniken),
> - Reverse Engineering bei Produkten des Wettbewerbers (konstruktive Zerlegung von Wettbewerbsprodukten),
> - Patentrecherchen bei den Patentämtern und
> - eine umfassende Dokumentenanalyse von festgelegten Informationsquellen.
>
> Die daraus entstehende Flut an neuen Ideen musste geordnet und systematisch aufbereitet und gespeichert werden. Die durch die Produktmanager erarbeitete Datenbankstruktur sah wie folgt aus:
>
> - Name der Idee
> - Einreichende Person/Stelle
> - Datum der Ideeneinreichung
> - Beschreibung der Idee
> - Funktionsprinzip und technische Funktion
> - Anwendungsbereich und Produktnutzen
> - Aufwandsschätzung und Realisierungszeit

4 Auf Wachstumskurs: Innovative Produkte entwickeln... 299

Bewertungskriterien	G	Alternative Produktideen					
		Alternative 1		Alternative 2		Alternative 3	
		B	G x B	B	G x B	B	G x B
• Herstellkosten	4	4	16	8	32	2	8
• Kundennutzen	4	8	32	2	8	8	32
• Investition	1	6	6	10	10	6	6
• Umsatzpotenzial	1	8	8	8	8	6	6
• Deckungsbeitrag	4	10	40	4	16	8	32
• Wettbewerbsintensität	3	10	30	8	24	10	30
• Know-how	3	10	30	4	12	10	30
• usw.							
Gesamtbewertung			162		110		144

Abb. 40 Bewertung von Innovationsideen

- Relevante Vorschriften, Gesetze, Standards
- Restriktionen und Rahmenbedingungen
- Interdependenzen zu anderen Produkten, Komponenten ...

4.5 Ideenbewertung/-auswahl und Entscheidung

Die einzelnen Produkt- und Verbesserungsideen müssen Sie nun einer Bewertung unterziehen. Dabei können Sie unterschiedliche Kriterien für die Bewertung heranziehen:

- Marktbezogene Kriterien (Marktpotenzial, Marktvolumen, Marktwachstum ...)
- Wirtschaftliche Kriterien (Umsatz, Deckungsbeitrag, Investitionen ...)
- Zeitliche Kriterien (Markteinführung, Entwicklungsdauer, Lebenszyklus ...)
- Technische Kriterien (Qualität, Funktionsumfang, Integration ...)
- Kundenbezogene Kriterien (Produktnutzen, Wettbewerbsvergleich ...)
- Unternehmensbezogene Kriterien (Strategie, Synergien, Cross-Selling ...)

Die einzelnen Produktideen und Produktverbesserungsideen können Sie mittels dieser Kriterien meist durch Einsatz der Nutzwertanalyse bewerten (siehe Abb. 40).
    Zuerst ermitteln und gewichten (G) Sie die relevanten Bewertungskriterien, da nicht alle Bewertungskriterien für die Entscheidung gleich wichtig sind. Häufig werden Gewichtungsskalen mit fünf Punkten (5 ... sehr wichtig bis 1 ... wenig wichtig) oder mit zehn Punkten (10 ... sehr wichtig bis 1 ... wenig wichtig) verwendet. Anschließend bewerten (B) Sie die einzelnen Innovationsideen. Dabei schätzen Sie ein, wie weit die einzelnen Ideen die Bewertungskriterien erfüllen. Auch hier werden meist Bewertungsskalen mit fünf Punkten (5 ... sehr gut bis 1 ... sehr schlecht) oder mit zehn Punkten (10 ... sehr gut bis 1 ... sehr schlecht) verwendet. Durch Multiplikation von Gewichtung und Bewertung (G x B) und Bildung der Spaltensumme errechnen Sie die Gesamtbewertung.
    Die Bewertungskriterien und die Gewichtung werden dabei von Ihnen produktindividuell zusammengestellt und beinhalten sowohl produkt- als auch unternehmensbezogene Kriterien.

Bewertungskriterien	G	Alternative Ideen					
		Alternative 1		Alternative 2		Alternative 3	
		B	G x B	B	G x B	B	G x B
• Kernkompetenz	8	2	16	6	48	9	72
• Technologieführerschaft	6	7	42	6	36	4	24
• Kernmarkt	8	8	64	8	64	7	56
• Neue Funktionen	10	6	60	10	100	10	100
• Gewinn-/Umsatzpotenzial	6	4	24	5	30	8	48
• Referenzpotenzial	8	7	56	6	48	4	32
• „Re-Use"-Fähigkeit	7	5	35	6	42	3	21
• Machbarkeit	10	8	80	6	60	9	90
• Markteinführung	8	6	48	8	64	3	24
• Wachstumspotenzial	6	9	54	8	48	6	36
• Produktportfolio	4	5	20	10	40	5	20
Gesamtbewertung			499		580		523

Abb. 41 Bewertung der Produktideen mittels Nutzwertanalyse

> **Beispiel: Bewertungsraster zur Bewertung alternativer Produktideen**

Die Produktmanager eines Telekommunikationsunternehmens entwickelten zur Bewertung von Produktideen einen Kriterienkatalog, der unternehmensweit für alle neuen Produkte herangezogen werden sollte. Bei der Bewertung von Produktideen wurden folgende Fragen gestellt:

- Passt die Produktidee zur Kernkompetenz des Unternehmens?
- Unterstützt und treibt sie die Technologieführerschaft?
- Passt die Produktidee zu unserem Kernmarkt?
- Werden damit zusätzliche Funktionen beim Kunden abgedeckt?
- Hat die Produktidee entsprechendes Umsatz- und Gewinnpotenzial?
- Besitzt diese Produktidee Referenzpotenzial?
- Ist mit der Produktidee eine „Re-Use"-Fähigkeit gegeben?
- Ist das Produkt technisch realisierbar (Machbarkeit)?
- Ist die Markteinführung des Produkts möglich?
- Ist Wachstumspotenzial für das Unternehmen gegeben?
- Ist das Produkt eine sinnvolle Erweiterung des Produktportfolios?

Die einzelnen Fragen wurden in eine Nutzwertanalyse integriert und die Produktideen im Innovationsmanagement-Team bewertet (siehe Abb. 41).

4.6 Markteinführungskonzept und -plan

Die eigentliche Produktentwicklung und die Erstellung eines Markteinführungskonzepts und -plans für das Produkt sind meist parallele Prozesse (siehe Abb. 42).

4 Auf Wachstumskurs: Innovative Produkte entwickeln...

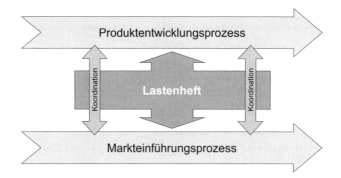

Abb. 42 Parallelprozesse für Produktentwicklung und Markteinführung

Ausgangspunkt beider Prozesse ist das vom Produktmanager zu erstellende Lastenheft. Im Lastenheft sind sowohl die für die technische Produktentwicklung notwendigen Kundenanforderungen als auch die für die Entwicklung eines Markteinführungskonzepts/-plans notwendigen Inhalte und Rahmenbedingungen vorhanden.

Die Koordination beider Prozesse übernehmen Sie im Produktmanagement. Der technisch orientierte Produktentwicklungsprozess wird in der Forschung und Entwicklung (F&E) Ihres Unternehmens vorangetrieben. Dazu wird meist ein Produktentwicklungsprojektplan aufgestellt. Das Projektmanagement für den Produktentwicklungsprozess dieses Projekts liegt in der F&E. Sie als Produktmanager sind bei wichtigen Projektmeetings im Produktentwicklungsprojekt (z. B. Meilensteinmeetings, Projektsteuerungsmeetings, Projektcontrolling) anwesend.

Die Erstellung eines Markteinführungskonzepts und des Markteinführungsplans liegt bei Ihnen im Produktmanagement (meist im Produktmanagementteam). Markteinführungskonzept und Markteinführungsplan können Sie in einem Stück oder zeitlich auch getrennt entwickeln. Diese Dokumente decken den Zeitraum vom Markteinführungszeitpunkt bis zur erfolgreichen Behauptung Ihres Produkts am Markt ab. Dies kann der Zeitpunkt der Erreichung des Break-Even-Punkts oder der Zeitpunkt sein, ab dem ein stabiles Umsatzwachstum (Wachstumsphase des Produktlebenszyklus) erreicht ist.

Mit der Produkteinführung am Produktmarkt beginnt der Produktlebenszyklus Ihres Produkts am Markt. Ab diesem Zeitpunkt werden die potenziellen Kunden erstmals mit Ihrem neuen Produkt konfrontiert. Diesen Erstkontakt müssen Sie sorgfältig vorbereiten.

Beispiel: Markteinführungskonzept und Markteinführungsplan

Ein Unternehmen aus dem Industriebereich hat für die Erstellung eines Markteinführungskonzepts und des Markteinführungsplans folgende Inhalte definiert. Diese Struktur wird von allen Produktmanagern für die Gestaltung der Markteinführung von neuen Produkten verwendet.

Gliederung des Markteinführungskonzepts:

1. Motivation/Ausgangslage
   - Begründung für Engagement
2. Märkte/Kunden
   - Aufzählung Märkte
   - Marktpotenzial und Wachstum
   - Kundenstrukturen
3. Produktnutzen/Positionierung
   - Technik
   - Preis
   - Support
4. Wettbewerbssituation
   - Aufzählung Wettbewerber und Marktanteile
   - Stärken/Schwächen
   - Chancen/Gefahren
5. Umsetzungspartner
   - Vertrieb/OEM
   - Entwicklung
   - Finanzierung
6. Produktziele
   - Herstellkosten
   - Leistungsumfang
   - Releasepolitik
7. Entwicklung
   - Technische Kurzbeschreibung
   - Ressourcen/Tools/Personal
   - Rahmenbedingungen/Voraussetzungen
8. Anlagenbau/Produktion
   - Stückzahlen und Zielpreise
   - Prüfverfahren
   - Rahmenbedingungen/Voraussetzungen
9. Marketing/Vertrieb
   - Zeitplan, Durchlaufzeiten, Termin Markteinführung
   - Vertriebsschienen
   - Marketinginstrumente
   - Lebenszyklus
   - Support
10. Internes Umfeld
    - Produktportfolio
    - Ressourcenkonflikte
11. Finanzierung/Wirtschaftlichkeit

- Entwicklungskosten/Budget
- Marketing-/Vertriebskosten
- Opportunitätskosten
- Absatz-/Deckungsbeitragsszenario
- Break-Even-Szenario
- Return on Investment (ROI)
12. Risikoanalyse
    - Technisches Risiko
    - Wirtschaftliches Risiko
    - Marktrisiko
    - Unternehmerisches Risiko
13. Quellennachweis:
    - Interne Quellen
    - Externe Quellen

Gliederung des Markteinführungsplans:
1. Start-up-Kunden/Märkte definieren
   - Auflistung Kunden
   - Auflistung Märkte Branchen
   - Begründung und Bewertung
2. Vertriebskanäle festlegen
   - Übersicht Vertriebskanäle
   - Bewertung Vertriebskanäle
3. Produktmodellierung
   - Festlegung USP
   - Wettbewerbsargumente
   - Basis/Optionen/Sortiment
   - Release
4. Preise
   - Festlegung Preise, Rabatte, Konditionen
   - Festlegung Lieferzeiten, Lieferkonditionen
5. Kommunikation
   - Intern im eigenen Unternehmen (Vertriebsschulung, Motivation ...)
   - Extern an Kunden/Partner (Vorinformation, Präsentation ...)
6. Produktpositionierung/Wettbewerb
   - Stärken/Schwächen
   - Chancen/Gefahren
7. Werbung/Verkaufsförderung
   - Mediaselektion, Schaltungen
   - Werbebotschaft
8. Budget/Terminplanung
   - Meilensteinplanung
   - Einführungsbudget

Tab. 2 Checkliste prozessorientiertes Produktmanagement

	Trifft zu	Trifft wenig zu	Trifft nicht zu
1. Wir haben in unserem Unternehmen Klarheit über die wichtigsten Arbeitsprozesse des Produktmanagers	☐	☐	☐
2. Wir verfügen über ein aussagekräftiges Produktcontrolling	☐	☐	☐
3. Im Rahmen des Life-Cycle-Managements führen wir regelmäßig Lebenszyklusanalysen für unsere Produkte durch und passen das Marketing-Mix entsprechend an	☐	☐	☐
4. Die Altersstruktur der Produkte in unserem Unternehmen ist gemäß den Zielsetzungen angepasst und optimiert	☐	☐	☐
5. Die Kaufprozesse unserer Kunden sind uns bekannt, der Einsatz der Marketinginstrumente ist darauf abgestimmt	☐	☐	☐
6. Wir haben in der Vermarktung unserer Produkte einen klaren UMP im Vergleich zum Wettbewerb	☐	☐	☐
7. Unsere Innovations- und Markteinführungsprozesse sind optimiert und führen zu einer optimierten Produkteinführung	☐	☐	☐
8. Durch unsere internen Vermarktungsaktivitäten bei Produkteinführungen erzielen wir nicht nur eine hohe Motivation, sondern auch eine gute fachliche Grundlage	☐	☐	☐
9. Durch unsere Innovationsanstrengungen haben wir erreicht, dass ausreichend Produktinnovationen zur Verfügung stehen	☐	☐	☐
10. Den Produktmanagern stehen ein ausgereiftes Markteinführungskonzept und ein abgestimmter Markteinführungsplan als Planungshilfsmittel zur Verfügung	☐	☐	☐

5 Die Umsetzung: Checkliste zur Identifikation von Optimierungspotenzialen

Nutzen Sie auch hier die Checkliste, um die zentralen Optimierungspotenziale zu identifizieren (siehe Tab. 2). Veränderungen von Prozessen und Abläufen im eigenen Unternehmen sind etwas schwieriger zu handhaben, weil Prozessschnittstellen zu anderen Bereichen existieren. Beziehen Sie diese Bereiche in die Identifikation und Optimierung von Schwachstellen mit ein, um Widerstand frühzeitig aus dem Weg räumen zu können.

Weiterführende Literatur

Albers, S., & Hermann, A. (Hrsg.). (2002). *Handbuch Produktmanagement, Strategieentwicklung – Produktplanung – Organisation – Kontrolle* (2. Aufl.). Wiesbaden: Gabler.

Backhaus, K., & Voeth, M. (2009). *Investitionsgütermarketing*. München: Vahlen.

Becker, J. (2010). *Das Marketingkonzept: Zielstrebig zum Markterfolg!* (4. Aufl.). München: Deutscher Taschenbuch Verlag.

Großklaus, R. H. G. (2007). *Praxisbuch Produktmanagement: Marktanalysen und Marketingstrategien – Positionierung und Preisfindung – Mediaplanung und Agenturauswahl*. München: Verlag Moderne Industrie.

Herstatt, C., & Verworn, B. (2003). *Management der frühen Innovationsphasen*. Wiesbaden: Gabler.

Kotler, P., Keller, K. L., & Bliemel, F. (2007). *Marketing-Management: Strategien für wertschaffendes Handeln* (12. Aufl.). München: Addison-Wesley.

Kuder, M. (2005). *Kundengruppen und Produktlebenszyklus*. Wiesbaden: Deutscher Universitäts-Verlag.

Meffert, H., & Bruhn, M. (2003). *Dienstleistungsmarketing, Grundlagen – Konzepte – Methoden* (4. Aufl.). Wiesbaden: Gabler.

Meffert, H., Burmann, C., & Koers, M. (2005). *Markenmanagement*. Wiesbaden: Gabler.

Pepels, W. (2006). *Produktmanagement: Produktinnovation - Markenpolitik - Programmplanung - Prozessorganisation* (5. Aufl.). München: Oldenbourg Wissenschaftsverlag.

Saatweber, J. (2011). *Kundenorientierung durch Quality Function Deployment: Produkte und Dienstleistungen mit QFD systematisch entwickeln* (3. Aufl.). Düsseldorf: Symposion Publishing.

Vahs, D., & Burmester, R. (2005). *Innovations-Management, Von der Produktidee zur erfolgreichen Vermarktung* (3. Aufl.). Stuttgart: Schäffer-Poeschel.

Westkämper, E., & Dauensteiner, A. (2007). *Product life cycle. Grundlagen und Strategien*. Heidelberg: Springer.

Sachverzeichnis

A
ABC-Analyse, 99, 147–149, 155, 206
Abdeckungsstrategie, vollständige, 155, 242
Absatzkennziffer, 213, 217, 220, 222
Absatzkennziffern, 270
Abweichungsanalyse, 264, 265
Adoptionsgruppen, 274
AIDA-Modell, 278
Alternativen, relevante, 167, 178
Altersstrukturanalyse, 271–273
Aufgabenanalyse, 10, 11
Aufgabendelegation, 8, 9, 13

B
Basisgröße, 213, 215, 217
Basissortimentsstrategie, 250
Baukasten, strategischer, 251
Baureihenmanagement, 131
Bekanntheitsgrad
    gestützter, 165
    ungestützter, 165
Bestandskundenmarketing, 223
Bewertung Strategiealternativen, 252, 253, 255, 262
Beziehungsmanagement, 205–207
Beziehungsnetzwerk, 5, 80
Boston-Consulting-Portfolio, 48
Brandmanagement, 73, 127–129
Break-Even-Point, 227, 228
Briefing, 17, 18, 23, 24, 40, 122, 194
Briefingunterlage, 122
Budgetpläne, 262, 285
Budgetplan, 257
Business-Plan, 133, 222, 255, 257, 262
Buying Center, 167, 192, 281, 283

C
Category Manager, 106, 148
Chancen-/Gefahrenprofil, 235
Cherry Picking, 250, 251
Conjoint-Analyse, 202, 203
Controllingkreislauf, 31, 264
Cross-Selling-Rate, 212, 262

D
Dachmarke, 127–129, 166
Deckungsbeitrag, 60, 63, 64, 94, 121, 148, 149, 240, 268
Degenerationsphase, 268, 271, 273
Dienstleistungsmanagement, 131
Dienstleistungsmanager, 131
Dienstleistungsorientierung, 129
Differenzierungskosten, 140, 142
Dispositive Ebene, 45, 64
Distributionskanal, 157, 231, 249, 250
Distributionsstrategie, 248, 249
Diversifikationsstrategie, 158, 159, 242
Durchdringungsstrategie, 157, 160, 242

E
Eignungsanalyse, 296
Einführungskosten, 267, 277
Einführungsphase, 28, 35, 75, 266, 270, 271, 274, 276, 277
Einführungswerbung, 277
Einflussfaktoren, 50–52, 111, 217, 236, 238
Einflussmatrix, 228, 236, 237, 262
Eintrittsbarrieren, 51, 277
Erfahrungskurveneffekt, 180

Ergebnisrechnung, 140, 224, 225, 227, 244
Ersatzbedarf, 218, 222, 223
Ersatzkauf, 163, 282, 283
Erstkauf, 282

F
Führungsspanne, 81–83
Face-Lifting, 270
Fachkompetenz, 13, 23
FiKosten, 62, 63
Flop, 23, 159, 166, 267, 268, 271, 277, 296
Frühe Adoptoren, 275
Frühe Mehrheit, 275
Früheinsteigerstrategie, 277
Funktionendiagramm, 36–38
Funktions-Generalist, 3, 7
Funktions-Technologie-Matrix, 134, 160, 261
Funktionsmanager, 2, 3
Funktionsorientierte Organisation, 91

G
Gesamtkosten, 130
Geschäftssystem, 256, 291
Gewinnanalyse, 147
Großkundenbetreuer, 101
Grundformen der Organisation, 91
Grundfunktionen, 160, 180
Grundstrategie, 46, 48, 49, 59, 65, 239–241, 245, 256, 262

H
Hochpreisstrategie, 246
House of Quality, 189

I
Ideendatenbank, 298
Ideenquellen, 296
Ideensammlung, 295, 296, 298
Image, 51, 169, 170, 224, 240, 284
Imagewerbung, 169, 172, 207
Informationsquellen, 261, 298
Innovationsdatenbank, 298
Innovationsprozess, 259, 292, 293, 295, 296
Innovatoren, 274–276
Interne Kommunikation, 76, 294
Interne Vermarktung, 4, 41

J
Junior Product Manager, 26
Junior Produktmanager, 78

K
Kalkulationsverfahren, 224, 225
Kapitalrenditeverfahren, 224–226
Kaufentscheidung, 163–165, 167, 173, 181, 195, 205, 207, 218, 251, 274, 276, 279, 281, 282, 284–286, 288
Kaufkriterien, 5, 256
Kaufprozessanalyse, 286, 291
Kaufprozessmanagement, 278, 279, 290
Kaufprozessphasen, 5, 279, 283, 286, 287
Kauftyp, 163
Kaufverhalten, 120, 135, 137, 139, 178, 276
Key Account Koordinator, 101
Key Account Management, 30, 69, 80, 101, 117, 205, 207, 249
Kommunikation, interne, 216, 224
Kommunikationskanäle, 206
Komparativer Konkurrenz-Vorteil, 177
Kompetenzzentralisierung, 121, 126
Konfliktmanagement, 42, 70, 263
Konfliktpotenzial, 6
Konzeptionelle Ebenen, 45
Koordinationsfunktion, 101
Korrelationskoeffizient, 137
Kosten
  fixe, 163
  variable, 163
Kosten-Nutzen-Verhältnis, 201–203
Kostenmanagement, 30, 121
Kostensenkung, 55, 123, 127, 180, 191, 203, 247, 258, 284, 290
Kostensenkungspotenziale, 203
Kreativitätsmethoden, 298
Kreuztabellierung, 137, 139
Kunde, preissensibler, 176, 194, 196
Kundengruppenmanager, 93
Kundennutzen, 187, 188
Kundentyp, 120, 176, 177, 206, 232, 274, 276
Kundenzufriedenheit, 164, 207–209, 211

L
Ländermanagement, 96
Lastenheft, 18–23, 31, 193, 301

Sachverzeichnis

Lebenszyklus-Matrix, 270, 272
Lebenszykluskurve, 61, 266, 270
Lebenszyklusphasen, 259, 266, 271, 272, 274
Leistungsbeurteilung, 75, 208, 240
Leistungsindex, 199
Leistungsmerkmal, 176, 181–185, 189, 193, 194
Leistungsstrategie, 179, 243
Leistungsvorteil, 163, 175, 176, 178, 194
Leiter Produktmanagement, 81–83, 208, 262, 265
Life-Cycle-Cost-Modell, 130

M

Managementfunktion, 24, 81, 110, 123
Markenbekanntheit, 165
Markenimage, 163, 166, 167, 169–173, 177
Markenmanagement, 127
Markenpositionierung, 128, 170
Markenwechsler, 157, 223
Marketing-Mix-Strategien, 31, 33, 66, 239, 245, 251, 262, 277
Marketingcontrolling, 163
Marktanteil, 2, 4, 14, 26, 31, 35, 256, 262, 271, 302
Marktanteils-Marktwachstums-Portfolio, 48
Marktattraktivität, 50–54
Marktattraktivitäts-Wettbewerbsposition-Portfolio, 46, 50, 241
Marktdurchdringungsstrategie, 168
Markteinführungskonzept, 30, 222, 259, 300–302
Markteinführungsplan, 301, 303
Markteinführungsprozess, 292
Marktentwicklungsstrategie, 152, 157, 158, 242, 243, 291
Marktführer, 54, 168, 226
Marktkapazität, 213–215, 217, 218
Marktkennziffer, 158, 213, 217, 224
Marktkennziffern, 60, 261
Marktlebenszyklus, 269, 270
Marktmanagement, 91, 93, 94, 97–99, 102–105, 108, 109
Marktmanager, 114
Marktnische, 142
Marktorientierte Organisation, 92
Marktpotenzial, 213, 215–218, 223, 224, 232
Marktsättigung, 216, 218, 219, 222, 223, 243, 268, 283

Marktsegmentierung, 65, 69, 134, 135, 137, 139, 145, 161, 173, 206, 242
Marktsegmentierungsstrategie, 139, 242
Marktsegmentsmanager, 93
Marktsegmentsportfolio, 65, 139, 143
Marktsegmentsspezialisierungsstrategie, 154, 242
Marktvolumen, 53, 60, 162, 213, 216–219, 299
Marktwachstum, 47, 299
Marktwachstums-Marktanteils-Portfolio, 46–48
Matrixorganisation, 2, 6
Maßnahmenplanung, 66
Mehrmarkenstrategie, 179, 243
Mehrstufiger Kaufprozess, 279
Morphologischer Kasten, 53
Multifaktor-Portfolio-Modell, 50

N

Nachzügler, 275, 276
Neubedarf, 213, 217, 218, 222, 223, 232, 283
Neukauf, 163, 282–284
Neukundengewinnung, 222
Nichtkaufgründe, 215
Nischenstrategie, 139, 142–144, 159, 242
Normstrategien, 46–48, 54, 55
Nutzenargumentation, 35, 190
Nutzenversprechen, 207
Nutzwertanalyse, 255, 299, 300

O

Operative Aufgaben, 25, 26, 95
Organisationsformen, 1, 82, 83, 88

P

Penetrationspreisstrategie, 35, 246–248
Personalunion, 89
Personalverantwortung, 82, 83, 87
Pflichtenheft, 21–23, 30, 31, 112, 193
Pionierstrategie, 277
Planungsformular, 59, 61, 64
Planungsprozesse, 45, 75, 113, 120, 285
Point of Sale, 106
Portfolioanalyse, 103, 262
Portfoliomanagement, 50, 56
Portfoliomatrix, 47
Portfoliomodelle, 46
Portfoliostrategie, 241

Positionierungskriterien, 170
Positionierungsmöglichkeiten, 24, 32
Potenzialerweiterung, 157, 243
Präsentation, 28, 159, 243, 260, 262, 263, 303
Preis, 130, 163, 176, 178, 185, 194, 196–199, 203, 225, 236, 243, 246, 247
Preis-Leistungs-Positionierung, 197, 199
Preis-Leistungs-Verhältnis, 194, 196, 197, 201
Preisfestlegung, 246
Preisindex, 197, 198
Preisreduktion, 196
Preisstrategie, 243, 246
Produkt-Generalist, 3, 4
Produkt-Markt-Abdeckungsstrategie, 153, 159, 242
Produkt-Markt-Matrix, 109, 113, 114, 134, 150–153, 161, 198
Produkt-Markt-Spezialist, 3, 5, 7, 110
Produkt-Markt-Wachstumsstrategie, 156, 242
Produktalternativen, 166, 167, 175, 177
Produktaltersstruktur, 273
Produktanalyse, 125, 129, 296
  strategische, 228
Produktassistent, 26
Produktbetreuer, 26, 29, 30, 32, 36, 38
Produktcontrolling, 30, 31, 261, 263–265
Produktdifferenzierung, 33, 95, 140, 141, 201
Produkteliminierung, 31
Produktentwicklungsstrategie, 30, 67, 152, 157, 158, 242
Produktgruppe, 4, 6, 24, 26, 30, 32, 34, 40, 45–47, 49, 50, 52, 53, 56, 57, 59, 71, 146–149, 273
Produkthierarchie, 145, 146
Produktinnovation, 247, 259, 292
Produktkoordinator, 26
Produktlebenszyklus, 31, 51, 53, 61, 178, 217, 243, 265, 269, 271, 274, 276, 277, 283, 292, 301
Produktlinie, 109, 145, 146, 150
Produktmanagement, 9
  Aufgaben, 5, 8, 11, 12, 16, 23, 38
  Betreuungsfunktion, 24
  Definition, 6
  Einführung, 71, 73–75
  Entwicklung, 109, 119, 120
  internationales, 32
  Koordination, 6, 24, 69, 107, 110, 301
  Nachteile, 72–74

  nationales, 32
  operatives, 27, 29, 32, 85
  Positionierung, 24–26, 32
  strategisches, 27, 32, 81
  Voraussetzungen, 40, 74
  Vorteile, 72, 73
Produktmanagementteam, 120, 123, 254
Produktmarke, 167, 171, 172, 177
Produktmarketing, 12, 80, 110–113, 129, 133, 134, 137, 142, 158, 163, 165, 207, 215, 223, 239, 240, 250, 252, 253, 257, 264, 290
Produktmarkierung, 169
Produktmarktanalyse, 64, 134, 261
Produktmarktkombination, 134, 152
Produktnutzen, 175, 180, 181, 184–187, 189–191, 193, 194, 196
  Quantifizierung, 184, 185, 191
Produktnutzenindex, 194–197, 199–201
Produktorientierte Organisation, 92
Produktorientierung, 42, 92, 129
Produktplanung, 56, 59, 61, 63, 64, 66, 68, 112, 126, 134, 152, 189, 213, 217, 220–222, 224, 226, 239, 260, 262, 277
Produktportfolio, 45, 49, 50, 64, 151, 213, 241
Produktpräsentation, 64
Produktprofil, 146
Produktprogrammbereinigung, 12
Produktsegmentierung, 134, 144–147, 150, 161
Produktsegmentsspezialisierungsstrategie, 155, 159, 242
Produktspezialist, 26, 155
Produktstrategie, 33, 45, 59, 64, 66–68, 72, 139, 159, 179, 222, 238–241, 243, 245, 252, 262
Produktteam, 67, 124–126, 189, 243, 248, 261
Produkttrend, 256
Produktwerbung, 191, 194, 207, 212, 288, 290, 291
Produktziele, 69, 239, 252, 253
Profit Center, 120, 121, 123
Programmbereinigung, 149, 150, 273
Projektmanagement, 301
Prozessebenen, 45
Prozessmanagement, 261, 292
Pull-Strategie, 248
Push-Strategie, 248

Q
Qualitätsstrategie, 179
Qualitative Ziele, 262

Sachverzeichnis

Quality Function Deployment (QFD), 189
Quantifizierung des Produktnutzens, 184, 185, 191
Quantitative Ziele, 262

R

Referenzpotenzial, 164, 207, 209, 211, 274, 276, 300
Regional orientierte Organisation, 95
Regionalmanagement, 91, 96, 97, 101, 108
Reifephase, 141, 266, 268, 271, 276, 283
Rekrutierung, 77
Relativer Marktanteil, 51, 52
Relaunch, 5, 13, 31, 67, 270
Repositionierung, 172
Ressourcen-Manager, 3
Ressourcenmanagement, 57
Ressourcenzuordnung, 46, 110
Return on Investment (ROI), 45, 303
Risikobewertung, 256
Rollende Planung, 61, 262

S

Sättigungsphase, 141, 266, 268, 271, 276, 283
Schlüsselkunden, 11, 41, 99
Schnittstellendefinition, 36
Schnittstellenmanagement, 40, 113, 259
Scoring-Verfahren, 198
Situationsanalyse, 294
Skimmingstrategie, 246
Sortimentsstrategie, 250
Sortimentsstrategien, 31
Späte Mehrheit, 275
Späteinsteiger, 35, 277
Späteinsteigerstrategie, 277
Spartenorganisation, 84
Spezialisierungsstrategie, 153
    selektive, 153, 242
Spezialsortimentsstrategie, 250, 251
Stärken-Schwächen-Profil, 229
Stückkosten, 180, 228, 247
Stabsorganisation, 88, 89
Standardisierung, 127, 298
Stellenbeschreibung, 1, 29, 36, 40
Stelleninserat, 77–80
Steuerungsfunktion, 69
Steuerungsgrößen, 163
Steuerungsgröße, 133

Steuerungsgrößen, 163–165, 207
Strategie
    differenzierte, 139, 141, 144, 242, 255
    konzentrierte, 139, 142, 144, 242
    selektiv-differenzierte, 139–141, 242
    undifferenzierte, 139–141, 144, 242
Strategiealternativen, 133, 159, 241–243, 245, 253, 262
Strategieentwicklung, 32, 67, 112, 134, 152, 239, 240, 242, 243, 260, 262
Strategische Aufgaben, 25, 26
Strategische Erfolgs-Position (SEP), 177
Strategische Lückenplanung, 295
Streuverlust, 137, 155
Strukturbildung, 260, 261
Strukturierungsmodell, 134
Subjektiv-Objektiv-Matrix, 199
SWOT-Analyse, 134, 229, 232, 262
Systemproduktmanagement, 109, 114, 115, 117
Szenariotechnik, 232

T

Target Costing, 203
Target Pricing, 203
Teilmärkte, 93, 135
Terminplan, 257
Tiefpreisstrategie, 246
Time to Market, 292
Toleranzgrenze, 265
Trendanalyse, 229, 232

U

Umsatzanalye, 147
Umsatzprognose, 256
Umsatzrenditeverfahren, 224–226
Umsetzungsmanagement, 30, 45, 125, 263
Unique Marketing Position (UMP), 41, 289
Unique Selling Proposition (USP), 41, 129, 177, 180, 185, 289
Unternehmensplanungsprozess, 45, 260

V

Variable Kosten, 62
Verbrauchsrate, 223, 243
Verbundeffekt, 114, 150, 155, 262
Verkaufsgespräch, 190, 278
Verkaufshandbuch, 190

Verkaufstool, 190
Vertrieb
  direkter, 248
  indirekter, 249
  selektiver, 249
Vertriebsplanung, 45, 213, 219
Vollsortimentsstrategie, 250

W
Wachstumsmatrix, 47, 48, 272
Wachstumsphase, 53, 217, 266–268, 270, 271, 273, 276, 277, 283
Wachstumsstrategie, 159, 162
Warengruppenmanager, 106, 148
Warengruppenstruktur, 106
Weiterempfehlungsrate, 164, 207
Werbeerinnerung, 172
Wettbewerbsposition, 50–52, 54, 103, 241
Wettbewerbsstrategie, 244

Wettbewerbsvergleich, 5, 65, 112, 189, 190, 200, 209, 256, 299
Wettbewerbsvorteil, 186, 256
Wiederholungskauf, 282
Wiederkaufrate, 164, 207, 209, 211

Z
Zentralisierung, 126, 128
Zielerreichungsindex, 253
Zielgruppen, 72, 135
Zielgruppenmanager, 92
Zielkonflikte, 69
Zielpläne, 262
Zielplan, 255, 257
Zielplanung, 60, 63, 240
Zielvereinbarung, 64–66, 68, 69, 71, 87, 123, 124, 126, 213, 240, 260, 262, 264
Zielvereinbarungsgespräche, 64, 66, 68, 262
Zweimarkenstrategie, 243
Zweistufiger Kaufprozess, 279, 280